峰岸 隆
Minegishi Takashi

日本の回廊、西洋の回廊

美と祈りの空間

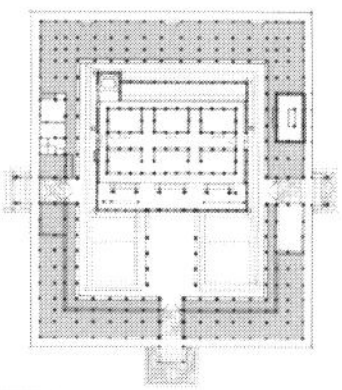

鹿島出版会

はじめに

伊賀の地は風習の名残りや山裾によりそう里など、いまだよき日本の空間が周囲を包みこむ。芭蕉はそんな地に生まれた。風雅の求道者は水や光のそこはかとない動きを、細やかな環境の変化を日本のことばで詠いづづけ、そこには神や仏の言葉がたしかに聞こえてくるのである。甲賀はこの地のとなり、ともに忍者の里で知られそれらしき風景がいまだ残っている。

この甲賀には太古のむかし頂上から赤々と火が噴きだし神体山と崇められた油日岳がある。あまり高くはないが神秘性を備えたこの山の麓に集落があり里宮として油日神社が鎮座する。油日神社は楼門を中心に床敷きの広い回廊が舞殿を囲む。境内は白砂が敷きつめられ、周囲を油日岳から清らかな湧き水が流れている。なぜか楼門と回廊のプロポーションは宇治の平等院鳳凰堂に近く、端正で素朴な木組みの美しさをもつ。

神社には名品とされる「福大夫面」という能面がある。この能面はわれわれが知る室町期のものとはおおいに異なる顔をし、風貌がどことなく推古朝の伎楽面によく似ているといわれる。春には神が里へおり、村人はこの面をかぶり松明の明かりの下で舞を舞い豊饒を祈ったのであろう。そして拍手喝采《かっさい》したのであろう。古きよき「日本の祭儀」そのものがこの舞台と回廊には存在している。

いうまでもなく主な宗教建築には回廊が存在する。この書は宗教伽藍の回廊をとりあげ、その造形の美しさ、その生成の歴史を記したものである。かつて、伽藍が強く希求した回廊とはどのようなものであったのだろうか。複雑な思想が交錯しながらも、そこでなされる行為はどれも荘厳そのもので、その美しさ、深さに人々は魅了されてきたといえるだろう。もちろんその造形は宗教的理念や思想と密接に結びついている。この点がこのテーマのもっとも大事なところである。

歴史的にみると、為政者は巨大な宗教建築を求め、宗教建築もまた時の権力と寄り添いたえず新たなデザインと構造技術の牽引的役割をになってきたといえる。それとあいまって「信仰のかたち」「祈りのかたち」を前にしたとき誰しもが心をうたれる。なぜなら、その「かたち」が単なるかたちでないからである。

回廊は宗教的なランドマークやモニュメントでなく、美と祈りの場を生成する空間的装置であり、造形の魅力とともにその働きは「外を囲う」「内を囲う」そして「仕切る」といった生と死、聖と俗の境界として捉えることができるのである。

多くの作品をみて痛切に感じることがある。すべてとはいわないまでも現代建築のつくり手はさまざまな表現を試みるものの、作品に建物やその土地がもつ文化的・社会的背景を含む文脈の上に立って表現しているとはとても思えない。宗教建築の回廊をとりあげる意義がここにこそある。

Ⅰ部は寺院・神社の回廊、Ⅱ部は修道院・モスクの回廊、その回廊を通して「日本の建築空間」と「西洋・中東の建築空間」との比較、さらには宗教的空間構成の特徴にも言及している。末尾には、今日の建築のなかに宗教的回廊がいかに組みこまれているか、作品をあげながらそれぞれに内在するものを検証している。

本書の執筆は、やや専門的な内容であっても回廊の背景にある歴史とそこに秘められたロマンを、専門書としてではなく歴史や文化に感心がある人達にも興味深く読んでもらいたいと願うものである。

［目次］

第Ⅱ部　修道院・モスクの回廊

第Ⅰ部
寺院・神社の回廊

序──日本の回廊空間とその誕生

回廊に魅せられて

作家・井上靖は『法隆寺ノート』(1)の一文に「金堂と塔を内部に入れて、ぐるりと美しい回廊が取り囲んでいるが、回廊の格子から床の上に陽がこぼれているのが美しかった。なるほど回廊の格子はこのように格子縞《じま》の影を床の上に落すためのものであったか……」[1]とある。法隆寺についてはこれまでに正岡子規など歌人や多くの小説家がふれているが、このように回廊にふれるのはめずらしい。建築史家でさえ金堂・塔・講堂といった建物にふれるものの回廊について真正面から取り組んだものは少ない。

井上靖と同じく、大阪万博の宴の跡を見た帰路に冬の法隆寺を訪れた。「人類の進歩と調和」をテーマとしたハイテクだった万博跡地は太陽の塔とわずかな建物を残してすでに廃墟と化し、鉄とコンクリートの塊となっていた。法隆寺は南大門をくぐると回廊が周囲を

1 法隆寺の回廊

ぐるりと囲む。おそらく、当時は法隆寺もまたハイテクな建築であったはずである。その回廊に陽がこぼれおち光と陰の連鎖が生まれる。境内は諧調《かいちょう》と静謐《せいひつ》が漂い古格の美がその場にあった。万博の光は開幕日に運転を開始した日本初の原子の灯（敦賀原発）である。遭遇したこの光景はいまだ脳裏に強く残るまさに文明としての「反転の風景」である。

自身が回廊に興味をいだくのは、列柱の形状と光と影が醸しだすその美しさにある。列柱は、力強い柱の反復によって視るものに一定のリズム感と遠近感を与え、視線を回廊の際だつ焦点に向けさせる。その列柱が伸縮自在に辺りの風景をひきたてる。寺院や神社の回廊には、主に連子格子を通して季節の移ろいや陽《ひ》の変化にともない、床に光と影が映しだされ、その空間に近づき通り過ぎる我々の眼にプリズムのような効果をもたらしている。

この美に魅せられ、あちらこちらの寺社の回廊を訪れた。行く先々では、登廊・渡廊・橋廊・長床・参籠そして深雪地帯の雁木など、ややもすると回廊と似た建築も目にした。だが、回廊にはこれらの魅力と別に特別な形態と意味が内包されていると感じた。すなわち、それは回廊が宗教建築のもつ聖と俗の境界構造を表現し、その形が人々の宗教的行為とその根底にある思想を反映していることである。仏教伽藍は、回廊の形態に生と死の宇宙を表現すべく、神社の回廊は神の移動と遥拝のために絶妙なバランスを配する。つまり、回廊は宗教建築の空間構成を解明するのに最適な言語である。あたかもその言語には現代建築に相通じる建築要素と空間構成が嵌めこまれている。

人々は「回廊」という響きに、なぜか建築がもつ回廊以上の何かしらのものに惹きつけられる。緑の回廊、光の回廊、悪魔の回廊、死者の回廊など、回廊がもつ字面《じづら》・音韻・幅広い意味になんとも怪しい魅力を感じえる。では、「日本の回廊」については建築的にいかなる語源と用法をもっているのであろうか。

回廊の「回」とは、囲むことの「囲」と同一字源をもち他に意味をもたない。(2)「回」の文字には回廊の形象をみいだす。「廊」とは古代において「細殿」と同義である。(3)細殿とは、細長い建物のことで機能や用途を表す言葉でなく形からきたとされている。建築辞典によるその形とは、「聖域を構成するために空地の二方向以上をめぐる細長い建物」との解説。(4)ただ、古代の神社にも回廊がもちいられ、歴史上二方向以上に折れ曲がっていないものも建築史において回廊といわれている。むろん、ここでもこれらの形を回廊とみなしている。まずは、この語源と用法をもつ「日本の回廊」のルーツ（起源）をたどってみよう。

宗教と回廊の起源

寺院の回廊はストゥーパから

仏教の創始者ブッダが誕生したのは前五世紀といわれ、釈迦族の王子として生まれた。釈迦（ブッダ）の布教は四五年にわたり続けられた。その間インドには常設的な仏教寺院がなかったとされる。

釈迦の死後は四大聖地[2]をはじめ各地にストゥーパ（釈迦の遺骨を納めた仏塔）が建てられた。古いストゥーパは舎利容器（釈迦の舎利を祀ることが出発点であったが、しだいに釈迦のさまざまな聖遺物や高僧の舎利なども含まれた）の入った安置室を土で覆い半円球（饅頭状）の形にし、表面を煉瓦や切り石を積み仕上げられた。周囲は欄楯《らんじゅん》とよばれる玉垣をめぐらし聖域を区画し、礼拝には時計回りに回る繞道《にょうどう》が設けられた。この繞道は東西南北に入口が設けられ、そこに横梁をもつ塔門が建てられ、土中の仏舎利を表す平頭や竿を囲む形でつくられていた。

また、インドのダムナール仏教石窟遺跡第十二窟[3]は、チャイティヤ（ストゥーパを祀る部屋）を取り囲む外部空間をはさみ、馬蹄形の列柱廊が周囲を取り巻いていた。まさにチャイティヤは列柱廊に取り囲まれた構成である。

2 四大聖地　釈迦は入滅直前に後世の仏教徒が詣でるべき聖地を指定、それが①ルンビニ（釈迦の生誕の地）、②ブッダガヤ（悟りを開いた地）、③サールナートの鹿野苑（はじめて説法を行った地）、④クシナガラ（涅槃の地）である。

3 第十二窟　インドの仏教石窟は紀元前三世紀～紀元十世紀までの長きにわたり成立・発展した。ダムナールの丘には多くの石窟が四群に分かれ存在し、その中の一つ南群に十二窟がある。

これらから推測すると、寺院回廊の原流はじつはストゥーパの繞道ではないだろうか。また、石窟遺跡の列柱廊はさらに寺院回廊に近い形態を示しているのであろう。塔（仏舎利）の周囲を回廊で取り囲む配置や概念はすでにインドで芽生えていたといえる。

紀元一世紀頃、インドの仏教は中央アジアを横断し後漢時代の中国に伝播された。このころの中国は仏教施設に「寺」という字をもちいている。当時の多くの寺が貴族の宮殿・住宅を寺院として使用していた。その遺跡をたどると、殷代初期（紀元前一六〇〇年頃）や西周代（紀元前一世紀）に、すでに現在の回廊に近いものがみうけられる。中国では「仏殿は大極殿のごとし」とするされ、宮殿と仏教建築は同じ様式。仏教建築は宮殿形式をそのまま転用したとも推定される。中国の仏教は、中国伝統の思想や文化と融合させ約二〇〇〇年かけて熟成し、インド仏教とは全く装いを新たにした仏教と仏教建築をつくりあげたといえる。

その仏教が四世紀後半に中国南朝の東晋から百済に、そして日本に五三八年（元興寺縁起による。また五五二年説は日本書記による）に伝来した。いまのところ、中国に仏寺の遺構が発見できず、残念なことに中国寺院と日本の古代寺院伽藍との直接的関係は定かではない。しかしながら仏教の伝来過程から推察するに、回廊の源流は繞道にあり、寺院伽藍の配置構成は中国の宮殿・住宅にあるにちがいない。

その一方で、仏教の回廊は遠く地中海文化の影響を受けたとも思える。一世紀末、ガンダーラ美術で有名なシアーナ王朝がみやこをおいたペシャワール、そして中国前涼の時代の敦煌は東西文化の中継点として大きく発展した。それらはローマと長安（西安）を結ぶシルクロードに位置している。いまのところ確かなことはいえないまでも、寺院回廊の源流には、地中海・エーゲ海都市の回廊が少なからず影響したというそんなロマンさえ感じざるを得ない。

神社の回廊は寺から

神社には回廊がなくあるのは寺である、と思われがちである。一言でいえば、神社の回廊は寺院の回廊から生まれたといえる。では、どのような経緯から生まれたのであろうか。

古代人は、異形の巨木や巨岩に対し特別に神性を感じ、心に宿る最大の関心事は神への信仰であった。したがって、日常の生活は神の祭りが中心で、神が好んで降臨するのは高い山の巨石や巨岩と信じられていた。この神は特別に定められた場所で人と接し、この場所が神籬《ひもろぎ》や磐境《いわさか》とよばれた。[4]「神籬」の語源は〝祭りに際して神霊の依られる樹〟であり、「磐境」は神籬が樹木であるのにたいして岩をもって神とした。しかし祭りの対象が一本の樹や岩からしめ縄や垣で囲まれた神聖な場所へとかわった。つまり信仰の対象が点から面に移り、囲むという垣の概念が生まれた。古来の神社の構成は御神体と垣で、本殿（神の居館）をかならずしも必要とせず、囲まれた聖域を定めれば神を迎えることができる。つまり常設の本殿を必要としなかったのである。

4　磐座と神籬（右・谷山不動、左・船生のヒイラギ）

大和の国三輪の大神神社、天理の石上神宮《いそのかみ》、檜原神社がそのよい例である。他にもあげればきりがない。このことからも神道における「垣」の重要性が理解できる。ところが時代をたどるにしたがって、神の館である神殿（本殿）が建てられ、その聖域を守るためにしっかりとした垣を必要とした。その代表的なものが瑞垣・玉垣・斎垣（忌垣《いみがき》）である。

当初は本殿も簡素なものであったにちがいない。それが仏教の伝来とともに寺院建築の影響を受け、立派な本殿が建立された。代表的な神社、伊勢神宮・出雲大社の成立時期には諸説があるが、堂々とした神殿を構えたのは寺院建築が日本に成立してから約八〇年後といわれている。神道という言葉は仏教が入ってきたのちのことである。

奈良期の神道は、隋・唐風の仏教に圧倒されやすい傾向にあった。後に、神道を救ったのが本地垂迹説《ほんちすいじゃくせつ》。この説は本地である仏・菩薩が神々に姿をかえ衆生《しゅうじょう》を済度《さいど》するという。この論理によって神々が仏教化していった。平安時代には神宮寺・鎮守社[5]が建立され、名実ともに神仏習合がはじまる。神には形がない、にもかかわらず神に形を与え神像がつくられた。これも仏教の影響。神社建築は神仏習合により鳥居が四脚門、さらに楼門へと変化をし、垣が回廊へと変化したのである。

神社の回廊は八、九世紀の神仏習合によって成立したといえる。神社建築の歩廊（初源的回廊）をかつて〝カキ〟とよんだ、これもその名残りと思われる。

5　神宮寺・鎮守社　神宮寺は神を守護するため神社境内に建立された寺であり、鎮守社は仏を守護するため寺院の境内に建立された神社である。聖武天皇が宇佐八幡宮の境内に弥勒寺を建立させたのが神宮寺のはじまり、また東大寺の鎮守社として手向山八幡宮を造営している。

一章 ― 寺院における回廊

仏教は開祖により開眼され、その時代や各宗派によって教え（教理・思想・戒律など）がそれぞれ異なる。その違いは当然寺院建築および回廊などにも反映されている。このことから、回廊の形態と想定される宗派との関係について考えてみよう。

日本で回廊のある主な寺院は、古代平地寺院、浄土系寺院、禅系寺院のいずれかに属すると思われる。これらのすべてが中国大陸・朝鮮半島を通じて入ってきたのである。

本章では、三つの宗派がもつ回廊の特徴について述べることにする。

1. 「囲む回廊」《古代平地寺院》

古代の寺院といえば、斑鳩の里に聖徳太子ゆかりの法隆寺、奈良のみやこに聖武天皇建立の東大寺が目に浮かぶであろう。これらはともに平地に建ち、豪壮な柱の並ぶ回廊をもっている。

回廊をもつ古代平地寺院の宗派には、初期仏教（飛鳥・白鳳時代）、南都仏教（奈良時代）、そして一部の密教系（平安時代・初期〜中期）と浄土系（平安後期）が考えられる。

「初期仏教」とは、仏教伝来から平城京遷都まで建立された寺院の宗派を総称。その思想の中核は壬申の乱以後の飛鳥仏教と聖徳太子を中心とした教理[1]である。

「南都仏教」とは、平城京遷都以降に建立された寺院の宗派を総称。その中核思想は南都六宗[2]、つまり三論・成実・法《はっ》相《そう》・倶舎《ぐしゃ》・律《りつ》・華厳《けごん》である。

写真　法隆寺西院の中門と回廊

1　教理　聖徳太子時代の仏教は三論宗・成実宗の教学が主流で、その内容は太子が定めた十二階と十七条憲法につよく表現されている。

2　南都六宗　南都六宗は当時からこのように呼ばれていたわけでなく、平安時代以降に栄えた天台宗・真言宗に対する呼び名である。法相・倶舎・三論・成実は空・無など「存在の有無を検証」する学派であり、律は「戒律」華厳は「宇宙世界の構造」を説く学派である。

「密教系」とは、平安時代初期に中国大陸（唐で栄えた仏教の流派）よりもたらした天台・真言の宗派で平安遷都後に南都六宗にかわる新しい国家仏教として登場した。「浄土系」とは、平安後期、極楽浄土を願った浄土思想による宗派。ここに属するのは天皇や朝廷ゆかりの六勝寺[3]である。

一部の密教系と浄土系は教理や思想が古代平地仏教とおおいに異なる。しかしながら、その一部は伽藍配置や回廊の形態が南都仏教の延長上にあると考えられることから、古代平地寺院に属するとした。古代仏教は総じて「祈りの仏教」である。

3 六勝寺　各代の天皇または女院の「御願寺」で「勝」のつく六つの寺を指す。

(1) 古代平地寺院の伽藍について

仏教伽藍と大陸の影響

「祇園精舎の鐘の声、諸行無常の響きあり」は、誰しもが知る「平家物語」の一節である。この祇園精舎《ぎおんしょうじゃ》とは、天竺五精舎（釈迦在世にあった五つの寺院）の一つをいう。

釈迦の時代、インドには仏教寺院はなかった。マガダ国の竹林精舎、コーサラ国の祇園精舎は常設ではなく、雨季の期間に仏教の修行僧（比丘《びく》）が集まる場であった。おそらく概念的にはこの精舎が日本の寺院の原型であろうと考えられる。ただしインド仏教の寺院の原型はストゥーパであり、日本の仏教伽藍とは形態的に異なっていた。

日本への仏教伝来は六世紀、百済の王（聖明王）から日本の王（欽明天皇）に仏像と経典が贈られてきたことからはじまり、これを公伝《くでん》という。だが日本では、すでに五世紀から渡来人によって仏教が伝わり信仰されていたとみられ、これを私伝《しでん》という。このことは古墳などの出土品からも明らかとされている。私伝は僧侶も寺も必要がなく、仏像と信奉者のみで成立していた。

仏教史の田村圓澄《たむらえんちょう》が、私伝とは「私宅仏教」で、公伝とは「伽藍仏教」とし、中国から朝鮮そして日本へ伝来したのが伽藍仏教であると、『仏教伝来と古代日本』(1)に記している。伽藍仏教の伝来は仏・法・僧の三宝だけではない。重要なのは仏像を安置する場所、経典を読む場所、僧侶が住む場所、つまり仏教が根をおろすに寺を建てねばならない。いわゆる寺院伽藍である。

日本における初期の伽藍は主に氏族を中心に建立された私寺・氏寺である。もっとも古いのは六世紀〜七世紀初頭に蘇我氏の飛鳥寺（元法興寺）と聖徳太子の建立とされる創建四天王寺である。

飛鳥寺の伽藍配置（一塔三金堂）は、平壌の清岩里廃寺《せいがんりはいじ》と似ていることから、これまで高句麗源流説が強かった。しかしながら、清岩里廃寺は三金堂に囲まれた塔が八角形とされているが、はたしてそのものが本当に塔なのか、それとも夢殿のような御堂なのか定かではない。なお、この寺には回廊も存在していない。このような点から歴史学者のあいだでは、高句麗の清岩里廃寺からの影響を見直す機運さえある。

一方、四天王寺の伽藍配置（一塔一金堂）の事例が朝鮮半島に多いとされている。その理由は、百済の主要寺院が門・塔・金堂・講堂と一直線に並ぶ四天王寺の構成と同じ、との見方からである。ところが近年、李炳鎬《イビョンホ》（韓国国立中央博物館）の調査によると、主要寺院（定林寺・陵山里寺・王興寺など）の伽藍配置は、四天王寺とまったくちがうと結論づけ、この伽藍配置を彼はいまのところ「定林寺式」[4]と提唱している。そのちがいについては回廊の形が四天王寺とまったく異なることや講堂の周辺には四天王寺にはない二つの建物が付属している。さらに「寺院の基本は一つの塔に一つの金堂といった簡素なもので、それ以外の要素は受容する側の都合で変化したのでないか」とも指摘している。[2] かつて中国に「一塔」と「一金堂」が存在したことを考えると、一塔三金堂や一塔一金堂の直接的源流は中国にあるのかもしれない。

寺院の概念はインドにあり、伽藍構成はまちがいなく中国・朝鮮半島の影響であろう。ただし、朝鮮半島に比べると日本の回廊の形状は横長のものが多い。

古代の伽藍構成

古代平地寺院における主な寺院の伽藍配置から回廊の形状を中心に作成したものが（図1）である。

この図は、塔・金堂・講堂・経楼《きょうろう》・鐘楼《しょうろう》・中門・講堂を中心としている。このなかで現存する寺院は南都仏教で再建後の法隆寺（西院）・東大寺そして密教の延暦寺根本中堂のみ、他は発掘調査や古図文献などから復原している。

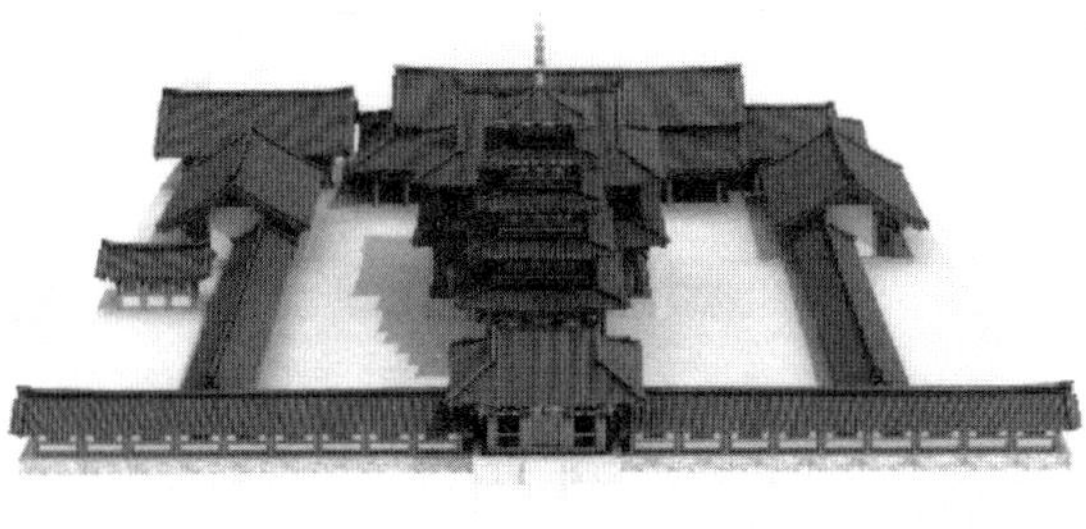

4「定林寺式」の復原模型（李炳鎬蔵）

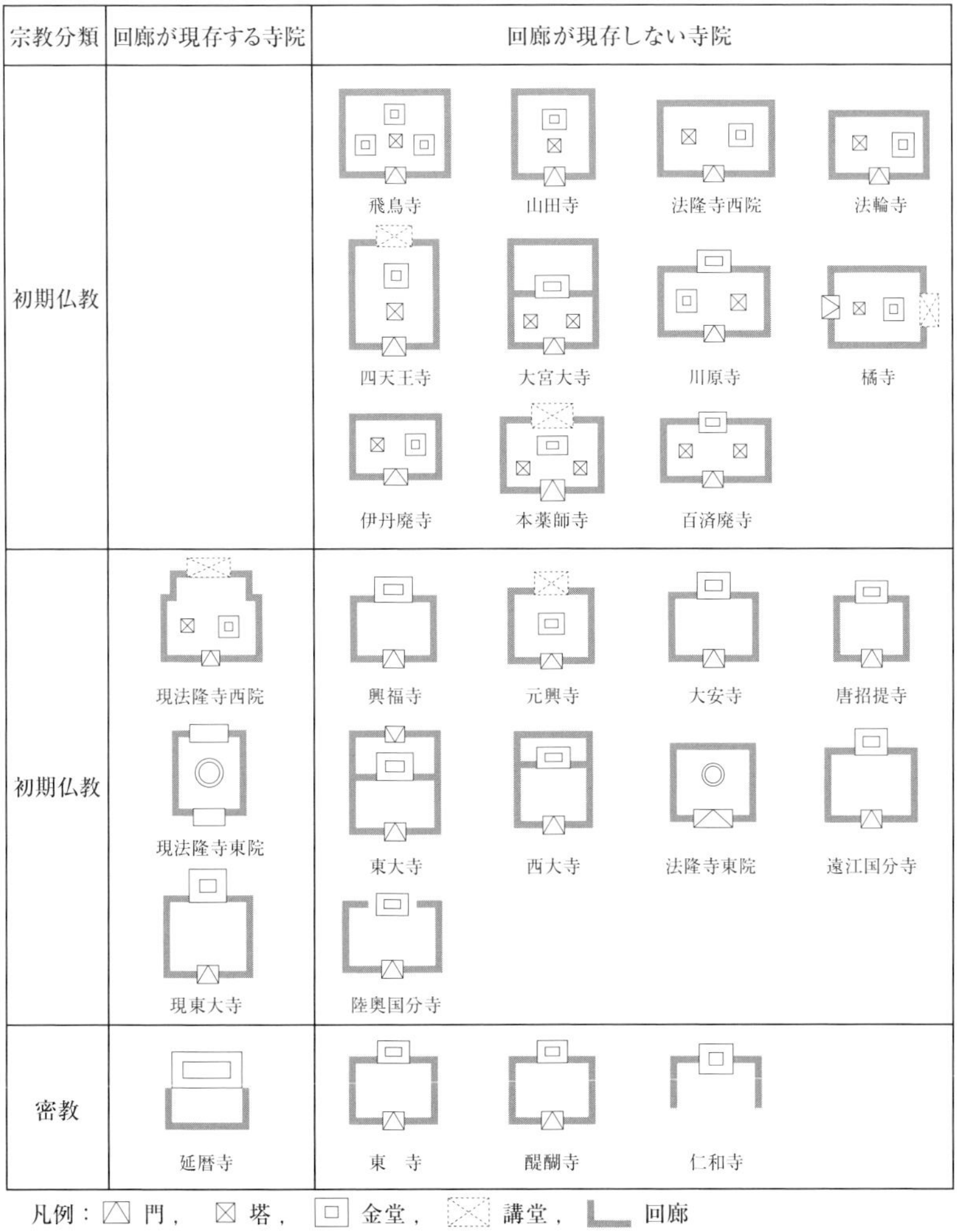

図1　古代平地寺院における回廊の形状

寺院数は飛鳥時代がわずか四六で、白鳳時代に四八〇余寺が建立されたといわれている。このことは、六七二年の壬申の乱で大海人皇子《おおあまのおうじ》（後の天武天皇）が勝利をおさめたことで、国家的仏教の枠組みがしだいにととのい、仏教が急速に諸国に伝わり広まったからといわれる。ただし、この数には仏殿一棟といった小寺も含まれている。図1は比較的有名な寺院とされるが、実際に伽藍を完備しているのはさほど多くなく、回廊が存在したのはほとんどが官寺や庇護のあった強力な寺のみであった。

伽藍配置については、すでに戦前より法隆寺式・四天王寺式・薬師寺式・興福寺式などが存在し、その形式は塔と金堂の数とその相互位置にもとづいていた。伽藍配置の分類には、明治以降から建築史家のあいだで多くの諸説があった。その一人、日本建築史の太田博太郎が回廊と塔・金堂・講堂との相互関係について分類を試みている。(3) 太田の分類を参考にし、回廊が何と連なっているのか、何を囲むのか、ここに焦点を合わせ再構成してみた。なぜなら回廊の空間性、回廊のもつ役割を考えたとき、これらの要点によって、意味合いが大きく異なってくるからである。その分類が次の（一）、（二）、（三）である。

（一）回廊が完全に閉じられる形

①塔と金堂が囲まれる（飛鳥寺、山田寺、法隆寺、法輪寺）

（二）回廊が講堂に連なる形

①塔と金堂が囲まれる（四天王寺、本薬師寺、橘寺）

②金堂が囲まれる（元興寺）

（三）回廊が金堂に連なる形
①塔を囲む（大官大寺、百済寺）
②塔と金堂を囲む（川原寺）
③何も囲まない（興福寺、大安寺、東大寺、唐招提寺）

(2) 古代仏教と回廊の変遷

伽藍配置と回廊

寺院回廊の変遷過程は、いいかえれば伽藍配置の発展過程ともいえる。その発展過程を説明することはすこぶる困難である。なぜなら、多くの発掘資料があるとはいえ、報告も精粗さまざまで信頼性が一様でない。また現在も発掘調査が行われ新たな発見もある。さらに個々の寺院の使われ方には確証がなく、いまだに不明な点も多い。しかし、このような状況のなかでも総体的に大きな変遷の流れは推測可能である。太田博太郎は、さきの伽藍配置の分類でこの発展過程について、「（一）は七世紀まで、（三）の③は八世紀だけ、その他は七世紀中頃から八世紀にわたり成立した」と述べている。また、建築史家の井上充夫は『日本建築の空間』[4]のなかで回廊の「型」に関連して次のように述べている。

「古代寺院の配置を概観すると、回廊自体にも明らかに一種の変遷がみとめられる。すなわち、それは奈良時代なかばごろを境として、前後、二つに大きく区分されるような基本的性格の相違を示している。……（省略）……前半に属する例をあげられるのは飛鳥寺、法隆寺式、四天王寺式、薬師寺式などである。これらに属する寺院に共通の特色は、塔・金堂など最も大切な建物が周囲を回廊で囲まれている点である。」と、さらに前半を彫塑的構成[5]（飛鳥・白鳳時代）、後半を絵画的構成[5]（奈良・平安時代）と位置づけ、興福寺式配置と平等院鳳凰堂式[6]配置をあげている。

これらを読み取るに、回廊の変遷で最も古い型は年代からみてもおそらく飛鳥寺をはじめとした回廊が完全に閉じられた伽藍配置の形式であり、それに対して最も新しい型は、回廊が金堂に連なり何も建物を囲まない興福寺式となる。

回廊が囲む変遷段階を理解しやすくするため次の四つのステップで示してみた。

●ステップ1

この段階は（一）の①であり、日本最初の伽藍の飛鳥寺が代表的な存在である。この段階では、回廊が完全に閉じられた形で回廊が塔と金堂を囲み、それも「塔」を中心に囲む。伽藍配置は左右対称で「回廊の型」[7]がロの字形である。この段階は未成熟ながらも日本の国家が完成したとみなされる時期でもある。

発掘調査の結果、飛鳥寺[8]は中心部に塔があり、塔を東・西・北にはほぼ同じ金堂で囲む配置で、その向きは南面している。構成は塔を中心とする同心円状の配置で中心部が一番高く、周辺にゆくほど低いピラミッド型で、これは井上が述べている実体性の強い彫塑的

5 彫塑的構成と絵画的構成　彫塑的構成とは建物のプランの対称性が強く、全体として立体的な厚みをもち、外部空間に対して孤立するような傾向。絵画的構成とは奥行きが画面のように浅く、正面からみると形の変化に富み、すでに奈良時代にこの空間的特色がみられるものの、主として平安時代の二次元的建築構成をいう。

6 鳳凰堂式　井上は鳳凰堂式寺院を、「中央部に本尊などを祀る主要な建築物があって、その左右から廊が延び、廊の先端もしくは屈折点に二つの従属的建築物を配した左右対称の構成をもつ寺院建築である」としている。

7「回廊の型」　回廊の型には、平面形状がカタカナのロ・コの字に近い形、その一部を失ったロの字の変形や漢数字の一に近い形など四つに分類できる。

構成である。飛鳥寺につぐ古さをもつのが四天王寺である。大阪にある現在の四天王寺[9]（四天王寺式）は、南北軸上に中門・塔・金堂・講堂が一直線上に並び、回廊が講堂に連なる形であるが、創建当時の回廊は完全に閉じられた形といわれている。講堂が建立され回廊に連なるのは後の七世紀中頃(5)である。四天王寺式をみると高い塔が金堂の前に立ちはだかり、背後の金堂・講堂はあたかも光背のごとく存在する。この景観は中門から巨大な塔が正面中央を占めている。ちなみに山田寺は創建四天王寺の後の建立である。この寺は回廊が講堂に連結せず（講堂は回廊外の北に位置する）、回廊が完全に閉じられた創建四天王寺式と同じである。

　この段階の仏教といえば大乗仏教であり、それは小乗仏教のような個人の救済でなく大衆を救済する仏教とされる。弱い存在の我々がお釈迦さまの超人的な力を崇拝することで、自らの苦行をともなわずとも助けてもらうという発想、この発想から人々を「釈迦崇拝」へと結びつけた。さらに日本にはじめてもたらされた仏像が出家・入山する前の若き日の釈迦（半《はん》跏《か》思《し》惟《い》像《ぞう》）の姿である。おそらく当時の人々は、難しい仏教理論でなく釈迦崇拝が現世利益へとつながると思ったにちがいない。

　初期の仏教期の釈迦崇拝は、仏舎利（釈迦の遺骨）を納めた「塔」の崇拝へとつながったと推測される。その結果、塔が重要視されるようになり圧倒的な存在感を示しつつ、伽藍の中心に位置した。

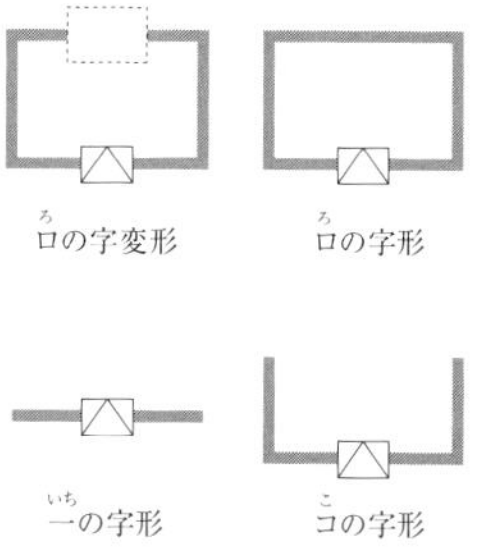

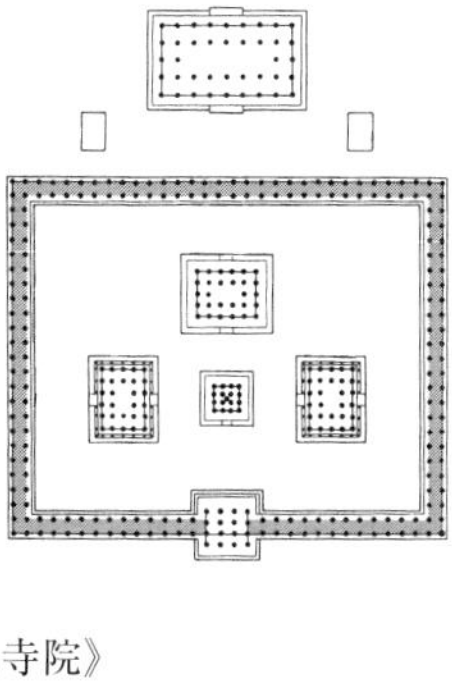
8 飛鳥寺伽藍復原図

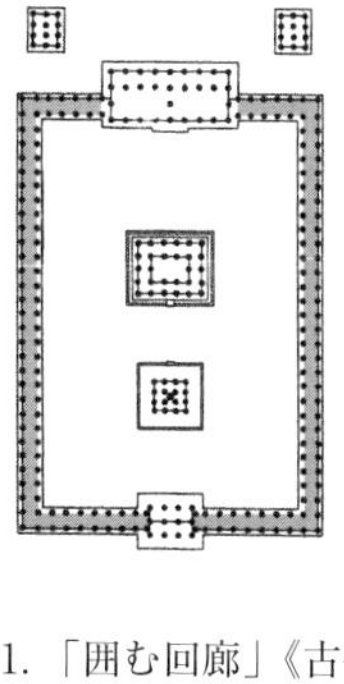
9 四天王寺伽藍復原図

●ステップ2

この段階は、まだ（一）の①で法隆寺式の法隆寺[10]や法輪寺などにみられる。回廊が塔と金堂を完全に囲む形式としてはステップ1と同じであるが、ステップ1に比べて「塔」の重要度がうすれ、塔と金堂がほぼ対等の形で回廊に囲まれている。伽藍配置は左右非対称形で、回廊が口の字形である。

法隆寺式の配置をみると、建立当初は北回廊も一直線で回廊が完全に閉じられた形であった。回廊内は中門より左に塔、右に金堂を配し、その向きは南面している。塔・金堂と回廊との距離は、北側がややせまい、他はすべて等しく塔・金堂は回廊内の中央を占めている。法輪寺は法隆寺の伽藍より小規模ながら同形式で、中門に立つと塔と金堂をほぼ同等に眺められる。塔は仏舎利を納め、金堂は仏像を安置する場所。多賀城付属院[11]は、法隆寺のように中門に対して塔と金堂が並置でなく、中門を通る中心軸に対して互いに向かいあって配置されている。ただ、この地方寺院の囲みは回廊でなく築地塀である。つまりこの配置は囲まれた中央（塔と金堂の間）に重点がおかれていることからステップ1とステップ2の中間の位置づけとなる。

このようにステップ2は、塔と金堂がほぼ同等の位置に並置することを意味している。この段階は初期仏教期の寺院であるが、「釈迦崇拝」から「仏像崇拝」への移行期、たぶんに大陸の伽藍移入から、しばらくしたのちにようやく日本らしき段階に入ったものといえる。

10 法隆寺　本書は、回廊が塔・金堂を完全に囲む法隆寺（法隆寺式）に対してそれ以前の若草廃寺を創建法隆寺、そして回廊が講堂に連なる現在の法隆寺を現法隆寺と称している。

11 多賀城付属院の復原プラン

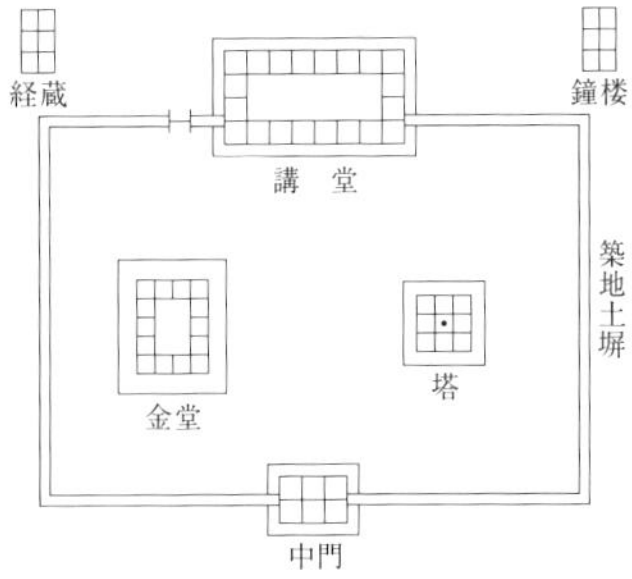

●ステップ3

この段階は（二）の②で、平城京遷都後の元興寺が代表といえる。この段階は回廊が講堂に連なり金堂のみを囲み、塔は回廊の外に押しだされている。伽藍配置は左右対称形で、回廊の形がロの字変形である。

元興寺の復原をみると、塔は一の字形の回廊と南大門に連なる塀で囲まれているものの主回廊からはずれ、もはや回廊内の中央は金堂だけが位置している。

平城京移転後の現薬師寺の配置は、それ以前の藤原京と同形式であったといわれている。その薬師寺[12]（本薬師寺）の回廊は、金堂と塔を囲み講堂に連なり、回廊内の中央に金堂、その左右に東塔と西塔が配置されている。本薬師寺は、塔が回廊の外に押しだされていないものの、金堂が回廊内の中央を占めている。おそらく本薬師寺式は、ステップ2の法隆寺とステップ3の元興寺の中間の位置づけといえるだろう。

ステップ3は、伽藍の中心が完全に塔から金堂に移り、金堂を中心に教学にはげむ仏像崇拝に移行したことが読みとれる。

●ステップ4

この段階は（三）の③で、興福寺や東大寺[13]（図2・図3）が代表的といえる。この段階は回廊が金堂に連なり、回廊内に建物のない形式。伽藍配置は左右対称形で、回廊の形がロの字変形である。

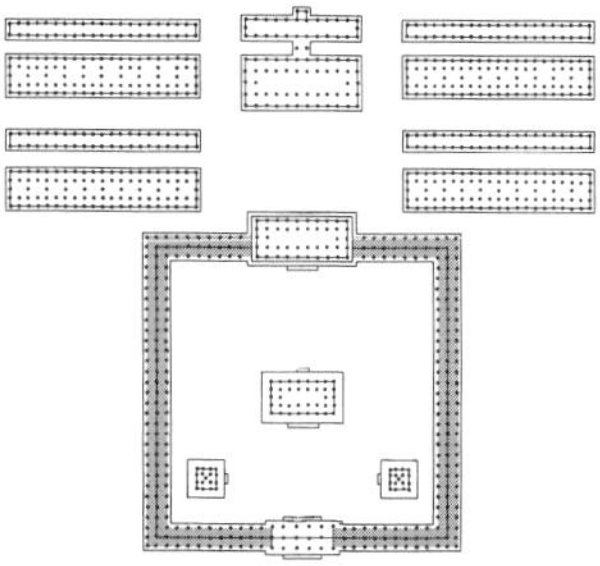

12　薬師寺伽藍復原図

13　現東大寺回廊　壮大な現回廊は単廊で、東西百五十三M、南北百十Mである。

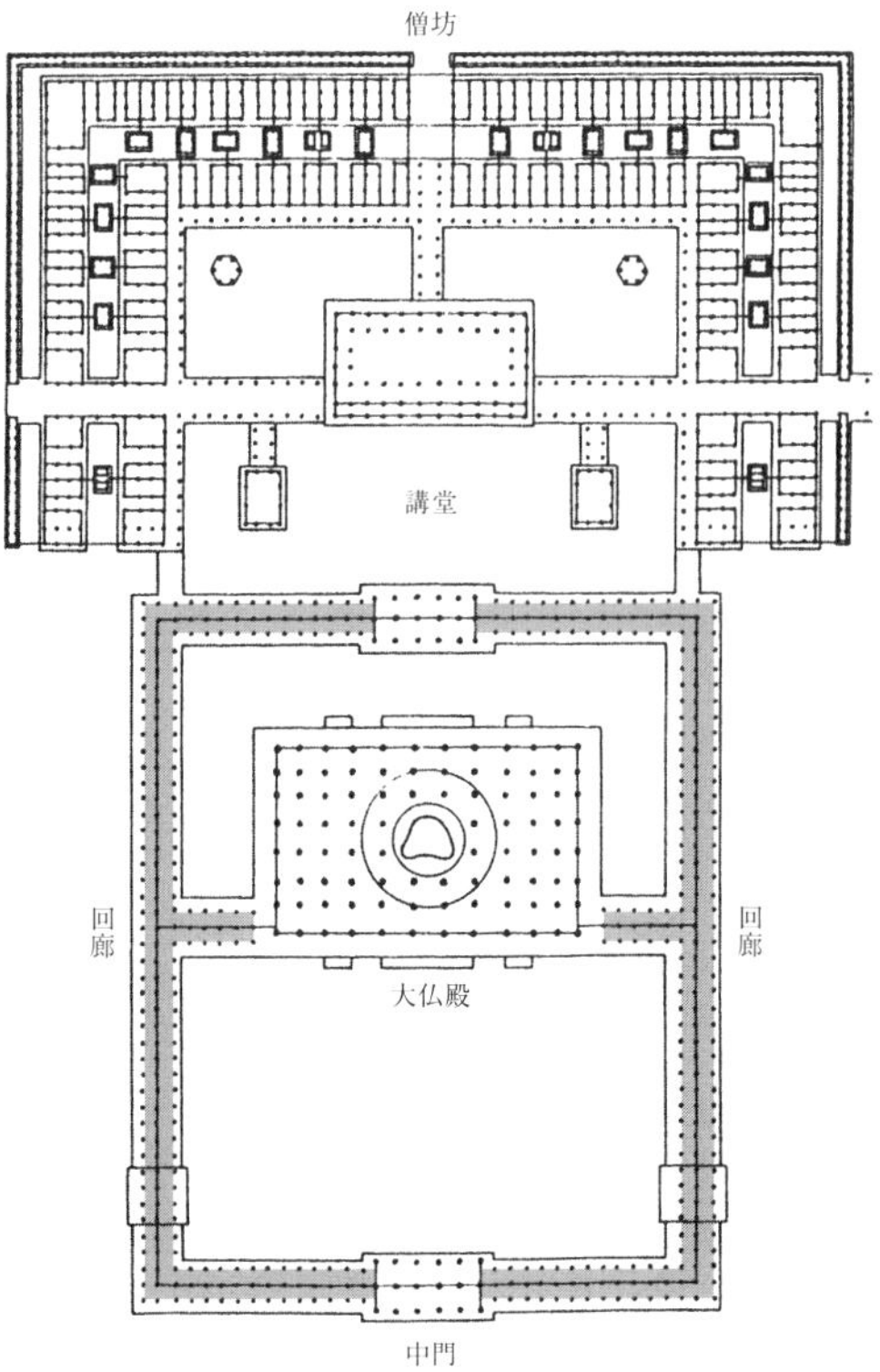

図2　東大寺伽藍復原図

図3　東大寺復原模型（東大寺蔵）

現在の東大寺は一七〇九年（宝永六年）に再建された。もともと回廊は複廊であったが、旧規のとおり復原できず単廊となった。

興福寺は七一〇年、山階寺を平城京に移し寺名を興福寺とした。その伽藍配置[14]（興福寺式）は回廊内に建物がなく、かわりに人が礼拝や儀式を行うための中庭へと変化した。つまり、金堂内部と中庭が一体となって宗教的な営みを行う場になったのである。ここでは塔が完全に回廊の外に位置している。まだ興福寺や東大寺は塔が小回廊で囲まれていたものの、大安寺にいたっては塔のみが回廊の外に位置している。いわゆる塔の意味が宗教的なものから後退し、伽藍のシンボル化、荘厳の重要な装置化へと変化したといえる。東大寺・大安寺の七重塔が七〇Mを超えていた、ということにも納得がいく。それと同時に金堂に連なる回廊は歩行空間から庭儀の際の滞留空間へと変化をした。その後は多くの寺院がこの伽藍配置構成にしたがって建てられていく。この背景に見えてくるのは聖武天皇と僧行基の存在である。

歴史をみると聖武天皇は、七四二年東大寺を中心に国ごとに国分寺と国分尼寺をつくる詔をだした。このことで仏教は国家仏教として最盛期をむかえる。人々は東大寺の巨大な仏像、毘盧遮那仏《びるしゃなぶつ》を契機に、完全に釈迦崇拝から「仏像崇拝」へ移行したと推察される。国家仏教が全国に広がるにつれ、その一方で昔からの土着の信仰を受けつぐ民間の宗教者へと風当たりも強くなった。それにつれ、民衆はしだいに国家鎮護を目的とした国家仏教でない民衆を救う身近な仏教を求めるようになってゆく。

この時機に現れたのがいわゆる僧行基[15]である。行基が大仏建立の功績によって「大僧正」となったことで、仏教がしだいに民衆の生活に根をおろし、その結果、奈良時代の末に国

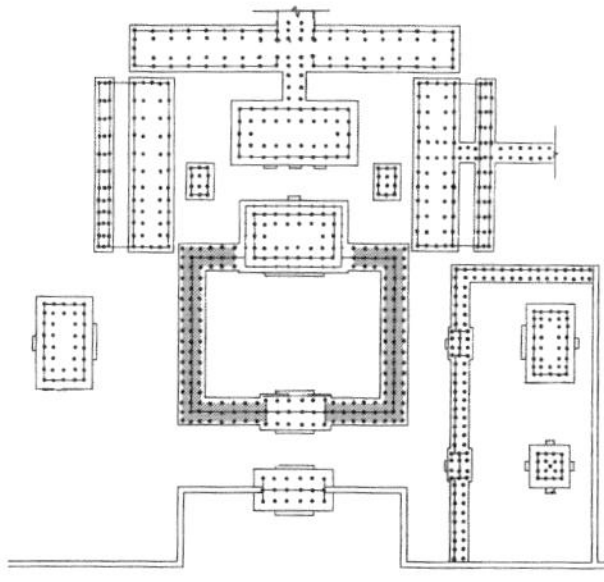

14 興福寺伽藍復原図

15 僧行基（六六八～七四九）民衆への布教活動が禁じられた時代に畿内を中心に仏法の教えを説き人々から篤く崇敬され、溜池や架橋など数々の墾田開発や社会事業を各地で行った。

家仏教は民間仏教へ徐々に移行をしはじめた。その当時、興福寺の建立を境として、一般の人は伽藍内に入れないまでも、回廊に囲まれた中庭は非常に開放的な場所に変化した。

その後に、この開放的配置構成は皇室と結びつきの強い平地に位置する密教系・浄土系寺院の一部へと踏襲されていくことになる。奈良仏教が国家の全面的庇護のもとにあるのに対し、天台宗・真言宗は国家権力から距離をおき、都から離れた山中に伽藍を営む。それらは山中ゆえに回廊が必要でなかった。嵯峨天皇離宮の大覚寺や皇室ゆかりの神護寺などがそうである。だが、平地寺院の東寺や醍醐寺（下醍醐）には回廊が存在し、回廊が金堂に連なる興福寺式の伽藍であった。

浄土系寺院の尊勝寺や最勝寺は、白河上皇の発意にもとづく寺であり、東向きの阿弥陀堂が西に位置するこの配置も、まさに興福寺式の伽藍といえよう。

このように寺院成立の各段階でみると、古代平地寺院型の回廊は、古代仏教の流れとともに囲む対象も変化し、その対象は塔、塔と金堂、次に金堂、そして人が集まる中庭へと変化している。いわゆる回廊は、仏教の思想・理念そして民衆の信仰にもとづき、そのとき一番重要なるものをそのつど囲ってきたといえる。なおこの図式（塔→金堂→庭儀）に関しては、学説の違いから疑問視する研究者[6]もいることを記しておこう。

回廊の変遷と門の形式

ステップ1と2（初期仏教系寺院）では回廊内に金堂と塔が存在していた。このときの回廊に取りつく中門の形式は、門の巾に対して比較的奥行きがある。桁行きは法隆寺西院の四間、大官大寺の五間を除くと、他はほぼ三間。梁行は法輪寺・川原寺・百済寺・四天王寺などの小寺が二間、ほかは三間でほぼ半数ずつである。すべての寺は中門が手前の南大門よりはるかに大きな門であった。回廊内は金堂と塔による仏の専有する神聖な空間で、中庭に十分な礼拝のスペースがなかった。それゆえ、中門が一般参詣者の礼拝の場であったといわれている。[4] 回廊の形式は単廊である。単廊は、回廊の内側が列柱廊、外側が腰壁つき連子格子である。[16・17]

ステップ4（南都仏教系）では、回廊が金堂に連なり建物を囲っていない。さらに、塔は回廊内から外に出ている。このときの回廊に取りつく中門の形式は、門の巾に対して奥行きのない幅広となる。すべての寺院は桁行きが五間、梁行きが二間である。この場合の回廊の形式は複廊となる。複廊は、回廊の中央の分離壁が腰つき連子格子、回廊の両側（内と外）が列柱廊となる。ところが中門は扁平化され単なる出入口の門となり、それにともない回廊の中庭は参詣者の場に、また儀式の場にと変化し、ステップ1と2の寺院に比べて、回廊内がやや世俗的な空間となった。

一般的には、単廊も複廊も聖と俗の領域を限定する境界的機能をもっている。機能的側面からみると単廊は主に回廊内の歩廊の役目をし、一方複廊は、中庭側が歩廊としての役目と同時に中庭での儀式・法会の際の着座の場にもなる。外側は中庭で儀式を行う際、外通路として使用されていたのであろう。このことは東大寺再建供養会屏風絵（図4）にお

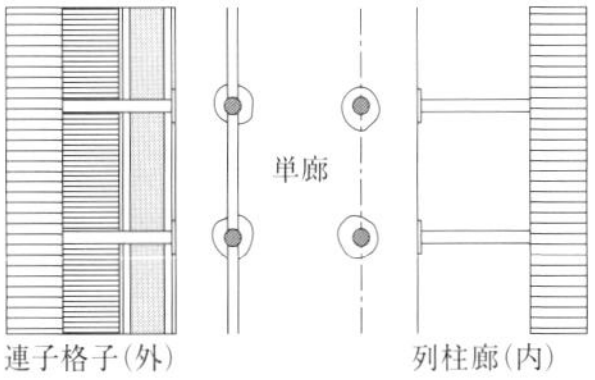

16 単廊と連子格子　連子格子は飛鳥時代の仏教建築にはじめて使用された。

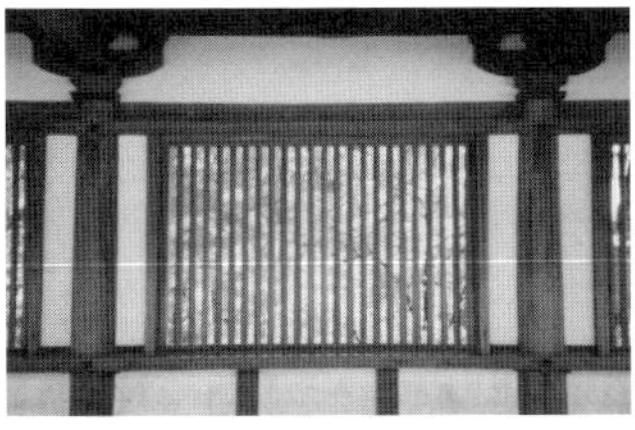
17 法隆寺の連子格子

いてもよく表現されている。

それでは、この複廊形式は一体どこから学んだのであろう。おそらく当時の宮殿建築からの導入ではないだろうか。なぜなら難波宮跡の発掘調査において複廊が確認されている。そして中国の宮殿に複廊の存在がある。このことからも、複廊が日本の宮殿・寺院建築に登場したとしてもなんら不思議なことではない。

(3) 法隆寺と回廊の成立

法隆寺の伽藍は西院と東院のそれぞれに分けられる（図5）。西院の成立についてはいまだいくつかの諸説がある。回廊に興味をもつ者としては、ぜひここで法隆寺の伽藍（図6）に注目してみたい。

法隆寺式の伽藍配置はいま判明しているなかで、最も古いのが尼寺北廃寺と尼寺南廃寺である。それにつづいて法隆寺、法輪寺、吉備池廃寺跡（百済大

図4　東大寺再建供養会屏風絵（東大寺蔵、宝永六年、1709年）

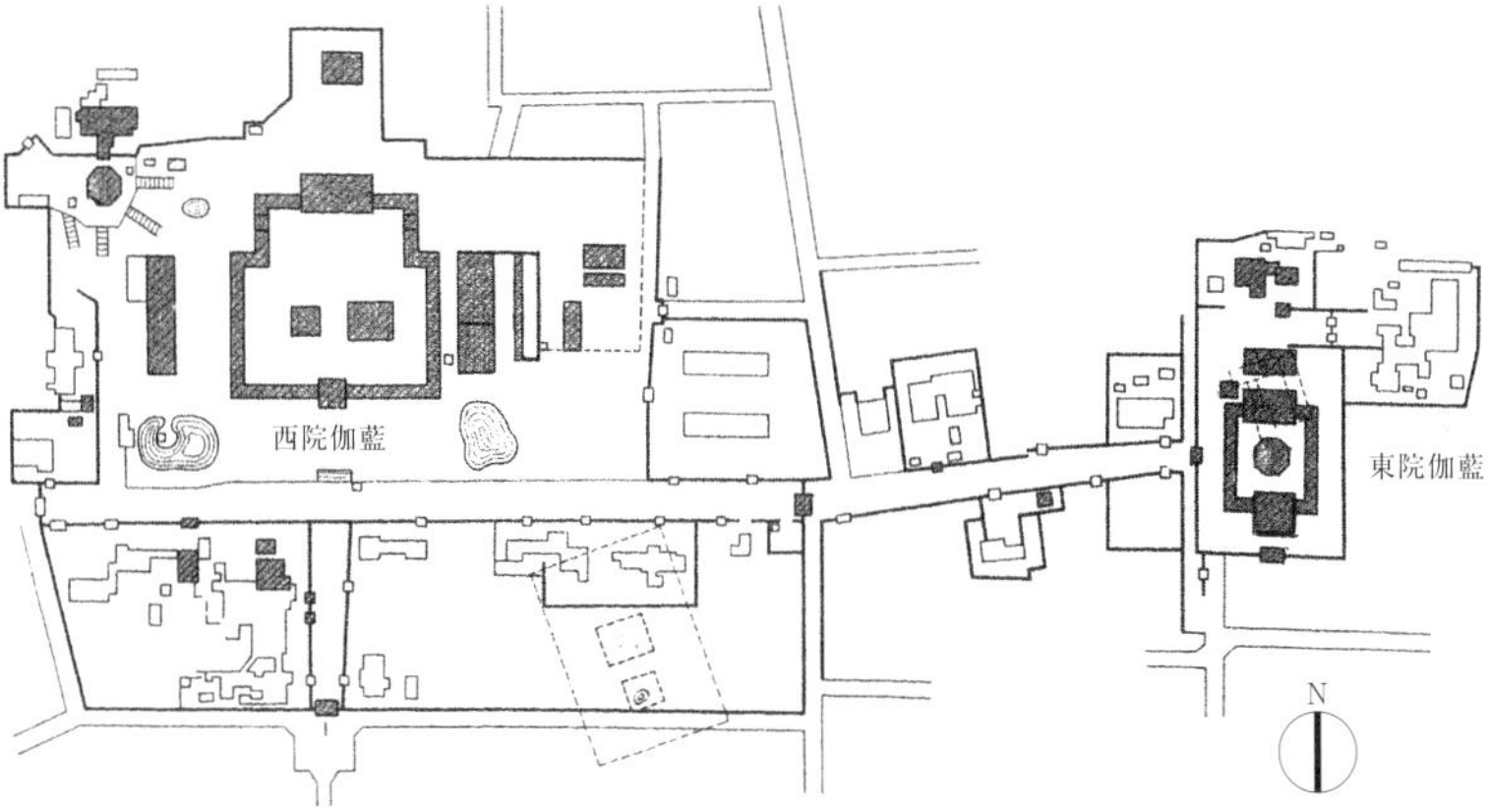

図5　現法隆寺境内図

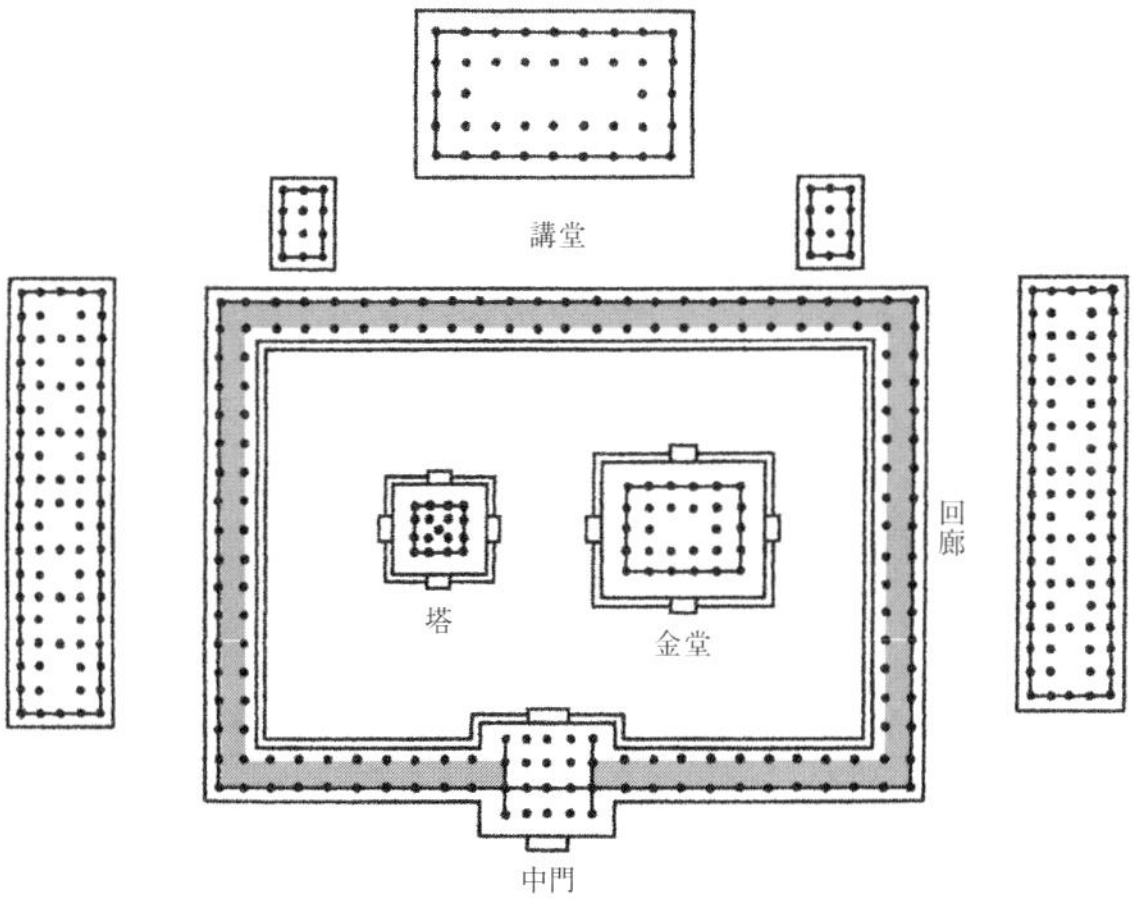

図6
法隆寺伽藍復原図
白鳳時代の特色として回廊は単廊で、中門から発し北方で閉じて聖域の区画としての役割を明瞭にしている。

寺との見方あり）、そして安倍寺（桜井市）や伊丹廃寺など氏寺に多い。どちらかといえば小寺院向きといえる。さらに法起寺が金堂と塔が逆配置で存在している。法隆寺の伽藍配置についてはこれまでにもいろいろな説がある。

その一つが大陸説である。この形式が白鳳時代の初期に一斉に流行したことから、原型は唐から学んだもの、川原寺[18]がその原型におそらくもっとも近いという意見である(5)。すなわち法隆寺は唐からの影響であり、川原寺の略式化ということになる。周知のごとく、川原寺は回廊が中金堂に連なり、回廊内は左に西金堂、右に塔が配置されている。いわゆる回廊内の金堂と塔は法隆寺と逆配置になる。

もう一つが日本説である。法隆寺は、わが国で独自に考案された配置形式という意見である。なぜなら、この配置が中国や朝鮮半島でいまのところみつかっていないこと、そして左右非対称の性質が日本的とされている。この左右非対称の配置は四天王寺のタテ型の硬直した雰囲気から脱却し、同一視点からほぼすべての建物をみることができるパノラマ的、箱庭的な伽藍配置である。この配置計画がきわめて日本的という見解のようである。

武澤秀一は『法隆寺の謎を解く(7)』において、法隆寺は山田寺[19]が洗練された結果、法隆寺になったとしている。

山田寺の着工は創建法隆寺（若草廃寺）より遅いが、いまの法隆寺より数十年早い。創建法隆寺および山田寺は、回廊が講堂に連ならない四天王寺式であり、その配置は門・塔・金堂が一直線に並ぶタテ型配置である。武澤は平安時代に現四天王寺の西門から西方浄土

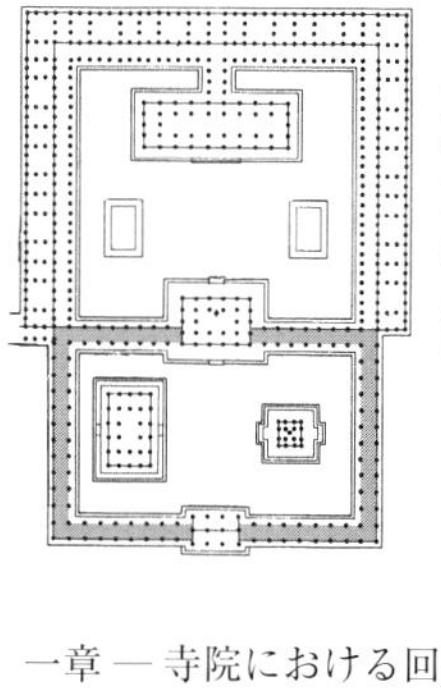

18 川原寺伽藍復原図

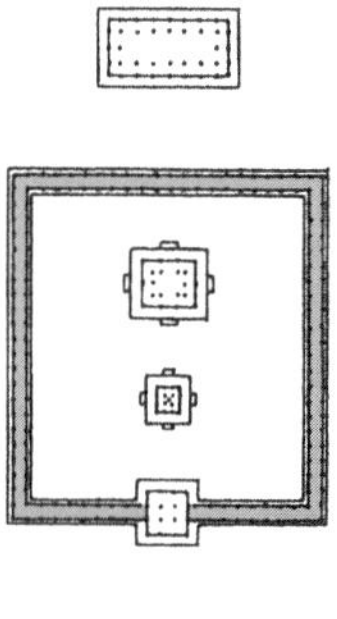

19 山田寺伽藍復原図　山田寺の東回廊の一部が一九九七年の発掘調査によって復元され、その柱はエンタシスと呼ばれる中ほどが膨らんだ法隆寺と同一の形状であった。

に渡るという庶民信仰が興った空間体験をもとに、法隆寺の空間構成について、四天王寺の西門から列柱回廊に囲まれた聖域内をみると、左に金堂、右に塔がヨコに並び左右は逆であるが法隆寺と似ているとし、さらに、法隆寺の伽藍配置は、創建時の法隆寺や山田寺のタテ配置のものをヨコにするという一大転換によってもたらされた、と解説している。この見解は、「四天王寺からなにゆえ法隆寺に変わった」という建築史テーマに一つの興味深い解明を与えたと捉えることができる。

別の角度から、なにゆえに四天王寺から法隆寺にかわったかを、もう一度考えてみよう。注視したのが東西軸と南北軸の拮抗する二軸である。

寺院の南北軸とは、いわゆる中国形式による軸であり、古来日本形式の軸といえば、それは東西軸である。日本書記にも「山河の形勢に従って国郡の境界を定め、道路のタテヨコにしたがって邑里を定めた。そこで東西の日のタテ軸、南北の日のヨコ軸とした。」と明記されている。古代の日本は東西軸が主で南北軸が従であった。さらに日本の神「アマテラスソウミノカミ」は太陽神で東西を軌道の軸としている。また東西軸は日本の稲作文化とも関係が深い。そこに中国から強大な文化の一つの象徴として南北軸が移入された。その結果あらゆる側面で南北軸に転換したといった経緯がある。たとえば、のちにふれる日本の神殿は古代の神々の信仰軸にかわって、新たに南面にさせられた南北軸をみいだす。春日大社や諏訪大社の配置がそうである。日本の東西軸は大陸の強大な影響のもとに造営され南面するみやこにもそれが見え隠れする。藤原京における天《あまの》香《か》具山《ぐやま》と畝《うね》火《び》山《やま》を結ぶ東西軸[20]

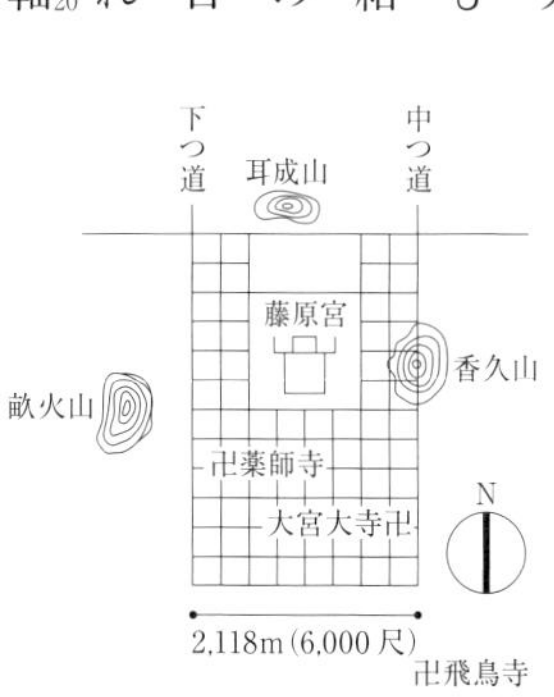

20 藤原京と東西軸

にそれをみることができる。[(8)]

東西軸の伽藍としては橘寺がある。橘寺は太子の死後、太子の鎮魂のために建てられた寺で太子建立七大寺の一つといわれ、発掘調査の結果、東向きの四天王寺式としてわかっている。橘寺の西の門を通る道が川原寺の中門を通る道と重なっているために、川原寺の配置が橘寺と直交して建てられている。[21]

前にもふれたが、川原寺は法隆寺大陸説で原型にあげられた寺である。また東西軸の伽藍としては、飛鳥仏教の発祥の地、豊浦の豊浦寺がある。かつての寺は飛鳥川をはさんで飛鳥寺（法興寺）と対峙していた。この法興寺は南面して建てられていた。ただ飛鳥川に面する西門がとくに大きくつくられており、機能的に豊浦寺に向いていたようである。[(1)] 当時の法興寺が僧寺、豊浦寺が尼寺であった。その豊浦寺は飛鳥川の西岸に位置し、伽藍配置が東に面する四天王寺式。すなわち南北軸の法興寺に対し、川をはさんだ豊浦寺は東西軸に中門・塔・金堂・講堂を配していたことになる。[22] 回廊の形はこの東西軸の伽藍配置によってタテ長からヨコ長へと変化をしている。また法隆寺と中宮寺が「僧寺と尼寺」のセットと考えるなら、最も古い法興寺と豊浦寺は、もしかすると法隆寺式と何かしらの関係があるのかもしれない。

いずれにせよ、南面する法隆寺の配置は、回廊によって囲まれた中庭内の東西軸線上に塔・金堂を内包している。正直なところこの地を再訪したとき、当時押よせてきたであろう大陸文化のなかでなんとかもちこたえて残しつつ興衰した日本の文化軸の再現に出会え

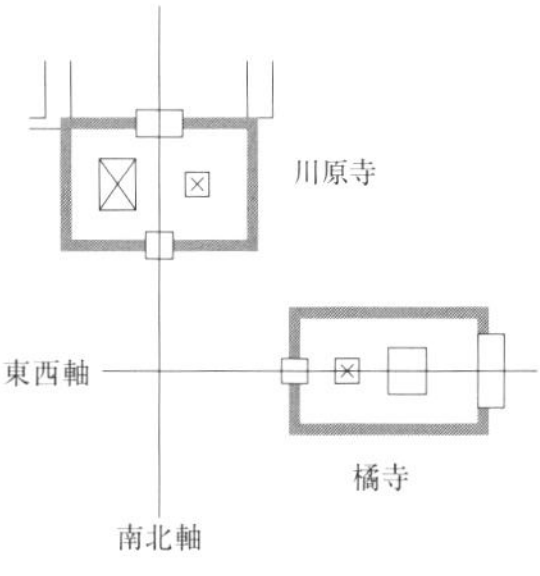

21 川原寺と橘寺の配置構成

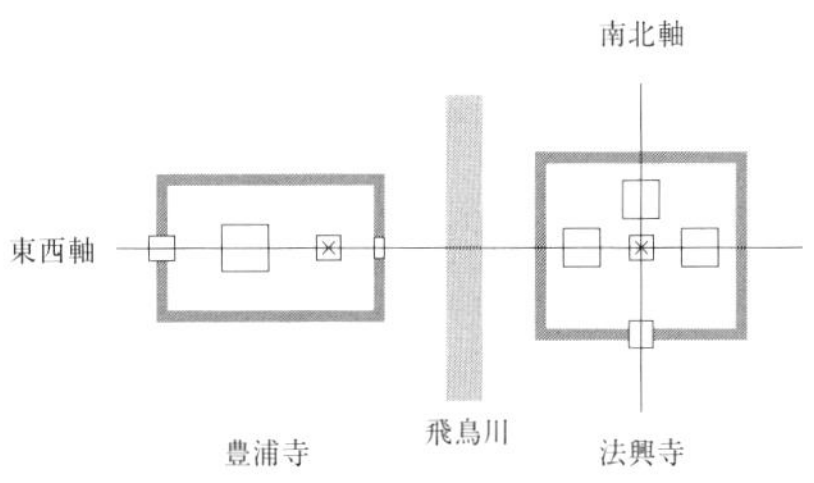

22 法興寺と豊浦寺の配置構成

たという想いであった。

(4)「囲む構造」

古代平地寺院の回廊は、すべてがロの字形あるいはロの字変形である。ロの字形・ロの字変形の性質は、形が閉鎖的で強い中心性をもっている。その形は周辺と中庭の間に特殊な境界領域をつくり、囲まれた中庭の力は中心に向かう。すなわち求心性をもった構造である。当然、回廊は聖と俗の境界となり、回廊で囲まれた領域は聖度の分布ができ、中心が最もポテンシャルの高いところとなる。一般に囲む構造なら、かならずしも強固に囲む必要がない。聖・俗を区別するだけであるならもっと簡単な境界でもよいであろう。ところが古代平地寺院の回廊は非常に強固で閉鎖的、これはおそらく古代中国の影響が大きいとみる。その一方で日本の囲みは柵などむしろ柔らかい伝統的なもので囲っているのである。

中国の住居建築(三合院・四合院[23])・宮殿建築はいずれも囲む形式をとっていた。田中淡は『中国建築の基礎的研究[(9)]』のなかで、「中国建築の平面配置の強固な原則である閉鎖的中庭形式は、宗教的と非宗教的、宮殿と寺廟との間で、平面配置や建築形式のうえで差異は希である。建築の用途別の相違を超えるほどまで強固な伝統が形成されていた。」と述べている。中国建築は古代より寺院のみならず、さまざまな建築までも囲ってきた。たとえば、

23 三合院・四合院　四面とも建物がある場合は四合、三面のみに建物がある場合が三合と称された。門とともに中庭のある空間。

中心に神を祀る客家《はっか》[24]の土楼も、孔子廟も。このようなことが仏教伝播とともに朝鮮半島から日本に影響を少なからず与えたと考えるのが妥当といえる。

仏教の受容は中国の律令制、すなわち中央集権的な統治制度を受け容れるということでもある。結局、古代平地寺院の仏教は奈良を中心に律令社会を肯定し、安定させるための道具となった。それを支える形が中国の影響を受けた「囲む構造」であったともいえるだろう。

その「囲む構造」は回廊の最も基本的構造である。いうなれば、回廊にかぎらず囲む形は建築空間をつくりだし、つくりあげる基本といっても過言ではない。

宗教建築の回廊は大なり小なり各宗教にふさわしい囲む構造をもっている。ところが、「囲む度合い」が各宗教建築で微妙に異なり、それゆえ回廊の構造にちがった特徴が生まれることになる。

2.「迎える回廊」《浄土系寺院》

京都宇治川の辺にある平等院鳳凰堂は浄土系の寺としてよく知られている。扶桑略記[25]に「極楽いぶかしくば宇治の御寺を礼へ」と評され、極楽浄土を見事に表現し、唯一回廊を有し現存する歴史建築物である。

24 客家　中国の南部に住む漢民族のこと。唐から元のころ華北から移住してきた人々の子孫であるとされている。彼らは外部から襲撃を防ぐため、土の壁で囲まれた土楼（三階建）と呼ばれる集合住宅を築き集まって住む。

25『扶桑略記』　平安時代の私撰歴史書。総合的な日本仏教文化史であるとともに六国史の抄本的役割を担って後世の識者に重宝された。比叡山の僧皇円が編纂したとされる。

浄土系寺院とは、平安時代の後期に浄土思想が高まり、それによって阿弥陀堂[26]を中心に建立された寺院をいう。浄土教は七世紀に日本に伝えられたものの、その当時は普及しなかった。ところが、平安中頃、藤原氏の摂関政治がゆきづまり院政がはじまる。しかし、治世はみだれ世の中はたび重なる災害や疫病に直面した。このころ貴族の間では念仏することで日々の不安から逃れ、死後の極楽往生を願う浄土教が流行し、平安後期おおいに発展をとげた。その大きなきっかけになったのが極楽浄土へ往生する正しい念仏方法を説いた源信[27]の『往生要集《おうじょうようしゅう》』であった。当初は浄土系寺院の多くが京のみやこ周辺で建立された。その後には奥州藤原氏のもとでも建立されている。

(1) 浄土庭園と伽藍

浄土系建築の大成者は藤原氏といわれている。藤原氏の寺院造営は、それ以前から続けられてきた天皇家の造営（密教系の仁和寺、醍醐寺など）にとってかわられた。ここでは、先学の文献研究や発掘調査をもとに浄土系寺院の伽藍配置（模式図）を（図7）に示している。浄土系寺院の特色といえば阿弥陀堂と浄土庭園（園池）が一体となり、この世に阿弥陀如来の浄土を表現していることである。ならば浄土庭園の有無と位置で伽藍配置の分類は可能と考え、（一）前庭に園池の寺、（二）園池に囲まれたて寺、（三）園池のない寺に分類をしてみた。

26 阿弥陀堂　内部に極楽浄土の主、阿弥陀如来像を安置した仏堂。建築的には二形式あり、一つは常行堂を原型とする正方形のもので、代表的なものが平等院鳳凰堂の中堂。もう一つは九体阿弥陀仏を安置する長方形のもので、代表的なものが浄瑠璃寺本堂。

27 源信（九四二〜一〇一七）平安時代中期の天台宗の僧。比叡山中横川の恵心院に隠遁し、寛和元年（九八五年）に往生要集をあらわす。『往生要集』は、浄土教の観点から多くの仏教の経典や論書などから、極楽往生に関する重要な文章を集めた仏教書。

前庭に園池の寺

法成寺《ほうじょうじ》、法勝寺《ほうしょうじ》、毛越寺《もうつうじ》などがある(10)。この寺々はみやこの内部に立地していることから都市立地型ともいえる。回廊は金堂に連なるコの字形を形成(ただし、法成寺の回廊がロの字変形となるのは、平等院、法勝寺創建後、天喜火災後の再建一〇九〇年頃)。その伽藍配置の特徴は浄土系寺院のなかでも阿弥陀堂より、やや金堂優位の創建過程を表している。

法成寺は浄土系寺院のうちで最も初期の寺、一〇二〇年に関白藤原道長によって造営され、これまでにない新しい形態で後の浄土系寺院の原型となる。その伽藍配置(図8)は中島のある池のまわりに南面する金堂、東面する阿弥陀堂、西面する薬師堂が存在し、全体が回廊によってつながっている。この法成寺の伽藍配置は法勝寺へ、さらに奥州の毛越寺に影響を与えた。

法勝寺は、六勝寺の代表格で藤原氏の法成寺に

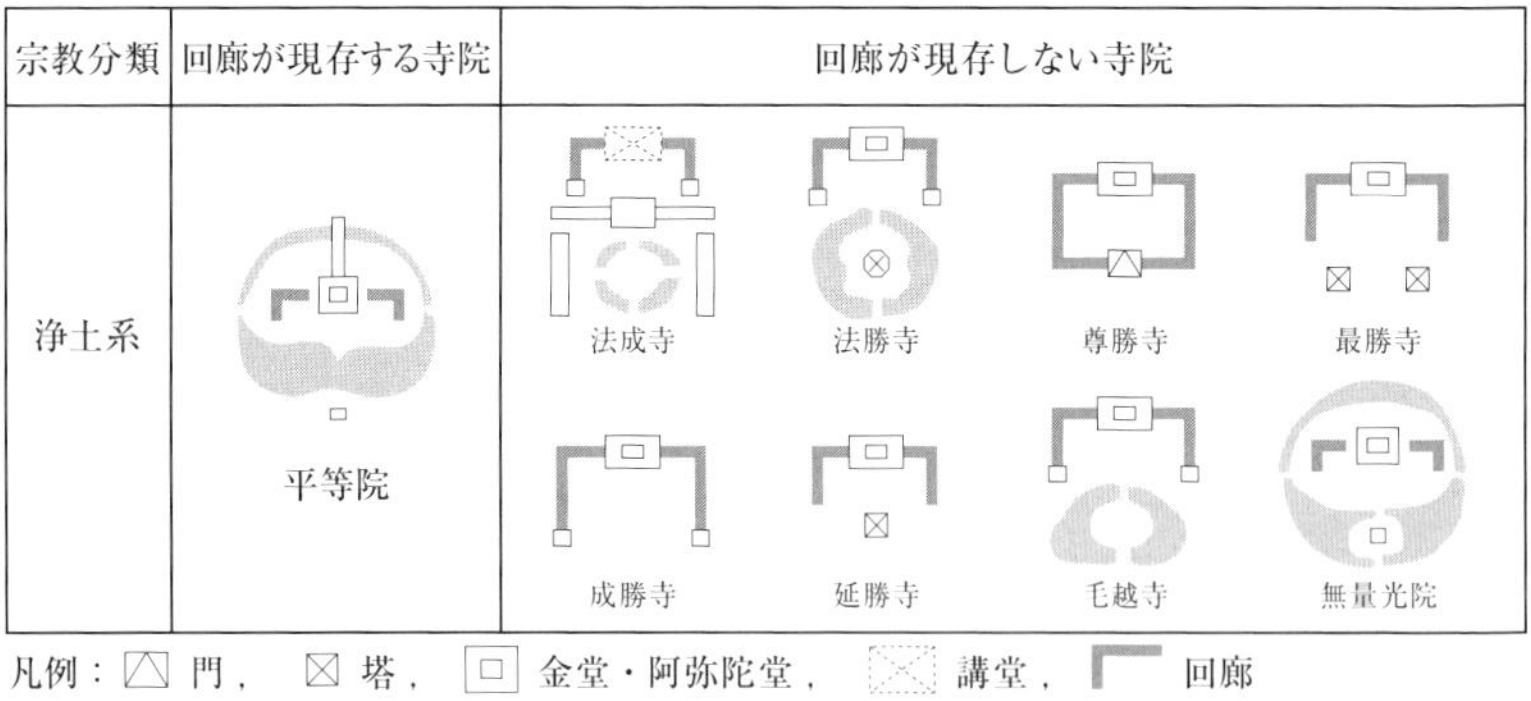

図7　浄土系寺院の伽藍配置（模式図）

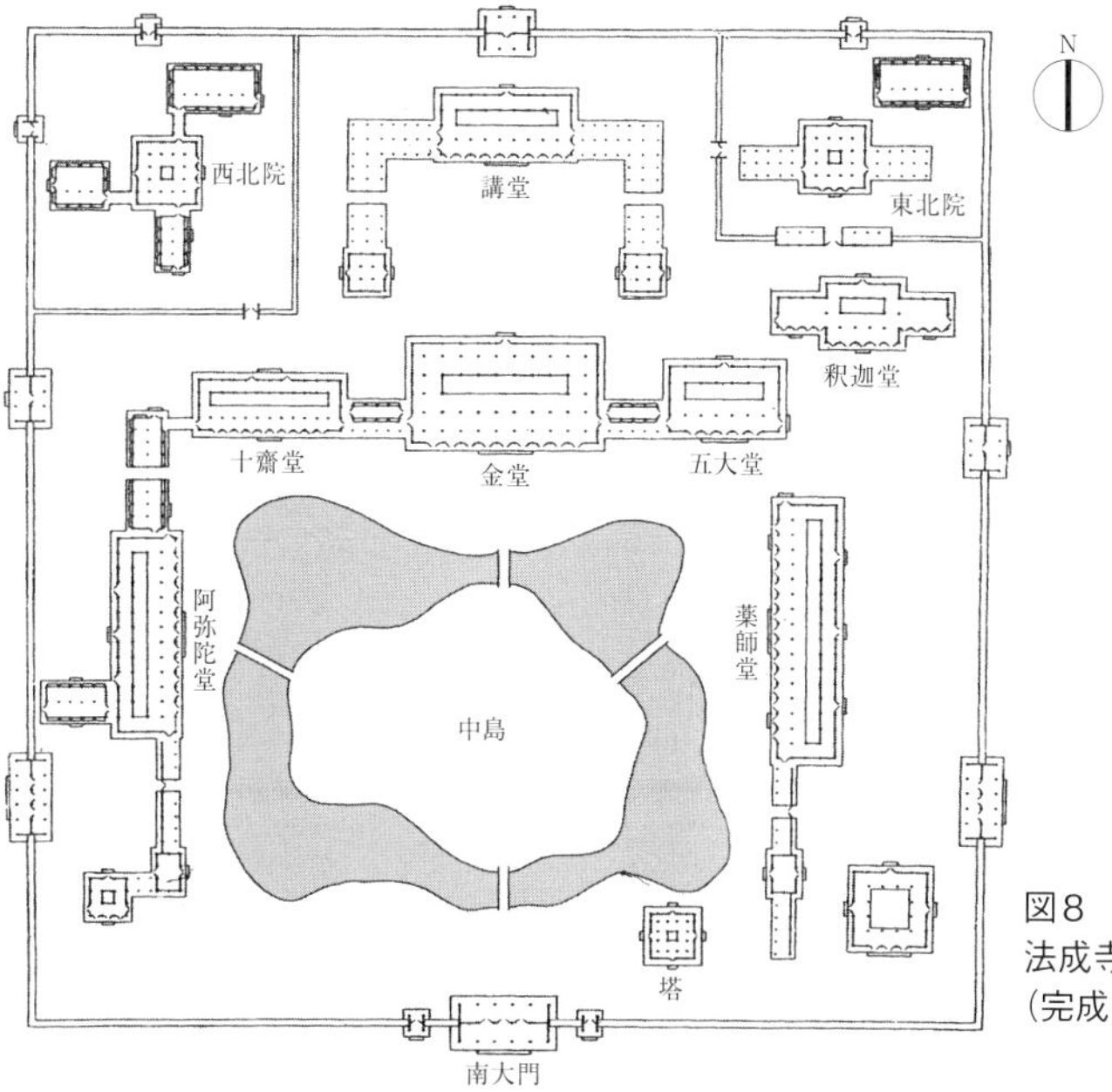

図8
法成寺伽藍復原図
(完成時)

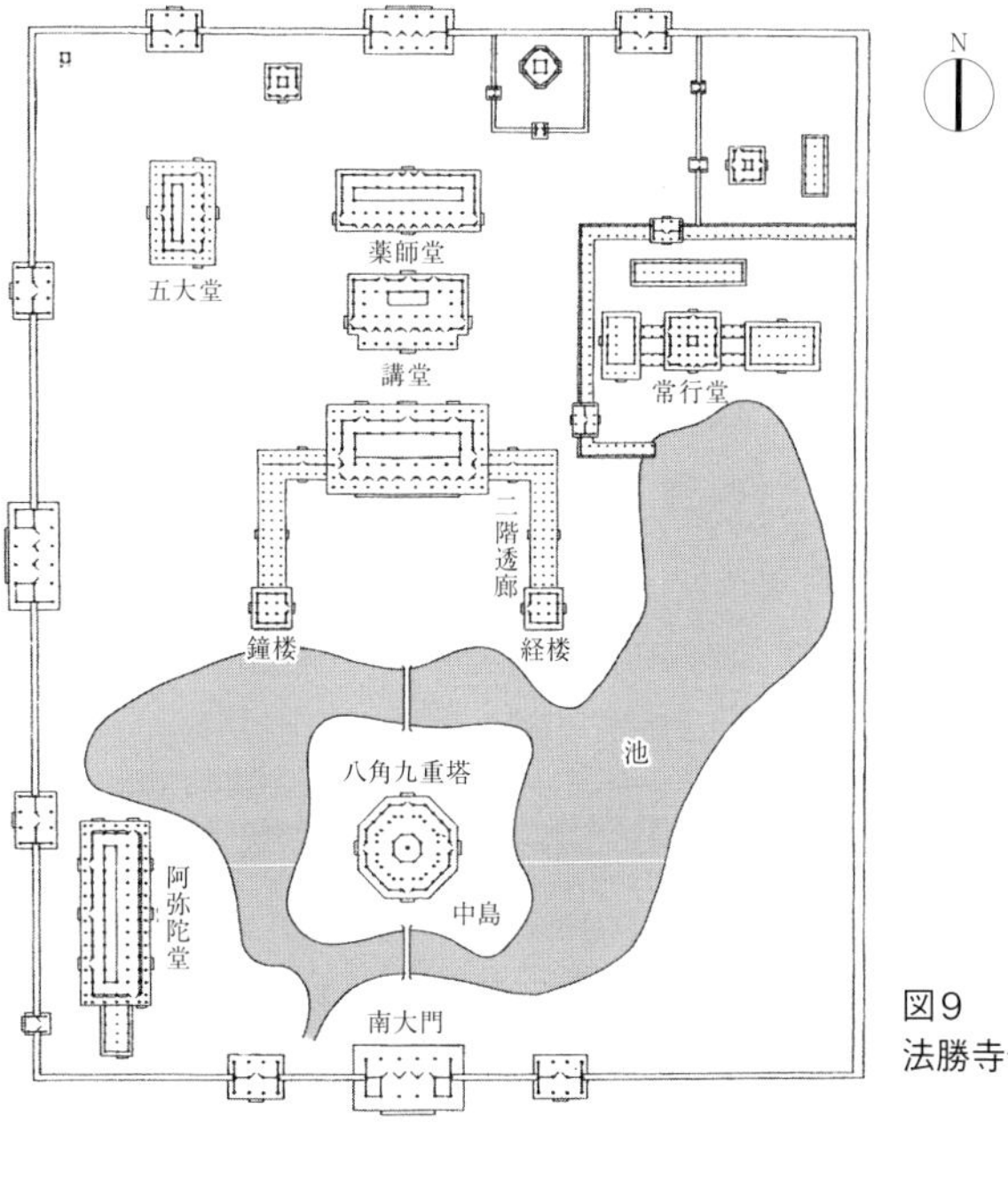

図9
法勝寺伽藍復原図

対抗して白河天皇が造営した御願寺である。その伽藍配置（図9）は、南大門―八角九重塔―金堂―講堂―薬師堂が一直線上に配置され、南北の軸線にたいし完全に左右対称であり、きわめて古典的な配置構成である。この構成は一見四天王寺式の伽藍配置に類似しているが、金堂に連なる回廊がコの字形、南側の中島上に八角九重塔の建立など、実体は古代平地寺院の型と相違する。回廊がコの字型で南庭を囲む配置は、もうすでに法成寺金堂の背後にある講堂の配置構成でみられる。また回廊の造形は二層で透き廊など平等院の影響もある。ただ、伽藍中枢部は、金堂が胎蔵界、塔が金剛界の世界を表現しており、両者が対になることで両界曼荼羅の世界を構成し、密教思想と浄土思想の折衷の過程を表現しているといえる。また六勝寺のなかの一つ円勝寺は金堂の前面に園池を有しているものの回廊をもたない寺院である。

毛越寺（図10・図11）は、奥州藤原三代のうち二代基衡によって造営された浄土伽藍である。伽藍構成は円隆寺金堂に連なる回廊がコの字形を形成し南庭を取り囲み、その先に園池が配置されている。この配置は明らかに法勝寺の影響によるものといえる。

園池に囲まれた寺

平等院、無量光院が典型とされる。この寺々はみやこの周辺の景勝地に位置することから郊外立地型ともいえよう。回廊は阿弥陀堂に連なるコの字形で、その配置は園地によって囲まれている。つまり、園池に浮かぶ中島に阿弥陀堂が位置し、その伽藍の中心はあく

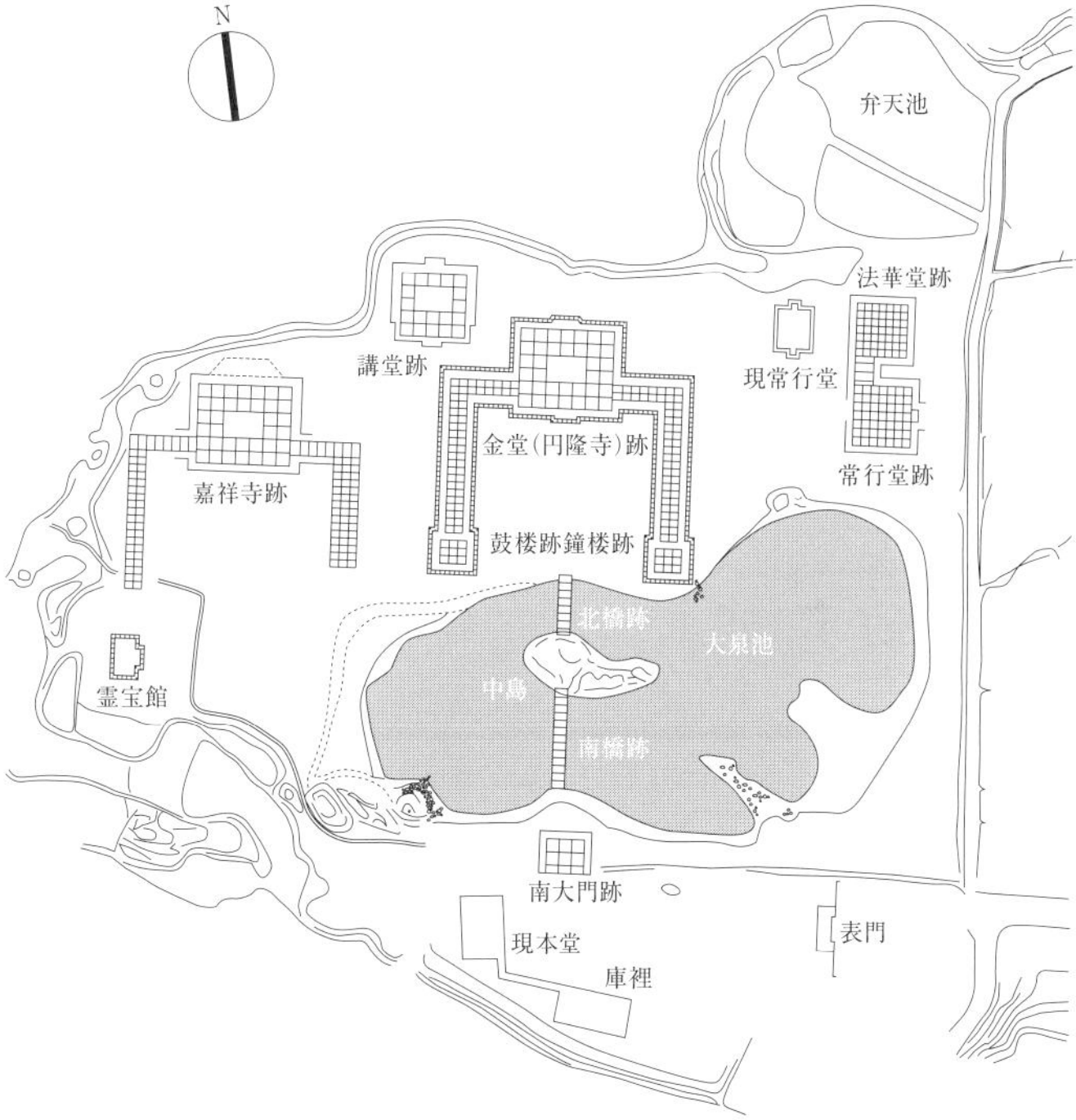

図10　毛越寺の伽藍配置図
現在は「大泉が池の庭園」のみが残っている。

図11
毛越寺復原模型（平泉文化史館蔵、復原監修：藤島亥治郎）

まで阿弥陀堂にある。
平等院[28]は、藤原道長の子頼通《よりみち》が宇治川に臨んで建てた別荘を一〇五二年に寺院とし、翌年に阿弥陀堂（鳳凰堂）が落慶された。この寺の配置（図12）および平面（図13）は、仏師定朝の作になる阿弥陀仏（如来座像）を本尊とする中堂を中心に、左右に二層の翼廊を配し、翼廊が北と南に折れ曲がる角に楼閣を構え、西後方に尾廊を設けている。この特殊な形態には法成寺のさまざまな手法が認められる。しかし、伽藍構成の理念や形態は対照的である。当時は極楽浄土への憧れが末法思想の広まりで現出したもので、一般的にこの形態は、中国の宮殿建築や浄土変相図などを模したにちがいないといわれている。このことについては、「浄土系寺院の源泉と回廊」の項で述べるとしよう。

無量光院は、奥州藤原三代の秀衡が平泉に建立した寺である。この寺は『吾妻鏡《あづまかがみ》』[29]にことごとく平等院を模したと書かれており、伽藍配置構成が平等院とじつによく似ている。発掘調査によると、東向きの阿弥陀堂は池の西端に配置された中島に建つ。平等院とは翼廊の規模の違い、尾廊がないなど相違もある。しかし、中堂の規模や両翼廊の形状がきわめて類似した平面プランであることも判明している[30]。残念ながら現在は園池部分を残すのみで、想像するに平等院に優るとも劣らぬ美しい浄土伽藍があったに違いない。この無量光院跡は、「世界遺産・平泉」の代表格として二〇一一年世界文化遺産に登録されている。

28 平等院鳳凰堂　宇治市教委の発掘調査（平成八〜一〇年）によると、創建当初は真中の中堂だけで、両脇の翼廊はなかった可能性があるとしている。現在の姿になったのは千百年頃と推定される。

29『吾妻鏡』　幕府自身の歴史書で将軍ごとの編年体で、鎌倉幕府が十三世紀末から十四世紀初頭に編纂したと考えられる。主な内容は幕府や御家人の動静が中心で、朝廷、貴族、寺社の記事は幕府と関係ない限り見られない。

30 平等院と無量光院の平面比較

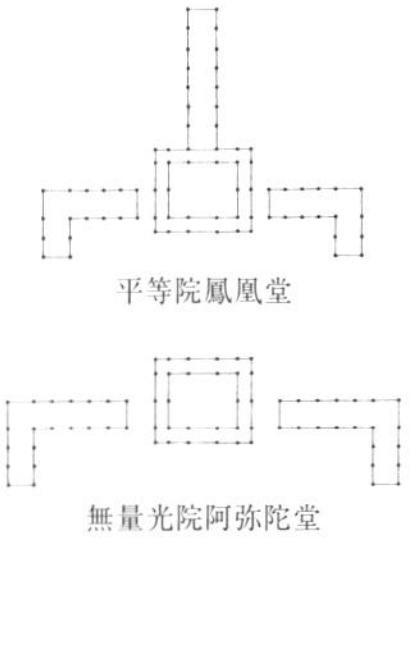

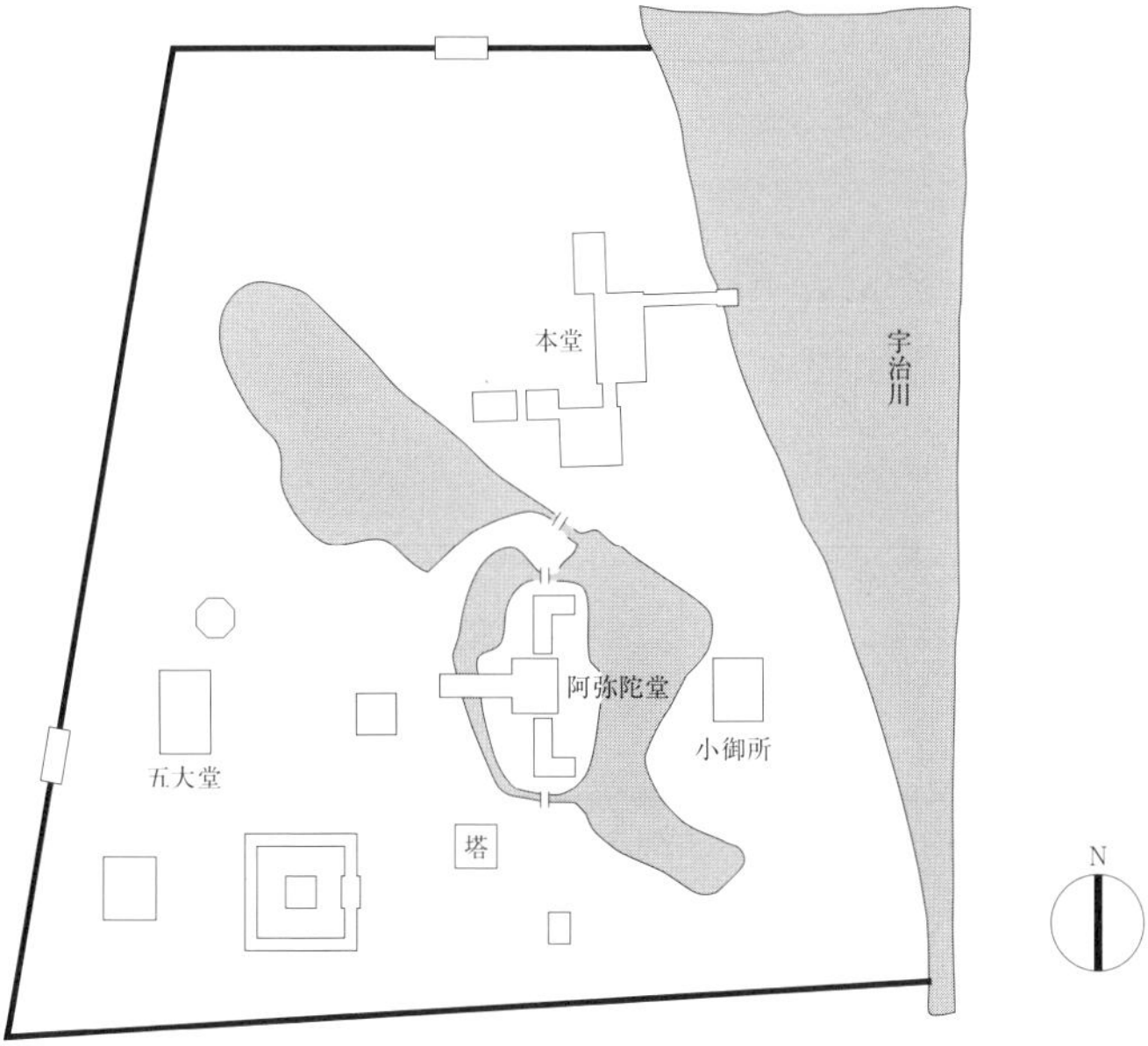

図12　平等院の伽藍配置

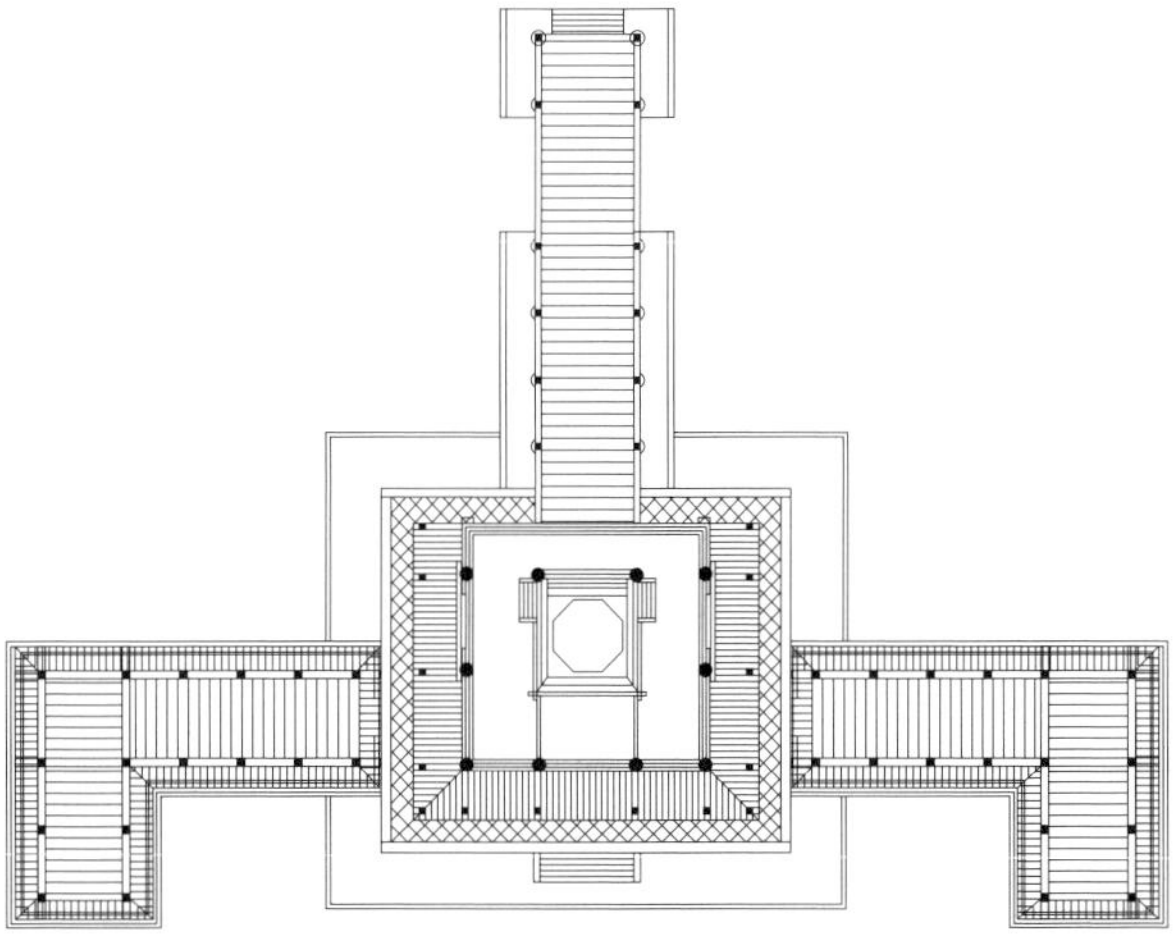

図13　阿弥陀堂（鳳凰堂）平面図

園池のない寺

浄土系寺院と呼称されながらも園池を有しない寺で、六勝寺のうちの四寺である。年代別には尊勝寺、最勝寺、成勝寺、延勝寺の順となる。回廊は金堂に連なり、中庭を囲み、ロの字変形かコの字形である。配置は興福寺式以来の古代平地寺院に近いといえる。尊勝寺・最勝寺は白河上皇のもとで、成勝寺、延勝寺は鳥羽上皇の発意もとでそれぞれ造営された。

尊勝寺の伽藍配置は奈良朝の興福寺に類似し、回廊が金堂に連なるロの字変形で中庭を囲んでいる。配置は、阿弥陀堂が西に位置している以外に園池もなく浄土系寺院の特徴がみられない。

最勝寺、成勝寺、延勝寺の伽藍配置は回廊が金堂に連なるコの字形で、阿弥陀堂が存在していない。さらに最勝寺、延勝寺は塔がコの字形の回廊に囲まれ、伽藍の中心に位置していた。四寺は安置仏が明らかでないまでも、憶想として金堂の本尊を密教界の主尊の大日如来ではないかといわれている。「園池のない寺」は密教を基調とする配置構成で天平伽藍の延長上に位置している。したがって回廊の形式がコの字形であっても、浄土系寺院型というより古代平地寺院型の系譜上に存在するといえる。

(2) 浄土系寺院の源泉と回廊

これまでの古代平地寺院と異なる新しい型の寺が浄土系寺院である。これらの寺院は建物自体が日本化した独自の美しさを表現している。「前庭に園池の寺」法成寺と「園池に囲まれた寺」平等院に代表される。法成寺は「御堂あまたにならせ給ままに、浄土はかくこそはとみえたり」と『栄花物語[31]』に記されている。この二つの寺院はのちの浄土系寺院に多大な影響を与えたことも明らかである。そのような寺院伽藍の源流は一体どこからきたのであろうか。

浄土系の源流については現在三つの説がある。一つは宮殿建築、二つは浄土変相図・曼荼羅図、三つは寝殿造の影響といわれている。ここでは回廊に視点をおき、法成寺と平等院を軸にもう一度その源流についてふれてみる。

宮殿建築の影響

建築史の観点から太田静六は、『平等院鳳凰堂の源流(11)』のなかで「平等院の源泉は唐の宮殿建築、数多い宮殿のなかでも大明宮の正殿の含元殿《かんげんでん》[32]であり、含元殿の左右から翼廊が屈折し、翔鸞《しょうらん》・棲凰両閣《せいおうりょうかく》を左右に張る配置構成が平等院と根本的に一致する。」と述べている。回廊はともにコの字型であり、平等院が二階廊、含元殿が飛廊（高廊）であるが、形態的には相通じている。ただし、楼閣の取りつく位置は含元殿が翼廊の先端で、平等院が

31 『栄花物語』 平安後期の宮廷貴族社会の歴史物語。正編の前半は藤原道長が栄花を極めるまで、後半は道長の仏事や信仰生活。続編は宮廷生活の一般的な叙述が中心である。

32 含元殿 含元殿は唐の第二代皇帝、大宗が貞観八年（六三四年）に長安城東北の禁苑内に建てた「永安宮」にはじまり、後に含元殿と改名。重大な政務や外国使節の接見の場でもあった。

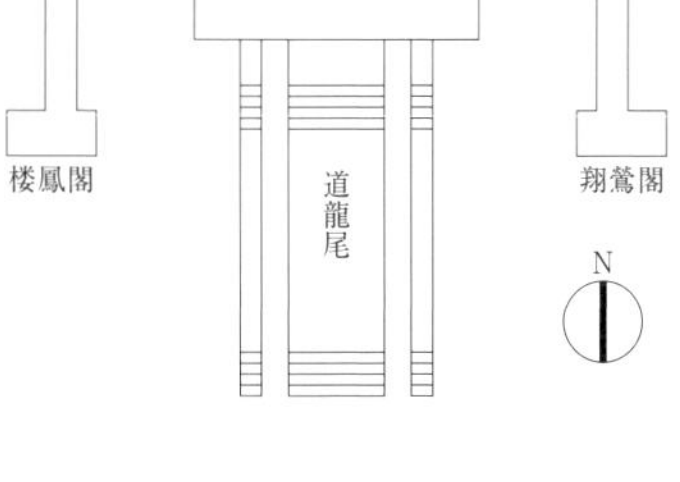

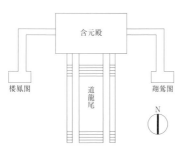

翼廊の屈折部という点で、さらには浄土系寺院には伽藍配置の中心に園池が存在するが、含元殿の前面には園池が存在していない、などのちがいもある。しかし、翼廊（回廊）全体としての造形は類似している。

一方の法成寺は、配置構成が明確に含元殿と異なっている。おそらくこれは法成寺建立の構想に、中国宮殿の部分的模倣があったとしても直接的な影響はなかったのであろう。

浄土変相図の影響

浄土伽藍は、各種の浄土変相図を三次元に実体化したものといわれている。浄土変相図は浄土三部経（無量寿経・阿弥陀経・観無量寿経）などの経典をもとに極楽浄土の光景を図像化したものである。作成年代が平等院をさかのぼるものは数少なく、なかでも「浄土の三曼荼羅《まんだら》」と称される、智光曼荼羅・当麻曼荼羅・青海曼荼羅がとくに著名である。

智光曼荼羅・当麻曼荼羅は描かれている浄土の建築群がきわめて空想的で現実性に乏しいといわれている。清海曼荼羅[33]はいま原図が存在していないが、残っている写本がそれをよく伝えているといわれる。清水擴は、『平安時代仏教建築史の研究[12]』のなかで、清海曼荼羅は中央主建築の両脇に配置された建築が翼廊でなく楼造であるが、これは平等院とおそらく関係があるのでは、と示唆している。

中国の浄土変相図のなかにも、平等院と類似した形の存在が認められる。その宝池の大半が、宝楼や舞台などの矩形の壇に区画された方形状のものである。しかし、平等院の園

33 清海曼荼羅図（聖光寺所蔵）

池は曲池の形式であり、日本の浄土系寺院のすべてが曲池の形式である。この形状は中国にはない日本独自のものといえる。

浄土変相図と平等院は形態上にちがいがあるものの伽藍配置や回廊の構成に類似するものもある。平等院が浄土変相図をそのまま立体化したものでないとしても、全体の構成において、多くの影響があったのではないだろうか。

寝殿造の影響

寝殿造とは、平安時代の貴族の住宅様式であり、中国古来の住宅形式を日本化した日本独自の邸宅である。その構成は、寝殿と複数あるいは単数の対屋が渡殿や二棟廊などで連結されている。この一群の建築群と中門廊、釣殿などが、南庭を囲み中央に池を配置している。この寝殿造の構成において、浄土系寺院といったいどのような関係にあるのであろう。

邸宅内に持仏堂を設けたもっとも初期に慶滋保胤《よししげのやすたね》の池亭がある。造園史の本中眞は、この住宅について「寝殿造住宅のなかに阿弥陀堂を導入することによって、先行して存在した園池と堂との関係を浄土経の経理解釈のもとに、視覚的に関連あるものとして意識することを可能とした[13]。」と指摘し、さらに道長の土御門殿の御堂（無量寿院）も同様であると示唆している。

この無量寿院は、浄土信仰が具体的な形として阿弥陀堂を最初に建立した寺院である。

当初は阿弥陀堂と道長の住房があり、しだいに寺観が整えられることによって寺名を法成寺と改め、平安中期に最大規模の寺院となった。法成寺の最大の特色は伽藍の中心に大きな池をもち、これは法成寺が初例である。この伽藍構成は、奈良の顕教系寺院の伽藍構成とまったく異質で新しく、寝殿造の構成に近いといえる。

ここで、少し平等院と貴族住宅の関係についてふれてみよう。平等院の仏堂を取り巻く園池は高陽院となんらかの関係があるといわれている。高陽院は頼通自ら創建し愛用した邸宅である。その後に六一歳で平等院の造営に着手している。高陽院の配置構成は典型的な寝殿造と異なり、池が寝殿の前方だけでなく寝殿の周囲を取り巻いていた。一方、平等院は浄土教の経理解釈のもとで建立されており、高陽院とは方位や南庭の庭儀に当然のごとく相違がある。しかしながら、平等院の配置構成がよく似ていることから、高陽院の配置を一層発展させたものと推定される。おそらく貴族住宅と浄土伽藍との間には空間構成の手法に相互移入があったにちがいない。

最後に、視点を変えて浄土系寺院が古代平地寺院の延長上に形成されたとする説をとりあげてみる。浄土系寺院の回廊の特徴は形が尊勝寺のロの字変形を除き、ほかはすべてがコの字形で門に接続していない。では、この特徴はどのように生成されたのであろうか。それについて、井上充夫は「鳳凰堂式寺院に関する一考察[14]」において、仁和寺の楼閣を純装飾的に扱って屋上にあげ、東西回廊を短縮すれば鳳凰堂の形式に一致する。また醍醐寺は、南回廊を除いて経蔵・鐘楼を東・西回廊の先端につければ、そのまま法勝寺などの形式になる。このように考えれば、両者を鳳凰堂式寺院の先行形式とみなすことは容易である。という内容を記している。井上によると、鳳凰堂式寺院が平安朝になって突如として出現したのでなく、また大陸より輸入された新形式でもなく、奈良時代の寺院例との関連性で考えることができるとしている。

はたして、浄土系寺院の源泉にどれが直接的な影響かははかりかねるが、推測するに形態上は歴史的連続性とともに宮殿・浄土変相図などから、機能上は寝殿・住宅からと考えられる。

(3) 浄土系回廊の空間構成

コの字形と透廊

浄土系寺院の回廊は、柱間装置がすべて列柱で構成された、透かし回廊（透廊）[34]である。単廊は平等院と無量光院のみで、他のすべてが複廊である。この複廊は古代平地寺院の後期（南都仏教系）に多く出現しており、あまりめずらしいことではない。しかし、透廊であることこそが、浄土系寺院の回廊の大きな特徴であるといえる。興福寺の法会（興福寺再建供養絵[(4)]）の模様には、回廊が複廊の間仕切り壁（連子格子）を取り除き、中央舞台の着座として使用されていることが描かれている。このことは大きな庭儀のときに複廊の外側歩廊が着座として増設されたとみられる。この事例は浄土系における複廊回廊の透廊化

34　透廊　回廊の反対側が透くように見え、柱と柱の間にこれといった柱間装置がない。左の写真は平等院の透廊である。

を示唆する一つでもある。

　園池のない寺、興福寺と同じように六勝寺の複廊回廊は金堂前で行われる法会の着座の場として使用されてきた。

　前庭園池の寺、法勝寺、毛越寺の複廊は、従来のように法会の際の着座の場と同時に、園池を囲む両袖の働き、いわゆる園池の舞台装置となる。したがって、南端から園池を通して金堂を中央に両袖に回廊が眺められる。

　園池に囲まれた寺、平等院、無量光院の単廊は、ほかとかなり趣を異にする。回廊は小御所から見られる対象とともに、園池と一体となり浄土の世界を表現している。その演出手法は回廊の透廊の額縁を通して浄土を象徴する山をイメージさせる。透廊の形態は寝殿造の影響があったためではないだろうか。ただ、理念的に浄土系の回廊は西方との空間的連続性を認識させる装置で、そのためにコの字回廊は透廊で、なおかつ単廊でなければならなかったといえる。

山中浄土と軸

　日本には古来より先祖や自然を神と仰ぐ原始宗教があり、人は山に対して一種聖なる観念をいだく山岳信仰が成立していた。平安時代の中期以降から仏教がそれを一層加速させた。そのことは平安時代中期以降に数多く制作された「来迎図」「往生図」に表現されている。阿弥陀仏がいる極楽浄土[35]は山の西方彼方に存在すると認識し、人は浄土に「往《い》って生

35 浄土　浄土とは仏が住む清浄な所をさし、仏の数だけあるとされている。極楽浄土の他に薬師如来の東方浄瑠璃浄土などがある。

まれる」と信じられていた。

日本に伝来したインドの浄土とは、本来「西方十万億土の彼方に存在する」というもの。宗教学者の山折哲雄によると、当時の日本人は浄土が西の方に存在するということを受け入れたものの、十万億土の彼方というのが理解されず「浄土は西方の山のなかに存在する」というふうに読み替えた、という(15)。この山中浄土観が一般化したのが、ちょうど浄土系寺院の建立時期である。

一二世紀制作の平等院阿弥陀堂四壁に見る九品往生図では、来迎および帰来迎の情景が大和絵の大自然の風景を背後に点描されている。さらに『阿弥陀二十五菩薩来迎図』[36]は、桜花や松樹が散在する険しく高い山腹を、阿弥陀像が二十五菩薩をしたがえ、往生者のもとへいそぎ飛来する姿が斜めから描かれ、まさに山中浄土の観念を彷彿させる。このように浄土系寺院において「山」は浄土空間として意識され、空間構造のうえで重要な意味をもつと考えられる。

浄土系寺院が山と密接な関係にあるとすれば、とうぜんその周辺環境が重要な位置を占めるであろう。残念ながら現存する浄土系寺院は平等院のみである。だが、幸い川や山などには大きな変化がないことから、寺院の遺構や周辺の景観構造を推測することができる。これをふまえ、各浄土系寺院の軸構成について考えてみる。

36 阿弥陀二十五菩薩来迎図（知恩院蔵） このような来迎図は、当麻曼荼羅の下辺に描かれた九品来迎図に源を発し、鳳凰堂の扉絵を経てこの図にいたる。鳳凰堂の扉絵が夢のようにのどかで牧歌的であるのに対し、この来迎図はより現実的となり法然の浄土宗によって制作された来迎図の特色を示している。京都知恩院蔵が有名。

●南北軸（建物軸）

伽藍配置が南面し、建物が南北軸をもつ寺院には、最勝寺、成勝寺、延勝寺そして円勝寺があり、このすべてが六勝寺に属している。回廊が存在しない円勝寺を除くと園池のない寺である。

前述したようにこれらの寺院は密教の影響を強く受け、たとえ回廊がコの字形であっても古代平地寺院型の系譜上にある。このことから考えるなら、伽藍構成は南北軸上にあることも理解できる。しかし、この寺々の立地は京の鴨川と東山連峰に挟まれた洛東に位置している。鴨川の東岸に造営された白河泉殿九体阿弥陀堂完成時の記事によると、この東方に広がる東山連峰とは、神仙思想にもとづく蓬萊《ほうらい》、すなわち想像上の別天地になぞらえている。また、さきの本中眞はこれに関して、白河泉殿は東山連峰を含め自然景観に対する意識が、あくまで宗教的意味のもとに行われ、近接する寺院にもそのような意識があった可能性がある、と指摘している[13]。この点が単なる古代平地寺院型の南北軸と異なる。強い南北軸の他に宗教的意識から、これらの寺院は東山連峰に向かう東西軸を意識していたとみるべきであろう。

一方、平泉の毛越寺は南面し、建物が南北軸である。ただ浄土を象徴する山、金鶏山が建物の背後の北に位置している。これは極楽浄土を象徴する空間構成が南北という一つの軸線上に展開していることになる。したがって、宗教上の意識の軸と建物の軸が一致している。

京の浄土系寺院は、東方に浄土を意識させる山をもちながら浄土庭園がなく、一方平泉の浄土系寺院は浄土庭園をもちながら西方に浄土を意識させる山をもっていない。すなわち、このことは南北軸に属する浄土系寺院の配置が理想的な浄土空間構成にほど遠かったということである。

●南北軸と東西軸（浄土軸）

伽藍配置の構成が南北軸と東西軸に直交する二軸をもつ寺であり、それらは前庭に園池がある法成寺、法勝寺、尊勝寺である。

法成寺は法勝寺に先がけて建立され、西に位置する阿弥陀堂が園池に東面した伽藍構成で浄土軸らしきものがはじめて出現した寺といえる。ただ、その位置が平安京の外縁部、すなわち鴨川の西に位置し、東山連峰と距離的に遠い。はたして、その連峰は浄土を意識した「山」かどうか疑問が残る。ただし、配置構成は法勝寺と一致している。

この法勝寺は鴨川の東、白川沿いに位置し、伽藍は南面しており建物が南北軸をもつ。伽藍の西に位置する阿弥陀堂は園池に東面して、浄土をイメージする東山連峰に向かう東西軸を有する。まさに、この寺院は建物の南北軸（金堂―塔―門）と浄土を意識した東西軸（阿弥陀堂―園池―山）に直交した空間構成をもっている。この東西軸こそが浄土軸である。

●浄土軸（東西軸）

伽藍配置と浄土軸が一本の東西軸上に展開する寺である。それらは園池に囲まれた平等院、無量光院である。この寺院は浄土を象徴する山、阿弥陀堂そして園池が東西軸上に配置されたもっとも代表的な浄土系寺院である。

平等院[37]が造営された宇治は、古来より風光明媚の地として親しまれ、平安時代に多くの別業《べつぎょう》（別荘）が建てられた。その別業の一つを寺に改めたものが平等院である。想像するに造営当時の平等院はいまより自然環境が一層豊かであったであろう。伽藍の西側を流れる宇治川は、平等院の園池と連続していたといわれ、園池の水源だけでなく景観構成にも大きな影響があったに違いない。また宇治川のほぼ東方には朝日・仏徳両山が位置している。伽藍配置は阿弥陀堂が園池に囲まれ、中島に位置し、園池の東岸に小御所があり、さらに東に宇治川をはさんで朝日・仏徳山、このすべてがほぼ一本の東西軸（浄土軸）上にある（図14・図15）。

『扶桑略記』に記載されているように、平等院をとりまく自然環境の意味づけが浄土経の経理解釈のもとにある。そこでは平等院と対岸の朝日・仏徳両山を含めた地域全体を極楽浄土の空間とし、宇治川を浄土に通じる長河とみている。ということは、平等院より上流の東・南・西の三方を山脈で囲む空間全体は極楽浄土とされ、宇治川が此岸と彼岸とをつなぐ川に見立てられたにちがいない。そこには浄土経の経理による宗教的な意味づけがされ、東西の浄土軸と建物の軸が重なっている。しかし、浄土を象徴する「山」が西方向に

37 平等院鳳凰堂の全景

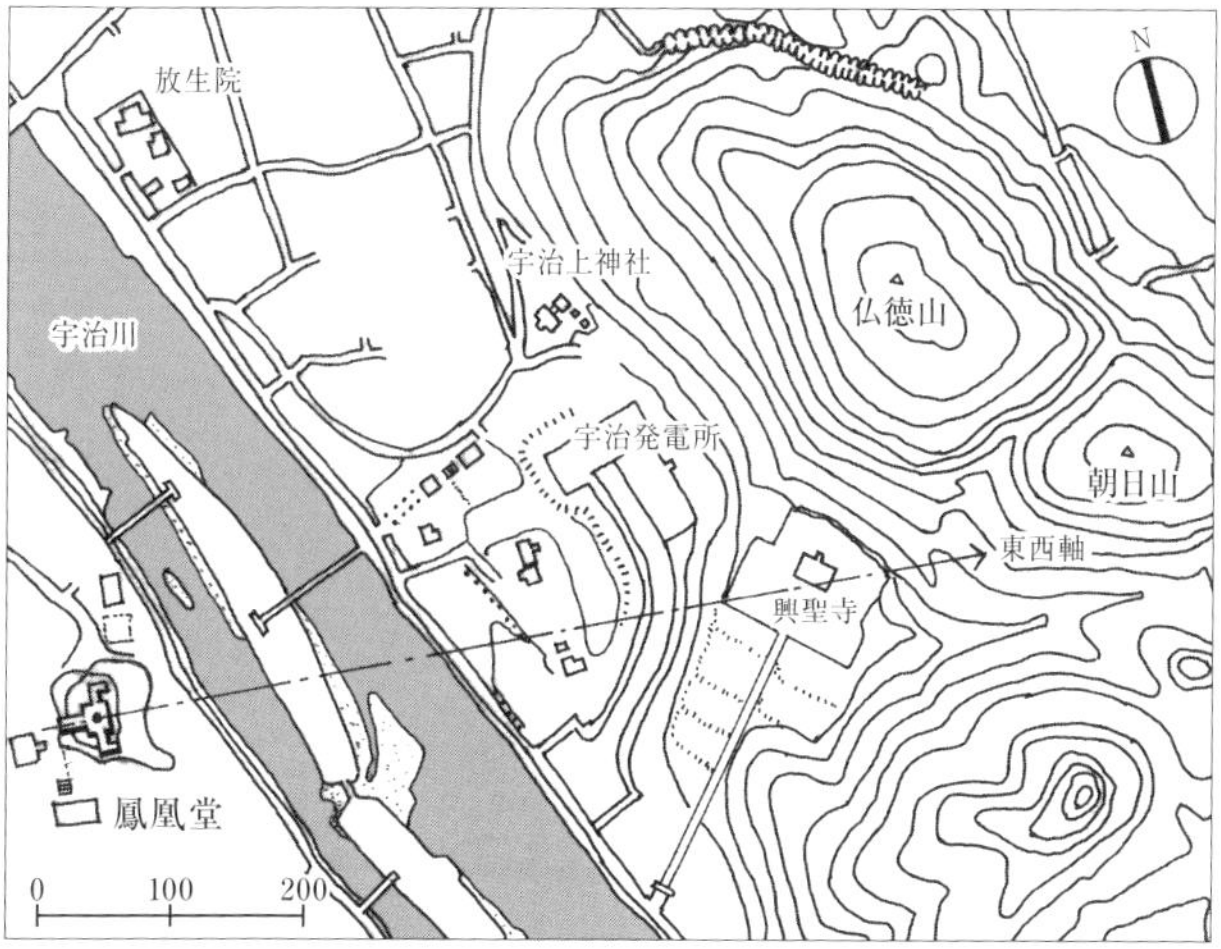

図14　平等院周辺地形図

図15　鳳凰堂からのぞむ仏徳山

存在せず、宗教的な意味づけがなされる朝日・仏徳両山は残念ながら伽藍の東方に位置している。なぜこのような逆配置であったのであろうか。考えられることは、旧別業であった平等院の立地が浄土伽藍の景観構造に近似していたものの、もともと浄土伽藍に相応しい場所でなかった。そう捉えるなら合点がいく。

平泉の無量光院は、伽藍の西方に金鶏山が位置している。無量光院の配置[38]は園池に囲まれた中島の阿弥陀堂を中心に西方に浄土を象徴する山、金鶏山そして東方のもう一つの中島上に小御所（拝所）など、すべてが東西の浄土軸線上に配置されている。まさに、完成された浄土伽藍をここにみることができる。秀衡は金鶏山の頂から差し込む夕日を浴びながら、阿弥陀堂を拝み、極楽往生を夢みていたのではないかと憶想する。

この伽藍は、奥州藤原氏が京の浄土系寺院と決定的な違いを無量光院で生みだし、理想的な浄土寺院の空間構成をなしとげた成果といえる。

(4)「迎える構造」

「夏草や　兵《つわもの》どもが　夢の跡」この歌は芭蕉が藤原氏の栄枯盛衰に思いをこめ詠んだとされている。訪れると、無量光院の跡は荒れ地の池に中島だけのまさに「滅びの庭」がそこにあった。その光景から現世の浄土とは、その形とは、そしてすべての魂が浄土に導かれる構造とは、どのようなものかと思いをはせる。

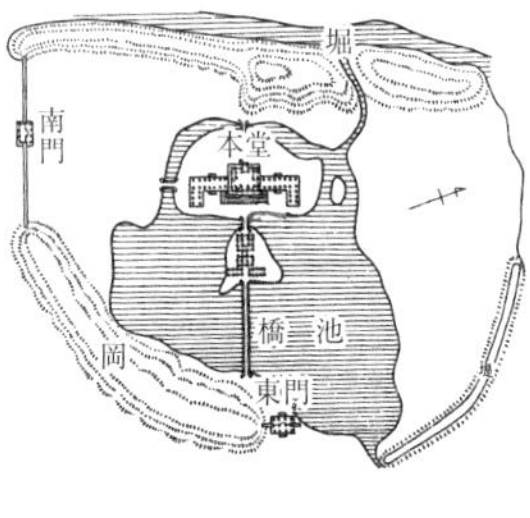

38 無量光院復原図

復原模型（平泉文化史館蔵、復原監修：藤島亥治郎）

浄土系寺院の理想とする空間構成は、阿弥陀堂を中心に西に浄土を象徴する山を、東に園池を配し、東西の一軸上にあるとする。さらに阿弥陀堂は、コの字形回廊の中央に位置し、東の浄土庭園（園池）を内包する。平等院と無量光院の法会は浄土庭園を中心に小御所と阿弥陀堂の間で行われ、現世の極楽浄土を表している。平等院はそのために池上に仮設を建て、無量光院は小御所が位置する中島に舞台を設ける。本中眞は「法会は人間を浄土世界へと導くもっとも効果的な演劇手法であり、伽藍はそのための準備されたステージともいえるだろう。したがって伽藍は法会を行うために準備されたともいえる。[13]」と述べている。浄土系寺院でくりひろげられる極楽浄土は、西方の阿弥陀仏の世界のメタファー（暗喩）であり、コの字回廊は二つの世界をつなぐ精神的装置ともいえよう。

この手法は、回廊が法会のための舞台装置（背景）となり、透廊を通して背後に織りなす四季の美しい自然を通して西方の極楽浄土（山）を意識させる。極楽往生とは本来浄土に「往って生まれる」ことを指している。いわゆる死を迎え入れることで、臨終者のもとに阿弥陀仏が西の空から多くの菩薩をしたがえ迎えにくる、そして極楽浄土に導いてくれると信じていた。平等院の扉絵にもこの光景が表現されている。

いうまでもなく、コの字形の回廊は現世にいながら極楽浄土を味わい、西方浄土から阿弥陀仏や菩薩を迎え入れて往生することができる、すなわち極楽往生の疑似体験ができる構造である。したがって浄土系寺院の回廊は法会のための舞台装置の働きと、西方浄土をつなぐ働きをする。つまり、その構造は来迎壁と同じく仏を「迎える構造」である。そのために回廊はコの字形でなければならないという思考に至る。

3.「巡る回廊」《禅系寺院》

禅が日本ではじめて開花した場所は、武家のみやこ鎌倉である。その地に荘厳で雄大な建長寺、円覚寺がある。禅は、中国の宗・元・明より鎌倉時代から江戸初期まで断続的に日本に移入された。その禅を修業する寺院をここでは「禅系寺院」と総称している。

禅は、達磨大師《だるまだいし》[39]によってインドから中国に伝わり、日本には仏教伝来から約一〇〇年後の六五三年頃、唐に渡った学問僧道昭《どうしょう》和尚《わじょう》によって伝えられたといわれている。

禅とは、お釈迦さまが菩提樹の下で坐禅をくみ悟りを開く姿を同じ坐禅で疑似体験することで、それを通して自分の心目で悟り見抜くことにある。その禅は坐禅・食事・就眠そして洗面・用便・入浴、日常すべてを修業と考え、仏法に従った規則（清規《しんき》）で生活が行われ、その生活を支えるのが禅宗特有の伽藍配置である。禅宗は鎌倉初期にまず臨済宗・曹洞宗そして江戸期に黄檗宗が伝えられている。話をすすめるにあたり、この三宗の成立を少し述べておこう。

臨済宗は、僧栄西が二度目の入宗から帰国した一一九一年、五十一歳にはじまる。栄西禅師はまず九州筑前を拠点に活動をはじめたものの、旧仏教の迫害にあい場を鎌倉に移

39 達磨大師　大師はインドで二八代目の祖師。六世紀初めに中国に入り禅を成立したことで、中国禅の始祖とみなされる。不立文字、教外別伝、直指人心、見性成仏の四つの句を用いて禅の教えを表したことで有名。

し、その後、京で源頼家が建立した建仁寺で開宗した。臨済宗の教えは「公案禅[40]」と称し、公案の研究に編重し、坐禅の力を軽視する傾向にあった。

曹洞宗は、道元が一二二七年、宗より帰国し立宗した。道元は当初、京を中心に活動し坐禅を広く進めたが、旧仏教の圧力や京・鎌倉の権勢とは近づかず、仏道に徹するために、越前（福井県）の山里に大仏寺を開いた。のちの大本山永平寺である。曹洞宗の教えは主に公案をもちいずもっぱら坐禅に励む禅にあった。

もう一つの黄檗宗は、中国の明僧　隠元が江戸幕府から山城国宇治（京都府）に寺地を授かり、中国の黄檗山をまねて、一六五九年に黄檗山万福寺を建立したことにはじまる。隠元禅師は弟子とともに長崎に来日する。そのころの仏教と神道は幕府の統一下におかれ停滞が続いていた。そんな状況下に、新風を吹き込んだのがいわゆる黄檗宗である。教えは、坐禅をしながら念仏を唱えて往生しようとする「念仏禅」にあった。

このように三宗には相違があり、当然その相違は伽藍配置にも反映している。

40 公案禅　坐禅の悟りが得られたかどうかの確認の作業が公案禅である。公案とは禅修行の手本となる古仏や始祖の言行録から設問される。このやりとりが、いわゆる「禅問答」である。

(1)　禅系寺院の伽藍配置

七堂伽藍

古代平地寺院の伽藍は、多くがみやこに整然と配置され、浄土系寺院の伽藍は、みやこの郊外に位置し形態が日本的であった。一方、禅系寺院は大陸様式にのっとり七堂伽藍の整然とした配置がとられていた。七堂伽藍は禅宗にかぎらず、一般に大寺院として備えなければならない主要な殿堂七宇を指すとされている。七堂伽藍の出所は、仏典経論などのなかにもなく、禅宗にも七堂の定説はないようである。にもかかわらず、禅宗寺院の山門の横などに七堂人体表相図[41]の立て看板をしばしば目にする。この立札を最初に目にしたのは富山（高岡市）の瑞龍寺である。たしかそこには禅宗伽藍の配置が人体図になぞられて解説されていた。

この「七堂人体表相図」について、建築史の横山秀哉は、『禅の建築』(16)において、曹洞宗の師匠が弟子へ伝える三物《さんもつ》とともに授ける禅門の諸行法に関する秘伝口決書である切紙《きりがみ》のなかに、「禅林七堂」の一紙が存在し、「中華禅林に七堂の説無し、但し此の方の禅林に於いて上に図する所の者を喚んで之を七堂と謂う也」と、人体表相の図を添えてその性格を記載していたという。さらに彼はこの所説で、七堂が日本禅林の定型化した伽藍配置法であったと述べている。また、一六〇八年（慶長十三年）江戸幕府の大棟梁平内正信の秘伝書である「匠化明」五巻のうちの堂集記にも、人体表相七堂伽藍図が載っている(17)。これらをよみとると、七堂伽藍説は禅宗建築の基本様式として工匠たちにも信じられていたことがわかる。いまの禅系伽藍配置の基本は、山門・佛殿・法堂《はっとう》・庫裡《くり》・僧堂・浴室・東司《とうす》の七宇で[42]、それらが人体表相図のように配置されている。人体表相図の中軸線上に位置する門・仏殿・法堂は三宗派とも一致している。他の堂宇は臨済宗・黄檗宗が食堂を広義に使い庫裡（庫院）そして、黄檗宗が僧堂を禅堂と、東司を西浄と称して厠の意味とするなど

41 七堂人体表相図

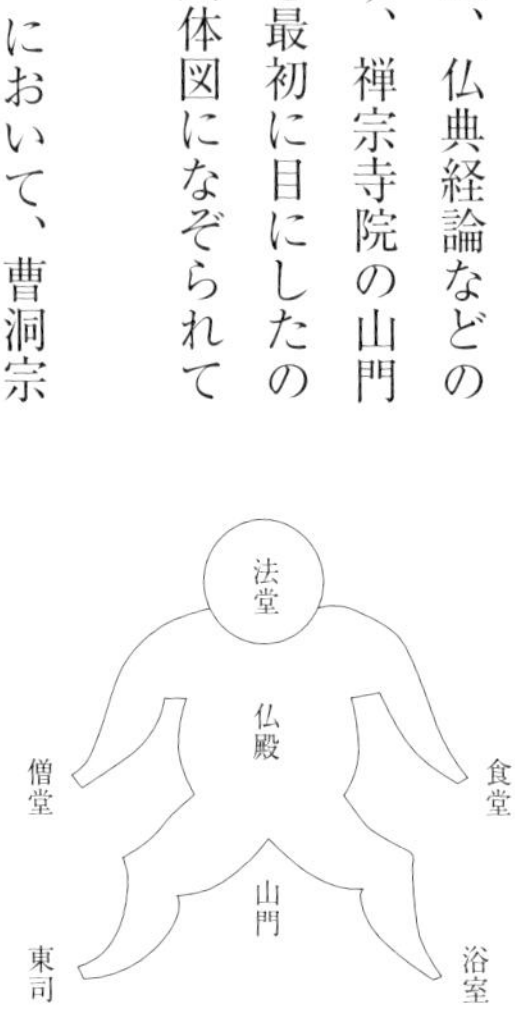

42 七宇　山門／寺院内苑の正面の門。三解脱門になぞらえ、古寺は好んで三門の文字を用いる。仏殿／禅宗七堂の中心にあって本尊を安置する殿。法堂／大法を広く世に知らしめるため演説をする演法堂。僧堂とともに禅刹の最も特徴的な堂宇。庫裡（庫司）／寺内の時食を調えるための事務を司るところ。僧堂／堂の中央に聖僧を安置し、日夜、衆僧が坐禅はもちろん食事から就眠に至るまで行う堂。浴室／奈良・平安の昔から湯屋、温室は寺院の主要な建物の一つ。東司／禅刹における厠（便所）。

呼び方に多少の相違がある。

なによりも七堂伽藍における堂宇の配置は清規が律する僧園の重要な構成であった。

三宗派の伽藍構成

日本の禅宗建築の様式は、いうまでもなく中国禅林の南宗から元（初期）の伽藍様式を基盤としている。だが、中国にその当時の資料は皆無のようである。日本も開創当初の七堂伽藍の寺院は現在一つもなく、一堂宇にかぎってても基準となるのはわずかである。

中国南宋時代の資料は、当時中国に渡った求道者によって伽藍配置をはじめ、禅院に関することを丹念に図写記録した支那禅刹図式（金沢大乗寺蔵「五山十刹図」や京都東福寺蔵「大宗諸山図」）が日本に存在している。そこには、中国禅林（宗式）の伽藍構成が「少なくとも山門・佛殿・法堂・方丈[43]が中軸線上に建ち並び、佛殿の左辺に庫院、右辺に僧堂を置き、東廊西廊をもって連絡して回廊を構成するという主要配置は一様であったことが明瞭にわかる」と記載されている。

であるとするなら、三宗派の伽藍構成はどのようであったかを、各寺の指図、古図、現況図をもとに解読してみよう。

●臨済宗の寺院

現存する臨済宗の寺院には回廊がない。このことから臨済宗の制度には回廊がなかった

43 方丈　方丈には二つの用法がある。一つは住持安息の小私室、もう一つは師家として常在し接衆教科に当たる大道場。

と解釈する人もいる。しかし、この解釈は大きな間違いである。初期の臨済宗の伽藍配置をみると、栄西の開宗となった建仁寺、それに続く創建東福寺はともに東廊、西廊が存在し、堂宇と連結していた。ただ、これらは密教と禅の兼学道場で、独立した禅寺として禅が確立しておらず、中国禅林伽藍といくぶん異なるところがあった。

したがって、最初の正規禅寺は禅僧　蘭渓道隆《らんけいどうりゅう》の建長寺、つづいて建長寺に住した無学《むがく》祖元《そげん》禅師の円覚寺へと、日本の臨済禅は中国の禅僧によって大きく発展した。この二寺は南宋禅林の五山建築にもとづいて建立されたことはほぼ間違いなく、以後、禅系寺院の規範となり、この配置構成が元弘期の復興東福寺や壮大な南禅寺の伽藍配置へとつながっていく。

しかし、室町時代の応仁元年（一四六七年）にはじまる戦乱（応仁の乱）は京から地方へと広がり、伽藍美をきそった禅宗寺院は戦火にあい、住僧も四散し荒廃した。この状況下のなかで京の大徳寺や妙心寺の流派は栄え、近世において臨済禅の代表となった。しかし、ここでみる両寺の七堂伽藍はすでに簡略化され中国宗式伽藍様式とは大きく異なっている。戦国争乱後、両寺をはじめ復興寺院に日夜坐禅にいそしむ僧堂関係の施設はなく、回廊も消滅した。多分に臨済宗の寺院に回廊は存在してない、といわれる起因がここにある。では臨済宗の定形的な伽藍構成はどのようなものだったのか。

建長寺の元弘元年（一三三一年）の指図によると、惣門・三門・佛殿・法堂・礼間（寝室）・玄関・得月楼（方丈閣）が中軸線上に位置している（図16）。回廊は三門の両側から起こり、佛殿の左右を通る東側の廊と西側の廊に、堂宇が連結されている。東廊は大庫院、西廊は僧堂が相対し、東廊の南に浴室、西廊の南に西浄が相対している。また庫院から北へ渡廊（東廊の延長）を出して小庫裡、同じく僧堂から北へ渡廊（西廊の延長）を出して衆寮が設けられている。まさに、この伽藍配置は回廊を有する左右対称の宗式七堂伽藍の制を採用している。ただ、現在の建長寺を訪ねてみると、両幅の狭い北斜面である沢の地形に、このような壮大な伽藍を建てることがはたして可能かと疑問をおぼえる。

建長寺の伽藍配置と近世最も整備された妙心寺を比較すると、妙心寺の伽藍配置は、すでに回廊がなく正規の僧堂・衆寮・東司等が省略され、庫裡の位置が方丈の付近にきてい

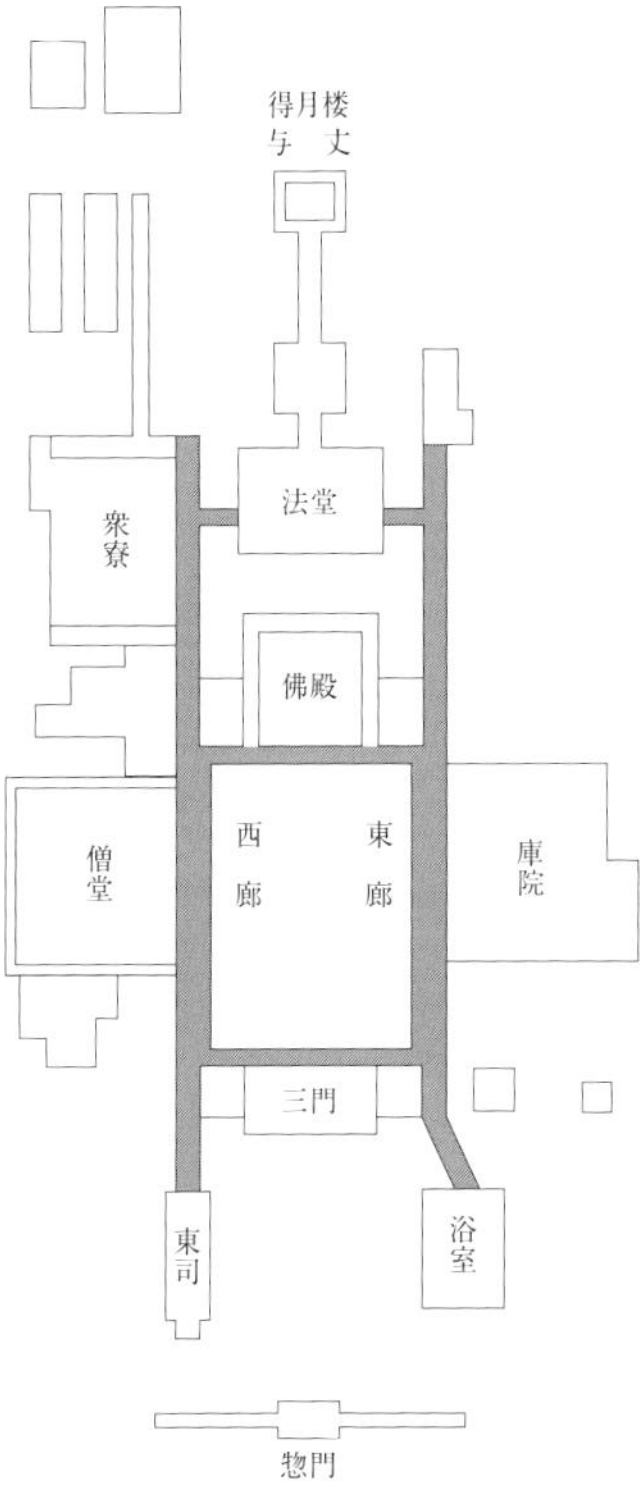

図16　建長寺の指図

る。このことは臨済禅が公案を重んじ、坐禅を軽視するがゆえに特殊な僧堂を必要とせず、各師のいる方丈を禅の道場にあてられたことを示している。

●曹洞宗の寺院

曹洞宗寺院の伽藍構成は、臨済宗と同じく宗式伽藍の伝承であった。しかし、伽藍は坐禅に徹する道元の教えに従い、伽藍美を競わず簡素で地味でなおかつ権力を避け、主に山間僻地に構えられた。臨済宗は南北朝・室町時代に上層と結びつく。一方の曹洞宗は下級武士層と農民の間に根をおろし、多くの寺院が古い制度を忠実に伝承したことで、いまもって小さな寺にも回廊がある。

曹洞宗の寺といえば道元禅師が開祖した越前の永平寺がうかぶであろう。いまの永平寺の伽藍は道元の遺弟徹通《てつつう》義介《ぎかい》によって大成されたと言われており、山を背にゆるい傾斜地に造営されている。それは徹通が野々山（現金沢市）に開いた大乗寺とやはり似ている。永平寺は創建後、六〇年もたたずに火災にあい、それ以後にも一〇回焼失している。昔の面影を示す資料はきわめて乏しい。

現在の永平寺（図17・図18）は、寛延二年（一七四九年）に再建の山門、天保期（一八三〇〜一八四四年）の勅使門・法堂、それ以外はほとんどが明治以後の建築である。しかし永平寺が保存する寛政七年（一七九五年）頃の古図と比較すると、いまの伽藍配置は回廊にいたるまで旧規をよく伝えているという[16]。それは中国宋・元の規律を直伝するものであっ

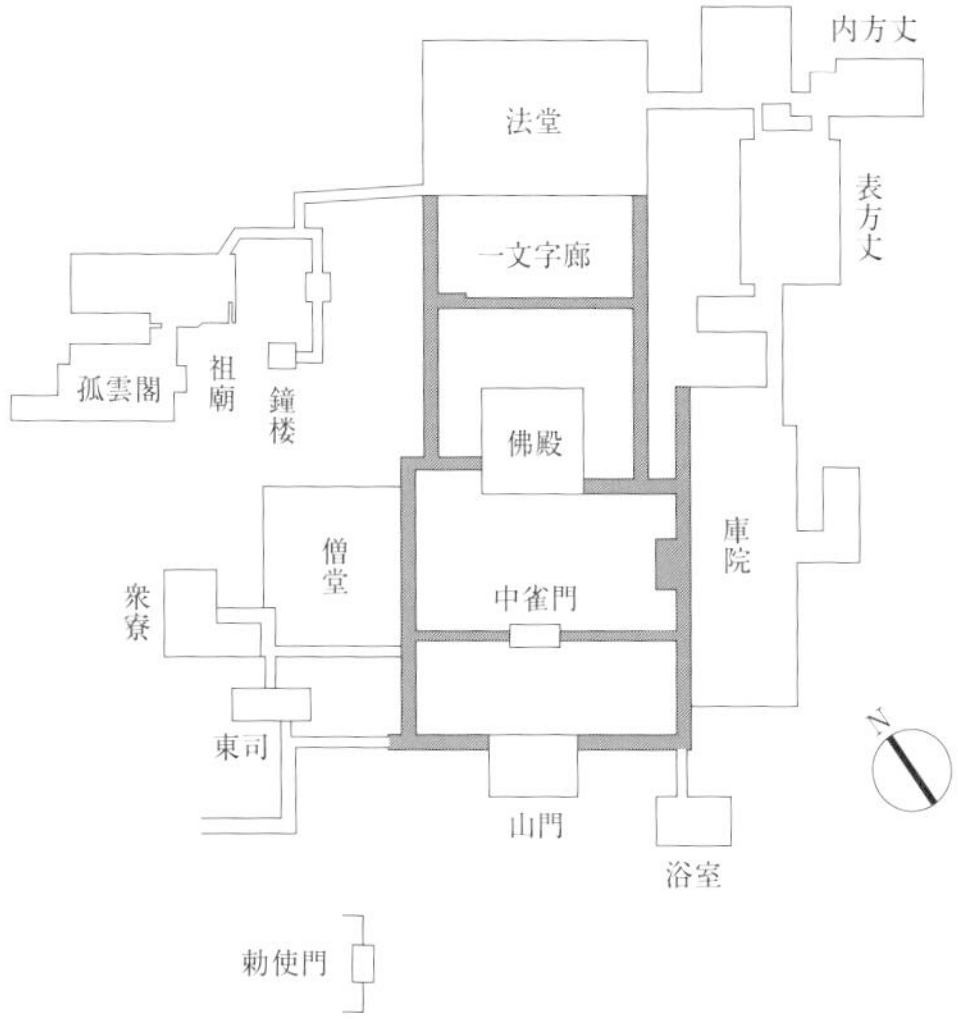

図17
永平寺の配置図
(昭和23年)

図19　永平寺の回廊

図18　永平寺の鳥瞰写真
鬱蒼とした樹木におおわれ、そこには中国禅院の影響がみられる。

た。ただ建長寺の指図と比較してみると特異な点がある。それは山門と佛殿の中間、すなわち東廊の大庫院と西廊の僧堂を結ぶ位置に渡廊（回廊）があり、その中央に「中雀門」[44]が存在する。さらに佛殿と法堂の間に東廊と西廊を結ぶ一文字廊が設けられている。

回廊の床は永平寺のみが板敷き、左右の廊は登廊（図19）となっている。曹洞宗、二大本山の一角をなす能登の総持寺（明治に横浜市に移転）は、伽藍の正面が西に面し、佛殿と法堂が並列配置された特異な数少ない構成である。

●黄檗宗《おうばくしゅう》の寺院

黄檗宗は、明の末から清の初期の禅風を受けている。栄西による臨済宗からすでに四〇〇年のときが流れた。

したがって鎌倉以来、日本化してきた臨済・曹洞と比較すると、黄檗宗には中国風の異色さがある。この異色さは山門をはじめ伽藍配置および形態にも現れている。念仏禅（禅浄習合）の浄土思想は、平安末期の他力的な浄土教と異なり念仏を通して禅的な境地に導かせる。またこの時代は、現世利益などを特徴とする明代の仏教が伝わったことで、日本の仏教は多様性や世俗性を重視するようになった。

黄檗山萬福寺の伽藍（図20・図21）は、創建以来の偉容を今日までよく伝えている。この寺院は南でなく西に面している。配置は西から惣門に入り参道を東に進むと、正面には放生池を前に、独立した山門が建っている。山門から階段状に天王殿・佛殿・法堂・威徳

44「中雀門」 僧侶はここを通過するとき、かならず仏殿に拝礼する習わしがある。

図20
萬福寺の伽藍配置（現況）

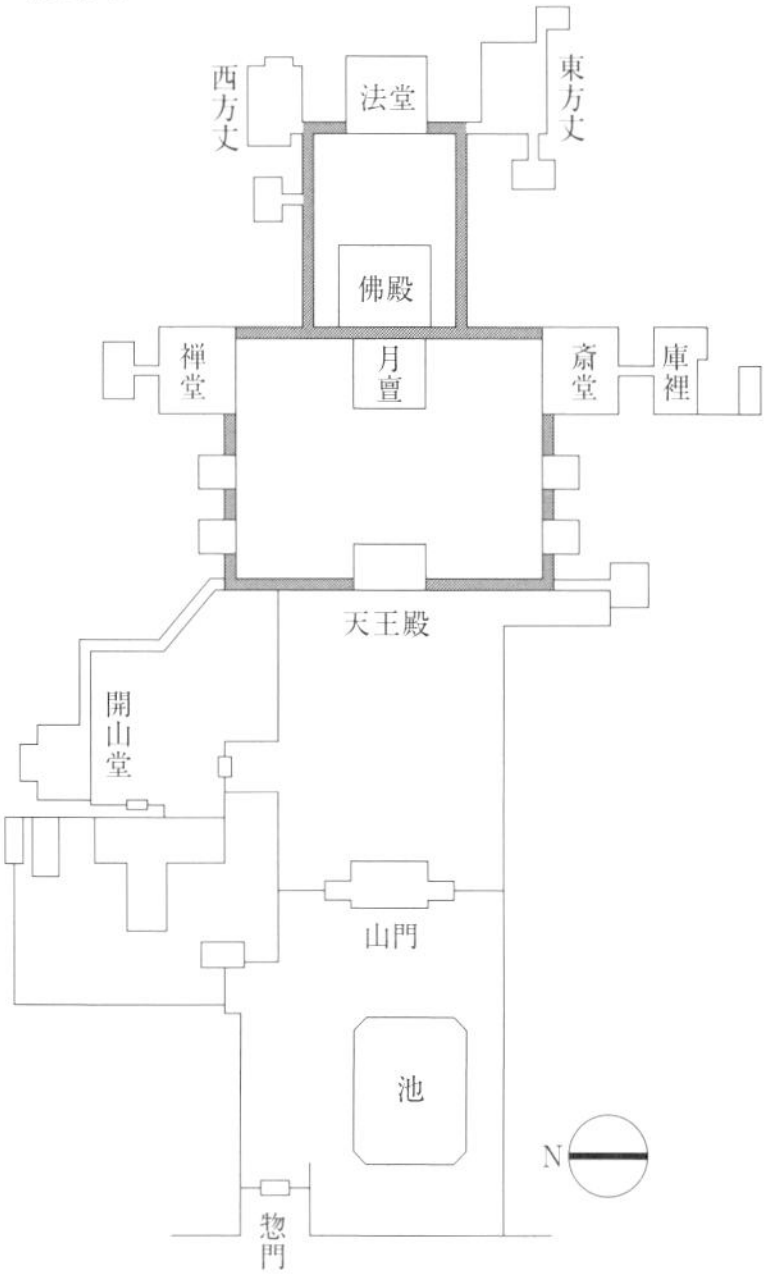

図21　萬福寺の鳥瞰写真

伽藍は西面し、総門を入って曲折したのちは三門から天王殿・大雄宝殿・法堂と中心線上を縦に並ぶ。

図22
萬福寺の回廊

殿が中軸線上に並んでいる。山門が独立していることから、回廊は天王殿の左右から出て、折れ曲がり、向かって右（東廊）に鐘楼・伽藍堂・齋堂、左（西廊）に鼓楼・祖師堂・禅堂が回廊（図22）と連結している。さらに回廊は佛殿の両側から東へ延び法堂に達し、法堂をはさんで南に東方丈、北に西方丈を構えている。

臨済宗・曹洞宗との大きな違いは、天王殿[45]の存在と回廊が山門でなく天王殿から出ていること、いま一つは僧堂に代わって禅堂と齋堂が分離され並列に建てられていることにある。しいていえば、天王殿が永平寺の中雀門と意味や位置が似ている。

ここまでは伽藍について述べてきたが、ここで少し禅系寺院の立地についても述べておこう。寺院の多くは山際か山中に位置していた。背後に山を頂くということはすでに多くの学説でも指摘されている。おそらく、それは中国の禅院の影響が大きいと考えられる。中国の禅院は、南宋五山が山内か山麓に位置し、周囲が樹木で鬱蒼としていた[(17)]、とある。禅系寺院はこの南宋五山の影響を受け、堂宇配置とともに周辺環境をも模倣したに違いないだろう。なかでも曹洞宗は道元の教えに従い、山にこもり修業に適した地を選んでいる。その結果、多くの禅系寺院が南面以外の方位をとっている。たとえば曹洞宗の天祐寺、大雄寺が東向き、臨済宗の泉湧寺、南禅寺、曹洞宗の清涼寺、総持寺、黄檗宗の萬福寺、大年寺が西向きである。すべての伽藍が南面している古代平地寺院とはこの点が大きく異なる。

ただ回廊の呼び名は方位に関係なく左辺を東廊、右辺を西廊としている。このへんも正面を南面とみなす中国の影響であろう。

45 萬福寺の天王殿

(2) 回廊の形式と造形

回廊の形と堂宇

禅系寺院の回廊の型はロの字変形を基本としている。回廊の形は古代平地寺院の元興寺（回廊が講堂に連なる形）や興福寺（回廊が金堂に連なる形）のように、伽藍の中軸上に門と堂宇が連なる形[46]と、もう一つは中軸上に門と二つ以上の堂宇が連なる形[47]がある。後者は古代平地寺院にない禅系寺院特有の形で、たとえば、臨済宗は建長寺、泉湧寺、三聖寺の三門・佛殿・法堂がそれにあたり、曹洞宗では永平寺、大乗寺の山門・佛殿・法堂があたる。そして黄檗宗では萬福寺、東光寺の天王殿・佛殿・法堂がそれにあたる。これらの堂宇はみな中軸上に位置している。ロの字変形の回廊は斜面に沿って繰り返され、中軸線に対して左右対称の形をとり、他の多くの堂宇と接続している。接続方法が各宗派で多少異なり、臨済宗では主な堂宇が回廊に直接接続され、曹洞宗・黄檗宗は、堂宇内の廊下・縁が回廊と一体である。すなわち回廊が廊下や縁と重ね合う形で接続している。この回廊からは室内の暗から室外の明へ、そして周辺の堂宇が見え隠れし、さらに周辺の景色が微妙に変化することで、訪れた人々を楽しませる。

回廊に取りつく堂宇の配置は、各宗派の「清規（前出）」によって少し異なるが、基本形は同じで、主に左辺の東廊には庫院（庫裡）、右辺の西廊には僧堂（禅堂）が位置している。東廊は主に食物の調理、寺院の運営をつかさどる生活ゾーン、西廊は坐禅の行や学問

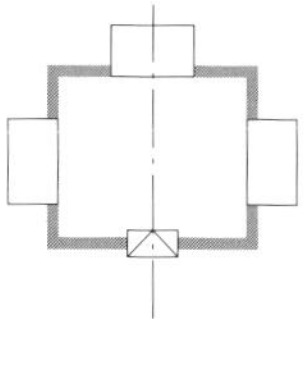

46 一つの堂宇が連なる形

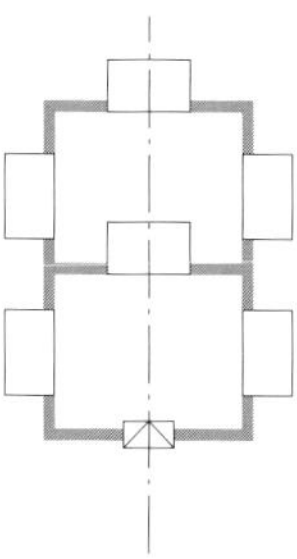

47 二つ以上の堂宇が連なる形

の道場をつかさどるなど修業のゾーンに区分されている。

柱間装置と傾斜回廊

回廊は臨済宗の建長寺、天竜寺を除くすべてが単廊で、床が土間である。ただ、曹洞宗の永平寺のみが板敷である。柱の形状はこれまでの寺院の丸柱に対してすべてが角柱である。太い丸柱は回廊の独立性が強く存在感を示しているのに対して、細い角柱は回廊の造形的魅力というより、伽藍全体を通して統一された魅力をもつ。柱の形はいうまでもなく各堂宇のデザインと一体化している。

柱間装置[48]は、中庭側が列柱の萬福寺などいくつかの寺院を除いて、回廊の両側に腰壁があり、上部が開放している。それによって、回廊の印象が人々に開放的で軽い感じを与えている。ただ、冬の雪や寒さが厳しい地域（福井県・富山県・石川県など）では、両側が壁、その一部に障子の窓といった閉鎖的な造形もみられた[49]。したがって、柱間装置は古代平地寺院のように自由に中庭に出入りすることができず、中庭との関係が希薄である。

これらの寺院は山の緑に包まれて立地しているがゆえに、臨済宗の一部を除いて中庭に興味が注がれず、堂宇とのつながりを重要視したといえる。なお、立地が山を背にしていることから、回廊そのものが斜路あるいは階段を有するものも少なくない。その回廊から見降ろす禅堂の甍は美しく、風情がある眺めである。この景色は古代平地寺院にはみられない。とりわけ永平寺、大乗寺、萬福寺の階段斜路が有名である。

48 柱間装置　伝統的な建物において柱間に造作工事として装置される要素の総称として使用。（建築大辞典、彰国社刊）ここでは主として柱と柱の間の造作デザインを指す。

49 瑞龍寺の回廊（富山県）

臨済宗の僧は回廊をわたり全速力で各堂宇を駆け巡る。これとは反対に、修行の厳しい曹洞宗の僧は静けさを重んじ回廊をゆっくり歩く。この違いは修行以外に回廊の勾配がおそらく関係していた、とも思える。

いずれにせよ、禅系寺院は傾斜の多い立地でも回廊が存在した。そして、この回廊の機能は単に雨や雪をしのぐ廊下だけでなく、回廊そのものが禅刹の重要な修業の場の一つであったことを意味している。

(3)「巡る構造」

回廊の形態は臨済宗が三門、曹洞宗が山門から出たロの字変形である。ただ、この回廊は古代平地寺院のように重要なものを囲み、内（聖）と外（俗）の領域を区切る強い境界構造を示していない。木々の緑に包まれた寺院は、回廊がいくつかの堂宇と接続している。この鬱蒼とした木々や堂宇が内と外の境界構造に十分なりえている。唯一開かれているのが三門（山門）[50]の扉である。ただ、黄檗宗の場合は山門を通過した後に天王殿に接続して回廊がある。そのため他の二宗に比べて境界の働きがやや弱い。萬福寺の回廊は、それゆえ中庭を列柱で囲む開放的な構造となっている。

禅系寺院の回廊の構造はといえば、それは修業のために各堂宇を「巡る構造」である。禅は日常すべてを修業と考え、各宗派の「清規」に沿って生活が行われる。回廊は、その

50　永平寺の山門　開け放たれたままの山門は厳しい修行の第一関である。

「清規」を支え、禅的精神をすみずみまで循環させ、いうなれば新鮮な血を毎日送りこむ血管の役目をはたしている。したがって、回廊は単に堂宇を繋ぐ廊下でなく、堂宇の道順、歩き方まで規定される最も重要な修業の場といえる。禅の修行は、回廊を通して各堂宇を正しく巡ることで成しえる。曹洞宗の開祖道元は、堂宇の配置と回廊の使われ方について『正法眼蔵《しょうぼうげんぞう》』七十二、安居の巻[18]で、巡寮の法として、「住持人こののち庫堂よりはじめて巡寮す。次第に大衆相隋送至二方丈一。……」と示している。

禅院の回廊は七堂人体表相図の示す人の神経であり、血管であるといわれるゆえんがここにある。

二章 ― 神社における回廊

二章では、古代平地寺院の回廊の構成に近い神社境内における神社の門（楼門）もしくは門に準ずる社殿に取りつく回廊を取りあげている。古代平地寺院と比較することで神社の回廊の特徴がより一層理解できると考えたからである。その多くは、訪れると寺院回廊に比べてより多様な造形を展開しており、さらにあらゆる地形の上に位置していることに気づかされる。また最後は古代平地寺院とは異なる構成をもった美しい回廊について述べることにしよう。

写真　春日大社の楼門と回廊

1. 社殿配置と回廊─垣からの転化

神社の回廊の成立過程とは、そもそも垣という囲郭の施設に仏寺の伽藍配置が導入されたことにはじまる。そこに、新たに回廊をともなう神社の社殿配置が成立し、さらにいくつかの形態が生まれた。当然この形態は、回廊導入以前の社殿配置と回廊の導入箇所によって決定されたものと推測される。その導入方法や発展過程は各神社で異なり、それを跡づけることはきわめて困難である。しかし、あえてここで取りあげることにする。なぜなら、それは回廊の発生にかかわるからである。そこで着目したのが回廊の導入箇所と祭儀（庭儀）についてである。

林野全考、桜井敏雄は、『神社の建築[1]』で、臆説《おくせつ》にもとづくとしながらも、回廊の導入過程とその発展に関する模式図を示している。図1は、総体的傾向を知るために、この両氏の模式図をさらに簡略化することでより理解しやすい形に表わしてみた。

●イのタイプ

このタイプは、中門からでる瑞垣によって神殿（本殿）が囲まれている小社にみられる。この社殿配置がもっとも一般的である。このタイプは中門に楼門、瑞垣に回廊が導入されたことで、三つの系統が生まれている。

一系列は、神殿が回廊によってロの字形に囲まれた神社で、現存する石清水八幡宮（京

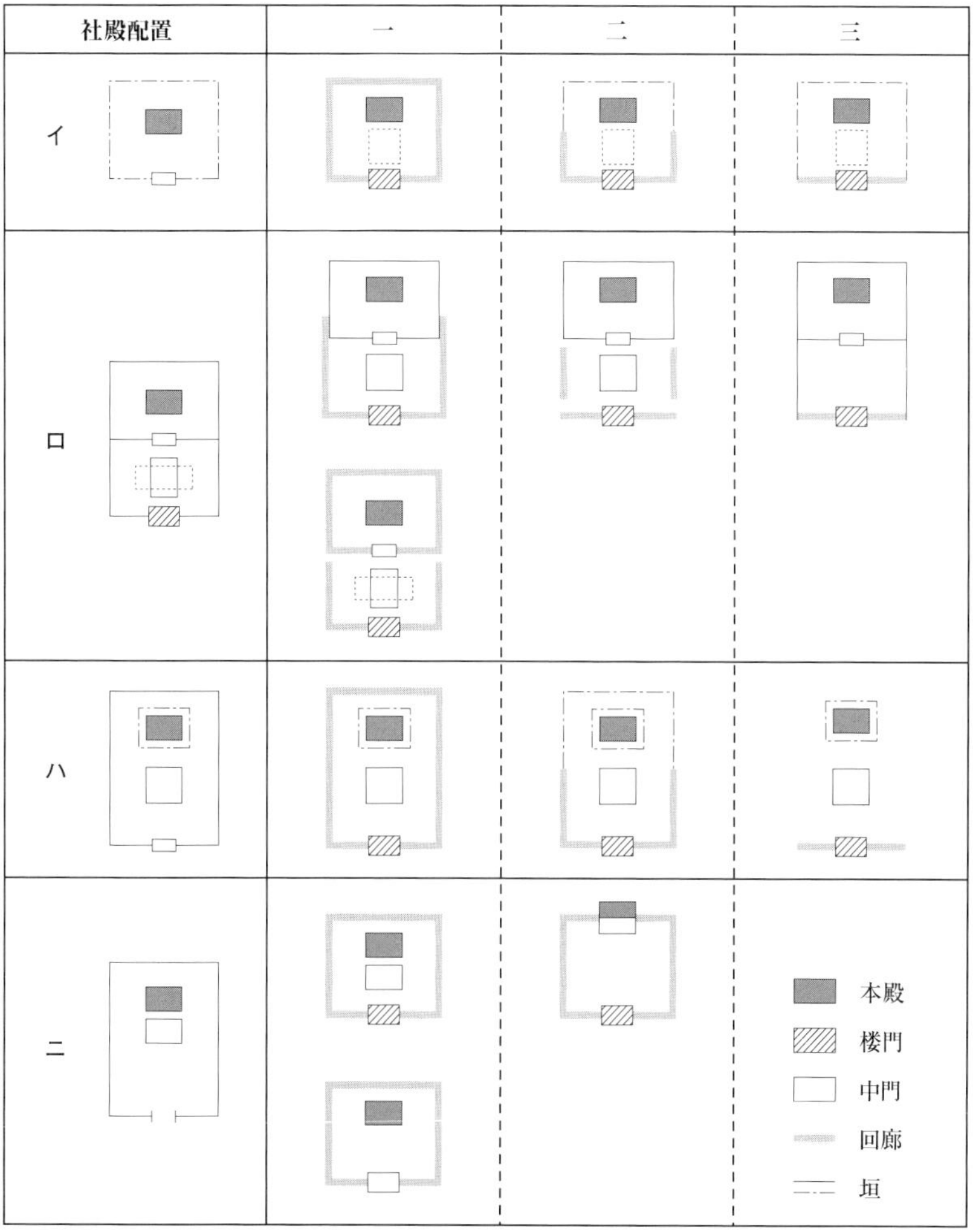

図1　回廊の導入過程

都）、筥崎宮[1]（福岡）が代表的である。これらの神社は、ほとんどが楼門と神殿の間に、渡廊的な要素を備えた縦長の建物（幣殿もしくは拝殿）が存在していた。

二系列は、神殿が回廊によって完全に囲まれることなくコの字形に囲まれた神社で、志賀海神社（福岡）が代表的である。回廊は正・側面を整える施設として導入され、背面および側面の後方が瑞垣や透垣であったと考えられる。

三系列は、神殿が回廊によって完全に囲まれるのでなく一の字形に囲まれた神社で、諏訪大社（長野）や山口県地方を中心とする今八幡宮、古熊神社が代表的である。これらの回廊は囲む機能が退化し、拝殿としての役割を多く担っている。

このタイプは瑞垣にロの字、コの字、一の字形の回廊がそれぞれ導入され、三つの系列が生まれたといえる。回廊は徐々に囲郭の度合いが薄れそれぞれが拝殿化の方向に向かい、はからずも人を拒絶するための回廊がむしろ逆に神域内に人々を導きいれる結果となっている。二、三系列の縦長拝殿の出現と回廊の退化には何んらかの関連性があるにちがいない。

●ロのタイプ

このタイプは、楼門からでる垣によって本殿および中門の前庭が囲まれた比較的大社にみられる。このタイプは、中門の前庭を重視し、それを取り囲む形で回廊が導入され三つの系統が生まれている。

1 筥崎宮（筥崎宮縁起絵巻）

一系列は、楼門と中門の間の中庭がロの字形の回廊によって囲まれ、中門位置が拝殿化された神社で、上賀茂ともいわれている賀茂《かも》別雷《わけいかずち》神社[2]（京都）が代表的である。一見異なってみえるものの春日大社もこのタイプである。なお、園城寺新羅社（滋賀）は中庭と本殿を囲む神域の両方にロの字形回廊が導入されている。

二系列は、楼門と中門の間の中庭がコの字形の回廊によって囲まれている神社で、古図から都須麻神社[3]（滋賀）、丹生都比売神社[4]（和歌山）がある。ともに前庭に舞殿あるいは舞殿系拝殿が位置している。

三系列は、楼門と中門の間の中庭を一の字形の回廊が仕切る形で楼門に取りつく神社で、和歌山の天満宮と東照宮がある。この回廊はのちに拝殿化していく。

このタイプの二、三系列は、楼門と中門の間の中庭を囲む形で回廊が導入されたが、瑞垣に囲まれた神域まで導入されていない。そのことによって神域内に人々を導き入れることはなかった。

●ハのタイプ

このタイプは、門からでる築地・透垣などが瑞垣で囲まれた本殿やその前面の舞殿系拝殿を囲む社殿配置である。この築地・透垣に回廊が導入されたことで、三つの系列が生まれている。

一系列は、回廊によって本殿および舞殿系拝殿が完全に同一境内に囲まれた神社で、滋

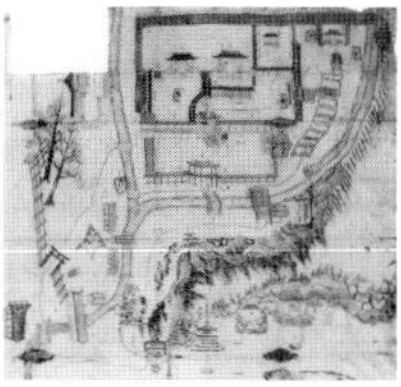
2 賀茂別雷神社（賀茂別雷神社社頭絵図）

3 都須麻神社（竹生島祭禮図）

4 丹生都比売神社（丹生都比売神社社頭絵図）

賀近江の日吉大社[5]（西本宮）が代表的である。

二系列は、楼門を中心に回廊がコの字形に導入された神社で、油日神社、沙沙貴神社（ともに滋賀）がある。とくに社殿の整った油日神社の回廊は舞殿系拝殿の客席としても参籠の施設としても立派なものである。

三系列は、楼門を中心に回廊が一の字形に導入された神社で、かつて東大寺の鎮守社である手向山八幡宮がある。

このタイプは、主に舞殿系拝殿が回廊によって囲郭の対象となっている。この場合は主に神域を限定する意味なのかそれとも見物席か、そのどちらか一方となる。この回廊は開放的な形であるといえる。

●二のタイプ

このタイプは、横長の本殿と横長拝殿が垣によって囲まれた簡素な社殿配置である。本殿は連結・連棟の横長神殿あるいはそれぞれ横一列に並んだ複数神殿、の二通りがある。

一系列は、本殿と拝殿を囲む垣に回廊（ロの字形）が導入された構成で、その一つに本殿・拝殿が離れず回廊を導入した玉垂神社、高良神社（ともに福岡）がある。もう一つには、本殿と拝殿（礼殿）を離し礼殿から回廊がでて本殿を取り囲む熊野本宮[6]（和歌山）がある。

二系列は本殿と拝殿が接合し、楼門よりでた回廊が拝殿に連結しロの字変形となった神

5 日吉大社（日吉山王社次第）

6 熊野本宮（一遍聖絵）

社で祇園社（京都）が代表的である。このとき、北野天満宮（京都）は本殿と拝殿が石の間というスペースをもって接合されたもので、この社殿構成が近世に入って流行する権現《ごんげん》造《づくり》[7]の先駆となった。北野の広い中庭の配置に対抗できるのは熊野形式である。ただ熊野は拝殿が本殿から離れすぎたことによって機能的に難が生じた。

以上に示したイから二のタイプは、神社建築の垣が回廊に転化した典型例としてとりあげている。このほかにも回廊をもつ神社は、複雑でさまざまな過程を経て多くが成立していたであろうと推察される。

2. 回廊の形―信仰形態と地域性

(1) 神社の信仰形態

「神道宗教」の成立過程の基本的プロセスとして、宗教学者の景山春樹は「自然神道」と「社殿神道」の概念を提示している。(2) それによると、自然神道期は美しい山々が「神の所在する所（神体山）」として神聖視され、そこに磐座や神籬に対する信仰が生まれた。社殿神道期は八世紀の仏教伝来による神仏習合にともない、仏教の指導のもと神殿の建築がはじ

7 権現造　複合型建築の一つ。中でも東照宮のように本殿・石の間（相の間あるいは幣殿とよぶこともある）・拝殿が合体したものを指す。権現造は日光東照宮本殿に用いられるに及んで権現造りの名を得るにいたった。左図は大崎八幡神社（仙台市）の例。

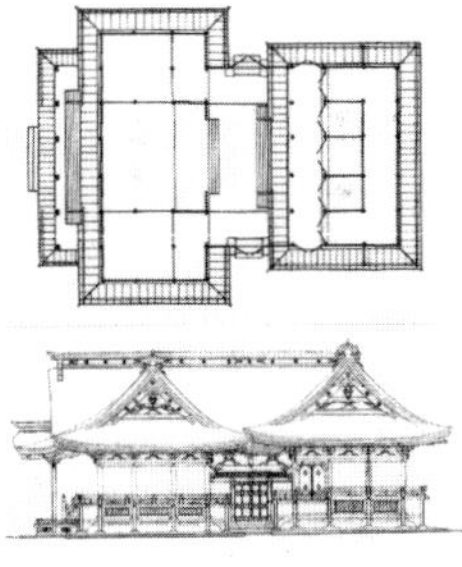

まることになった時期としている。それと同様に、田村圓澄が「日本の神は土地を離れては存在理由を喪失するのです。[3]」と述べている。

このことからしても、古代における日本の神社の信仰形態は、かぎりなく自然崇拝（ナチュラリズム）と呪物《じゅぶつ》崇拝（フェティシズム）にもとづいており、神の存在の本質は在地性・土着性によるものである。ところが、仏教の伝来以後に、一部の自然神道が宮廷化・仏教化に強く影響され変化しはじめたことで、古代の神々とちがったかたちのものが生まれた。たとえば、八幡宮の神、熊野の神、人が神となった天満宮の神などがそうである。それらの神は、古代・中世はいうまでもなく近世の末まで、それぞれの時代に異種の威霊を外から取りいれつつ、在地性・土着性から普遍性をもった神に変容したものである。

この経緯をふまえるなら、神社の垣が回廊に転化し、その結果、回廊を有する神社は六世紀以後に、外来宗教の影響を近世末まで受けつつ自然物崇拝を比較的強く反映してきた神社（ここでは自然物系と称する）、それと外来宗教の伝播・受容にともない、自然神道が大きく変容した神社（ここでは反自然物系と称する）とに大別できそうである。そして、反自然物系には、自然神道が大きく変容した影響、あるいは古代の神社とまったく別の影響によるものとして、それらの要因を考えてみよう。

●八幡宮の影響

八幡系を代表する宇佐[8]の特性について、田村圓澄は（一）仏教との習合、（二）在地性・

8　宇佐八幡宮　大分県国東半島のつけ根に位置し、本殿は八幡造りで神社建築上の重要な形式。

土着性の希薄、（三）託宣をあげている。つまり、このことは御許山という神体山をもっていた豊前の土俗的信仰が仏教的・陰陽道的色彩をおびた信仰と習合し、日本固有の神祇《じんぎ》（天の神と地の神）と異にする仏教的色彩の強い独特の宗教に変容したことを示している。ここでは八幡宮または明らかに八幡宮の影響を受けた神社があげられる。

●霊廟系の影響

日本における人神は二種類あるとされ、神が人間の姿をかりて人神（神格）化される場合と、歴史上の菅原道真、徳川家康、豊臣秀吉など人間が神と崇《あが》められる場合である。日光東照宮、豊国神社は家康・秀吉の墓所。大宰府天満宮は安楽寺として、道真の墓所として当初創建された。いわゆる神の主体が人間にある。大宰府天満宮を代表とする天満宮系神社と、日光東照宮を代表とする東照宮系神社、そして豊国神社があげられる。この社殿形式は仏寺の影響を当初から強く受けていた。

●修験道・密教の影響

修験道は山岳信仰を基底とし、各地に土着の神道系の山岳行者がいた。仏教系の山岳修業者（聖・私度僧）がそこに加わり、その信仰と実践が修験道の淵源となった。修験道の呪的行為は律令国家によって厳禁されたものの、平安時代に空海、最澄による密教の伝来で大きく変化し、それにともない理論的に基礎づけられ歓迎されはじめた。その名残りと

9　富士山本宮浅間神社　富士山の神霊を祀った浅間神社の総本宮。富士山に坐（いま）す神を「仙元菩薩（あるいは浅間明神・富士権現）」とよんでいた。左は現富士山本宮浅間神社。

して各種の講や修験者による加持・祈祷が今日もなお続いている。主に修験道の影響を受けた富士山本宮浅間神社[9]と、修験道・密教の影響を受けた熊野本宮大社[10]があげられる。

●強い仏寺（仏教）の影響

奈良時代になると神社は「神仏混淆」とよぶべき共存時代に入り神宮寺も建立される。さらに、多くの神社は一〇世紀「本地垂迹説」の成立で平安末より「神仏習合」が盛んとなり、仏寺および仏教の影響を少なからず受けた。とりわけ威光のある仏寺の影響を強く受けた春日大社、祇園社[11]（八坂神社）が代表的である。

(2) 信仰形態と回廊の型

信仰形態と回廊の型にはどのような関係が成立したのであろう。

まずは、社殿配置から回廊の平面の形状を抽出しこれを回廊の型と考えた。ここでの平面形状の「型」分類は、各神社の歴史性を深く考慮せず、単に模式図による「形」のみで分類した。ただしこの方法には少なくともさまざまな問題があることも事実であり承知している。[(4)] しかし、回廊の平面形状による型の分類と信仰形態との間には、相互的依存性について、多少なりとも総体的傾向を読み解くことができるであろう。

図2は、回廊を有する各地の神社を調査・測量し、さらに文献で収集した神社の平面形

10 熊野大社　「熊野権現」とも呼ばれる。熊野三山の神門や祀殿に掲げられた額には日本第一大霊験所、根本熊野三所権と記されている。左は現熊野大社。

11 祇園社　明治の神仏分離により八坂神社と改名。祇園社は円如上人によって薬師如来を祀ったのがはじまり、のちに奈良興福寺の末社を経て延暦寺の別院となる。左は現八坂神社。

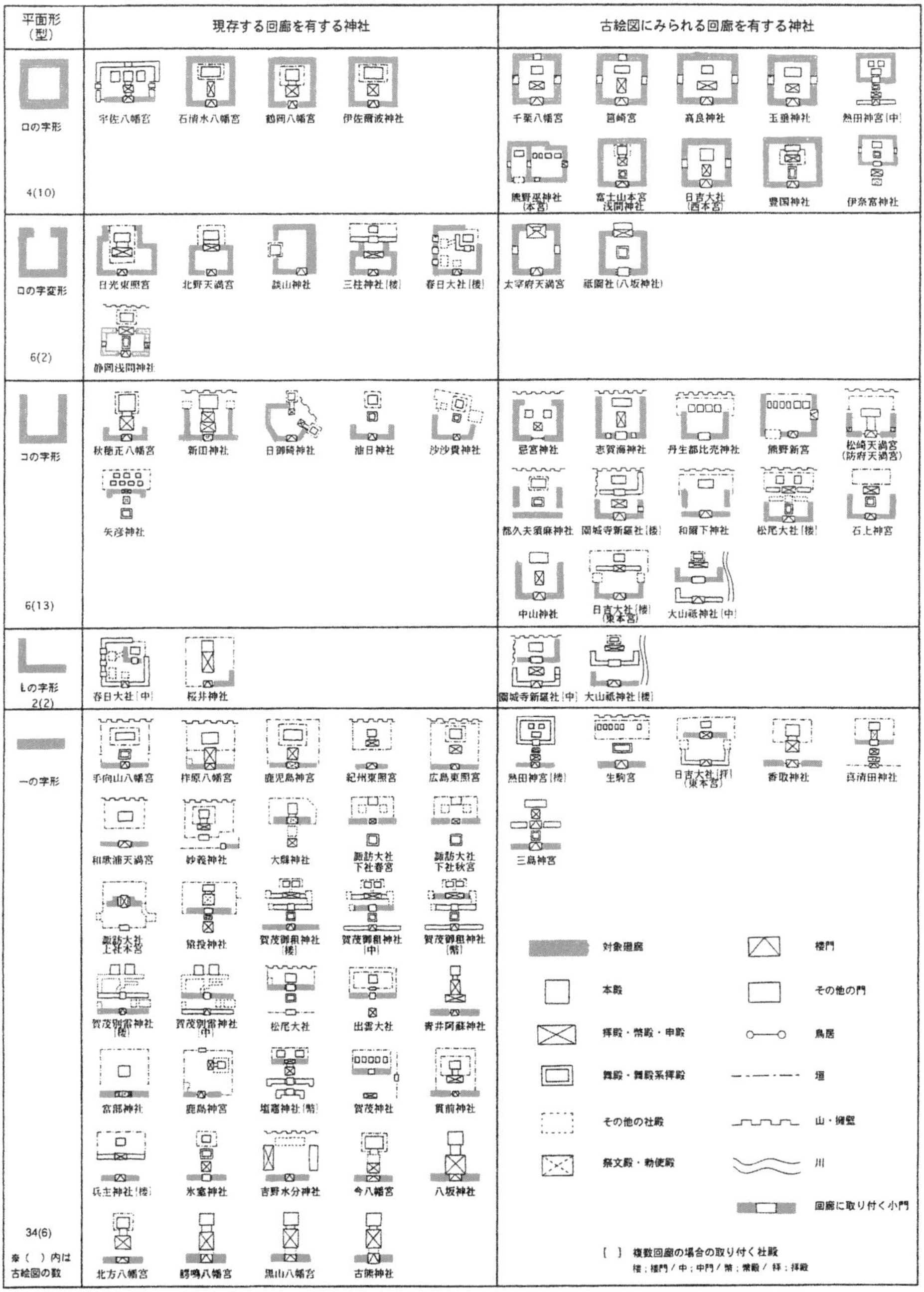

図2　神社における回廊の型分類

状を回廊を中心に型分類したものである。図中の「現存する回廊」とは、修復・造替《ぞうたい》がたとえ行われたとしても、歴史的に近世末までに建立され現存している回廊(5)である。「古絵図にみられる回廊」とは、現在は存在していない、あるいは存在していたとしても建立年代が近代以降のため、唯一古絵図のみで近世以前の状況を知りえた回廊(6)である。分類した結果、回廊の平面形には寺院回廊のロの字形、ロの字変形、コの字形、一の字形、さらにL（かぎ）の字形[12]を加えた五つの「型」が抽出された。

ロの字形から一の字形回廊の分類

●ロの字形回廊

このなかでは「現存」するすべてと「古絵図」の千栗八幡宮、筥崎宮、高良神社、玉垂神社の四社が八幡系である。

たとえば、ここにあげた高良神社[13]（福岡）はかつて高良山を神体山とする自然神であった。しかし、一一世紀中頃に宇佐八幡の影響を強く受け、八幡神にともなう神として組み込まれた経緯がある（玉垂神社は高良神社の旧別宮）。このように八幡信仰は、鎌倉中期に宇佐・石清水・鶴岡を軸にして全国に広がっていった。いまでは全国の神社に祀られている祭神のなかで八幡神が一番多く、八幡信仰は勧請信仰の広がりの典型例といえる。

熊野坐神社、富士山本宮浅間神社、日吉大社（西本宮）は修験道・密教系の神社である。ロの字形回廊は、密教思想の具現化した形といえるのではないだろうか。

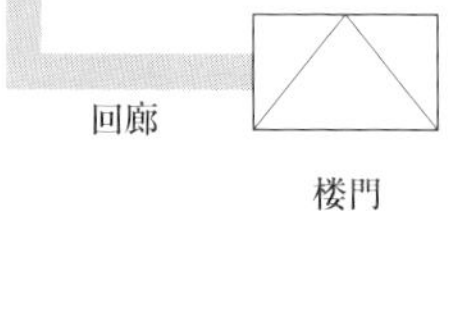

12 Lの字形（回廊の型）

13 高良神社（高良神社縁起）

豊国神社は霊廟系、伊奈富神社が強い仏寺（仏教）系の影響で地方有数の大社である。

なお、熱田神宮については後述の一の字形でふれるとしよう。

またロの字形のなかでは石清水八幡宮（図3・図4）が代表的である。この神社は淀川を見下ろす男山（京都府八幡市）の山頂に位置し、高く積んだ石垣の上に建つ。回廊は他に例を見ない三廊で四周に縁をもつ[14]。柱は朱塗りの丸柱で堂々たる造りで、本殿は回廊の

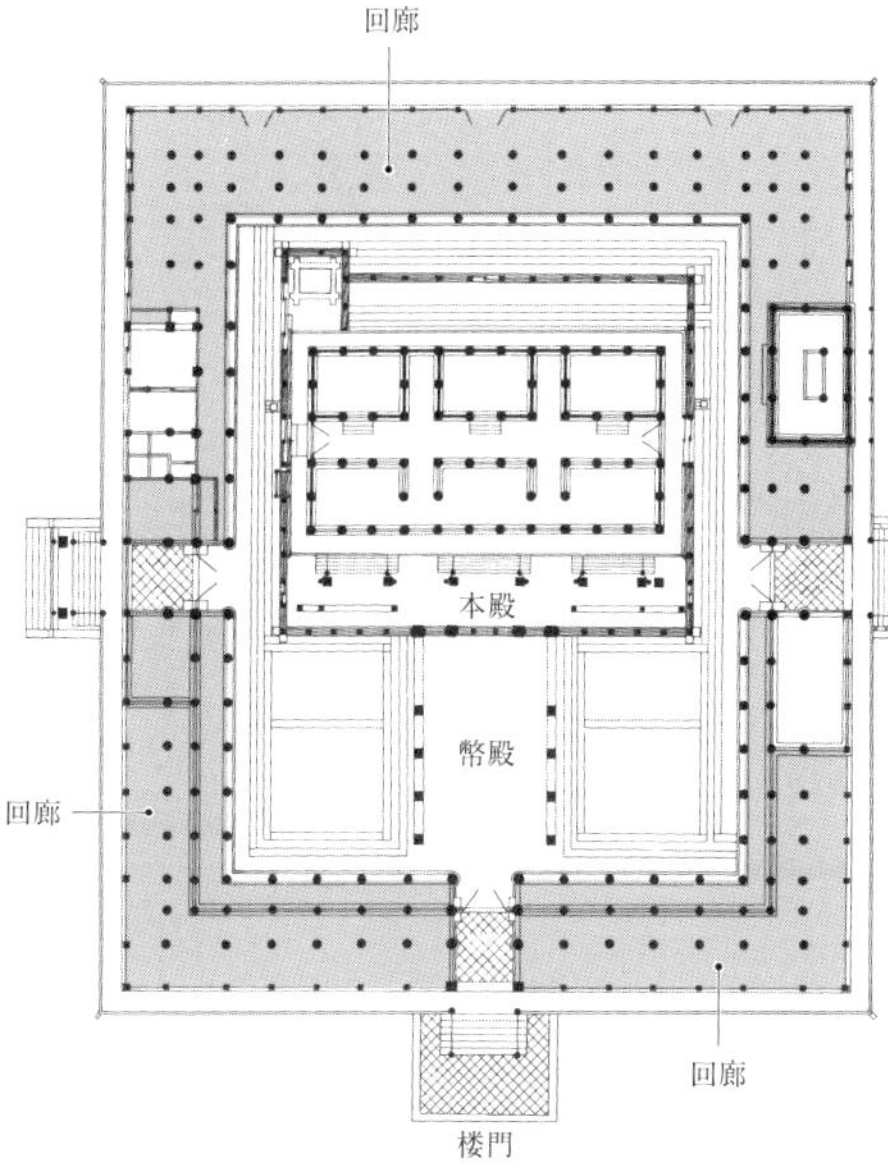

図3　石清水八幡宮の平面図

図4　石清水八幡宮の楼門と回廊

14 石清水八幡宮の回廊

なかにあり祭祀もここで行われている。
ロの字形回廊は全神社が反自然物系で、とくに多いのが八幡系、続いて修験道・密教系、霊廟系そして強い仏寺の影響を受けた神社となる。

●ロの字変形回廊

このなかでは日光東照宮、太宰府天満宮、北野天満宮、談山神社、三柱神社[15]があり、いわゆる霊廟系である。

日光東照宮本殿は豊国廟（神社）を、豊国廟は北野天満宮の本殿形式（権現造）を参考にして建立された(7)。日光東照宮と豊国廟は本殿形式に加え、回廊を含む社殿配置も参考にしたと思える。また、ロの字変形のなかでも秀吉・家康など偉人が神となるタイプと、鎌足・菅公のように怨霊を封じ込めるタイプでは回廊の平面形が異なっている[16]。

春日大社と祇園社は強い仏教色があり、静岡浅間神社は富士山本宮（ロの字形）の傍系と考えてもよいであろう(8)。

北野天満宮（図5・図6）はロの字変形のなかでも基本形で、回廊が拝殿前の中庭（庭儀の場）を列柱廊で囲む。その列柱廊は単廊・丸柱で、中庭に立つと東と西に出入口があり、一見コの字形と錯覚する。中庭と回廊の大きさはきわめてバランスがとれている。

ここでは全神社が反自然物系で、もっとも多いのが霊廟系、続いて強い仏寺の影響を受けた神社となる。

15　三柱神社　社殿は寛文元年（一六六一年）藩主立花忠茂を祀ったのがはじまり、現社殿は文化九年（一八一二年）立花鑑賢が城内から今の社殿に造営。日光東照宮を参考にしたと伝えられる。

16　二つの霊廟形式

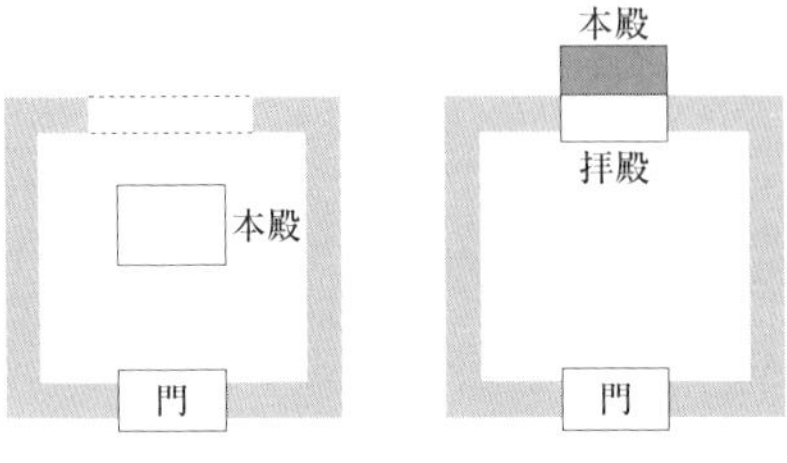

（北野天満宮・談山神社）　（日光東照宮・豊国廟）

●コの字形回廊

反自然物系では、秋穂正八幡宮、新田神社、忌宮神社が八幡系であり、熊野新宮、丹生都比売神社が修験・密教系[9]である。さらに松崎天満宮（防府天満宮）が霊廟系で、都久夫須麻神社、園城寺新羅社が仏寺（仏教）の強い影響下にある[10]。ちなみに、志賀海神社、日御碕神社、和爾下神社などは判断がむずかしい。ただ神社史によると、志賀海神社[17]は八幡系、日御碕神社は修験・密教系、和爾下神社が仏寺（仏教）の強い影響下にあったようである[11]。

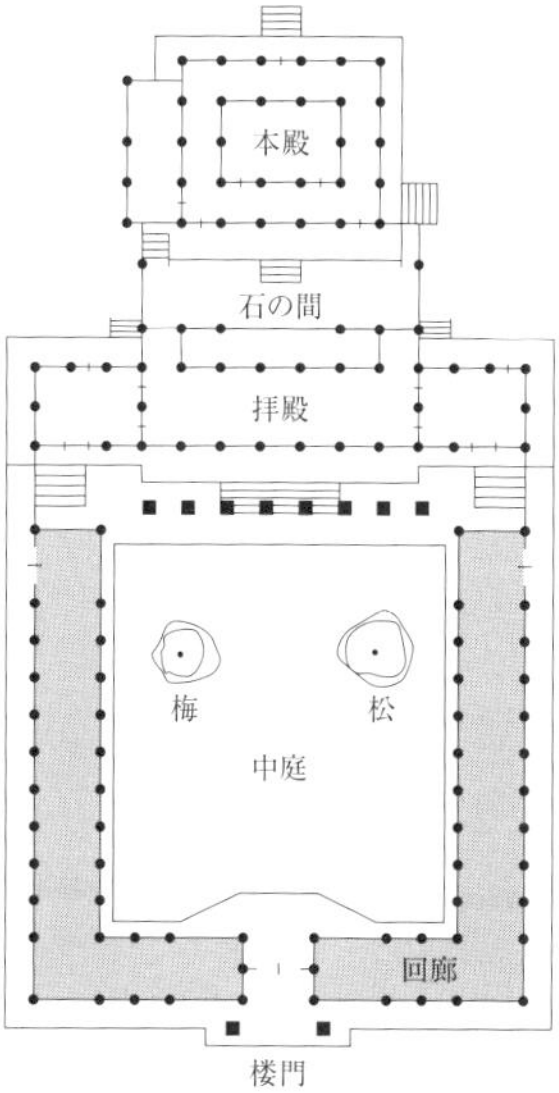

図5　北野天満宮の平面図

図6　北野天満宮の回廊

17　志賀海神社縁起　志賀海神社は博多湾に面した志賀島に位置し、かつての祭神は海人であったが（コの字形のさきは玄界灘）神功皇后・応神天皇が加わったことから八幡系に変化したと考えられる。

自然物系において「現存」するのは油日神社、沙沙貴神社、矢彦神社であり、「古絵図」では、松尾大社［楼］、石上神宮、中山神社、日吉大社東本宮、大山祇神社などがある。これらの神社はかつて山を信仰の対象とする創建の古い神社で、いまもって神体山に磐座や奥宮が存在するものも多い。

なかでも油日神社の配置（図7・図8）はもっとも美しいといえる。この神社は鈴鹿山脈の南端、油日岳を神体山とし、回廊は両吹き放しの板敷きで中庭と拝殿系舞殿を囲み開

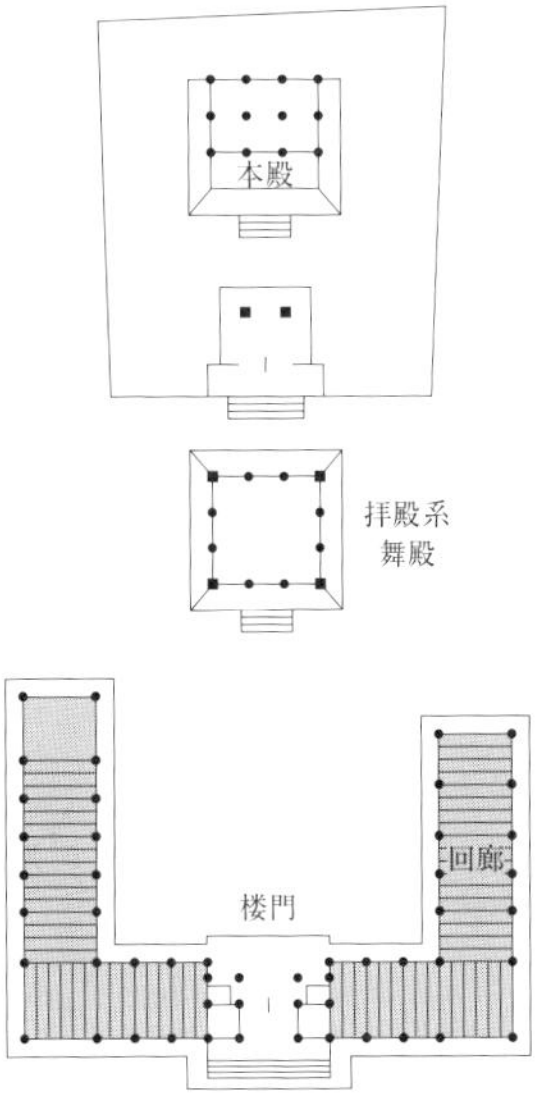

図7　油日神社の平面図

図8　油日神社の楼門と回廊

放的である。そこではいまも酒をくみかわし祭礼や舞をみることができる。正面の姿は楼門を中心に左右対称の均整がとれた実に美しい形態である。

ここでは自然物系と反自然物系が半々であった。

●Lの字形回廊

この形状をもつ神社はごくまれといえる。

春日大社、園城寺新羅社は複数回廊で中門に取りつく回廊がLの字形、ともに僧侶による参籠の場でもあった。それぞれが興福寺、園城寺の地主神である。

大山祇神社[18]は自然物系であり、櫻井神社は確証がないものの本殿背後の「岩戸（岩窟）」を聖地としていることから自然物系と考えてもよい(12)。

ここではLの字形は自然物系と反自然物系が半々であった。

●一の字形回廊

「現存」のなかでは、手向山八幡宮、柞原八幡宮、鹿児島神宮、今八幡宮、北方八幡宮、鰐鳴八幡宮、黒山八幡宮が八幡宮系である。紀州東照宮、広島東照宮、和歌浦天満宮、古熊神社が霊廟系であり、八坂神社が仏寺（仏教）系である。

先に記した熱田神宮[19]は熱田参宮曼荼羅図によると、複数回廊で、本殿を囲む回廊がロの字形と解釈できることから霊廟系であり、楼門に取りつく回廊が自然物系の一の字形であ

18 大山祇神社　鷲ケ頭山を神体山とし、祭神である大山祇神は代表的な山の神である。

19 熱田神宮（熱田参宮曼荼羅）

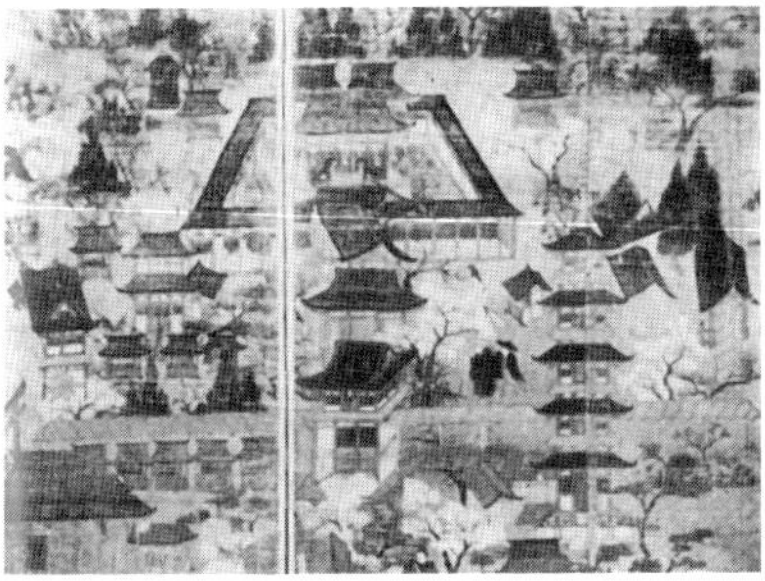

る。このように相反した信仰形態の影響が一つの神社でみられる。特異ともいえるこの形態は複数回廊をもった他の神社にはみられない。その成立にはおそらく複雑な歴史性があるに違いない(13)。

これ以外の神社のすべてが自然物系である。神社は山・海・川（水）を信仰の対象とし、古代より近世まで自然神道を核とした信仰形態と思われる。そのなかの吉野水分[20]は特殊な地形に建てられためずらしい懸造である。

ここでは自然物系が反自然物系のほぼ二倍ていどであり、さらに、一の字形の反自然物系には信仰形態以外の影響が多くみられる。

信仰形態以外の影響

分類の結果、神社には反自然物系にもかかわらず、コの字、Lの字形あるいは一の字形回廊があった。その一方で、自然物系にもかかわらず、一の字形でなくコの字・Lの字形回廊も存在していた。おそらく、そこには信仰形態以外の影響があると考えられる。

●反自然物系のコの字形・Lの字形

反自然物系におけるコの字形（秋穂正八幡宮を除く）は、ロの字形・ロの字変形に近い空間構成をもつ。たとえば熊野新宮は、背後を高い板塀で囲み人工的にロの字形をつくった。それ以外は山の斜面の中腹に立地している。このことから、これらの神社は回廊のコ

20 現吉野水分神社

の字形と背後の山で本殿を直接囲み、ロの字形に近い空間構成をつくりあげていると解釈ができる。また、Lの字形の新羅社・春日大社［中］も回廊と背後の山とでロの字形に近い空間構成をつくりあげている。

要は立地を利用しつつ本来のロの字形・ロの字変形に近い空間構成をつくりだしたと解釈ができる。

●反自然物系の一の字形

反自然物系でありながら一の字形を有する神社がある。それはおそらく信仰形態以外の影響、すなわち地形的または地域的な特性からと推測できる。

地形的特性

手向山八幡宮、柞原八幡宮、紀州東照宮、広島東照宮、和歌浦天満宮[21]がこの特性に当てはまる。手向山八幡宮を除いた四社は、一の字形でありながら山の斜面を利用しつつ囲まれた空間をつくりだし、石垣を斜面状に積んだ高い基壇上に回廊がつくられていた。訪れるとその回廊からは、春夏秋冬のみごとな景色を眺めることができる。この趣きある回廊こそ寺院建築にはない神社特有のものといえる。

今日の手向山八幡宮は一の字形回廊であるが、寛永一九年（一六四二年）焼失以前の古絵図「東大寺八幡宮伽藍図」によると、今と違い口の字形回廊であった。

21 和歌浦天満宮

地域的特性

山口県地方に存在する今八幡宮、八坂神社、北方八幡宮、鰐鳴八幡宮、黒山八幡宮、古熊神社がこの特性にあてはまる。信仰形態はそれぞれ異なる。しかし同一地域に存在し、なおかつ「楼拝殿」という類以した形式をもつ一の字形回廊である。

このように推測したことで、「回廊の型と信仰形態との関係」がより鮮明になったといえる。さらにそこからみえてきたものは、ロの字形・ロの字変形の神社すべてが反

図9　日吉大社（日吉山王社頭絵図）
中央、牛尾山の頂上に奥宮社殿、その麓の左に西本宮、右に東本宮が位置する。

自然物系、多くの一の字形神社が自然物系、そしてコの字形の神社は両系に存在する。しかし、主流は自然物系である。日吉大社の神域がこの一連のすべてを物語っている(図9)。

その日吉大社について、景山春樹はこのようなことを述べている。日吉大社は東本宮と西本宮からなり、現在の中心である西本宮境域は最澄の入唐以降で、比叡山の天台密教(仏教)の隆盛にともなって主流となった。だが、この天台仏教よりはるか以前は、東本宮に隣接する古墳群と神体山(牛尾山)が一体となった形で古代人の信仰の対象であった。つまり日吉の神域の原初形態は東本宮であったと[14]。現在の日吉大社は両本宮とも回廊が存在しない。ただし、古絵図(日吉山王社絵図)によると、西本宮の回廊がロの字形、東本宮の拝殿につく回廊が一の字形、楼門につく回廊がコの字形と明確に描かれている。

(3) 回廊の形と地域性

「回廊の柱間装置」は、古代平地寺院が外側に連子格子、回廊内に吹き放しの列柱とし、浄土系寺院回廊が正面および背面とも吹き放しの列柱、禅系寺院が外側に腰壁付きの吹き放し列柱であった。このように各宗派により特徴がある。神社はどうであろうか。

神社は一般に門と門に準ずる社殿に回廊が取りつく。その門は、建築の形式によって重層門(楼門)・唐門・八脚門・四脚門に大別される。そのなかでも楼門が圧倒的に多く全国に分布している。なにゆえか、その回廊には地域的特徴がほとんどみられない。一方、門に準ずる社殿には拝幣殿・祭文殿・楼拝殿・勅使殿がある。ここに取りつく回廊には地域独自の造形と社殿配置をもつ。それだけでなくこの回廊がもつ意味は、のちにふれる「仕切る」と「結界」の作用と深くかかわりをもっている。

拝幣殿（棟門）に取りつく回廊

この回廊は、長野県諏訪地方に存在する諏訪大社三宮（上社本宮、下社春宮、下社秋宮）と矢彦神社に現存している。諏訪大社三宮といえば、周知のごとく七年ごとの勇壮な「御柱祭」が有名である。

回廊の開放方向[22]は「外向き」で、造形は正面（参道側）が吹き放し、背面（本殿側）が連子格子で、柱は丸柱で床が板敷（ただし、上社本宮のみ畳敷）である。平面形状は諏訪三宮が一の字形、矢彦神社が外向きコの字形である。諏訪の三宮のうち、下社春宮と秋宮の拝幣殿は上層部が異常に大きく回廊とも分離し、上社本宮といささか外観を異にする（図10・図11・図12）。

この四社は、神木が禁足地といわれる神域に立ち、（矢彦のみは本殿のほか、摂社・末社が禁足地内に存在し異なる形式。）本殿のかわりとなっている。回廊は、禁足地に面する拝幣殿に取りつき片拝殿または脇片拝殿といわれていた（旧社殿では拝幣殿を楼門形式の大門戸屋、左右の回廊を左廊、右廊という）。そして、祭儀には大祝《おおほうり》が拝幣殿に着座し神事を執行し、神官が連子格子の前に着座し神を拝する。回廊の外側は神楽殿や拝所といった社

22 回廊の開放方向　正面（参道側）と背面（本殿側）の柱間装置の組み合わせによって、四つの「開放方向」が存在する。

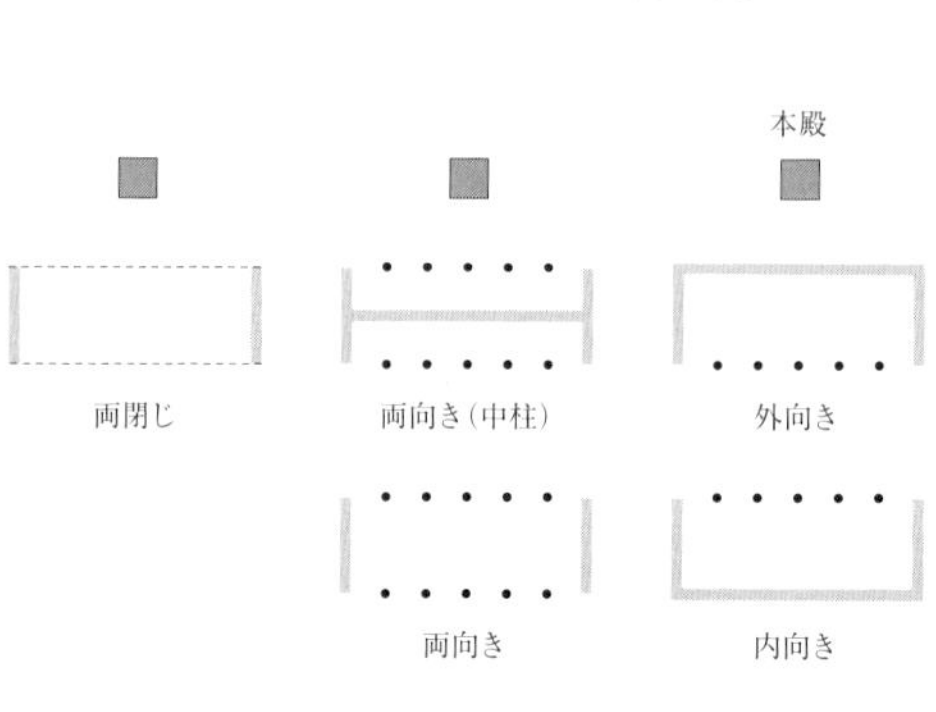

殿が存在し、祭礼等は回廊の外で行う。したがって、参拝者は禁足地への侵入が当然不可能である。これらの社殿配置から、回廊の位置は本殿（神木は本殿のメタファー）の前に位置し、参拝者はその外側において参詣することになる。

　諏訪を代表する上社本宮と類似するのが奈良県櫻井市の大神神社である。上社本宮は神体山を守屋山とし、本殿がなく杉の木を象徴とする。大神神社は神

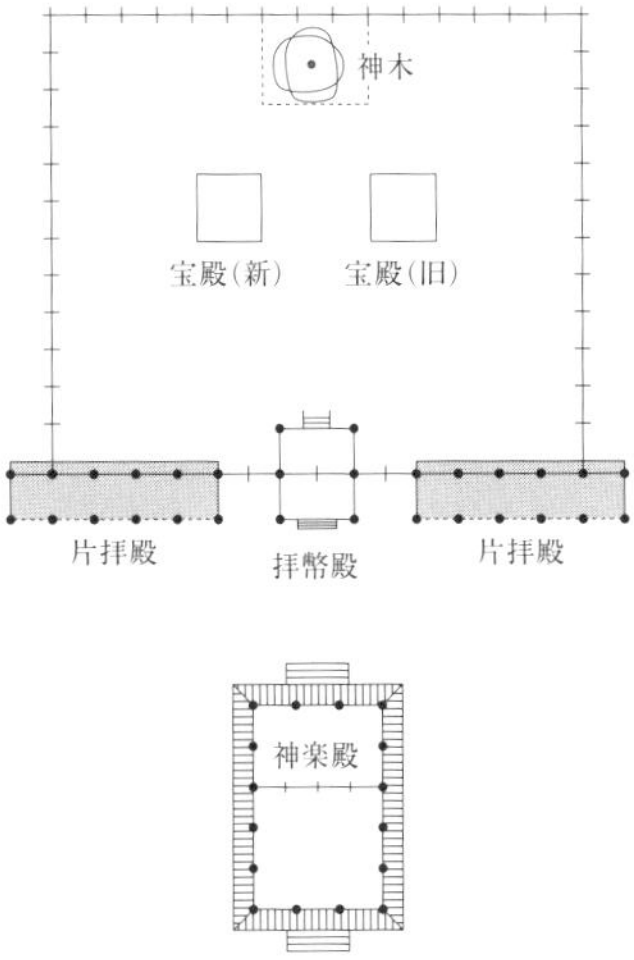

図10　下社春宮の平面図

図11　下社春宮の幣殿と回廊

図12　上社本宮の幣殿と回廊

体山を三輪山とし、本殿がなく磐境《いわさか》（神の降臨する磐座《いわくら》を中心とした祭祀場）を象徴としている。ともにご神体は蛇（竜）とするなど共通点もみられる。ただ、大神神社には回廊がなく、回廊の前身と思える三ツ鳥居が存在する。ではこの三ツ鳥居について少しふれておこう。

神体山には、かならずといってよいほど磐座が存在する。そこはやがて禁足地となり、人は麓から拝するようになる。そして、人と山（神域）の境界を形にしたのが三ツ鳥居と言われている。大神神社の三ツ鳥居[23]は鳥居と瑞垣が一体になったもので、「神と人の境を示す標杭の発達した姿である」ともいわれている。

上社本宮には鳥居が現在残っていない。中世の諏訪大社の状況を知るうえで「諏方大明神画詞[15]」がもっとも参考になる。それによると、磐座（硯石）の前面に格子付鳥居（三ツ鳥居）が室町以前にはあったとされている。四社の垣で囲まれた禁足地は、いわば聖地（神体山）からの仮の場である。その正面を構成する回廊は、三ツ鳥居が拝殿化した形式と考えられる。

「外向き」回廊は、原始的な信仰形態を有する神社にもちいられた傾向がある。その回廊の造形にひそむ意味合いは、遙拝する形と同時に神と人との領域を画する強い境界を示していると推測する。

23　大神神社の三ツ鳥居　大神神社は本殿がなく、拝殿裏にある三ツ鳥居を通して直接に山を拝する。

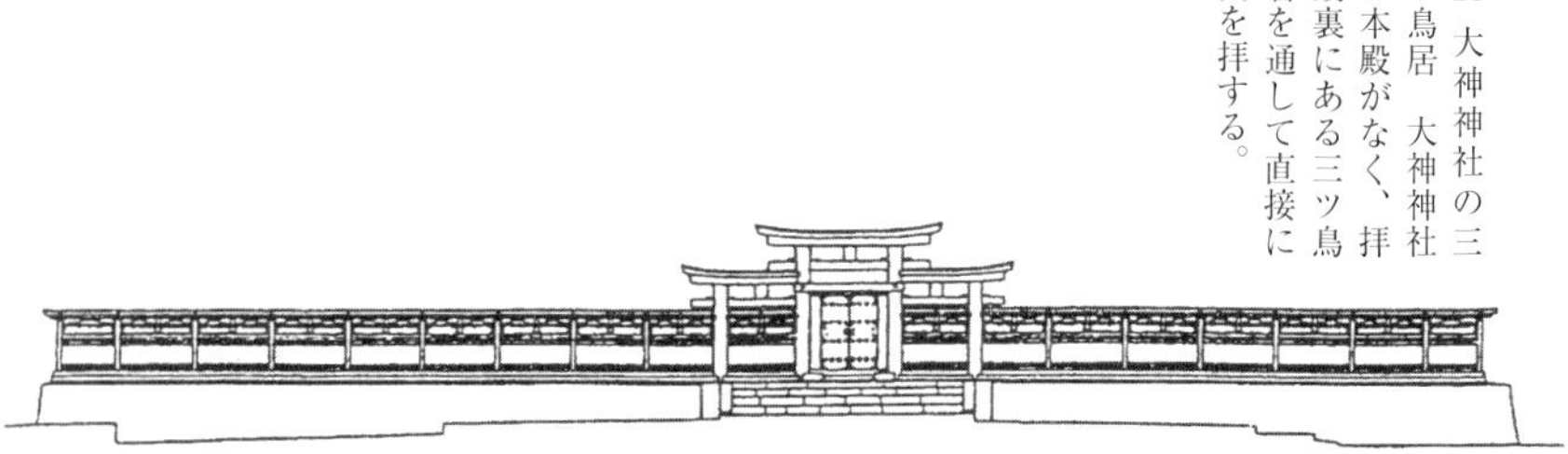

正面

祭文殿《さいもんでん》（四脚門）に取りつく回廊

この回廊は、愛知県地方に存在する大縣神社、富部神社に現存している。この回廊の開放方向は「両向き」である。造形は中柱列に連子窓、正面（参道側）および背面（本殿側）とも吹き放しで柱が角柱、床が板敷きであり、すべての平面形状が一の字形の複廊形式である。この社殿形式は愛知県地方に存在する「尾張造」に多くみられる。[16] 現存する尾張大國霊神社、津島神社、真清田神社など、大社の回廊は「尾張造」の形式を残しているものの近代以降において改築されている。

尾張造[24]は、本殿の全面に祝詞殿と同様の機能をもつ祭文殿、そして拝殿・勅使殿、さらに一番外側に蕃塀があり、これらが一直線上に配置されている。回廊はその祭文殿にとりつく。

現在の尾張造の祭儀の場は、本殿と祭文殿をつなぐ釣殿が、正神主や上席神官の着座する場、本殿側の内回廊が神饌の供進される場、外回廊が一般神官の着座する場となっている。このことは今日も昔と変わっていない[17]。富部神社は釣殿のない土間で神官が拝する古い形式を残している（図13・図14）。いずれにしても参拝者は「両向き」回廊の外側で拝していたようである。

この社殿配置から回廊の位置は、本殿の近くに位置するものの諏訪の拝幣殿に取りつく回廊とは境界としての働きが異なる。「両向き」回廊は「外向き」回廊と比較すると、本殿側の内回廊が吹放しの造形のため、神と人を隔てる境界の意味が一歩減少する。というこ

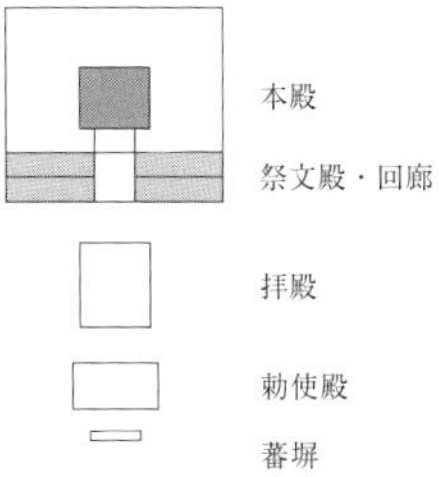

24 尾張造

とは、「外向き」回廊のように聖地（神体山）を遥拝する形から、本殿を中心とする祭儀の造形へ変化したとみて間違いない。それを裏づけるかのように、尾張大國霊神社、津島神社は、境内の本殿脇に聖地の代わりとなる磐境とおぼしきご神体がある。

楼拝殿（板敷の楼門）に取りつく回廊

この回廊は山口県地方にある今八幡宮（図15・図16）、八坂神社、北方八幡宮、鰐鳴《わになき》八幡

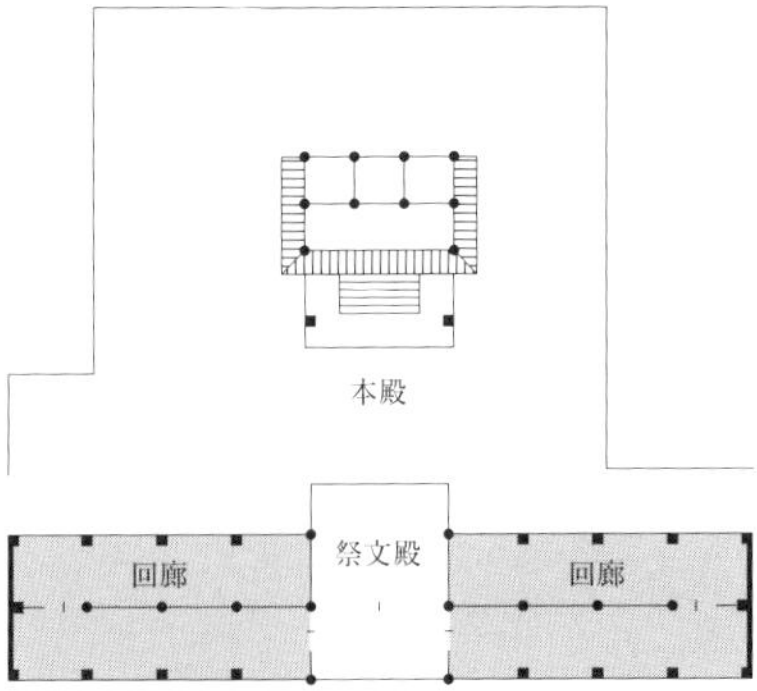

図13　富部神社の平面図

図14　富部神社の祭文殿と回廊

宮、黒山八幡宮、古熊八幡宮に現存している。社殿は楼門の左右に翼廊とよばれる回廊を付した「楼拝殿」形式[25]である。翼廊の開放方向は「両向き」で、造形は正面（参道側）および背面（本殿側）とも吹き放しであり、平面形状は一の字形の単廊形式である。翼廊の柱は楼門とともに丸柱で床が板敷きとなっている。

外観は回廊（翼廊）の長さが短いために入母屋造の楼門が高く立派にみえる。一般的に楼門は通路のため土間であるが、この楼門には床が張られている。この点が大きな特徴と

25 楼拝殿形式

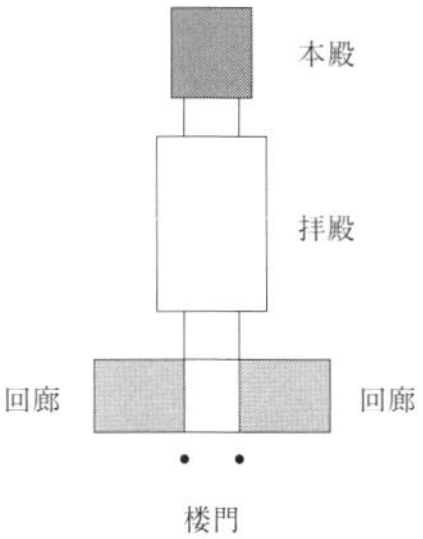

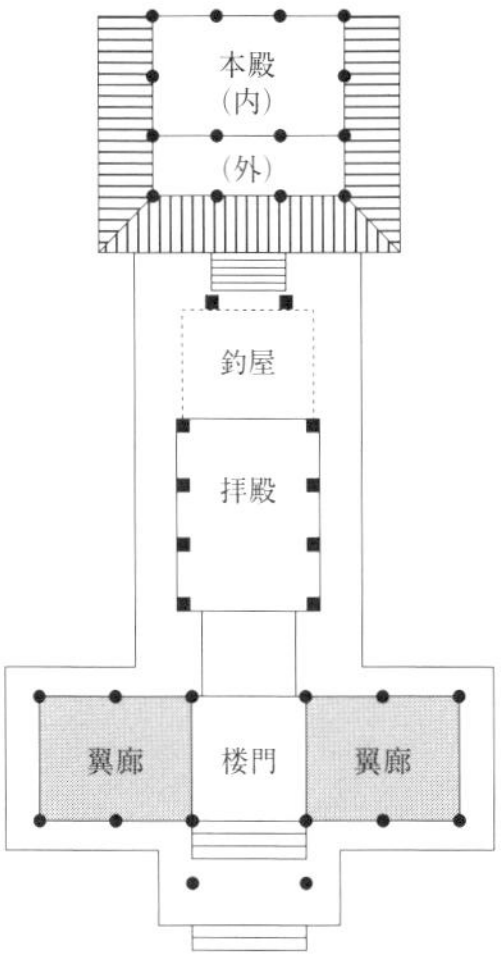

図15　今八幡宮の平面図

図16　今八幡宮の楼門と回廊

いえる。そして、本殿と楼門との間（勤行所・舞殿・釣屋など）は社僧や神官の重要な神事の空間となる。[18] いうなれば、楼門と回廊は社殿内部と境内を区画する境界線上に位置し、礼拝空間というより聖と俗を結界する役割を担っている。

この楼拝殿はどのようにして成立したのであろうか。楼拝殿は石清水八幡宮から今八幡宮そして山口県地方へ普及したといわれている。それを証するのは『防長風土注進案』[19]に、「石清水八幡宮の楼門に板の間あり」と記載があることや、また山口県地方の楼拝殿形式は八幡系が多いなどにもよる。ところがおかしなことに、石清水八幡宮の楼門は、いまもかつても石敷で板床が張られた事実がない。建築史家の藤沢彰は、論文「山口県地方の楼拝殿とその祭儀」[20]のなかで、東大寺八幡宮（現手向山八幡宮）→防府天満宮[26]→山口県地方への普及、という図式を描いている。

東大寺八幡宮（現手向山八幡宮）は治承四年（一一八〇年）に焼失し、その造替を僧重源が行った。その後、重源は防府天満宮を再建し、その社殿が楼拝殿形式といわれている。防府天満宮はその後、ふたたび焼失するものの大内氏三代が社殿を再建した。藤沢彰は大内氏家臣団の拠点と防府天満宮の信仰圏の重なり合う領域が山口県下の楼拝殿の分布地と一致している、と述べている。さらに建築史家の佐藤正彦が藤沢の説（東大寺八幡宮→防府天満宮→山口県地方の普及）を正しいとするうえで、東大寺八幡宮→（山口県地方）→宇佐八幡宮→柞原八幡宮の形成が成立すると述べている。[21] 宇佐八幡宮、柞原八幡宮[27]は九州地方で唯一の板敷きの楼門をもち、八幡宮の総本山の宇佐は八世紀中期に、東大寺八幡宮に

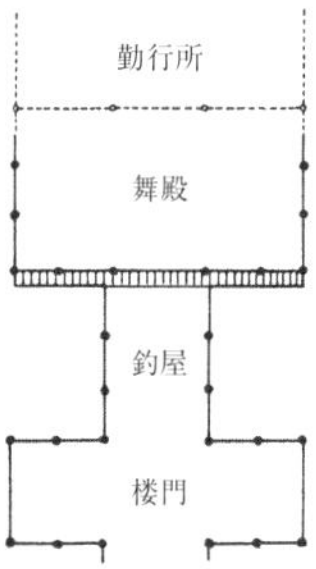

26　防府天満宮天明九年（一七八九年）再建前略平面図　図は楼拝殿の所在する山口地方の神社に最も多く見られる社殿形式に似ている。

27　現柞原八幡宮　回廊は宇佐八幡宮と同じく板敷き。ただし、いまの宇佐は朱の漆塗り仕上げである。

勧請されたと伝えられている。この壮大な回廊の流れは歴史の流れとあいまってまことに興味深いことである。

勅使殿に取りつく回廊

この回廊は、南九州地方にある鹿児島神宮、新田神社、枚聞神社に現存している。回廊の開放方向は「両閉じ」であり、造形は両面とも板引戸で柱が角柱、床が板敷きである。社殿は長庁とよばれる回廊が特別の人のみが入れる勅使殿に取りつく。配置は本殿・拝殿・勅使殿が一軸線上にある。したがって一般の人は真正面から入れず勅使殿の両脇から入ることになる。

鹿児島神宮、新田神社[28]は、ともに八幡系の影響のもとにあり、九州五所別宮として重きをなした神社である。しかし、回廊の平面形状は鹿児島が一の字形、新田が特殊なコの字形をもつ。鹿児島神宮（図17・図18）の勅使殿は正面が唐破風で縦長のプロポーション、いかにも天皇から幣帛《へいはく》を持参した勅使が入る建物といった風情を感じさせる。その勅使殿は七段の石段上に建ち、正面に木階をつけ、大床、前床を通って中央扉から入る。どの勅使殿も奥に進むにしたがって床を高くし荘厳さを加えた手法がとられている。枚聞神社は薩摩富士と称され開聞山の北麓に鎮座し、回廊の平面形状は一の字形で歴史的に考えるなら自然物系である。ただし、残念ながらこの回廊は近代以降に改築されている。

勅使殿と回廊（長庁）は、楼拝殿形式と同じく社殿内部と境内を仕切る境界上に位置し、

28 新田神社の回廊

聖と俗の結界としての役割を担っている。

このように神社建築の回廊は取りつく社殿によって、地域固有の造形と社殿配置が認められ、これは神社建築がもつ特有のもので寺院建築にはみられない。さらに注視すべきことは、聖（神の領域）と俗（人の領域）を区画する結界作用がその取りつく社殿と本殿からの位置によって異なっていることにある。

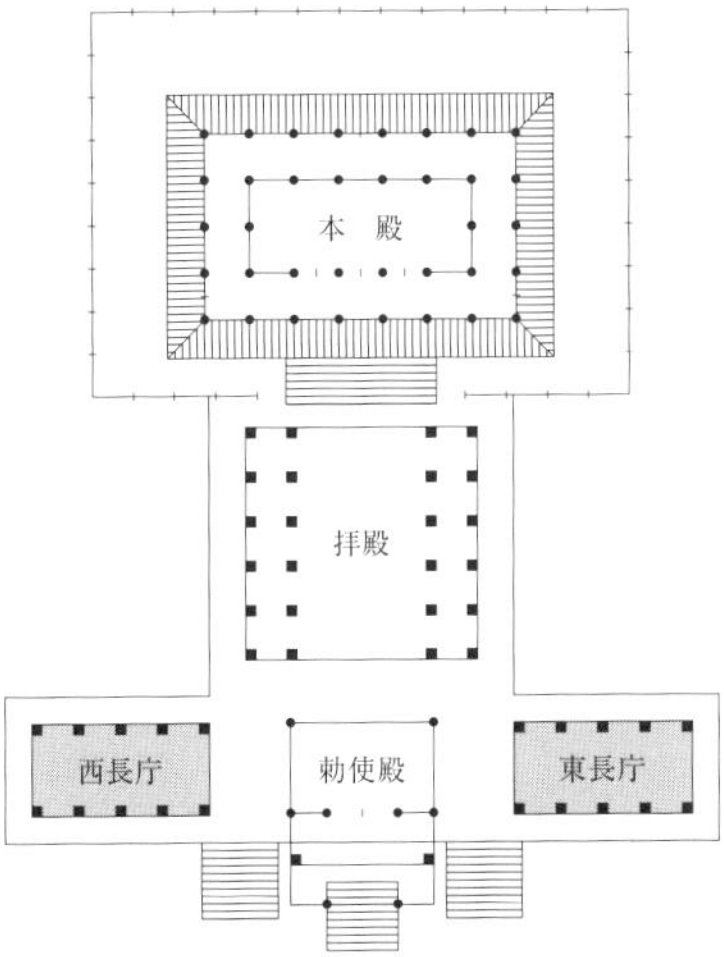

図17　鹿児島神宮の平面図

図18　鹿児島神宮の勅使殿と回廊

3.「仕切る回廊」―神社建築の特徴

(1) 回廊の「囲むと仕切る」構造

神社建築における回廊は、古代平地寺院の回廊から導入され、その一部が外来文化の摂取のように日本的なものと自然神道的なものを通して取りいれられたのではないかと推測される。とするならば、神社の社殿配置は、どのような空間構造によるものであろう。

たとえば一般の神社は、鳥居から参道を経て本殿・奥宮あるいは神が降臨しそうな祀られた場所（神籬《ひもろぎ》）にいたるといった構成である。その構成の基本は聖地と集落を結ぶ信仰軸[29]、そこに日本的なものと自然神道的なものが反映されている。この信仰軸上にあるしめ縄・鳥居・玉垣・回廊・御簾などは、日本文化の深層につながる象徴的作用を表し、通過儀礼の装置と考えられる。その一つである回廊を「囲む」という語源のみで解釈するにはやや無理というもの。それにもかかわらず、古来より神社建築の回廊は、すべての「型」を古代寺院の囲む回廊と同じくひとくくりに呼称されてきた。むしろこれが神社の「回廊の構造」をわかりにくくしてしまった要因である。

本来、神社の信仰上の装置としては、回廊を含め「囲む」作用ではなく、段階的に空間を「仕切る」作用に近いと考えられる。まさにこれこそが神社空間の特徴である。

29 信仰軸　ここでの信仰軸とは、聖地と集落を結ぶ概念的な軸と参道という具体的な形で現れてくる軸を意味する。

●囲む構造

大陸より伝来した仏教は、「囲む」という構造を寺院にもたらし、その「囲む」構造は仏教と自然神道が結びつき、反自然物系の神社に影響を与えた。反自然系の神社は、原則として自然の聖地がなく、そのために回廊の背後に位置する山などに求心力がない。したがって、強い求心力をもつのは回廊で囲まれた神社の本殿となる。

八幡系・霊廟系はすでに平安時代に囲む回廊を有していた。初期の仏教系寺院の回廊内は仏の占有空間である。おそらく、その形態が八幡系の神社に影響を与えたに違いない。八幡系の原初形態と推定される手向山（創建時の東大寺鎮守社）、石清水八幡宮の回廊は幣殿と本殿を完全に囲み、回廊内は「依《よ》り代《しろ》」というより神の占有空間であるといえる。

平安時代の興福寺式は、鎮守社である春日大社はむろんのこと、神仏習合の強い神社や霊廟系の北野天満宮（ともに祭儀を行う中庭を囲む）に影響を与えたであろう。八幡系神社の口の字形回廊は完全に本殿を「囲む」形であり、口の字変形は日光・春日のように本殿を囲むものと、北野・談山のように本殿を挟み込み中庭を直接囲む、二通りの形態が存在する。いずれも基本的には「囲む」形を表現している。一般に口の字変形は、口の字形より「囲む」傾向がやや弱い。このことは求心力が回廊の切断部から背後の本殿へと移行し、その本殿が背後の環境と一体化しやすい構造であったがためと考える。

八幡系・霊廟系の「囲む」形には単に仏寺の影響だけではなく、独自の信仰となにかしらの関係があるのであろう。それは八幡系が母神信仰からくる胎内化の「囲む形」、霊廟系が御霊信仰からくる怨霊を「封じ込める形」といえる。つまり、神社建築においても口の字形・口の字変形の回廊は、古代平地寺院と同じく「囲む構造」である。

●仕切る構造

自然物系の回廊は、位置に関係なく回廊そのものが本殿や中庭を完全に「囲む」ことはない。一見囲むようにみえたとしても、それは垣や樹木で正面回廊以外の箇所を囲んでいるにすぎず、「仕切る」作用に近いといえる。

自然物系の神社には自然を聖地とする場所がかならずある。その聖地ついて、景山春樹は先に記した『神体山』[14]のなかで、次のように述べている。自然神道期の農耕コミュニティは具体的に、山宮・里宮・田宮という一系列の所在によって秩序だてられ、次の段階の社殿神道期には奥宮・神社・御旅所という形で展開したといっている。この点につき強い「仕切る」作用をもつ一の字形回廊は、概念的にこの三点を結ぶ信仰軸上[30]に存在すると考える。ここでは、この一の字形回廊の導入位置や作用について述べてみる。

本殿の一郭に位置する回廊は、神事的な使われ方がほとんどであり、正面以外の三方は垣で囲まれ、囲みがどちらかというと構造的に脆弱である。したがって正面回廊は、口の字形に比べ囲む作用より「仕切る」作用が強く表れる。そして本殿を取りまく三方は、囲みが弱く神体山との関係を強く暗示している。

この回廊には、諏訪系の拝殿に取りつく回廊や、尾張造の祭文殿に取りつく回廊等があ

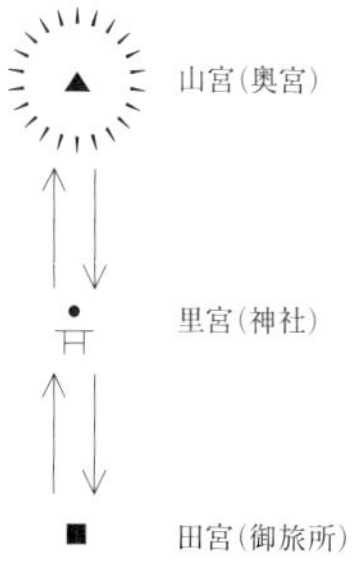

30 三点を結ぶ信仰軸

る。その回廊の着座は、いまも本殿を中心とする中央軸に互いに向き合って座る、または中央軸に対して斜め四五度の方向に座る。縦長拝殿は当然のごとく互いに向き合って着座する。このような着座は他の宗教建築でも誠に希有である。このことより、自然物系の神社は本殿でなく聖地を、そして奥宮・神社・御旅所という三点を結んだ信仰軸を強く意識していた証といえる。

　次に中庭の一郭に位置する回廊は、両側面が垣・樹木で囲まれている。その領域の境界は確定が困難な場合が多く、本殿を囲む垣や土塀ほど強固でない。この回廊は、今日ほとんどが無機能あるいは通路的機能となっている。かつては神官や参拝者が庭儀を観劇する場所として使用することもあったと思われる。これは中庭で行われる祭祀を神に捧げた証ともとれる。楼門・中門に取りつく複数回廊が、賀茂別雷（上賀茂）、賀茂御祖神社[31]（下賀茂）のように一の字形であることは、何枚かの壁が中央軸上を本殿、聖地に向かって串刺しにされたような配置と考えられ、この点が寺院伽藍とのちがいであろう[32]。この回廊は庭儀との直接的な関係が少なく、あるのはむしろ門である。回廊は「仕切る」ことで庭儀の場を確保した、そうみるべきである。

31　賀茂御祖神社の楼門回廊（一の字形）

32　複数回廊　賀茂御祖神社は、中央軸線上に位置する楼門・中門・幣殿に回廊が取りつく。

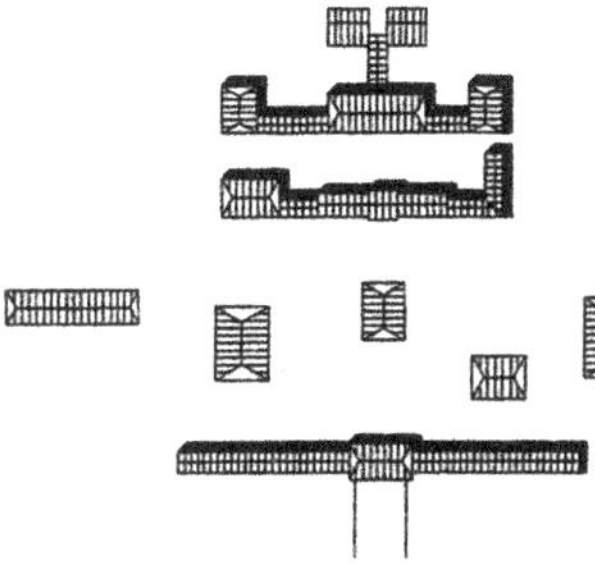

(2) 神社回廊の特徴は「仕切る構造」

回廊の特徴は「一の字形」

神社建築の回廊を特徴づけるは一の字形回廊である。その回廊には意識・無意識にかかわらず、次の意味が隠されていたのではないだろうか。

●聖地を囲むは不可能

古代平地寺院の回廊は、宗教上たえず重要なものを囲っていた。これに対して神社建築は「囲む回廊」を導入するには受け入れがたい形であったといえる。なぜなら、重要とされる本殿はあくまで神の一時的な仮居にすぎない。要するに、自然神道の聖地の概念は特定の場所を指すことでなく本殿を依り代とし、背後に位置する神が降臨しそうな場所、あるいは自然を指すと解釈ができる。仮に回廊が巨大だとしても聖地であるの山を囲いこむことは物理的に不可能である。まして、一の字形回廊の形態は不可能であり、聖地を囲む必要がないということである。そこに一の字形回廊の意味があった。

●聖地と一体感

自然物系の神社は、本殿および庭儀の場が聖地とより一体でなければならない。したがって、本殿と山とを回廊が隔離することは、神道の考えそのものを否定することになる。

神体山を神聖視する磐座や神籬に対する信仰は、米づくりが祖霊信仰と結びついたとき、豊年を祈り聖地（降臨の地）である山と依り代とする本殿を神が往来しはじめる。神は春に里におり、秋の実りを得たのち山に帰る。このように古代より普遍的に神は本殿の背後にある山などに存在し、本殿は単なる依り代に近い概念にあるとされている。

転じれば、神社の礼拝・儀式は神に直接するもので、本殿の背後の山に向かって行う。したがって、庭儀は聖地である山と空間的に一体でなければならない。舞もまた神に奉納するものである。たとえば、賀茂別雷神社の橋殿上の巫女は、客席の方でなく神体山である神山に向かって舞い、厳島神社の平舞台[33]は観客のためでなく、ご神体の山へ奉納するための空間構成である。その証として拝殿および拝殿系舞殿は四方が開放された床と屋根のみでつくられている。

神社の回廊は、本殿や庭儀の中庭をロの字形やロの字変形で囲むことでなく、神が存在する聖地とより一体となる一の字形でなければならなかった。

何を仕切っているのか

自然物系の一の字形回廊は「仕切る構造」である。そうであるならばいったい何を仕切っているのであろう。

まずは集落と神社の空間的関係を考えてみる。神代雄一郎は『日本のコミュニティ[22]』で、「神社の参道軸と集落軸（コミュニティの主要道）についてコミュニティの主要道は、多く

33 厳島神社の平舞台

の場合、山宮（奥宮）・里宮（神社）・田宮（御旅所）が形成するコミュニティの信仰軸と直交する。」と述べ、模式図[34]を示している。

かつての神社の参道軸と集落軸を読みとることは難しいが、現状の街の形状や古絵図からある程度の推測はできる。参道軸と集落軸を検証してみたところ、多くの神社が直交していた。なかには賀茂御祖・賀茂別雷・松尾[35]のように、参道軸が京の街格子に取りつくものや吉野水分（奈良）のように、参道軸と集落軸が一致するものもあった。

さりとて直交するからといって、自然物系の一の字形回廊が、直ちに神社空間の鳥居・橋（川）と同様に聖域と集落を隔て、かつ繋ぐ作用をもつとはいいがたい。しかし、この一の字形回廊は、形態的に信仰軸を横断し、境内と集落との境界を形成している。それは、神社空間の信仰軸上の聖（本殿・聖地）と俗（集落）とを「仕切る」と解釈できる。いわゆる、この回廊は神の所在（聖地）と人々の所在（集落）を仕切る境域に存在しているということである。

4. 特殊な構成をもつ美の回廊

神社を訪れると思いもよらず美しく魅力的な回廊に出会うことがある。たとえば、厳島神社、吉備津神社そして土佐神社である。その回廊は門あるいはそれに類する社殿の側面

34 日本のコミュニティの形態

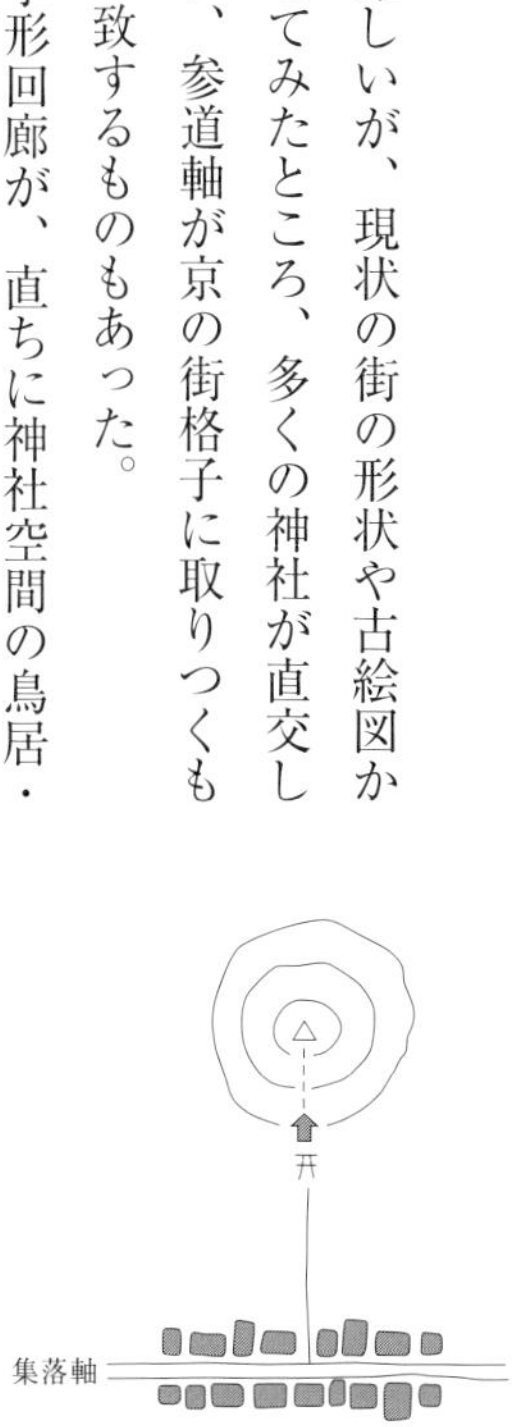

35 松尾大社の参道軸

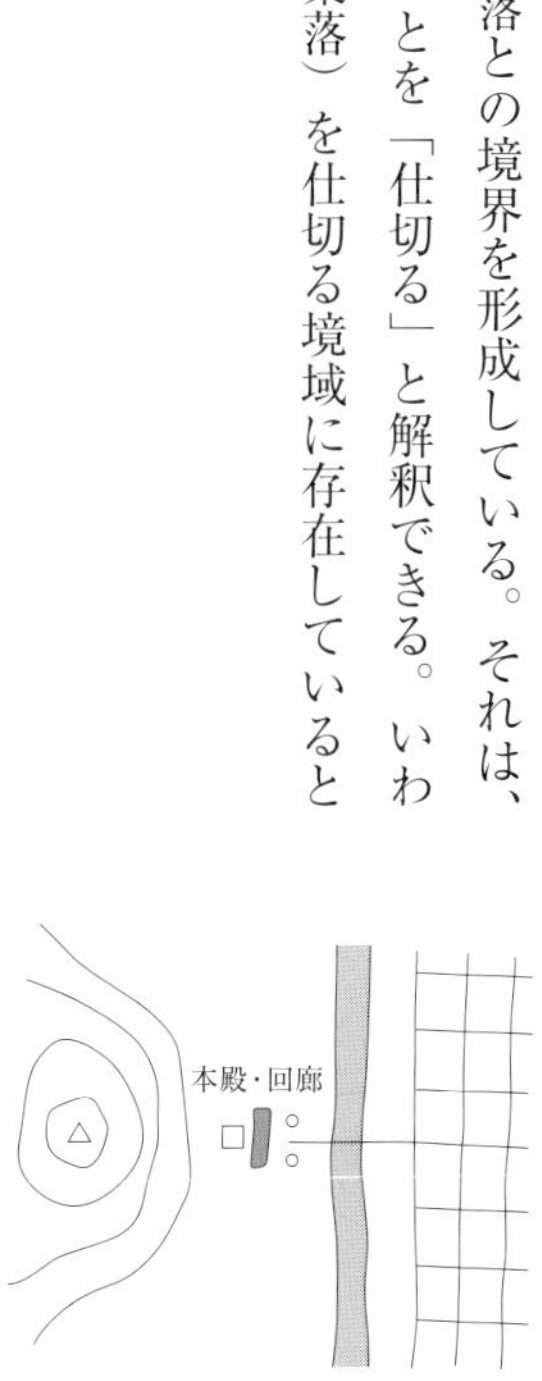

に取りつかず特別な形式をもっている。それらは場所も形態もみな異なるが、その地の一の宮である。のちに詳しく述べるとするが、厳島と吉備津は拝殿と本殿を連ねた複合社殿、厳島の配置と吉備津の外観は鳥に見立てている。さらに回廊の形式が吹放しなど、共通する点が不思議とある。回廊は、これまでの「囲む」「仕切る」といった空間構成ではなかった。そこには単純な仏寺の影響ではない美形の回廊が存在していた。

(1) 海上に浮かぶ回廊——厳島神社

海の参道を船がすすむと、垂直の大鳥居、そして深緑の弥山《みせん》を背にし、かすかに水平にひろがる赤と白の社殿がみえてくる。小さな建築は周辺の風景を取りこみ対岸までをも構造化している。そこには壮大な空間構成がよみとれる。傑作ともいえるこの見事な造形と空間は主に海上の社殿、いわゆる海に浮かぶ回廊から生まれるのであろう。世界的にも海上の神殿はめずらしい。

写真　厳島神社の回廊

●建立はなぜ海上に

厳島の古来の名称は伊都岐島で、伊都岐島は「イツキシマ」とよび「神の斎《いつ》き祀《まつ》る島」という意味がこめられており、古来より神の島で禁足地とされていた。古代人は、聖域を侵してまで社殿をつくるなどとても考えられず、そのため当初は、海浜から海上にかけて造営したといわれている。この説がこれまでの一般的な見方である。

いまの位置は、神の使いの鳥（神鴉《ごからす》）が島の七浦[36]を巡回し決定されたといわれているが、これはおそらく古くからのいい伝えにすぎないであろう。創建は弘仁二年（八一一年）地元豪族の佐伯氏によりはじまり、平安末期に安芸国主でもあった平清盛が本殿を造営したとされる。建築史家の三浦正幸は、清盛が造営する以前の前社殿は土砂が厚く堆積した陸地（三角州）に存在していたとし、その土砂を除去して海水を引き込み今日の形に近いものにしたとしている[23]。この説なら、平清盛が大土木工事の末に社殿を海上に建立したことになる。近世では厳島を内宮（本宮）、対岸の地御前神社を外宮とよんだ（ただし、この関係は伊勢神宮の内宮と外宮との関係と異なる）。

先の三浦正幸は、厳島の内宮と外宮の祭神が同一のことから、厳島の霊峰弥山を山宮、山裾の厳島を里宮、対岸の地御前神社を田宮とし、古代では神を神体山（山宮）より迎え里宮そして田宮で祀った[24]、としている。

仁安三年（一一六八年）十一月の伊津岐島神社神主佐伯景弘の解状では、清盛の本殿造営まで、内宮の地に社殿らしきものは存在しなかった。島全体が神体山との概念から、神

36 島の七浦

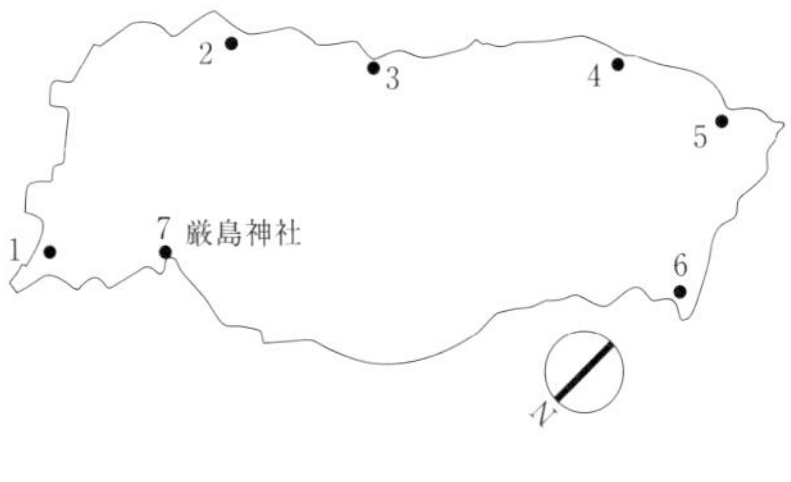

1 杉之浦神社
2 鷹巣浦神社
3 腰少浦神社
4 青海苔神社
5 山白浜神社
6 須屋浦神社

を対岸の里宮（地御前、後の外宮）へ迎え祭を行ったとされ、仁安三年以後の祭祀の中心が外宮から内宮（現厳島神社）に移ったとある。さらに、そこには海中の大鳥居が二基あげられている。一つは現在の大鳥居とよばれている社殿正面のもの、もう一つがすでに失われている有浦鳥居である。その鳥居は地御前と弥山山頂を結ぶ線上に存在し、この線上が南北軸にあたる。地御前は弥山から真北方向に位置している。現在の大鳥居はいうまでもなく、社殿が創立された以後のもので、社殿荘厳のためと判断される。のちに人々が舟でこの大鳥居をくぐり参詣したのにちがいない。

このようにみてくると、主体的な立場は厳島より地御前にある。今の位置は地御前の位置と弥山の山頂から定められたものと考えられる。なお、厳島の正面といまの大鳥居を指す軸は、地御前―厳島神社―弥山の南北軸から四五度北西[37]にずれている。

●厳島神社と平等院鳳凰堂

よく厳島神社は出雲大社と関連があるといわれる。しかし形態上で共通点が多いのは京の平等院鳳凰堂であろう。共通する点はともに寝殿造の影響を受け、両殿舎は鳥が羽を広げたような形態で、平等院が棟飾りに鳳凰、厳島の平舞台の突先が鳥の「したさき」といわれ、造形に鳥のイメージ[38]を表している。さらに、両殿舎は水に浮かびその先端に舞台があり、回廊の造形はともに透廊形式などがある。

最近の発掘調査でも、平等院は鳳凰堂北側の池中に小島があり、反り橋と平橋が架けら

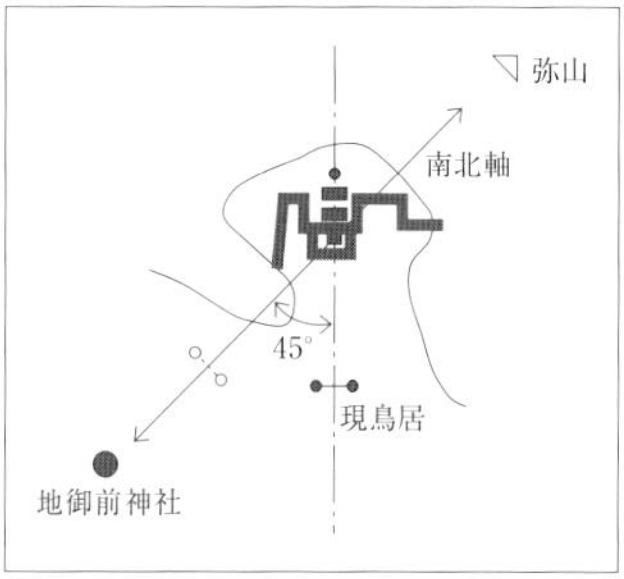

37　厳島の正面と南北軸

38　厳島神社の鳥瞰　上空から見ると、鳥がくちばしを鳥居方向に向け羽を広げている姿に見える。

れていたとされ、厳島神社の西回廊の後方にも反り橋と平橋がある。機能的には異なるが形がまことによく似ている。付け加えるなら、建築がもつ「軽さの美」があろう。ともに柱間は八尺で、平等院が浮遊感を、厳島が透明感を表現している。[39] 回廊は単に横広でなく、日本建築にはめずらしく奥行のあるパースペクティブな表現形式をもつ。[40] おそらく厳島は浄土信仰とともに平等院の形態的影響を受けたにちがいない。それはこの世の浄土空間の実現であったといえる。ただ、回廊の機能は平等院が実用的でなく視覚的プロポーションを重視し、厳島が参詣者および神職の通路としており、ここに大きなちがいがある。

●回廊の変遷と特徴

厳島の海に浮かぶ巨大な回廊は、社殿が海上ゆえに本社や各小社をつなぐ通路の役割をなしている。しかし、ただ単につなぐだけならこれほど長大で屈折した形にする必要がなかったであろう。

配置の変化は最初の小祠から社殿らしきものが構成されて以来、回廊のみである。海上の殿舎には形状や方位のズレの変化があるものの現状とほぼ同じ位置とされる。ということは配置変移が回廊の変化とも捉えられる。回廊の配置変化は山本栄吾「厳島神社海上社殿論[25]」によると六期からなっている。

第一期は島の七浦に建てられた祠の時代。

第二期は地御前の神主で佐伯景弘が企画した仁安の造営で、当時の実力者、平清盛の強

39
厳島神社の回廊と鳥居

40
厳島神社の社殿と鳥居

い思いと力によってなしとげられた。そして、平氏一族は神社に文化の粋を集めた。回廊は東西あわせて百十三間、梁間十三尺（造営尺）桁行八尺（一柱間）。現構の社殿は東西あわせて百七間、梁間・桁行間が当時の社殿規模である。第二期は、ほぼ現構に近いか、それ以上に壮大で華麗なものであったともいえる（図19・第二期回廊配置推定復元図）。

　第三期は第二期社殿が承元元年（一二〇七年）に炎上、九年の歳月をついやし遷宮される。その八年後にふたたび焼失している。

　第四期は、直接社家の管理で、仁治二年（一二四一年）に遷宮され、この配置がもっとも理想に近いとされている。回廊は「囲繞《いじょう》回廊」の形式で、その両側中央に東・西廊を取りつけ百八十間に大拡張

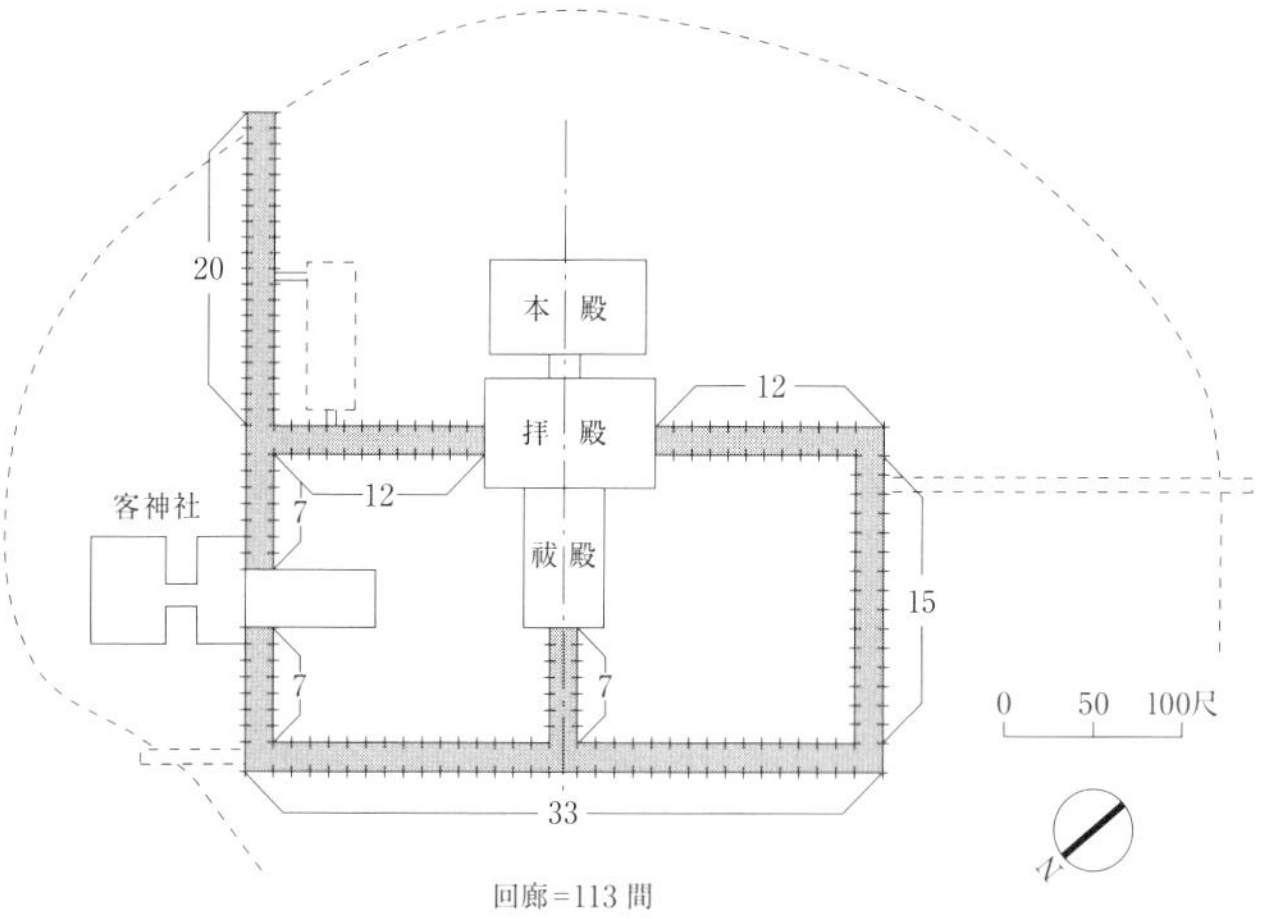

図19　第二期の回廊配置推定復元図

した（図20・第四期回廊配置推定復元図）。この時期の厳島と回廊について、二条尼の『とはずがたり』[41]に「漫々たる波の上に、鳥居ははるかにそばだち、百八十間の回廊、さながら浦の上に立ちたれば、おびただしく船どももこの廊につけたり」と書き残されている。この回廊も二九年後文永七年（一二七〇年）に焼失した。

第五期は資料がなく不明である。

第六期は現構配置図の完成期（図21）で、理想とされた第四期を完全復興している。ただ、「囲続回廊」の後半部および西廊の西岸接続回廊の一部は、おそらく主に経済的事情から断念したのであろう。このことによって廊による境界領域の限定が曖昧となる。一方、廊の平面は不規則な屈折となり、歩くことで多様な風景を享受することになる。

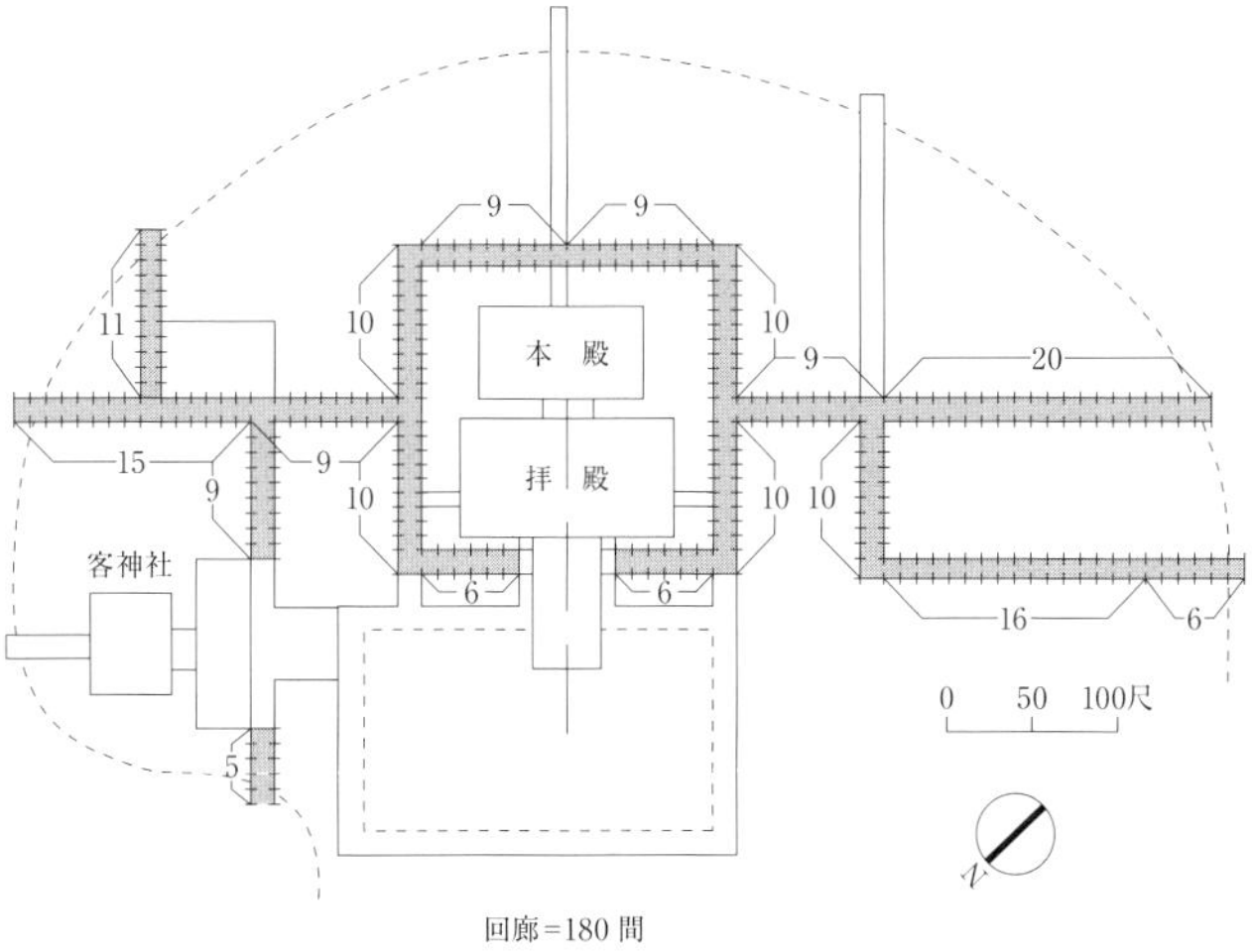

図20　第四期の回廊配置推定復元図

41「とはずがたり」後深草院二条が正和二年（一三一三年）に赤裸々な恋愛体験の告白や懺悔修行の旅を書いた日記。

こうしてみると、壮大な社殿配置の基本理念は第二期にすでに完成していたとよみとれる。第二期推定復元図から検討するに、海にのぞむ正面回廊は三十三間であった。平清盛が創建した寺院（蓮華王院本堂）も三十三間堂（柱間十二尺）、これは単なる偶然であろうか。それとも平清盛が柱の反復による長大な水平的建築をよほど好んだか、まこと興味深い。

先学の研究者は、現構配置図までの推定復元図がおおむね左右対称形であったとしている。したがって現構は非対称形にもかかわらず、かなり幾何学的法則に沿ってつくられているにちがいない。たとえば、本殿軸と客神《まろうど》社軸の交点を中心に同心円を描く。同心円上に本殿・客神社その他の施設の偶各部がおおむね一致する。また現構配置図にダブルグリット[42]を描くと、西回廊が東回廊の二倍の位置になるなどの法則性がよみとれた(26)。この法

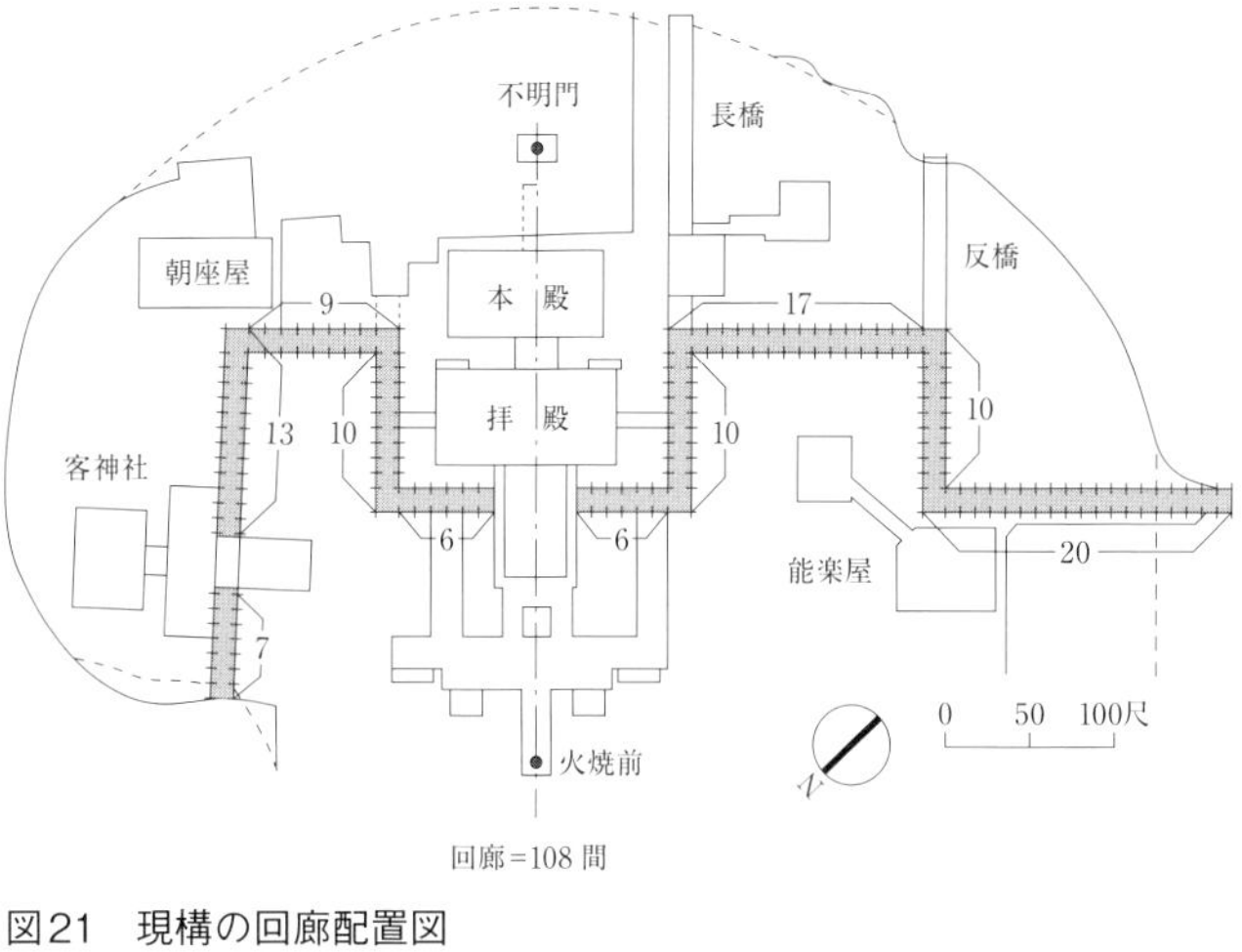

図21　現構の回廊配置図

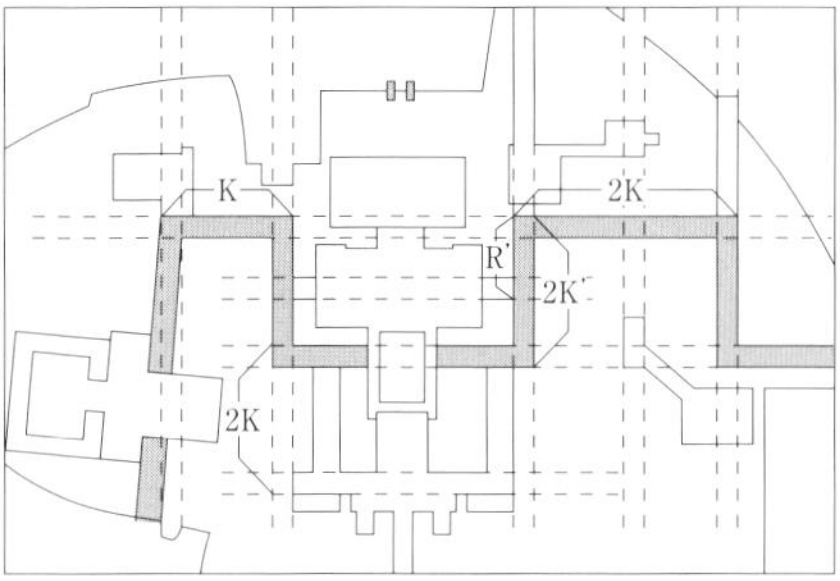

42　ダブルグリット図

則性が回廊をより一層魅力的にしたといえる。

(2) 優美な線形回廊──吉備津神社

吉備津神社は二の鳥居をくぐると一直線の松並木の参道が一キロにもおよぶ。秀麗な山容に番《つがい》いの鳳《おおとり》が翼を大きく広げ、いまにも飛び立つ姿の屋根がみえてくる。比翼の破風がこれまた美しい眺めである。

この神社は岡山市西部に位置し、神体山（神奈備山）である吉備の中山の西麓に鎮座する。[43] 本殿は巨大で類をみない入母屋を二つ並べた比翼入母屋《ひよくいりもや》造。[44] ここで興味をひくのは、やはり全長三九八Ｍの長大な回廊である。

参詣は北随身門を通り絵馬殿をくぐると神社の拝殿前にたどりつく。絵馬殿は割拝殿造、かつては一の字形回廊に相当する拝殿かと思われる。いまは半分が神符授与所として使用されている。これは一般に楼門に取りつくところの「仕切る回廊」である。正直なところ、回廊はこのていどかと思いつつ拝殿前を右折した。驚くことに、目の前には北から南へと地形に沿った緩やかに下る長大な美しい回廊の出現である。その回廊は吉備の中山の西麓の等高線に沿うように優美な線形を描いていた。その長さ美しさは大和の長谷寺の「登り廊」と双璧と思われた。それにしてもこの長大な回廊はどのようにして誕生したのだろうか、その背後にある意味を考えてみた。

43 吉備津神社境内古図（元禄時代）

44 比翼入母屋造　二棟の切妻屋根を前後に並列させ、その外周に庇を巡らせた形態。

●長大な回廊の誕生

かつての回廊は、本殿から南約八〇〇Mに位置する新宮社[45]まで続いていたらしい（図22）。いまよりもはるかに長い。近代まで残っている柱の礎石がそれを証明している。

吉備津神社は大和朝廷が吉備津地方を制定したとき、天皇家を神と祀るために建立された[27]。しかし、この地方にはそれ以前から地の神を祀っていた新宮社があった。つまり「天皇を神とする領域」と「地の神の領域」である。当時の回廊がこの異なる領域をつない

写真　吉備津神社の回廊

45　新宮社　祭神は吉備武彦命で、古来より吉備地方で信仰されてきた地の神であり、明治の末には本宮社に合祀され社殿も取り壊される。

でいたということになる。この八〇〇Mの回廊の成立には二つの仮説があり、一つが吉備津の本殿と船着場をつなぐ参拝者の長い参道とする説である。

それによると、古代では舟が中山周囲のどこにでも着くことができた。いまの児島半島は、かつて岡山南部と切り離された一つの島で、新宮社の近くにある神主の館が参拝者の宿泊所として利用されていたという(28)。当然のごとく、新宮社の近くにも舟着場があったで

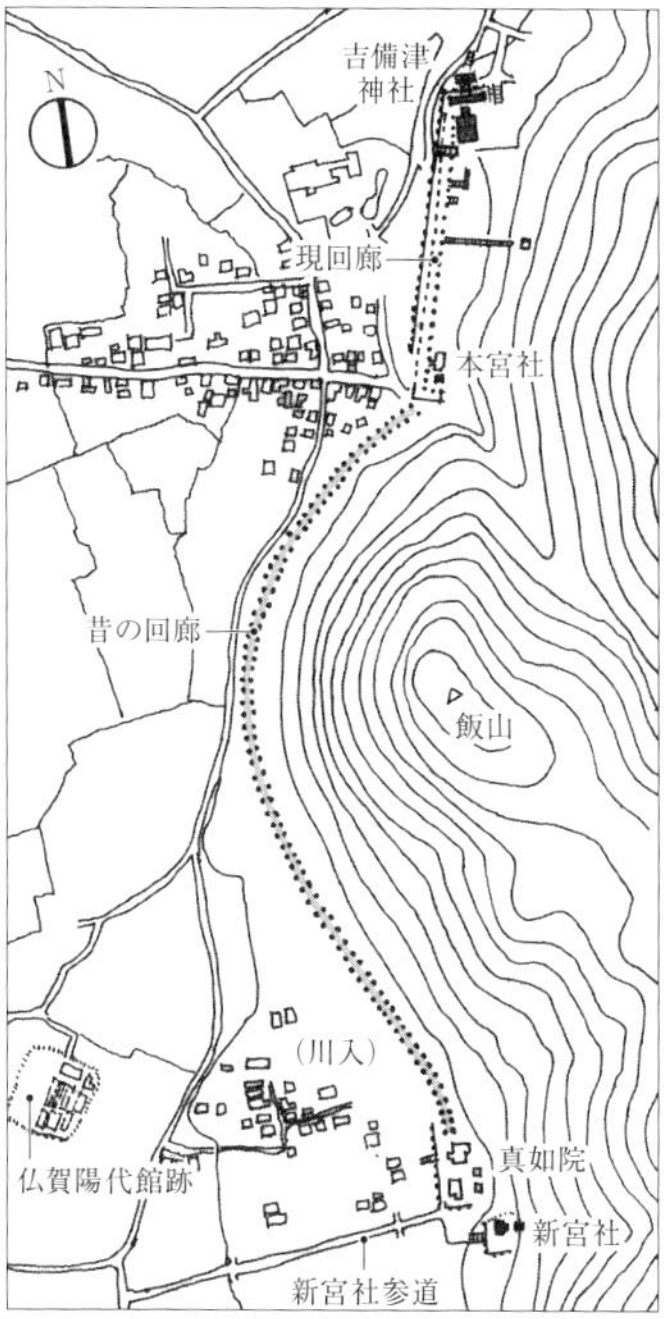

図22
吉備津神社と新宮社をつなぐ旧回廊と飯山

下の写真は飯山。飯山は吉備津の中山の一峰で、本殿の真後ろに見える。かつては本殿の背後の扉を開いてこの山を拝していたと推測される。

あろう。当時、畿内と吉備を結ぶ主な交通手段は瀬戸内海を通る舟である。回廊は新宮社付近の船着場から本殿へ参拝するための長い参道とも考えられる。ただ、いまある回廊は柱間が完全に開放されているにもかかわらず目線の位置に貫が取りついている。このデザインがかつても同じとするなら、周囲を歩いて楽しむ参道としては造形がいささか気になる。もう一つは、神社境内と海の玄関口をつなぐ運搬道とする説である。

吉備津の神官達は、この地で行う米、鉄、塩、備前焼などの取引を取りしきり(28)、物資を境内に集め安全祈願をし新宮社近くの港に運んだ。とするならば長大な回廊はその運搬道といえなくもない。おそらく荷物は台車のようなもので運ぶと想像するなら、いまの回廊に階段がなくスロープ[46]のみであり、これも合点がいく。いずれにしてもいまの資料では決めるにいたらない。

●現回廊は「つなぎ」と隔てる意味をもつ

現存する回廊は古図から推測すると、天正年間（一五七三〜九一年）の再建時には、本宮社までの長さが三九八Mあり、江戸時代には吉備津の周辺に門前町の宮内町が成立し発展していた。その宮内町は参道沿いになく本宮社付近の真東に位置していた。吉備津にかぎらず社寺の門前町は歓楽街。おそらく本殿を参拝し神様を拝んだあとに、日ごろ娯楽の少ない庶民がここを訪れ楽しんでいたのであろう。このときの回廊は、まさに神を拝する「聖なる空間（ハレ）」と娯楽を楽しむ「俗なる空間（ケ）」をつなぐ役目をはたしていたこ

46 吉備津神社の回廊内部

とになる。

元禄四年（一六九一年）の吉備津神社の境内図では、吉備の中山全体と吉備津神社と宮内町が描かれており、中山全体を本山と明記している。つまり人々は中山全体を吉備津の神体山として拝んでいた。さらにこの絵図から推察するに、当時の回廊は神社を中心とする本山と集落とを明らかに区切っている。「聖の領域」と「俗の領域」のこれらを回廊が区切る役目をはたしていたとみる。

いわゆる、江戸時代の回廊は、「聖なる領域」と「俗なる領域」をつなぐ、と同時に隔てる意味をあわせもつものといえる。しかし、明治になり神仏混合の姿が消滅して遊郭もなくなり、当然繁栄した宮内町の姿も消滅した。今の宮内町[47]は鯉山山麓の静かな集落となっている。

●造形と幾何学的特徴

回廊の美しさは、敷地の高低差から形成された一直線の線形にある。この美しさは南隋神門付近から眺める屋根の曲線に表現されている。屋根は丸瓦と平瓦が交互に葺き重ねられた本瓦葺で、一定の寸法をもった瓦がなだらかな曲線を描きながら繰り返し連なっており、実寸よりも長くみえる。回廊は南隋神門から一度急に下がりそのさきでわずかに上昇している。この勾配がみるものに上昇感を与え、向こうの飯山（吉備の中山に移動する以前の聖山）に続くかのような錯覚をいだかせている。

47 宮内町の現集落

この曲線美を解明するには回廊の縦断面全体の曲率を分析することが必要と考えた(29)。回廊の曲率は全体で二五・六〇五、南隋神門以南で二八・三五五であった。くしくもこれは国宝の太刀友成が二五・五八〇。太刀正恒が二八・七〇五で、この地の備前刀の曲率とほぼ一致する。もちろん偶然にすぎないであろうが、この地の人々に共通の美意識があったことかもしれない。

回廊内は、斜路の床に柱と貫と屋根だけの造形である。柱間装置は吹放しであるがゆえに、内部の美しさに透明感があり人々に特別な浮遊感を与えている。回廊の平面形および断面形はあらゆる個所で$\sqrt{2}$矩計、正方形、3：4：5の比例など幾何学的図形が成立する。たとえば、平面形では正方形と$\sqrt{2}$矩

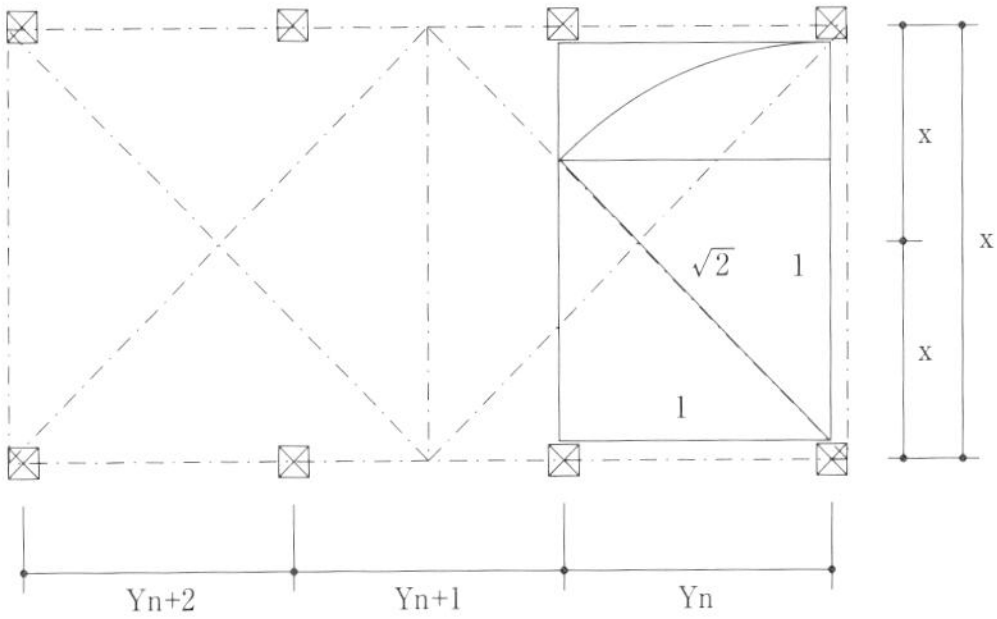

図23　回廊の平面形

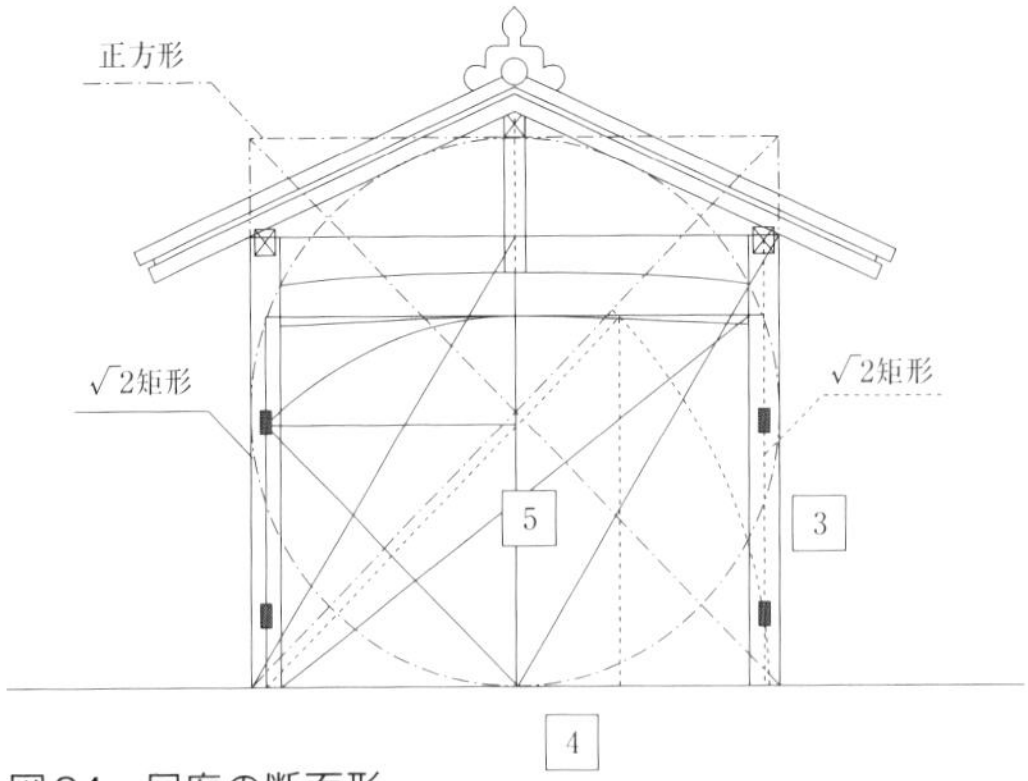

図24　回廊の断面形

計（図23）、また断面の張間方向では、人々が通る棟木の下端と両柱の外法のなかには円が内包、軒下の上端付近と両柱の外法には二つの黄金矩計、また梁の下端と両柱のなかに$\sqrt{2}$矩形が描ける（図24）。回廊内を通過して行くときの魅力は、明らかに等高線に沿った床の斜路とこの幾何学的図形にあるといえる。

(3) 十字形回廊―土佐神社

国道三八四号線にとりつく楼門（神光門[48]）。この門は装飾性が乏しく上階も著しく低く、しいていうなら仏寺の門の印象であろう。長い参道は周囲から下がり木々に囲まれ一直線に真北へのび、まことにめずらしい。なにゆえに参道を掘り下げられたのであろう[49]。と思いつつ鳥居をくぐり社殿前へと進む。正面に大きな切妻の屋根が目に入った。横に回ると建物と建物の交叉部が一段と高い屋根になっている。尋常な平面でないことが一目瞭然でわかる。一般に神社の正面は向拝か流造など桁行方向をみせている。ただし、土佐は妻方向を現し平面が十字形であり、これは中世の神社建築のなかでも特異な平面形式といえる。この十字形の平面はどのようにして誕生したのであろうか。

●十字形平面の誕生

土佐神社は永禄六年（一五六三）、長宗我部と本山軍が争った際に類焼している。現社殿

48 神光門　藩政時代、山内一豊のとき神仏混合が強くなり、二代目藩主山内忠義のとき建立した門。

49 土佐神社の参道　「元親公は本殿が大きく見えるようにと、参道を掘り下げてつくった」といわれている。その参道は昭和初期まで、社殿の前まで掘り下げられていた。

は長宗我部元親がほぼ五年の歳月をかけ元亀二年（一五七一）に再建したものである。それ以前のことは残念ながらわかっていない。

司馬遼太郎の『夏草の賦』[30]に、長宗我部元親とその妻・菜々を描いた小説がある。そのなかに元親《もとちか》が焼失した土佐神社（土佐一の宮）について、「一ノ宮の神がもし男児をさずけてくれれば、社殿を建てて進ぜよう。そのあかしがみえるまで、雨ざらしだ」という面白いくだりがあり、ほどなく男児がうまれ、神社の完成後はここで軍議を練り凱旋の報告をしたと書かれている。興味をそそう話である。

ところが広く流布している説は、元親が戦勝祈願に建立したと

写真　土佐神社の回廊

され、蜻蛉（トンボ）が本殿に向かって飛び込んできた姿に似ていることから、この社殿が「入り蜻蛉式」といわれている。また、若宮八幡宮は元親の初陣祈願の地で、蜻蛉が飛び立つ姿に似ていることから「出蜻蛉式」ともいわれている。なるほど、そのようにいわれれば鳥瞰写真[50]をみると両社殿の姿はたしかにトンボに似ている。

古来、トンボは秋津（アキツ・アキヅ）といわれ、もとより縁起がよいとされ親しまれ特定のトンボを神聖視する習慣があった。またトンボは前しか進まず退かないところから「不転退」の精神を表す勝ち虫として武士にも喜ばれた。多分に、元親は勝ち虫としてトンボの形をした社殿を望んだとも思える。このこととて「伝説の域」をでない。ただトンボの姿から十字形平面にたどりつくことは想像できる。この土佐の配置と造形には、戦国武将が建てた「単純と無骨の美」がそこにあった。

●十字形平面の祖形

興味をひくこの十字形平面は、元親や工人のオリジナルとはとても考えにくい。「蜻蛉造」といわれているこの社殿は、春日大社や賀茂別雷神社などの大社に見られる本殿前の幣殿、それらを取り巻く回廊、楼門、またその前に付加された幣殿といった一群の構成を抽象し、一連の建築として再構成した姿にほかならないもの、とも伝えられる。

しかし、春日も賀茂別雷も土佐の平面配置とは似ても似つかず、この見解に疑問をいだく。すでに複雑な平面形をもつ両神社を抽象化するのはとても無理がある。したがって、

50 土佐神社の鳥瞰写真

春日や賀茂別雷の形式が土佐の原型とはとても思えない。多分に土佐の祭神がかつて加茂氏と関係にあったこと、再建に上方より大工・檜皮師などを呼び寄せつくらせたこと、出トンボ式の若宮八幡宮が京都六条若宮から勧請して建立（文治年間一一八五～九〇年）されたこと、おそらくこの辺からきた憶測であろう。

土佐の配置の特徴は、本殿とそれに連なる十字形平面にある（図25）。横十字に相当するのが「東西廊」、縦十字に相当するのが縦長の「拝の出」[51]である。中世では縦長拝殿が頻繁にみられ、駿河から尾張にかけての東海地方、そして山陽道西部、特に山口県である。そ

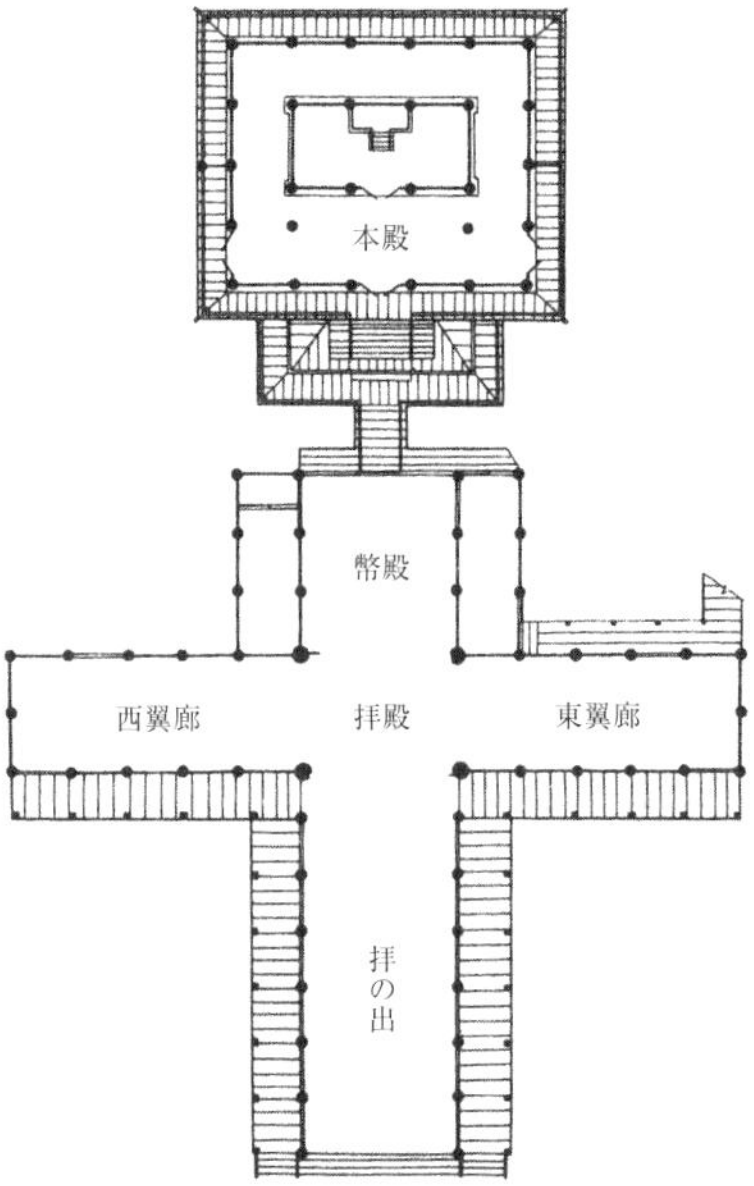

図25　土佐神社の平面図

51「拝の出」

のなかでも、土佐の配置は、真清田神社（愛知）、厳島神社（広島）、今八幡宮（山口）の配置に近い。これらの社殿の建立が土佐の永禄六年より古い。土佐はこの三社のうちどの社に影響を受けたのであろう。この三社について検討してみる。

真清田神社は「尾張造」。祭文殿の前方に位置していた縦長拝殿（切妻造）は昭和三二年祭文殿（切妻造）に接続して再建されたことによって、本殿・渡殿・祭文殿・縦長拝殿が一直線上に連なった。この再建後の配置がいまの土佐に一層類似した形式になっている。ただし元親の土佐再建時、真清田神社は祭文殿と縦長拝殿が分離していたものの、土佐神社はかつての真清田の転化した姿[52]とも推測できる。真清田の平面は祭文殿の両側に取りつく回廊がトンボの羽根、縦長拝殿がトンボの尾とするなら、まさしく「入りトンボ式」である。さらに正面の外観は拝殿が切妻造で、高屋根の祭文殿も同じである。したがって土佐はこの点が真清田によく似た姿といえよう。

厳島神社は本殿と摂社の客神社が同形式。ともに本殿・幣殿・拝殿・祓殿《はらいどの》の四殿は干《かん》字形の平面構成[53]を示している。干はふたまたの棒を描いた象形文字で、これで人を突く武器にも身を守る武具にももちいられ、土佐のトンボの形とも相通じる。本殿の祓殿は客神社に比べて縦長で、土佐の「拝の出」に近い。客神社の拝殿は横長で土佐の「東西翼廊」に近い。ならば、どちらの社殿が土佐の平面に影響を与えたかといえば、一長一短である。ちなみに本殿と客神社の祓殿はともに正面三間で入母屋造。土佐は切妻造でこの点が異なっている。

52 真清田神社の古図（尾張名所図会）

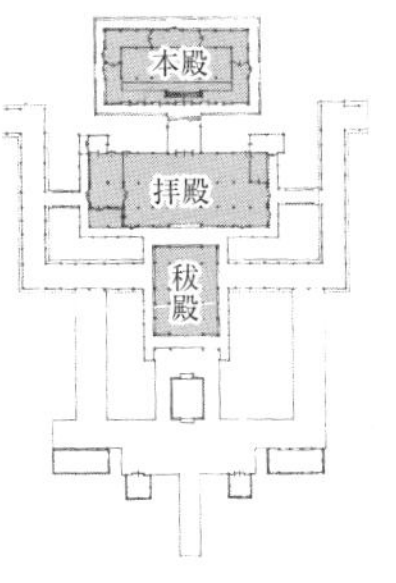

53 十字形の平面構成（厳島神社）

今八幡宮は楼拝殿形式の社殿をもち、その配置は本殿・拝殿・楼拝殿の三殿で工字形に近い形態[54]をしている。土佐の東西翼廊はこの楼拝殿と類似している。また、土佐の柱は楼拝殿の入母屋を支える木割の太い丸柱と共通している。

このように土佐の社殿配置は三社と多かれ少なかれ共通点や類似がみられる。またこれとは別に、厳島と土佐は配置以外にも多少の関連性がある。たとえば、厳島は海の安全と豊漁を祈る「管絃祭」、土佐は「御船遊び」、ともに祭祀に共通点をもつ。さらに土佐は再建後、寛永十二年に末社として厳島神社を勧請している。ただしそれ以外には三社との関係を示す明確な証も根拠もない。とするなら、配置上の進化のみでいうなら、土佐の形は真清田神社の系譜上に存在すると考えるのが妥当である。

●十字形回廊と教会堂

十字形平面は、幣殿・拝殿・拝の出そして翼廊からなる。拝殿の両側に取りつく東翼廊と西翼廊が横廊にあたり、これがトンボの羽根になる。幣殿・拝殿・拝の出が縦廊にあたり、拝の出がトンボの尾になろう。ここではこの平面形を十字形回廊とよんでいる。この十字形回廊は、柱が丸柱、柱間がすべて統一された吹き放しの造形である。本殿は求心的な平面をもち、閉鎖的内陣のなかに高い壇を設けて神座がつくられる。この形式は仏堂の影響を受けつつ成立したと考えられている(1)。十字形回廊はこの本殿に取りつき、構造的にも強くみえるからに安定した形を示している。

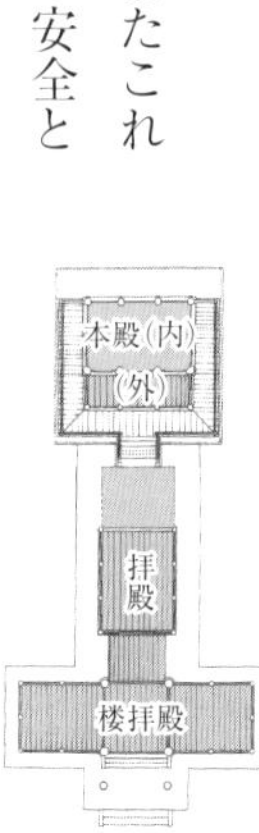

54　工字形に近い形態（今八幡宮）

話を転ずるが、土佐の重要な大祭に夏の志《し》奈《な》禰《ね》祭がある。「しなね」の語源はいくつかあり定説がない。風の神の説話もその一つである。昔もいまもこの地は風が強くよく台風にみまわれる。したがってこの地では古来から風の神を敬い、風に耐えうる建物でなければならないことを熟知していた。まして巨大建築ならなおのことであろう。ここで風に強い「十字形平面」と勝ち虫「トンボ」が結びつく。

十字形平面は、縦軸（南北）の基準寸法が二・二M、横軸（東西）が中央の六、一〇五Mを中心に両側に同じく二・二M。そして、拝殿・拝の出・幣殿の形は四：三：五という和の比例から成り立っている。その十字形は拝の出に昇る式台と石段を考慮し、縦軸を一スパン（二・二M）延長すると、縦横ほぼ近似値となり、正方形のなかに位置する（図26）。十字形の構造は中央（拝殿）四本の丸柱（直径六〇〇ミリ）を中心に縦と横ゾーンに縁がそれぞれつき、角柱（二百十二ミリ）で支

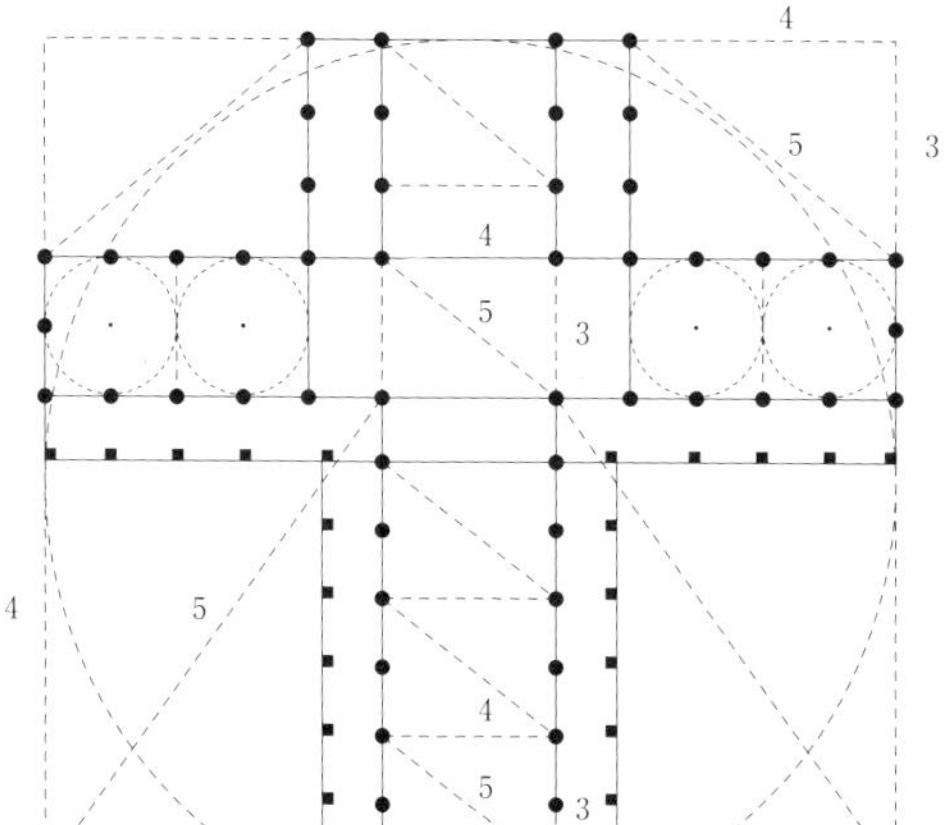

図26　平面形の分析図

持され、まことに理にかなった強い構造である。

この平面計画はまさに西洋の教会堂を彷彿させる。縦ゾーンは土佐が拝の出で教会堂が身廊、土佐の縁が教会堂の側廊、横ゾーンは土佐の東西翼廊が教会堂の袖廊、土佐の拝殿上部が教会堂の中央塔に対応する。機能的には土佐の縁が祭祀の際のサービス通路で、教会堂の側廊とも似ている。さらに土佐の正面ファサードは妻側断面で教会のファサードとも類似している。

となると、土佐はキリスト教となにか関係があるのかもしれぬ。歴史をひもとけば元親は土佐統一のおり、一条家当主兼定と浅からぬ縁があった。兼定は先妻を離別し豊後（現大分県）の大友宗麟の娘を妻にめとり、その後、キリスト教徒の宗麟の影響を受けキリスト教に帰依したといわれている。また、長宗我部一族は海と船の扱いにたけていた。事実はこの程度であり、おそらく土佐神社の再建にはキリスト教会堂の影響がなかったにちがいないが、むしろこのような夢想をさせるほど、土佐には教会堂とよく似た印象がある。

しかし大きなちがいもある。教会堂は壁で囲われたなかに十字形が林立し自然を遮断する。土佐は壁から解放され、十字形が自然のなかに林立する。55 つまり教会堂は強い風を受け耐え忍ぶ。土佐は風を感じ、風が通り抜けて自立している。神は自然とともにありとするこの姿からは「日本の神がおわします社」との印象をさらに強く受けたのである。

55 土佐神社の回廊内部

三章 ― 日本型回廊の特徴と意味

(1) 回廊の空間性と結界

奈良県天川村の登山口に「女人結界門」の石標がある。すでに、「紀伊山地の霊場と参詣道」は二〇〇四年世界遺産に指定され話題にもなった。この地は昔から修験道による修業の場で女人禁制なのである。

この結界という言葉は、神社における回廊空間で使っている。なぜなら「日本の回廊」がもつ特徴の一つに「結界」としての作用があるからである。すでに一・二章で示したように、この作用はとくに寺院より神社の領域に存在するものと考えている。

しかしながら、元来「結界」とは、仏教用語で仏道修行に障害のない一定地域を聖域と定めること[1]、と理解されている。森蘊《もりおさむ》はこのことについて、「結界の立地的考察[2]」において、結界には三種があり、摂僧界、摂衣界、摂食界があるとし、このなかで寺地や神社の伽藍配置等に関係の深いのは摂僧界であると。さらに「界標」とは祠堂・道標・注連縄・

標石などの建築や標識で、「界線」は各界標を結ぶ道路・山稜・河川などとし、主に自然地形の巡路をあげている。つまり界線は、聖俗の境界あるいは聖域の段階を示す一種の結界線であり、そのほとんどが主建築の回廊とかかわっている。このように結界・界標・界線の概念とは、もともとは寺院と深く結びついていたと考えられる。

建築用語でいう結界は、寺院本堂の内陣と外陣を分ける格子状の装置[1]としてはじめて現れ、のちには商家の帳場におかれた低い可動式の格子などもそのようにいわれた。この装置は向こう側を〝見通す〟あるいは〝透かす〟ことができる。広い意味では今の注連縄《しめなわ》・鳥居・のれん・関守石[2]なども結界に含まれる。

『結界の美』の著者である伊藤ていじは、結界作用について『日本デザイン論』[3]で「結界は常に向う側を見通すことができるスクリーンである。向う側がまるっきりみえない、いわゆる壁は結界として使われない。なぜなら壁は区切りはするけれど、つなぎの役目をはたしてくれないからである。結界の機能の重要な点は、区切りながら同時につなぎの役割をはたしている点にある。」と述べている。

日本の回廊を結界という切り口で論ずるなら、古代平地寺院の回廊は、物理的に内外の空間を聖俗の領域に分ける結界装置である。ただ、連子格子は透かされているとはいえ、完全に囲繞《いにょう》する形はどのように考えても強固でつなぎの役割がうすい。

浄土系寺院の回廊は彼岸と此岸の境界を意味している。それは形而上的な境界を空間的・時間的に象徴化し形象化した見事な結界作用といえる。平等院の回廊は上層部がうす

1 長弓寺本堂（奈良）格子の左側が内陣、右側が外陣である。（鎌倉時代、弘安二年建立）

2 関守石　茶室の庭にある標識的結界の一つ。「ここから先へは行かないでほしいという心」を表現。

暗く、下層部が開放されている。この構図で思い浮かぶのは、見事な結界作用を表現した大徳寺孤蓬庵《こほうあん》の忘筌《ぼうせん》[3]である。平等院の回廊はいくたびの地震で壊れるものの、柱と柱の結節を筋違でなく貫としていた。造形にたいするこの揺るぎない思いには驚嘆をおぼえる。禅系寺院の回廊は周囲を房（部屋）で囲まれており、結界の機能がほとんどなくむしろ西欧の回廊に似ている。

繰り返しになるが、神社の回廊はとくに結界の作用をもち、神と人の領域を区画あるいは聖（社殿内部）と俗（境内）を区画している。境界は仕切りながらつなぐ構造である。その仕切りとつなぎの度合いは、本殿から回廊が取りつく距離の差から生じる。その距離とはおそらく本殿からの実長でなく配列距離にちがいない。いわゆる本殿から回廊の間に垣・舞殿・中庭などの空間がいくつ配列されたかで決まるのであろう。一般的に、回廊の位置が本殿から離れる（配列距離が増す）につれて強固に仕切るより徐々につなぐ役割が強くなる。

たとえば、諏訪系神社の回廊は拝幣殿に取りつき仕切る役割がもっとも強い。形は外向きで目線は通るものの聖域に入ることができない。

尾張造の回廊は、祭文殿に取りつき、諏訪系より仕切る役割がややうすれつなぎの役割が強い。その形は中柱列をはさみ両向きで目線も通り、人が本殿側にわずかに入ることができる。

楼拝殿形式の回廊は、板敷きの楼門に取りつき、尾張造よりさらにつなぎの役割が強い。

3　忘筌　孤蓬庵は大徳寺境内の西端に建つ塔頭。忘筌は小堀遠州の図面を基につくられた書院式茶室。

その形は神と人を区画するのではなく、聖なる社殿内部とやや俗なる境内をつなぐという境界装置である。そして、中庭（庭儀の場）直前の楼門にとりつく多くの回廊は、聖なる境内と俗なる参道を仕切ると同時に空間的一体感も非常に強くする、といった度合いである。

神社回廊の境界構造は、結界作用と神域の「聖性」を高め、神を「隔離」する作用をあわせもっている。このことは神社の空間構造においてきわめて重要なことである。回廊による境界の設置は、神が所在とするところ（本殿あるいは背後の山）の聖性を高めると同時に神を隔離する、すなわち隠ぺいすることである。しかし、人々は回廊を通してかすかに視線をつなぎ気配を感じえている。神社の回廊の結界にはこのような意図が含まれている。

寺院では仏像が眼前に現われ、それを崇拝する。神社は神の存在を隔離・隠ぺいすることで、あえて神を顕在化させる。この差異を神社建築の回廊は十分に認識させてくれる。そして、そこに存在する結界構造こそが日本の伝統的建築の特徴を表徴しており、今日にまで受けつがれている。

作家の久木綾子は、寺院の塔について瑠璃光寺（山口）の五重塔の印象を、「私には、この世とあの世の境に立つ結界にみえました。」(4)と述べている。とても興味をいだく見方である。かねてより回廊は聖と俗をつなぐ「水平的結界」であり、塔は生と死をつなぐ「垂直的結界」とも考えていた。寺院の垂直的結界が塔であるならば、神社の垂直的結界は神体山（神奈備山）[4]である。塔が天と地をつなぐ装置であるなら、回廊は人と仏や神とが出合う空間なのである。

(2) 仏の軸と神の軸

日本の回廊からみえる軸といえば、それは古来の中国の軸と日本の軸である。この軸はのちに仏教の軸と神の軸に転化する。「日本の回廊」の特徴は、この二軸によって規定されていたといえる。

●寺院の回廊と軸

古代平地寺院の伽藍配置は南面し、南北軸に対し左右対称である。おそらく、この形態は大陸から移入された伽藍上の理念と考えられ、日本の社寺建築の配置構成にも大きく影響をおよぼしたといえる。この大原則はどこから由来したものであろうか。

仏教の発祥インドは必ずしも南北軸が優位ではない。となると南北軸はおそらく中国古来の伝統的方位観[(5)]であろう。ここで想いうかぶ古来の日本の軸といえば、すでに一章「法隆寺と回廊」で述べたように東西軸である。

日本的配置形式の起原といわれている法隆寺は、中国の南北軸と日本の東西軸の二軸で形成されたともとれる。同じく一章「南北軸と東西軸（浄土軸）」で述べたように、浄土系

4 神奈備山　カンナビの語義には「神並び」「神森」「神隠」などの説があるが、いずれにせよ神々の鎮まる神聖な森や山を指す言葉。神奈備山、御諸山（ミモロヤマ）に対して神体山は新しい呼称である。左図は神奈備山の代表として有名な三輪山（大神神社の神体山、標高四六七Ｍ）である。

寺院の法成寺、法勝寺、尊勝寺の伽藍は南面し、建物が南北軸上に配置されている。ということは、全体の配置構成は古代平地寺院の延長上にある。しかし、阿弥陀堂は東面し、東西軸上に位置している。この空間構成は、旧来の南北軸と浄土を意識した東西軸が直交したうえに成立していたと解している。

●神社の回廊と軸

神社の回廊の成立が神仏習合の結果であったなら、当然、本来神社の空間は仏の軸（仏寺）と神の軸（神社）が共存する二重構造でなければならない。だが、仏寺の回廊が神社に転化された段階ですでにかつての神の軸がみえない。とにかく正確にはみえにくい空間構造になったというべきであろう。

神社の自然物系には崇拝の対象となる自然的「聖地」の存在が不可欠である。二章であげた神社でみると、自然物系のすべてが「聖地」を有している。また、反自然物系であっても、仏寺の強い影響を受けるまえは聖地を有していた神社もある。聖地とは神の所在する山や川や海など、この聖地に向かう軸が神の軸、いうなれば古代信仰軸である。ここでよく知られている春日大社[5]を例にとってみよう。

この春日は、自然豊かな御蓋山の西麓に鎮座する。御蓋山の原生林の一帯は古代祭祀遺跡があり、仁明天皇の承和八年（八四一年）以来、春日の神域として狩猟伐採が禁じられている。山頂への道は、いまも一般の人が立ち入ることのできない禁足地である。回廊は

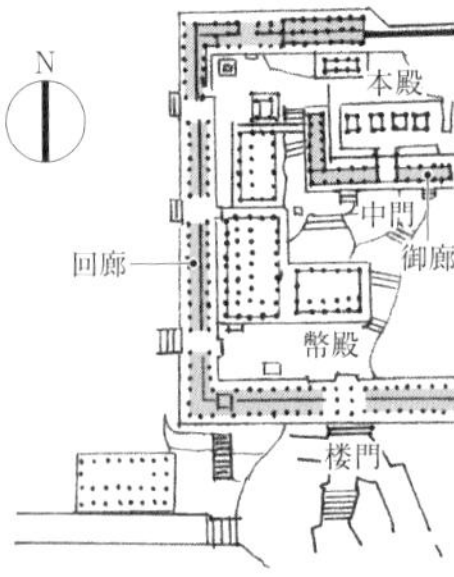

5 春日大社（現平面図）

楼門にとりつき北東の一部が欠けたロの字形と中門にとりつくLの字形で、仏寺の「囲む構造」をもちながら古代の信仰軸がみえ隠れしている。

このことは、「春日宮曼荼羅」によってよみとれる。治承以前の古い景観を示す「社頭図（図1）」（根津美術館蔵）では、四脚門―鳥居―簡素な社殿四宇、そして背後に御蓋山が一直線に描かれており、かつての山宮・本宮・里宮といった古代の祭祀形態を想起させる。ところが正安二年の社殿や神域の景観をよく描写している「社頭図（図2）」（湯木美術館蔵）では、鳥居―参道―御蓋山を結ぶ古代の自然物崇拝とする信仰軸（東西の軸）がよみとれ、同時に、楼門―中門―本殿を結ぶ南北軸もよみとれる。興福寺の鎮守社であった春日は、南北軸の成立とともに興福寺の強い要請で玉垣が回廊になった。いまの西回廊の三門はかつての名残りであろう。

古代の信仰軸と新たな軸（仏教軸）が直交する形は多くの神社でもみうけられる。大社でいえば、諏訪上社本宮、宇佐八幡宮などがある。それらの神社は、主に仏教の影響で社殿配置が南面したが、かつては神体山といわれる聖地を遥拝していた。新たに強い影響があっても以前の古い信仰形態は一掃されず、むしろみえ隠れしながら新しい信仰形態のなかで存在していた。神社の回廊がこの拮抗する二軸を内在させてきた。これこそが日本の回廊の最たる特徴なのである。

春日大社本殿を囲み、連子窓で中央を仕切り、左右棟のある複廊形式の三棟造の回廊

図1　春日宮曼荼羅（根津美術館蔵）

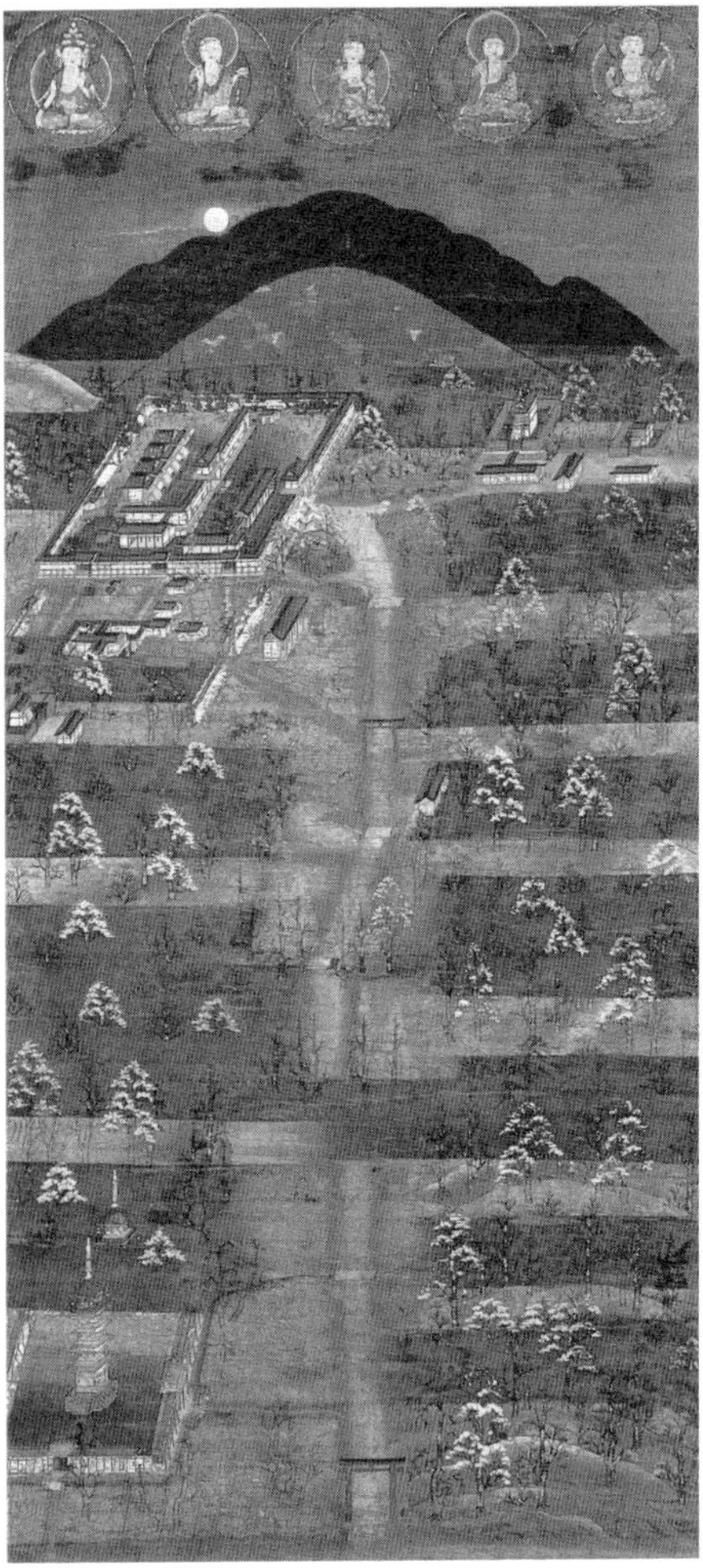

図2　春日宮曼荼羅（湯木美術館蔵）

(3)「囲まない回廊」と日本の風土

回廊の消滅と存続

寺院回廊の生成と消滅に関しては、古代平地寺院の長い系譜のなかで捉えることができる。なぜなら、浄土系および禅系寺院の出現はある一時代のことにすぎないからである。

神社の回廊は、寺院回廊の影響から成立したにもかかわらず、現存する寺院回廊がなにゆえか少なく神社回廊のほうが多い。考えるにそれは仏と神の違い、さらには日本風土の影響によるものであろう。

六世紀中期の仏教伝来にともなう古代平地寺院の建立は、礼拝が主に中門で行われた。やがてその礼拝は回廊で囲まれた中庭へと移行する。ところが平安初期には、礼堂《らいどう》[6]の出現で庭での儀式がなくなりそれにともない回廊も消滅へと向かった。そののちに礼堂は金堂と結びつき内陣・外陣を備えた本堂へとかわり、ますます回廊がつくられなくなった。このように寺院回廊の消滅は、屋外での礼拝・儀式の場が内部へ移り内部空間が充実してきた結果と解釈できる。

形態上は、寺院伽藍の回廊は強固に囲むことで聖俗を区分していたと考えられる。しかしながら、回廊に囲まれた中庭に礼拝の人を入ることによって、聖俗が崩壊しはじめたと捉えることができる。いいかえれば、完全に囲っていたことで崩壊に拍車がかけられたという見方である。

6 礼堂　本尊を安置している金堂（正堂）の前面に位置し、礼拝のための床が張られた別棟の建物。金堂と礼堂が構造的に一体化すると内陣と外陣との関係になる。

一方の神社は、創生より礼拝・儀式の場が内部空間として成立し難く、たとえ成立しても本殿とは別に別棟で行われた。いわゆる本殿は「神の住居」で外界から侵しがたい神聖な所である。仏教と神道の本質的なちがいはここにある。

神社の回廊の形態は、中庭を強固に囲まない仕切る形である。それゆえ人を導き入れたにもかかわらず今日まで対応できたといえる。寺院の回廊は「囲む構造」のために漸次消滅し、神社の回廊は「仕切る構造」であることで、今日まで存続してきたといえよう。

「一の字形回廊」と日本の風土

日本の神は、人と風景と自然が深く結びついている。たとえば、神道は家屋と自然との関係にも現れているように互いの関係を重視しつつ生育してきている。このことが西欧に比べ日本の宗教は絶対的な存在にはなりにくかった理由でもある。

日本の神は稲作農業とともにあり、西洋の一神教と異なり多神教が育ちやすい土壌であった。稲作農業を支配するのは水、つまり雨、その雨を森がたくわえる。自然に対する畏敬の念がそれゆえに強い。稲作農業は西洋の牧畜型に比べ囲いなどむしろ障害で、水は平等に供給されねばならなかった。日本の地形と風土は人と断絶することなく自然のいたるところに神の存在を認め、人の生活と深くかかわってきたといえる。

民族学の佐々木高明は、『日本文化の多重構造』(6)のなかで、「受容・集積型の特徴をもつ日本文化であっても、つねに外来の文化要素をすべて受け容れたわけでなく、その一つとして城壁に囲まれた都市や文字などがある。」とし、歴史学者の坪井清足は、「当時、何の防禦的な施設もない集落がみられるのは日本だけであり、朝鮮半島にしても中国にしても集落は周囲に防壁をめぐらしている。」と飛鳥のみやこについて述べている。このことは、いわゆる日本文化の「囲まない構造」を示唆している[7]。日本の平城京・平安京の表玄関に羅城門が存在するが、土塁はさほど高くはなく中途半端である。とくに平城京の表玄関を飾ったのは貧弱な瓦葺きの板塀であった。このように日本の防衛的な「囲み」は、中国やヨーロッパと比べ脆弱で簡便なもののようであった。

比較文明論の外村直彦は、『添う文化と突く文化』[8]のなかで、造形様式について、日本の建築は、奥が浅く平面的で軽やかであることから添う形式、ヨーロッパは、奥深く立体的で重量感があることから突く形式とし、さらに中国文化と仏教文化は突出系の様式をもつ、と述べている。

すでに示したように、添う形式の表徴的形態の一つには神社の「仕切る構造」をもつ一の字形回廊があげられる。この回廊は日本文化のあり様と日本の風土が深く関わっている。この特徴こそが「日本の回廊」そのものなのである。

四章 ― 日本型回廊と現代建築

現代建築においては、いにしえよりの古態の回廊が、計画段階においてどのような形で組み込まれどのように蘇っているのであろう。

本章では、日本の特徴をもっともよく示す神社の回廊と、第二次大戦後を代表する「ピロティを有する建築」との関係について、一つの仮説を示しながら考えてみる。さらには、ややもすると機能重視の現代建築に、寺院・神社の「日本型回廊」がいかなる工夫がなされ組み込まれ生かされているかを述べるとしよう。

1. 仮説「回廊＝ピロティ」という構造

日本と外国の大きな接点は、飛鳥時代の中国・朝鮮からの影響、そして明治維新によるヨーロッパからの影響、と第二次大戦後の欧米による影響であった。

建築的外圧としては飛鳥と戦後が似ている。つまりは大陸文化伝来期の仏教建築様式の受容と展開、さらに戦後復興にともない日本のモダン・ムーブメントが胎動した一九五〇年代である。古代の仏教建築様式は木造文化を共有する東洋文明圏でのこと、戦後のモダニズムは鉄・コンクリート・ガラスを共有する世界圏でのことで、それぞれが同一の生産基盤をもつ。その建築を表現する言語は、古くが寺院建築の「回廊」であり、戦後がモダニズム建築でとりあげられた「ピロティ」である。

戦後、日本にもっとも影響を与えた西欧近代建築の三大巨匠の一人、建築家ル・コルビュジエは、作品とともに建築理念を語る作家でもあり、「新しい建築の五つの要点」を提唱した。その一つが「ピロティ」[1]である。

戦後の日本は、古来の伝統的建築とどのように向き合うかを、分離派建築会[2]の発足（一九二〇年）以来、つねに先送りしつづけてきた。しかし、日本の建築家がその命題と対決したとき、自国の伝統にコルビュジエの理念「ピロティ」をいかに組み入れることができるかが問題であった。一九五〇年代、丹下健三を中心にその課題と向きあった作品がある。その作品には建築言語「ピロティ」を用いた日本の伝統的空間構成の再構築がそこに生かされていた。「ピロティ＝回廊」という一つの仮説が、ここで考えられた。

1 ピロティ［pilotis 仏］　建物を支える杭のことで、建物を地上より浮かす。一階は建物を支持する独立柱が並ぶ吹きはなちの空間である。左は最も明快な形でデザインされたル・コルビュジエのサヴォア邸である。

2 分離派建築会　東大建築学科の学生が中心となり、日本の近代建築運動の先駆をなしたグループ。その宣言は、「我々は起つ、過去建築圏より分離し総ての建築をして真に意義あらしむる新建築圏を創造せんがために」に始まり、明治の様式建築とその亜流から分離すること等を目指した。

(1) 広島平和会館（現広島平和記念資料館）

一九四五年八月六日は、広島に世界初の原子爆弾が投下された日である。その四年後の八月六日に「広島平和記念都市建設法」が制定された。そして、一九四九年に「広島平和記念公園及び記念会館競技設計」が行われた。この設計計画は単なる目的機能の建築ではなく、被爆という使命を帯び「反核」を掲げ、その主導権を行使する舞台である。その中心施設はいかなる剽窃《ひょうせつ》も許されない、まぎれもない「日本の姿」を世界に向けて提示することであった。

競技設計の概要は敷地三七、五〇〇坪の一郭を平和記念公園に、さらに記念館や記念塔を配する総合的設計であった。この設計競技には丹下健三（ほか三名）の案が採用され、他二点も入選している。

その丹下案（図1）は一〇〇M道路に対する垂線を原爆ドームと結び、その中心軸上に記念館と

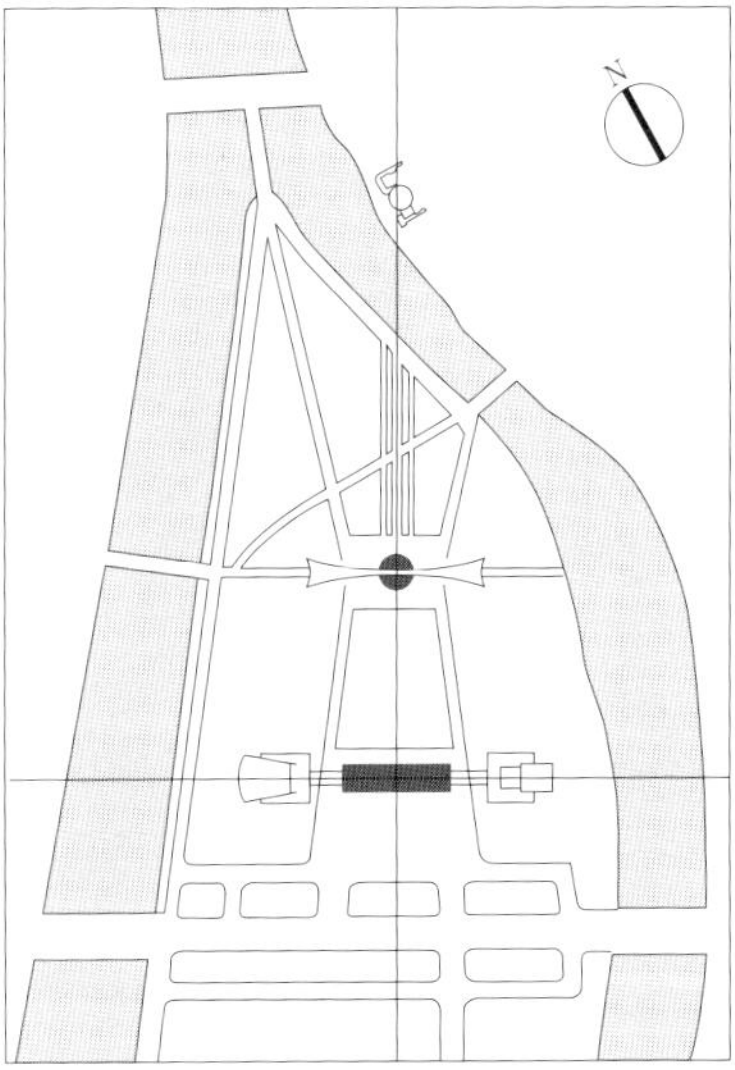

図1　一答案（丹下健三他三名）

記念アーチを配置し、この土地でしか成立しない特殊解をとっていた。他の二案は東西と南北という方位に施設の中心軸を求めた。広場計画では他の二案が人と車の処理に問題をかかえていた。にもかかわらず、丹下案は記念館を一〇〇M道路と平行して敷地の南端に位置させることで、車の処理をより近くで解決し、高床の記念館をくぐり抜けてそのさきを人の空間としていた。また他の二案は、肝心な敷地外の原爆ドーム（旧広島県産業奨励館）に内在する記念性にまったく着目していなかった。

二等案（図2）は記念館を元安川の河流中に建て、記念館・広

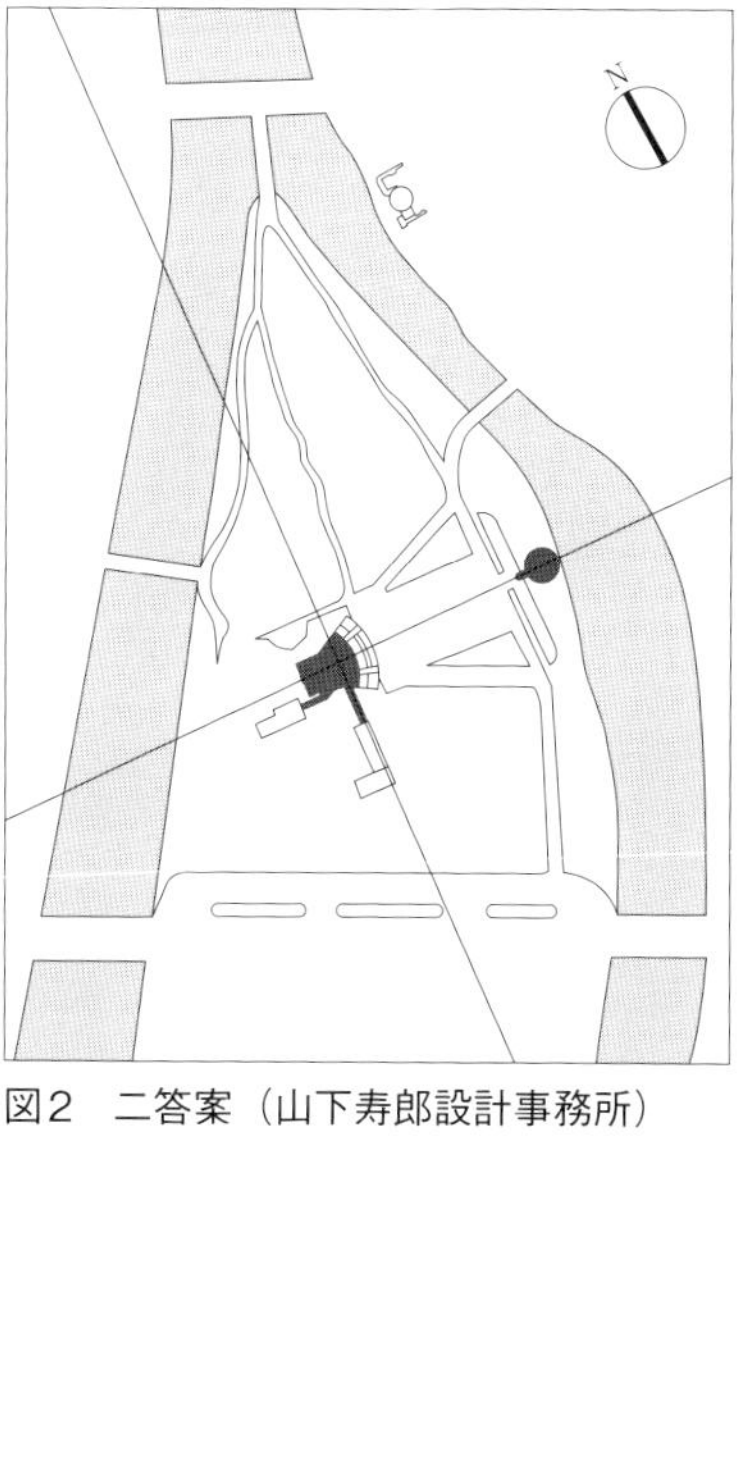

図2　二答案（山下寿郎設計事務所）

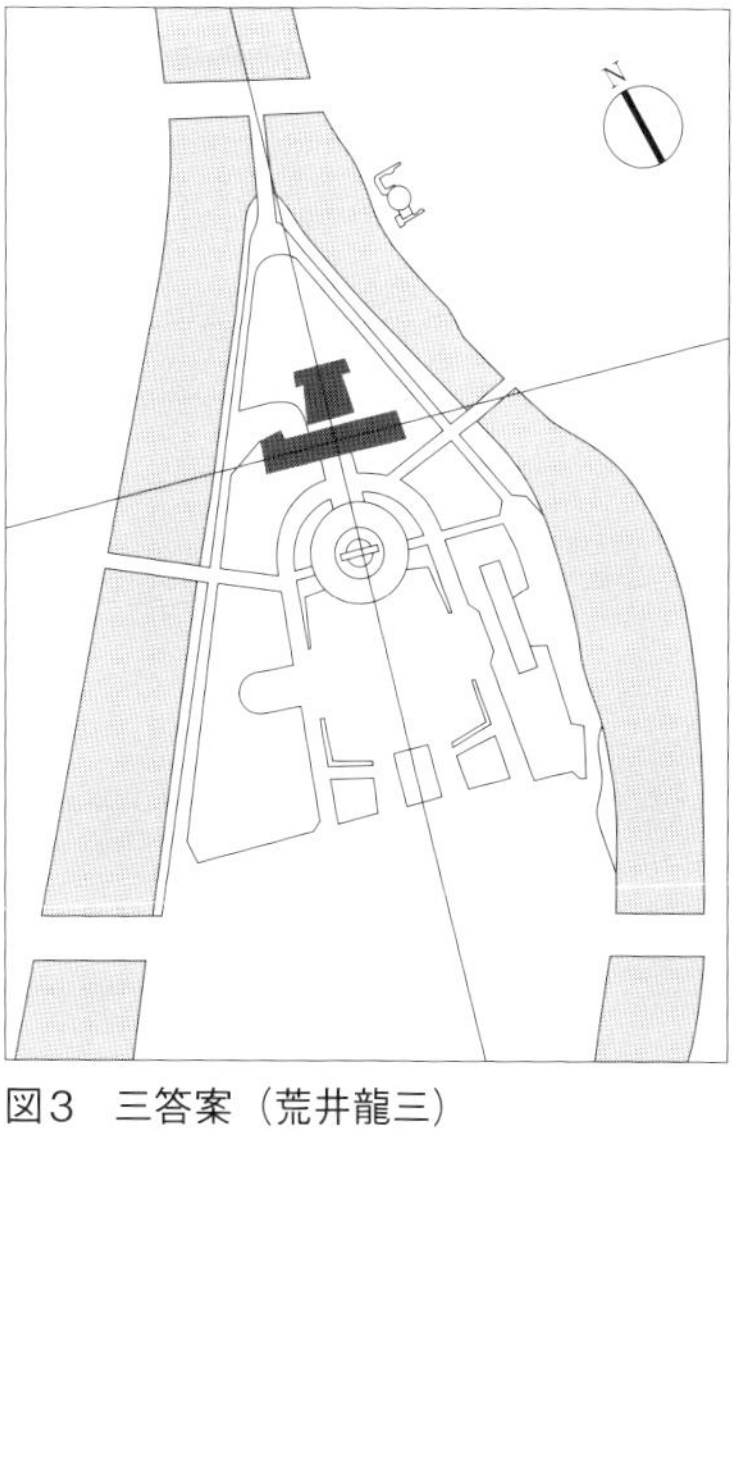

図3　三答案（荒井龍三）

場・記念塔を東西軸上に位置させている。これは仏教的（浄土系）世界観の表現ともとれる。三等案（図3）は、施設構成を南北軸に求め奥まった位置に建物を、その前面に噴水と広場を設けた。この構成は西欧の宮殿建築をイメージさせている。では採用された丹下案は、いったい何を表現し、なぜに勝利を得たのであろうか。

　ちなみにこのコンペの建設地は、二つの川にはさまれた「中州の聖地」[3]といわれ、伊勢神宮の内宮、熊野大社本宮（旧地）、賀茂御祖神社などと類似した地勢・地形にある。かつて川は神社空間において神と人の世を分ける境界とされ、水辺が禊《みそぎ》における祓《はら》いの場所

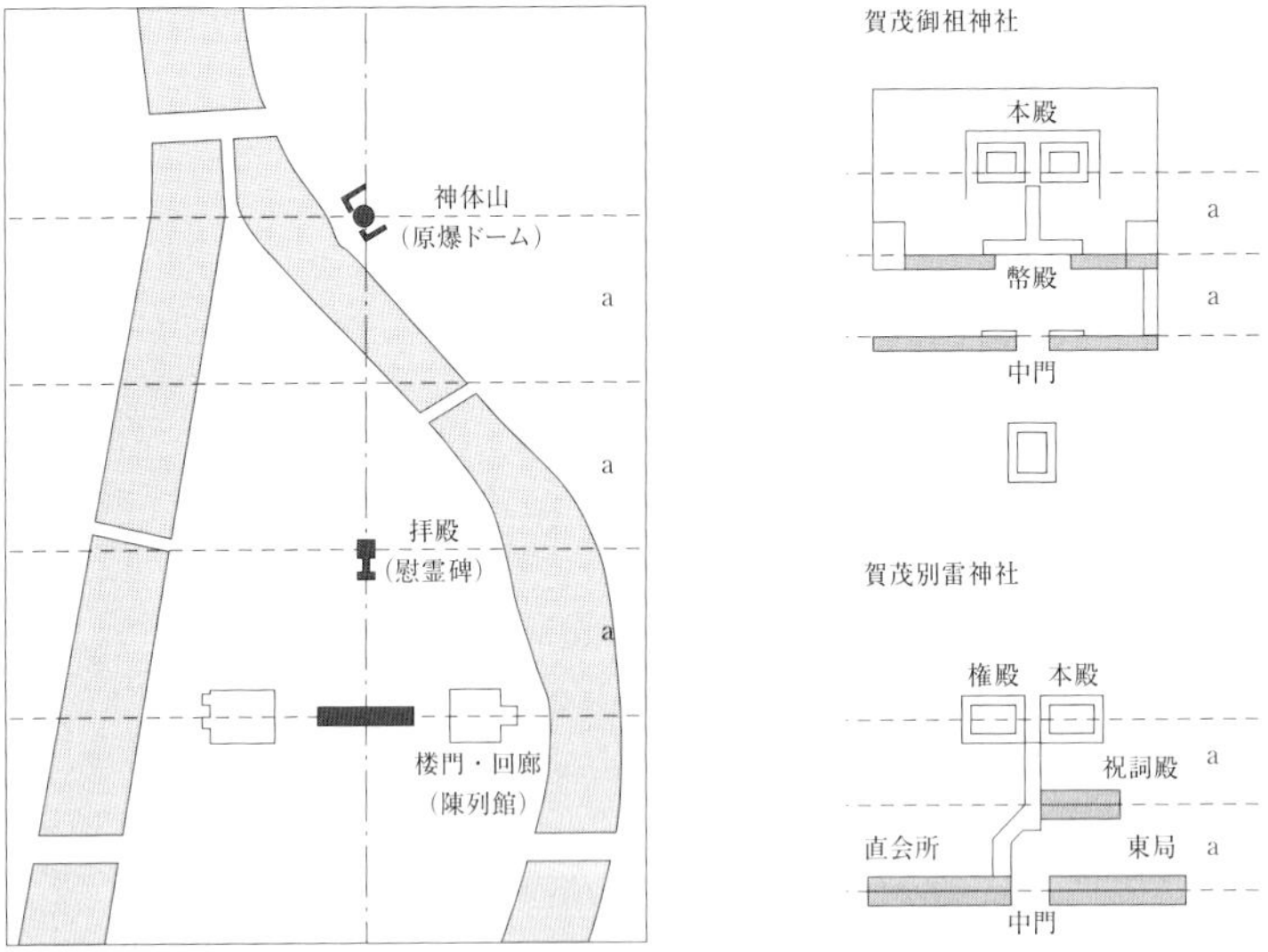

図4　広島平和会館と神社的ヒエラルキー

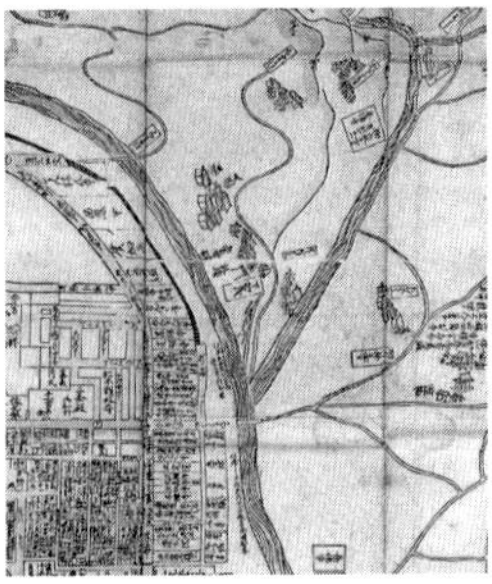

3「中州の聖地」　川中聖地とも呼ばれ、川中の州や島は森林がなく毒虫を避けることができたことから、古来より海からの進入者は川中を安全な場所としていた。また、アイヌ民族は、このような地形を「オウコツナイ（交尾している川）」と呼び、川は生殖行為を営む聖なる場所と考えられていた。左図は賀茂川と高野川にはさまれた地に賀茂御祖神社が位置する（京大絵図・元禄四年）。

として選ばれていた。この敷地の一〇〇M道路上の橋はいわゆる聖なる性質をもつ。伊勢神宮の内宮の境内を流れる五十鈴川に架かる宇治橋を連想してみるとよい。この敷地の周辺環境[4]は神社の立地とじつによく似ている。

　丹下案の諸施設を神社空間に見立てると、陳列館は楼門・回廊、庭儀は広場、慰霊碑は拝殿、そして原爆ドームが神体山となり、これらは一直線上に配置されている（図4）。原爆ドームが本殿、そう考えなくもないが、広島の神は知的進化の暴走がもたらした終末の地獄絵ならば、やはり神体山と見立てるほうが理にあう。また丹下は、陳列館について次のように述べている。「我々は日本の歴史時代の木造高床式の校倉造に学ぶところがあった。このことから近代的ピロティと相似した形態となったのである。(1)」と。

　彼はピロティという建築言語を使いながら日本の古代建築を語っている。明らかに日本古来の伝統という課題が大前提にあったに相違ない。五種類も要したピロティの柱[5]は楼門と回廊システムを、ファサードは回廊の連子格子を表現している（図5・図6）。正面からみると、ピロティと回廊が似ていることに気づき、何ともいえぬ不思議さを感じた（図7）。

　この作品は「まぎれもない日本の形」である。それは古《いにしえ》からの神の空間と仏の回廊の合成であり、すなわち回廊を有する神社空間そのものである。さらにいま一つ記すとするなら、この作品は、広島の厳島神社の空間構成[6]とまことよく似ている。この設計競技では中国・朝鮮や西欧の影響でない、いわゆる「日本の姿」が選択されたのである。

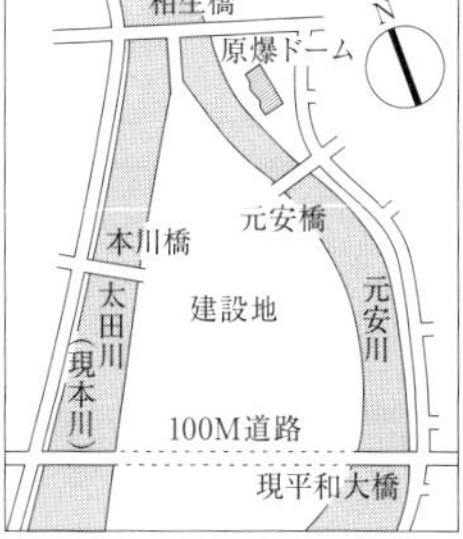

4　建設地の敷地周辺環境

5　ピロティの柱　丹下健三は柱のデザインをル・コルビュジエの歩んだ道程（サヴォア邸→スイス学生会館→ユニテ・ダビダシオン）を日本の伝統に重ね合わせた。

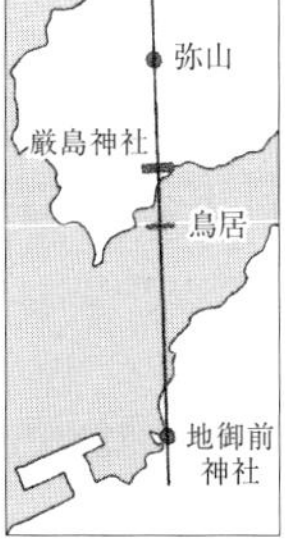

6　厳島神社の空間構成

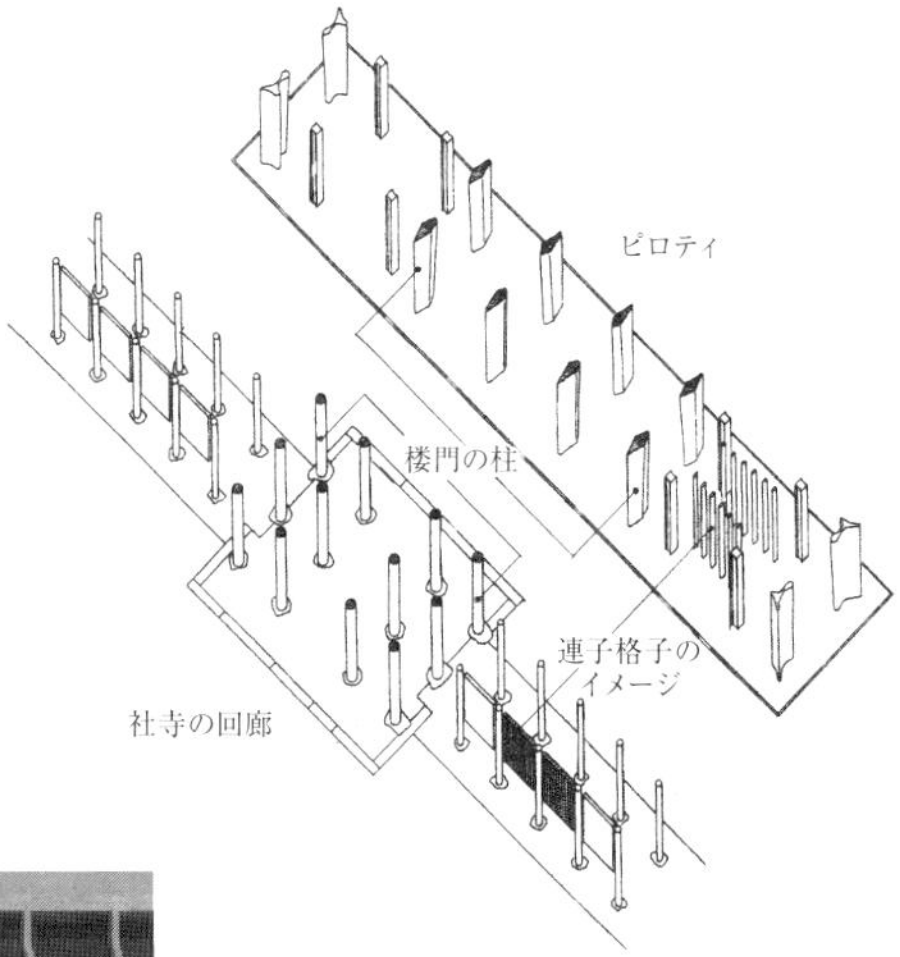

図5　ピロティと回廊システム

図6
広島平和会館の
ファサード

図7　広島平和会館の正面

(2) 五〇年代のピロティ建築

日本におけるピロティ建築は、一九五〇年代において、丹下健三とコルビュジエの弟子で柱に美学を求めた坂倉準三や、戦後一貫して潮流にのらず戦い続けた前川國男によって生まれた。ここでは三氏の作品を取りあげ、それを日本の伝統的空間に置き換えた話をしてみよう。

神社の空間構造の再現

丹下は旧東京都庁舎(一九五七年)と香川県庁舎(一九五八年)においても「日本の姿」を表現している。

旧東京都庁舎は、主に平面がコルビュジエのジュネーブ国際連盟会館案[7](一九二七年)と似ているが、明らかな相違もある。それはジュネーブ国際連盟会館案が一つのボリュームであるのに対し、旧東京都庁舎は二つのボリュームからなる複合体である。この計画は既設庁舎の増築計画でもあり、既設の都議会議事堂と連結している。かりに既設都議会議事堂を本殿と見立てると、低層棟が拝殿、高層棟足元のピロティが一の字形の楼門・回廊と解釈することもできる(図8)。

香川県庁舎は、鉄筋コンクリートの軸組を日本の伝統建築がもつ架構法とプロポーションに変換した優れた作品[8]であり、既設庁舎の増築計画である。同じに既設庁舎を本殿と見

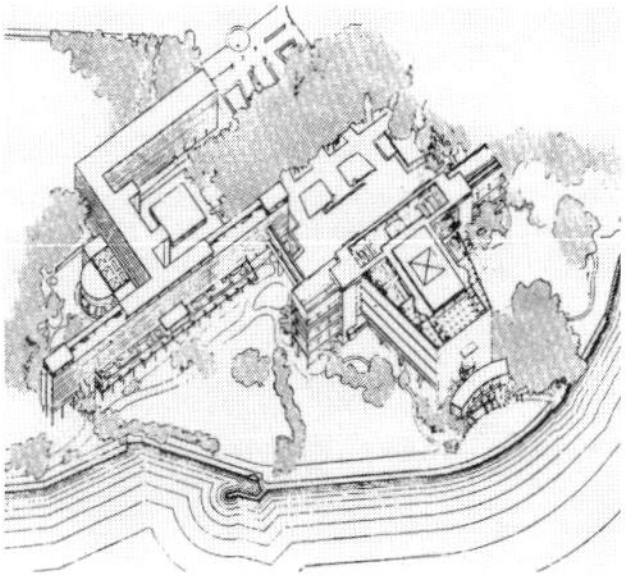

7 ジュネーブ国際連盟会館案

8 香川県庁舎の伝統手法

立てると、高層棟が拝殿、低層棟を一の字形の楼門・回廊と解釈することもできる（図9）。庁舎の議場は住民にとってもっとも重要な機能を要する場である。それが両庁舎とも一番奥まった既設庁舎にあった。一の字形の楼門・回廊にあたる棟は、ともに道路に沿って

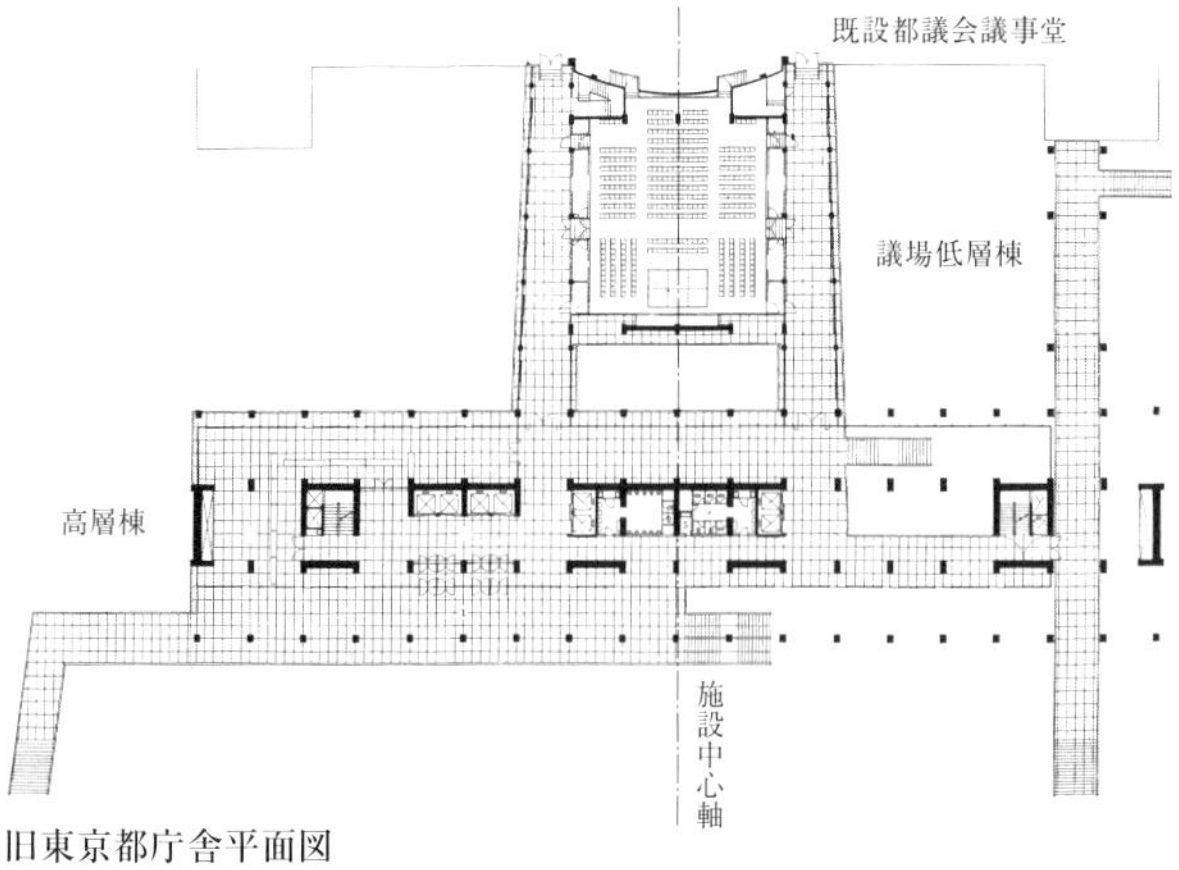

旧東京都庁舎平面図

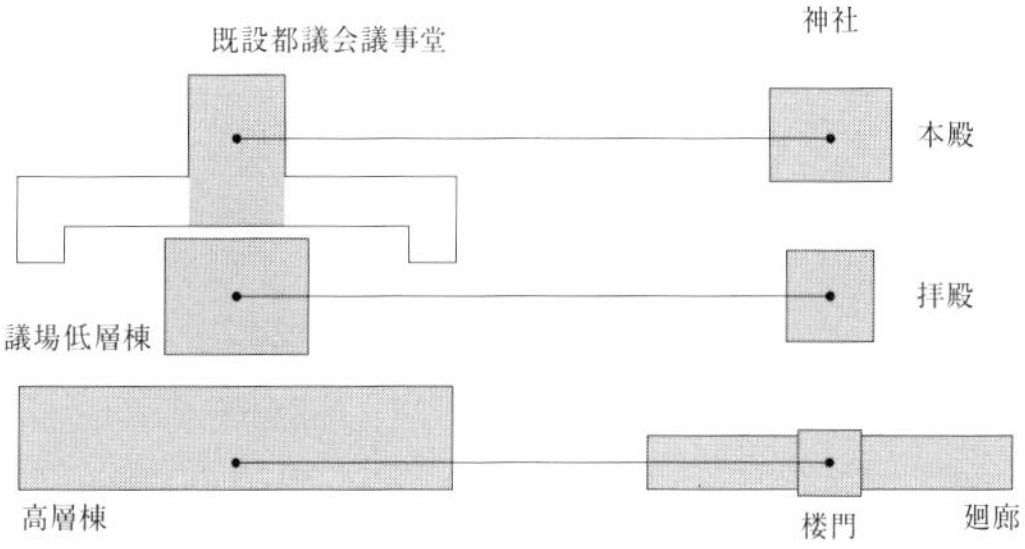

図8　旧東京都庁舎と神社的ヒエラルキー

配置され、都市の雑踏と庁舎を仕切る境界構造の働きをしている。この分散配置は中軸線上に本殿→拝殿→楼門・回廊といった神社がもつヒエラルキー（段階性）を相互に有しており相通じる点が多い。

丹下はそののち旧東京都庁舎で試みた歩廊（二階部分）を、「東京計画1960」で空中の

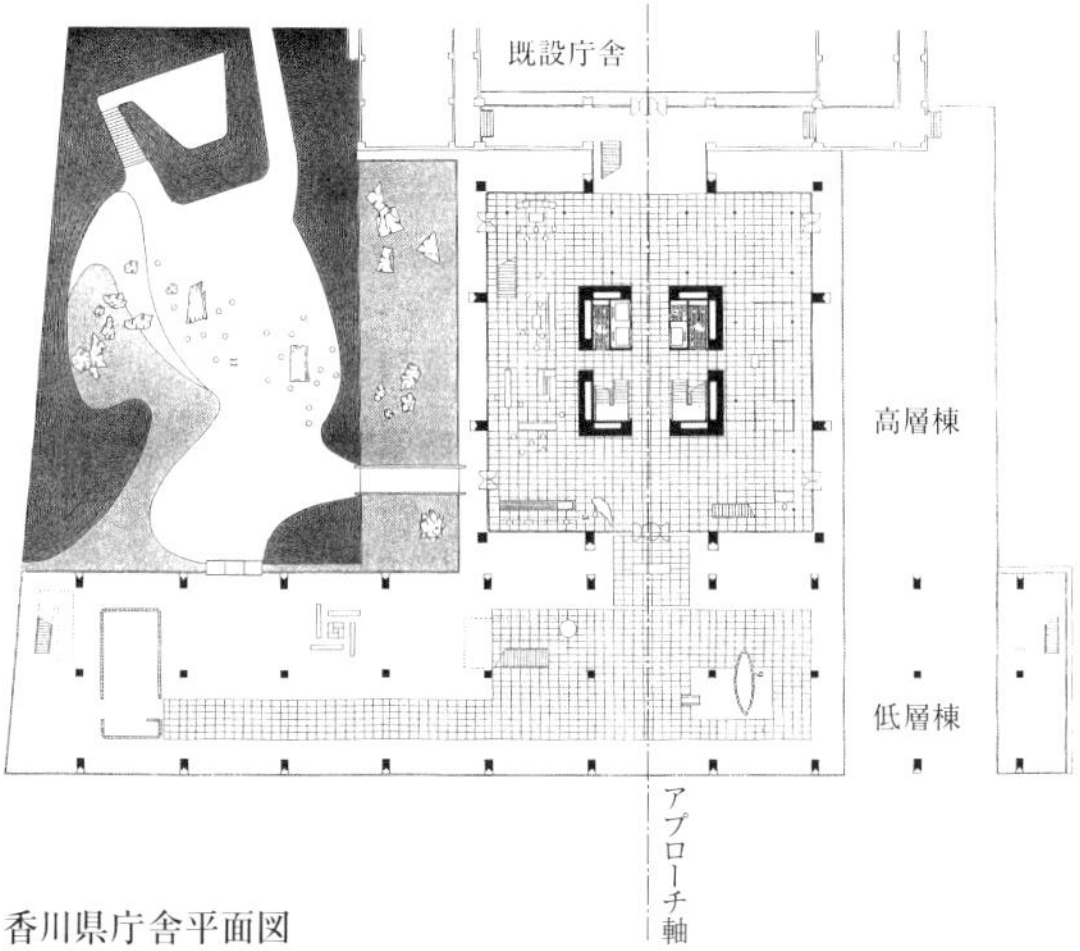

香川県庁舎平面図

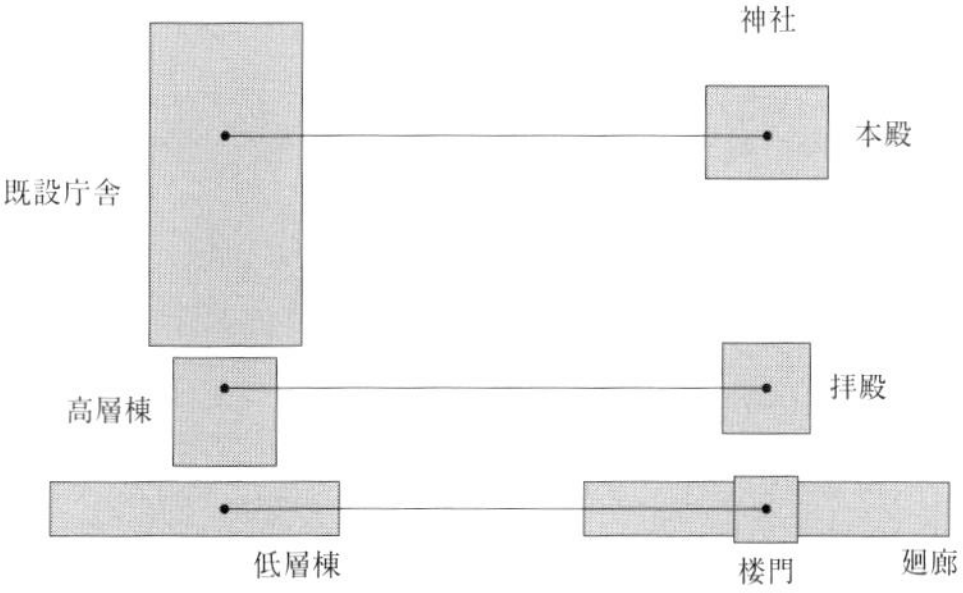

図9　香川県庁舎と神社的ヒエラルキー

回廊として表現している。それはこれまでの「ピロティ=回廊」の概念とまったく異なる次元のものといえる。

重合する伝統形式

坂倉準三が一九五一年に神奈川県立鎌倉近代美術館、前川國男が一九五七年に岡山県庁舎を設計している。この二作品は異なる複数の伝統様式が重合・交差しているピロティ建築である。

鎌倉近代美術館の全体的な雰囲気は、コルビュジエの「現代芸術美術館、パリ（一九三一年）」の計画案と重なる[9]。反面、明らかな相違もある。そのちがいはどちらも中央に正方形のスペースを設けているものの、扱い方がまったく異なっている。コルビュジエの場合は、来館者がピロティを通り抜けて中央部分（中庭）に引き込まれ、そこから二階の展示空間へ導かれる。このアプローチは東京上野国立西洋美術館[10]と同じである。一方の鎌倉近代美術館[11]は、正面の大階段で二階の展示室にすすむ。その中央部分（中庭）は吹き抜けで見下ろすことができる。二階の展示室を一順したあとに一階の中庭へと導かれる。このようにアプローチがまったく逆である。坂倉の正方形の見るだけの庭は、まさに神社の空間にある神籬《ひもろぎ》に共通している（図10）。

この神籬と庭の関係について、建築家である堀口捨巳が『庭と空間構成の伝統[(2)]』のなかで、「枯山水庭園のようにみるためだけの庭は日本庭園の大きな特徴であり、ひもろぎは日

9「現代芸術美術館」計画案、美術館はピロティの上にあり、出入りは地上から中心にいたり、そこに中央ホールがある。

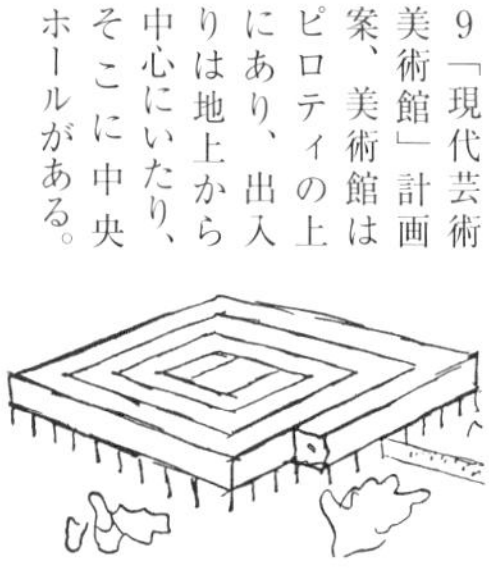

10 国立西洋美術館 ル・コルビュジエのわが国唯一の作品。弟子の前川國男がサポート。

本庭園の原型である。」と述べている。

また、坂倉は美術館と桂離宮との関係について率直に「多分に池に面した部分は桂離宮をイメージした」と語っている。(3) つまり、美術館の展示空間→テラス→池へと平面的な広がりをもつ視覚的段階性は、桂離宮の、古書院内部→月見台→池へとつづく広がりと同じ

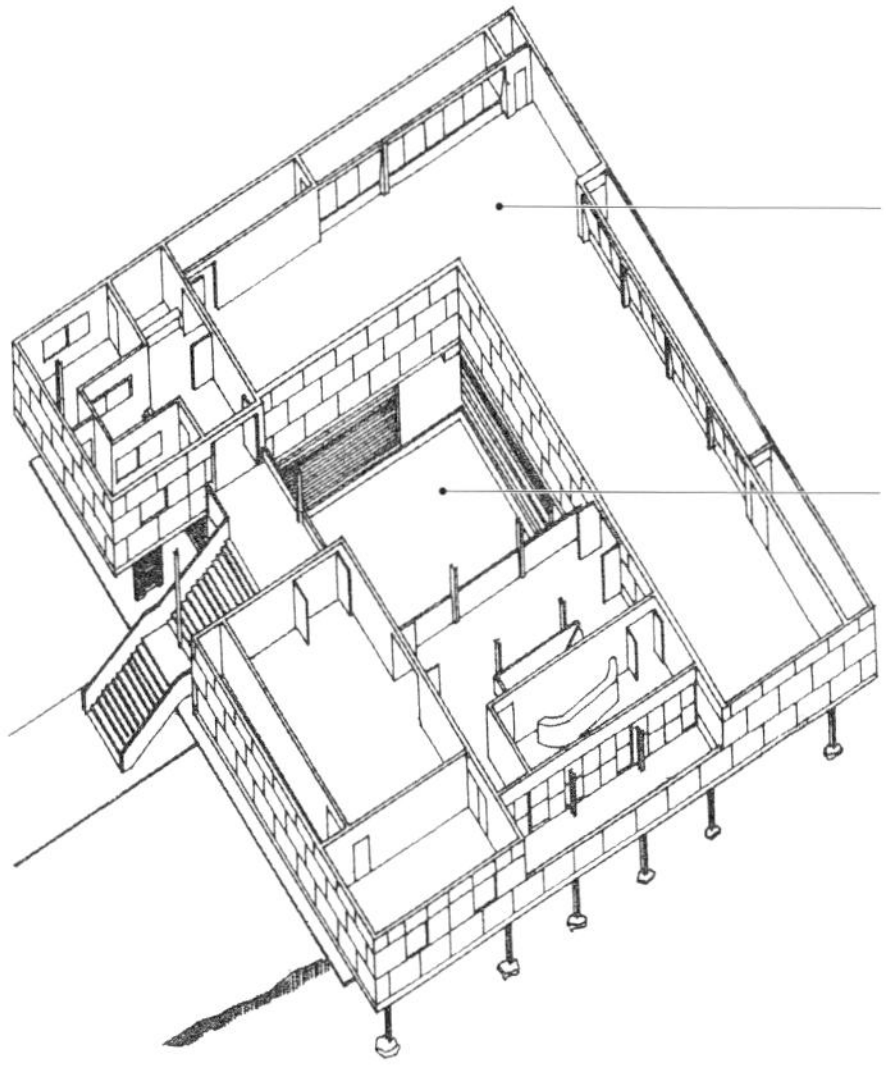

図10　鎌倉近代美術館と神社空間

11 鎌倉近代美術館

手法なのであろう（図11・図12）。とするならば、鎌倉近代美術館は、神社の空間構造と書院造の一部との重ね合わせとよみとることができる。

前川の岡山県庁舎は、すべての主要施設がかならずしも中央軸線上に配置されていない。これは丹下にない軸構成を示している。平安期からの寝殿造のアプローチは、東あるいは西の門を入って寝殿の前庭に立ち挨拶をし、寝殿の南階を上がるのが正式とされる。

岡山県庁舎は、高層棟ピロティを中門、議場低層棟を寝殿に見立てると、寝殿造と同じ

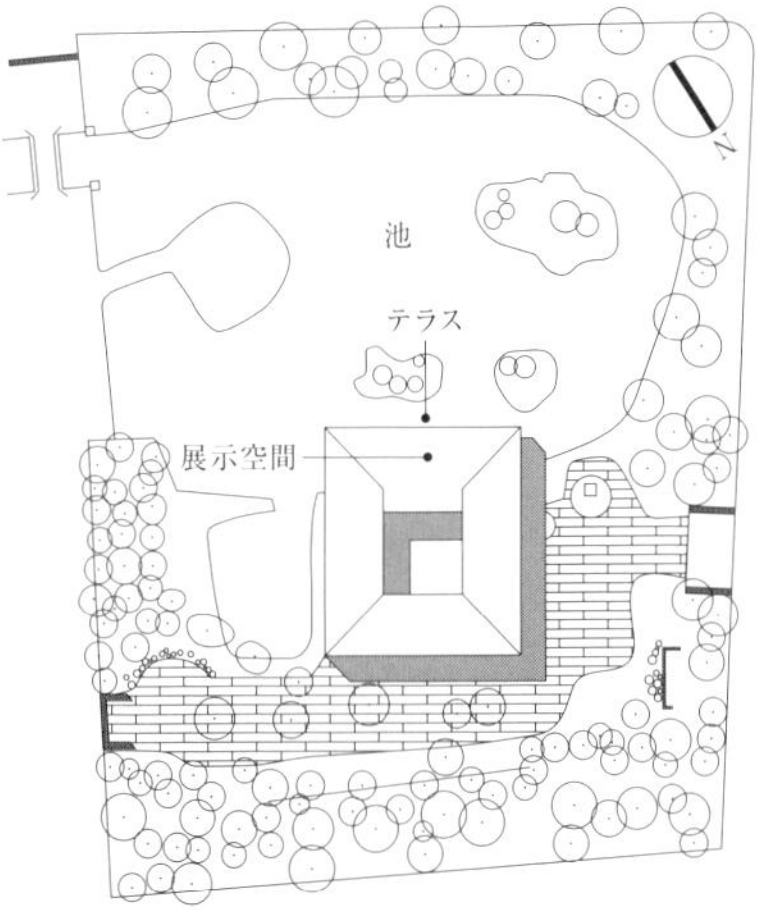

図11　鎌倉近代美術館の配置図

図12　桂離宮の月見台

アプローチとなる(図13)。そして高層棟と議場低層棟を結ぶ空中歩廊は寝殿と東対屋を結ぶ透渡殿ともよみとれる。このように寝殿造の空間構成がここに内在している。神社では本殿の中心軸とエントランスアプローチ軸が直交する例も多いことからも、神社建築と一致する。ピロティを楼門、その両側を回廊、議場棟を本殿と見立てることも可能である。

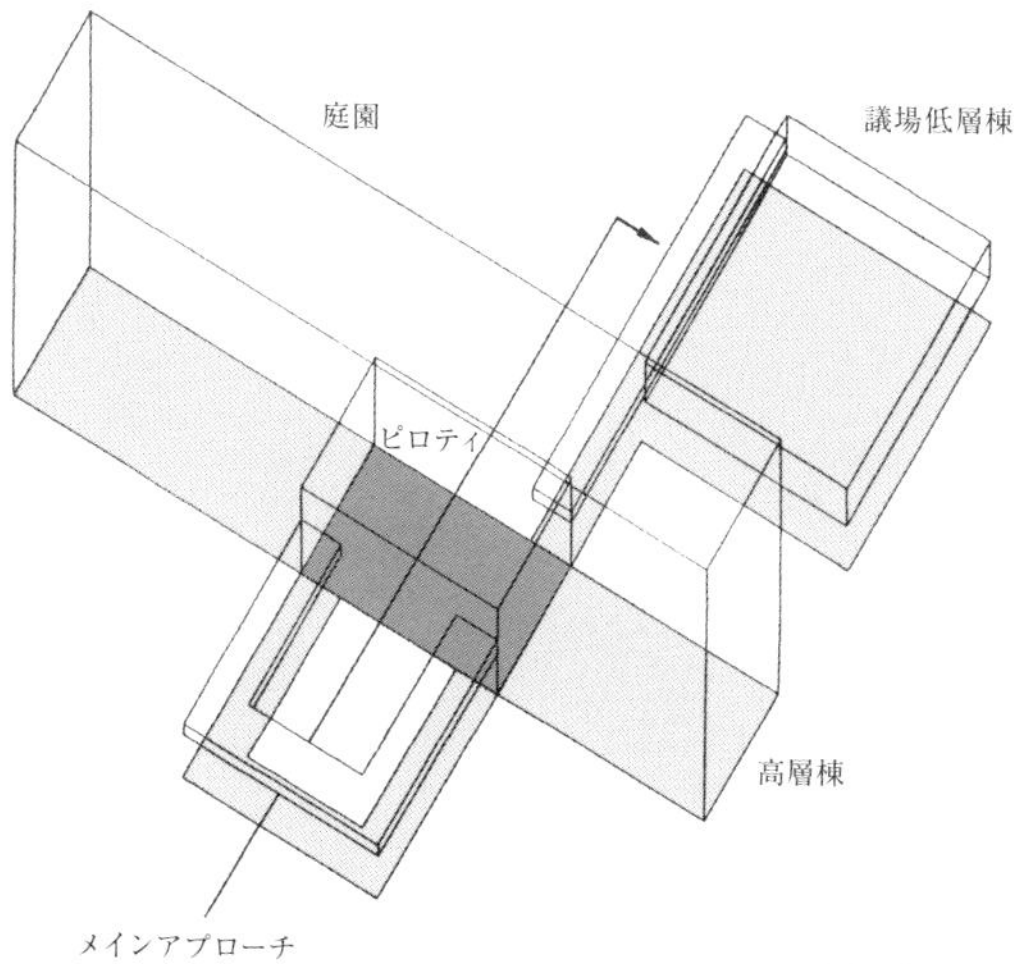

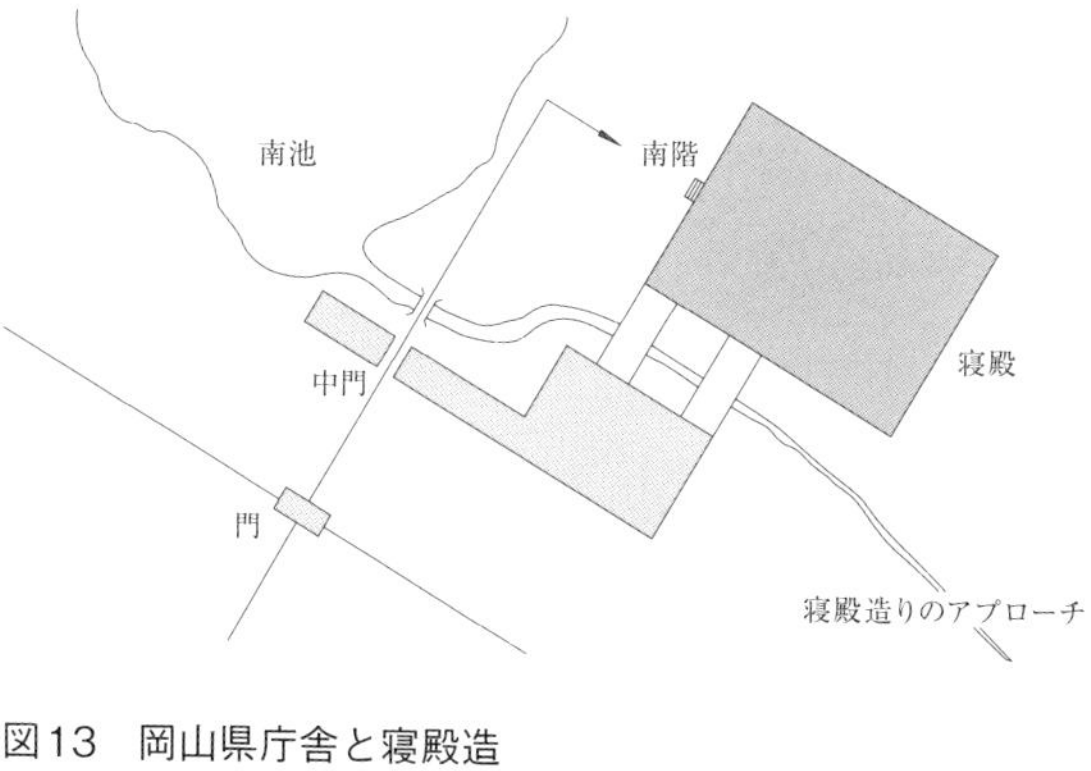

図13　岡山県庁舎と寝殿造

さらには、アプローチ軸上に川が流れ、これもまた自然環境に寄り添う神社の立地環境を彷彿させる。繁華街側に位置する一の字形高層ピロティは、川に面した広場（聖域）を仕切る境界構造の役目をはたしている。いうなれば岡山県庁舎は、寝殿造と神社の空間構造の重ね合わせということになる。前川は同様の空間構成にもかかわらず、「東京都庁舎設計競技」「横浜市庁舎設計競技」においてピロティがない作品で不採用となった。あえていうなら岡山県庁舎[12]は「ピロティ＝回廊」という伝統表現で当選したといってもいいすぎではないであろう。

ところで、五〇年代の建築界は伝統論争に明け暮れ、さまざまな伝統様式が作品に組み込まれた。ここで注視すべき点は、古代からの神社空間が歴史のあらゆる変節点で表現されることとなったということである。

2. 現代建築における回廊の展開

戦後の現代建築は、日本の回廊の形態をしばしば「コロネード」「コリドール」「コリドー」「コリダー」「ギャラリー」などと称し使用した。

これらの呼称を通してみると、すでにふれたように五〇年代の公共庁舎建築は「ピロティ＝回廊」が主の時代であった。それ以後、七〇年代までは回廊を有する現代建築の数

12 岡山県庁舎　写真は一階のピロティ部分。

が少ない[4]。そして七〇年代後半になると単なる回廊を有する建築が増加する。これは近代建築の画一性を批判し、その克服をめざそうとした思潮・運動、いわゆるポスト・モダン[13]の時期と符合する。しかし、九〇年代前半にはバブルが崩壊し、それ以後は回廊を有する建築数が減少した。すなわち非機能的な要素の強い回廊は経済的影響を受けやすかったということであろう。その用途は、先述の庁舎を中心とした行政建築、それ以外に住宅を除くと美術館や宗教建築が圧倒的に多くつくられている。

そこで、次項以下に戦後の動向に対し注視するのは、戦後の現代建築のなかから、寺院・神社の回廊のもつ構成要素、①空間構成、②回廊の造形・形態、③回廊の素材、④回廊の機能・用途、⑤宗教的装置、などをふまえたうえで、寺院・神社の回廊と相通じる作品を抽出してみることにある[5]。

寺院回廊と相通ずる

古代平地寺院の「囲みの回廊」の特徴を表現した作品には、日本芸術院会館[14]、小西本社屋、ひろしま美術館、多磨霊園納骨堂がある。芸術院・小西・ひろしまはロの字形、多磨はロの字変形である。多磨霊園納骨堂（図14・図15）は建築テーマからして寺院の空間構成を表現している。たとえば、納骨堂を金堂に見立てたなら興福寺式の配置によく似ている。回廊の造形は寺院の列柱と連子格子をイメージさせるなど、これほどまでに直截な構成もめずらしい。

13 ポストモダン(post modaern) モダニズムを批判的見地から捉えた思想・運動。建築では一九七七年チャールズ・ジェンクスが『ポスト・モダニズムの建築言語』を出版し、早くから問題提起がされ歴史主義への回帰や過剰な装飾性など、八〇年代に流行を迎える様々なスタイルを予見していた。

14 日本芸術院会館（東京、吉田五十八設計、一九五八年）、小西本社屋（伊丹市、竹中工務店設計、一九七〇年）、ひろしま美術館（広島市、日建設計、一九七七年）、多磨霊園納骨堂（府中市、内井昭蔵建築設計事務所、一九九三年）

浄土系の「迎える回廊」の特徴を表現した作品には、長野市立博物館[15]、谷村美術館がある。谷村美術館（図16・図17）は、彫刻家澤田政廣の木彫仏像が展示されている。たとえば、中央の展示室群を阿弥陀堂に見立てたなら、配置が浄土寺院の空間構成とよく似ている。回廊の片面は透廊でないものの、透廊側に囲まれた中庭に砂利を敷き詰めることで、

15 長野市立博物館（長野市、宮本忠長建築設計事務所、一九八一年）、谷村美術館（糸魚川市、村野・森建築事務所、一九八三年）

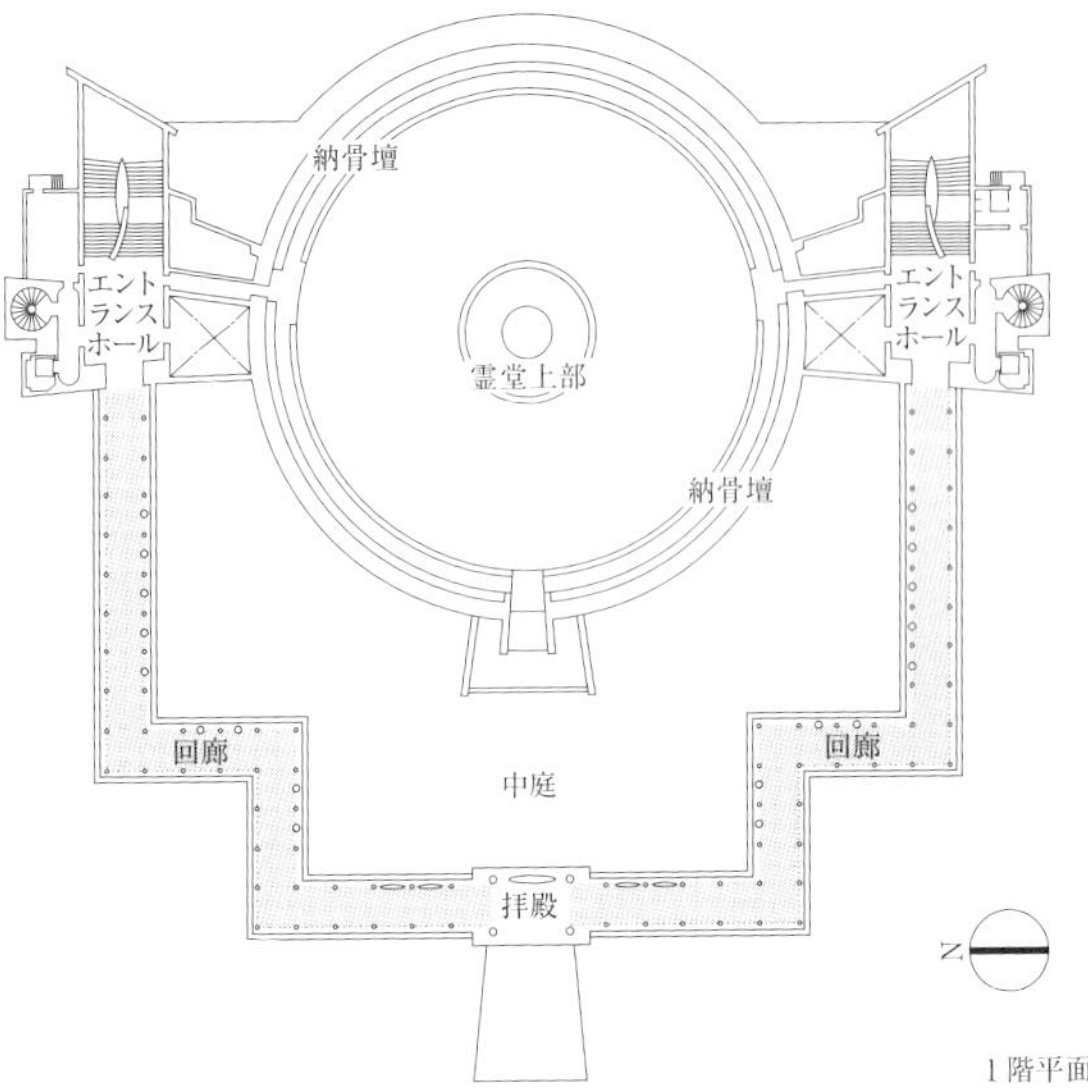

図14　多磨霊園納骨堂の平面図

図15　多磨霊園の納骨堂と回廊

枯山水風の池を表現している。ここでは展示室の造形や全体構成を仏像＝寺院構成という明快な答えで、村野藤吾が表現している。訴求する造形力をもつ村野ゆえのセンスである。

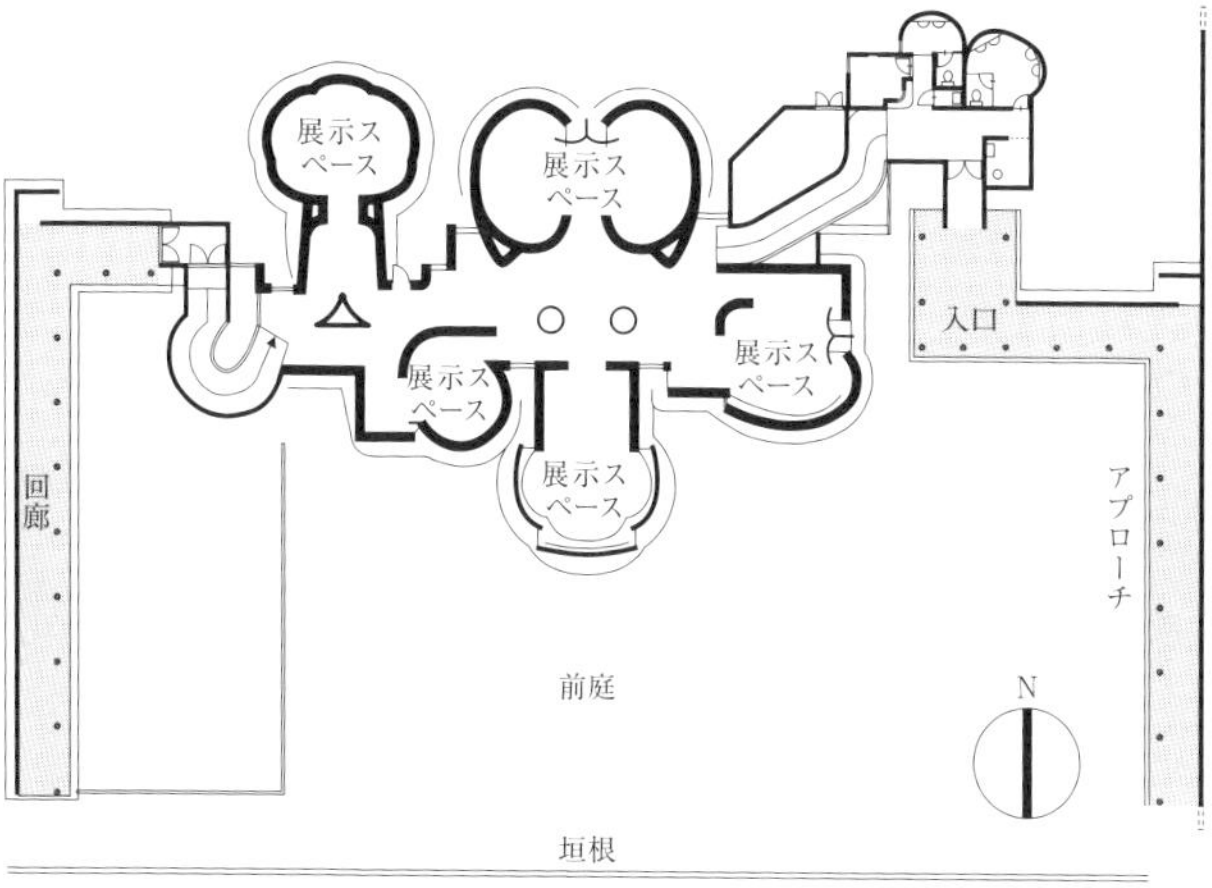

図16　谷村美術館の平面図

図17　谷村美術館の回廊

コの字形平面をもつ保存問題で揺れた豊郷小学校[16]や国会議事堂などの建築は、たて型の連続窓でファサードが構成されている。この場合は、回廊なくして回廊をイメージさせるからまことに不思議である。

禅系寺院の「巡る回廊」の特徴を表現した作品には、所沢市民文化センターミューズ[17]、タイ王国タマサート大学日本がある。所沢は大中小ホール、展示棟、管理棟、レストランの建築群を空中回廊でつないでいる。回廊の下部は、妙心寺の渡り廊のようにくぐり抜けることができる。タイ王国では各施設が回廊によってつながり、大学の講堂の位置は禅系寺院の仏殿に位置に相当する。ただし、ここでみる回廊は「繋ぎ巡る」という仏教的な精神性が内在せず、個（各施設や居室）を単につなぐ構成でむしろ修道院の回廊に限りなく近い。西欧のつなぐ技法が随所にみられる。

そして最後は、寺院回廊と厳島神社の空間技法をあわせもつ乗泉寺[18]をあげたい。乗泉寺の配置構成は、回廊に囲まれた中庭に霊堂（仏像の安置）をおき、福祉会館・講堂・事務所を回廊に接続させている。その回廊は透廊で隅掛け型である。人はまず景色をみつつ、曲がり曲りさきへと進む。その屈折箇所では自然と霊堂に視線が向けられる。

神社回廊と相通ずる

神社における回廊には二つの施設をつなぎ、かつ両領域の性格を区分する一の字形がある。吉備津の回廊がそれに近いといえる。現代建築においてこの種の回廊はたいしてめず

16 豊郷小学校（滋賀県豊郷町、ウイリアムメリル・ヴォーリズ設計、一九三七年）

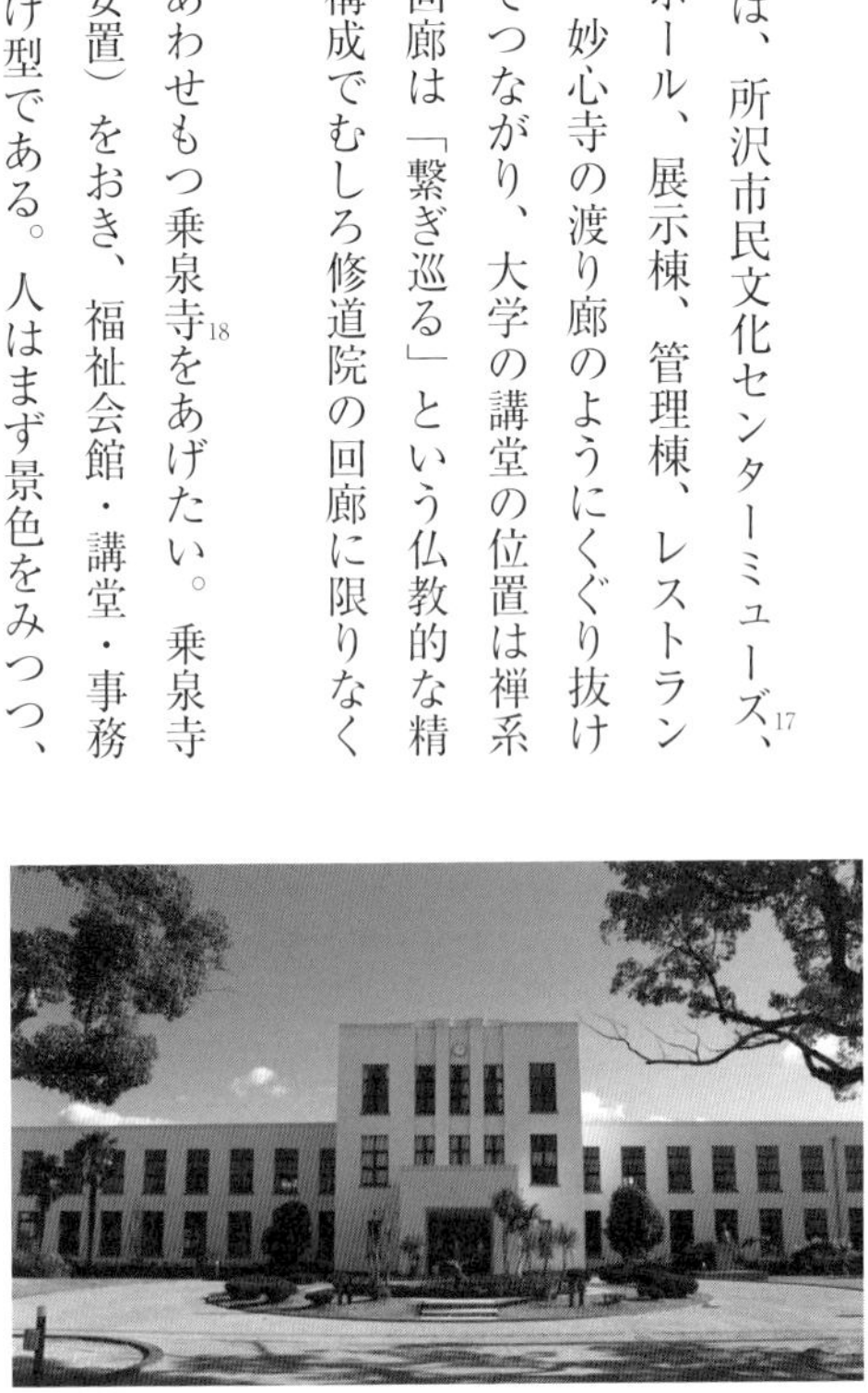

17 所沢市民文化センターミューズ（所沢市、石本建築事務所、一九九三年）タイ王国タマサート大学日本（タイ、黒川紀章・都市設計事務所、一九八五年）

18 乗泉寺（東京、谷口吉郎設計、一九六四年）

らしくはない。そのなかには神社の空間構成の特徴をもった作品もある。

形式としては、①アプローチとして、②対極的な施設をつなぐ、③主従の施設をつなぐ、などの回廊がある。

①は、一般にエントランス→回廊→施設（展示室など）という経路である。たとえば、田部美術館[19]、六甲の教会などがある。

②は、一般に聖の領域→回廊→俗の領域という経路である。ほかにこれと類するものには、非日常的空間と日常的空間、静的空間と動的空間、休息空間と執務空間などをつなぐものがある。たとえば、石彩の教会[20]の「聖堂への回廊」、風の丘葬祭場の「斎場への回廊」、世田谷美術館の「レストランへの回廊」などがある。

③は、本館→回廊→別館という経路である。ほかにこれと類するものは、常設と企画、一般と記念館などをつなぐものがある。たとえば、土門拳記念館[21]の「記念室への回廊」、北九州市立美術館アネックスの「別館への回廊」などである。

これらの回廊には「移行・転換・継起」といった設計手法がみいだされる。つまり人が回廊を経ることで目的空間への意識を徐々に高め、一瞬あるいは短時間で次の場所へ移行・転換をスムーズにする。そのために回廊のデザインやそこからの眺望に細心の空間演出が施されている。この手法は一の字形回廊をうまく全体に組み込むことで奥性や聖性を発揮させることができる。

土門拳記念館（図18・図19）は、もっとも重要な記念館への道を、アプローチ道路から

19 田部美術館（松江市、菊竹清訓建築設計事務所、一九八〇年）、六甲の教会（神戸市、安藤忠雄建築研究所、一九八六年）

20 石彩の教会（苫小牧市、伊丹潤建築研究所、一九九一年）、風の丘葬祭場（大分県中津市、槇総合計画事務所、一九九七年）世田谷美術館（東京、内井昭蔵建築設計事務所、一九八六年）

21 土門拳記念館（酒田市、谷口建築設計事務所、一九八三年）、北九州市立美術館アネックス（北九州市、磯崎新アトリエ、一九八七年）

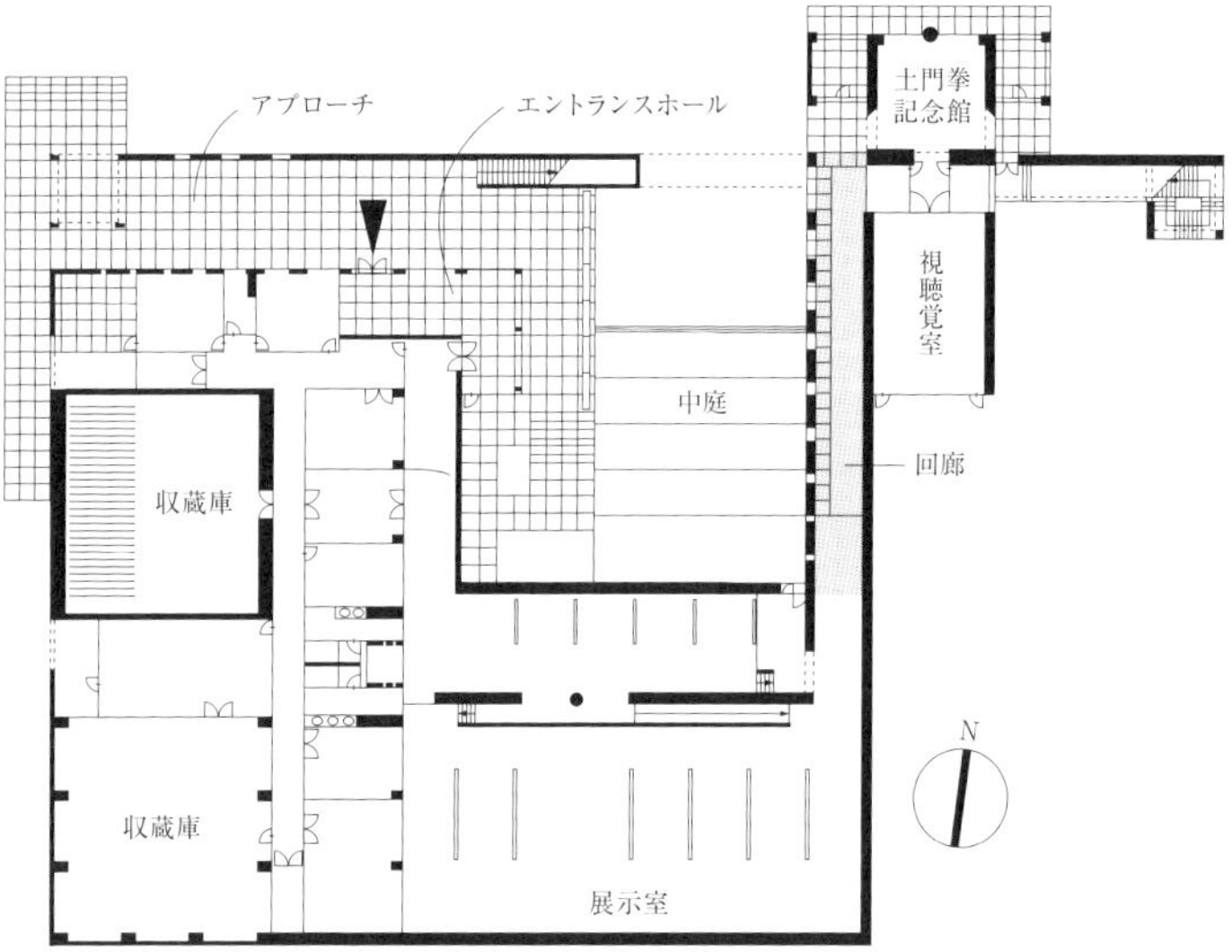

図18　土門拳記念館の平面図

図19　土門拳記念館の回廊

ゲートをくぐり、さらに進むことで池をへだてて回廊と記念館を望む。池の手前で右に折れ、エントランス、展示室を通り、先ほど見た回廊を通り記念館にいたる。ゲートを鳥居、記念室を本殿と見立てたなら、まぎれもなく見事な神社空間の再現である。

では、「仕切る一の字形」の特徴を示した作品は五〇年代以降にあるのであろうか。あるとするなら、それに該当するのは奈良県庁舎[22]、島原文化会館[23]であろう。

奈良県庁舎は建物は建設局が寺院伽藍のイメージで設計したとする証左がある。しかし、この配置には丹下健三の庁舎のコピーともとれる神社の空間構成の手法が紛れもなくある。島原文化会館（図20）は、大ホール棟と小中ホールに分かれた二つのボリュームを

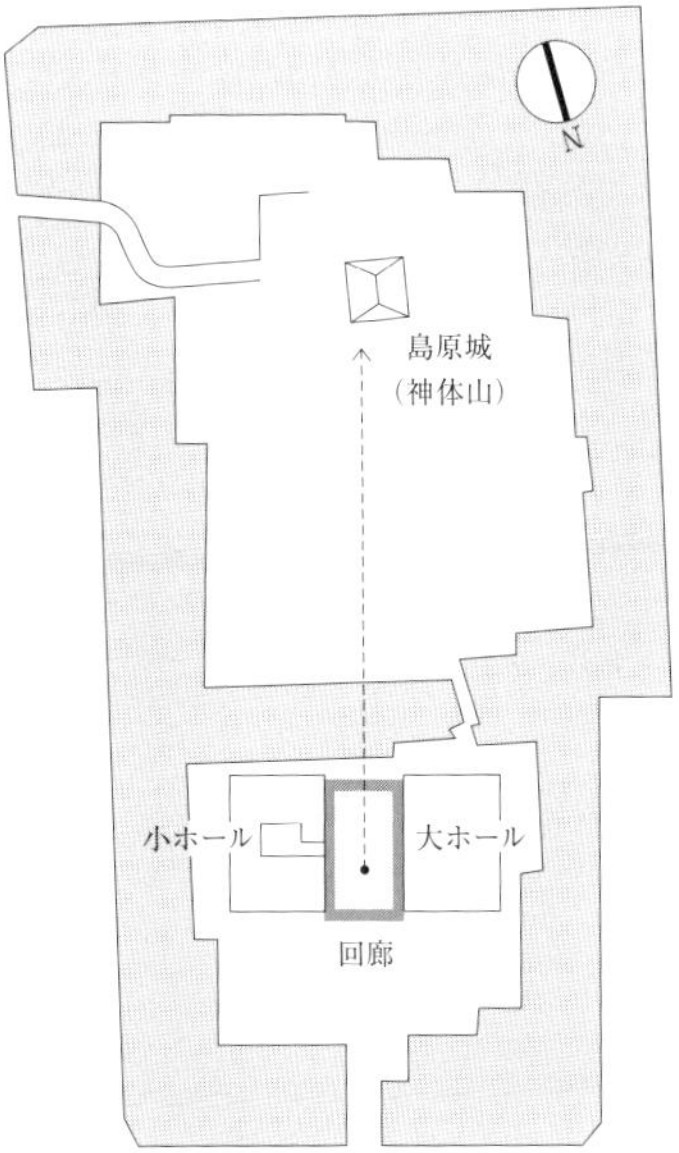

図20　島原文化会館配置図

22　奈良県庁舎（奈良市、建設省近畿地方建設局、一九七四年）　写真は中庭からピロティ部分を見る。

23　島原文化会館（島原市、武建築設計研究所、一九七四年）

二本の回廊でつないでいる（図21）。アプローチからは正面の回廊を通して背後の島原城を眺めることができる。島原城は町の象徴（聖なる山）、これを神体山と見立てるなら、島原は概念的に賀茂別雷、賀茂御祖神社の複数回廊をもつ神社の空間構成に類似する。しかしながら、そのデザインは回廊がもつ空間性を表現できてはいないといえる。

こうしてみると、五〇年代の建築界は日本型回廊を意識し真っ向から「日本の伝統建築」がどうあるべきかと向き合った。それ以降は多くの建築家が回廊という言語を、日本型・西欧型がもつ特徴にかかわらず、ただ単に建築の機能や造形にに対して言葉遊びとして無意識に使っているにすぎない。残念ながらそのようにも思えてならない。

図21　島原文化会館の正面入口

正面ロの字型回廊の中央に島原城が見え、左側に大ホール、右側に中ホール・小ホール・展示室が配されている。

【第Ⅰ部】本文注記について

●序

（1）井上靖『私の法隆寺ノート「美しきものとの出会い―5」』文芸春秋、1971.05

（2）白川静『字統』『字訓』（平凡社、1999.01）によれば「回」とは、ものの周囲を巡るという字源をもち、囲む「囲」とは同じ巡ることの意味をもつ。

（3）井上充夫『日本建築の空間』鹿島出版会（SD選書37）、1969.06

（4）『建築大辞典』彰国社、1987.08。『大辞林』、三省堂、1988.11

●一章

（1）田村圓澄『仏教伝来と古代日本』講談社、1993.03

（2）李炳鎬「古代の寺院配置日韓での違い―韓国研究者が通説を覆す指摘」朝日新聞掲載（2000.01.28）

（3）太田博太郎『日本古寺美術全集2―南都六宗寺院の建築構成』集英社、1979

（4）井上充夫『日本建築の空間』鹿島出版会（SD選書37）、1969.06

（5）鈴木嘉吉『日本の美術10―№65上代の寺院建築』至文堂、1971.10

（6）上原真人『岩波講座日本考古学8―仏教』岩波書店、1986.02

（7）竹澤秀一『法隆寺の謎を解く』ちくま新書、2006.06

（8）荒木睦彦『建築と都市のフォークロア―日本の民俗空間を読む』彰国社、1992.12

（9）田中淡『中国建築の基礎的研究』東京大学博士論文、1986

（10）中尊寺は回廊が金堂に連なるコの字形で、金堂の前庭に園池を有する寺であると推定されている（藤島亥治郎「平泉中尊寺の構想と現実」建築史学、1998）。しかし、現状の地形はかなり起伏があり、はたして復元通りの伽藍配置であったか、著者には疑問が生じる。したがって、本書では事例から除外した。

（11）太田静六『寝殿造の研究』補訂所収、吉川弘文館、1987.02

（12）清水擴『平安時代仏教建築史の研究―浄土教建築を中心に』中央公論美術出版、1992.02

（13）本中眞『日本古代の庭園と景観』吉川弘文館、1994.12

（14）井上充夫「鳳凰堂式寺院に関する一考察―仁和寺・醍醐寺を中心として―」日本建築学会論文報告集第63号、1959.10

（15）山折哲雄「山岳信仰と日本人の美意識」季刊自然と文化38、秋季号、1992.09

（16）横山秀哉『禅の建築』彰国社、1967.03

（17）関口欣也「中国江南の大禅院と南宋五山」仏教芸術144号、1982.09

（18）『日本思想大系13』岩波書店、1972.02

●二章

（1）林野全孝、桜井敏雄『神社建築』河原書店、1974.11

（2）景山春樹『神像―神々の心と形』法政大学出版局、1990.07

（3）田村圓澄『仏教伝来と古代日本』講談社学術文庫、1993.03

（4）分析上の問題として、一つ目は平面形状そのものに歴史的変化や古絵図による信憑性に曖昧な部分があること。二つ目は信仰形態による類型分類は当然のことながら神社の歴史性をまったく無視しえなく、どうしても「宗教」という性質上のあいまいさが残り絶対的な合理性を欠く。そのため、分類にはどちらに属するかという不確定性が残る。

（5）神社名は現在の公称を採った。「現存する回廊」は次の3つの文献より選出した。
全国神社名鑑刊行会編『全国神社名鑑（上）（下）』史学センター、1997。宮地直一、佐伯有義監修『神道大辞典』臨川書店，1988.08。日本建築学会編『総覧　日本の建築1、2、3、5、8、9』新建築社。

（6）対象を近世（～1867）までとした理由は、①神社建築の造形が神仏習合の歴史を措いて語れず、その現象が明治の神仏分離で一区切りとなったこと。②回廊の造形や空間構成に関する普遍的意味を解明する場合は、その背景となる社会的構造をぬきにして考えられない。したがって、明治以降の国家神道によって伝統的な神道が完全に変質してしまったこと、および急激な西洋文化や西洋建築様式の導入で変化が起ったことによる。

神社名は出典の神社名にしたがった。「古絵図にみられる回廊」は次の4つの文献より選出した。

宮地直一、佐伯有義監修『神道大辞典』臨川書店、1988.08。宮地直一監修、福山俊男他編『神社古図集』臨川書店、1991.09。福山俊男監修　難波田徹他編『神社古図集続編』臨川書店、1990.05。国立歴史民族博物館編集『古図にみる日本の建築』至文堂、1989。

（7）村上訊一『日本の美術295号、霊廟建築』至文堂、1990.12

（8）春日大社については久保田展弘『日本の宗教とは何か』新潮社、1995.10／祇園社の祭神については『神道大辞典』臨川書店、1988.08、より参考とした。

静岡浅間神社は3社から成るが、神部神社と浅間神社は本殿が2社同殿でロの字変形回廊を有する。浅間神社は、富士山本宮浅間神社より分霊し、その配置が富士山本宮の古図（富士曼荼羅図）にも類似し、霊地を富士山系の末端、賤機山としていた。このことから、静岡浅間神社は富士山本宮の傍系と考えてもよいであろう。修験道・密教系の中には、中世以降有力武家の尊崇が篤い神社も多く、静岡浅間もその一つであると考えられる。

（9）丹生都比売神社は高野山の北西に位置し、空海が高野山を開くにあたり地主神としてここに遷ったとされ、以後、高野山金剛峯寺と濃密な関係となる。境内には役行者を祀った石祀があり、いまなお修験道との関係が続いている。

（10）都久夫須麻神社は、かつて竹生島を本来の祭神とする自然崇拝であったが、早くから仏教修行の場となり、中世以降は弁才天と観音の霊場として仏教一色となる。園城寺新羅社は園城寺の守護神としてその境内に鎮座し、祭神である新羅明神はその 名の通り仏法を守る外来神である。

（11）志賀海神社・日御碕神社・和爾下神社の3社は分類し難い神社であるが、次のことから推察が可能であろう。志賀海神社の祭神は海人阿曇氏の奉斉する祖神であったが、神功皇后が征韓の際に舵取りをつとめたことから神功皇后・応神天皇が祭神にくわえられた。日御碕神社は祭神がかつて海と山を対象とした一地方神であったが、平安末より修験者の活動の場と変化した。和爾下神社は古代の交通の要衝地域に所在し、奈良時代すでに東大寺領となり、それ以後は東大寺の影響下にあった。

（12）櫻井神社の現社殿の建立は寛永9年（1632）と比較的新しいが、御神霊が鎮祭されたのはそれよりはるか古く、社地の近くにある二見浦がその聖地であるとする説もある。福岡県指定文化財櫻井神社本殿他修理工事報告書（1996年志摩町教育委員会）によると、櫻井神社は創建時より京都の吉田流神事による唯一神道で早くより神仏習合を排している。

（13）熱田神宮は、鎌倉時代鶴岡八幡宮（ロの字形）とも深い関係にあったが、それ以前より熱田信仰の一つは草薙剣に寄せられた鎮護国家信仰で、それゆえに「百皇鎮護の宗廟」とも称せられた。このことより、ここでは疑似霊廟形式と考えておく。当社の社殿配置は、かつて尾張造り（熱田神宮社頭絵図）であるが熱田神宮が尾張造りの中で唯一ロの字形回廊をもつのは、疑似霊廟系の表れとも考えている。

（14）景山春樹『神体山』学生社、1974.09

（15）『諏訪市史・上巻―第七諏訪神社の古態』諏訪市、1995

（16）富山博「尾張地方の神社境内にみられる神社建築の種類と配置形式」（日本建築学会大会学術講演梗概集、1995.8）によると、「尾張造り」は愛知県地方に161社あり、そのうち77社が回廊をもっていたとしている。

（17）尾張大國霊神社図絵に「座席の記録」がある。『尾張大國霊神社史料』尾張大國霊神社発行、1977.11所収。

（18）防府天満宮（松崎天満宮と称する）が楼拝殿形式であったころの年中行事「天満宮年中行事」による。『日本祭礼行事集成』第五巻、平凡社、1972、所収。

（19）「防長風土注進案」、天保13年成立、山口県文書館編、1961～1964刊

（20）藤沢彰「山口地方の楼拝殿とその祭儀について」日本建築学会計画系論文報告集、第384号、1988.02

（21）佐藤正彦「祭祀施設としての宇佐神宮南中楼門、九州における楼拝殿造の一考察」建築史学23号

（22）明治大学工学部建築学科神代研究室編『日本のコミュニティーその1、コミュニティーとその結合―』鹿島出版会SD別冊№7。これに関し、上田篤編『鎮守の森』（鹿島出版会1984）の中で、滋賀県下における調査の結果、山麓立地型の集落は参道軸と集落軸が直角であることを示している。

（23）三浦正幸『平清盛と宮島』南々社、2011.12

（24）三浦正幸「四面庇系平面の神社本殿の研究」日本建築学会、1986.09

（25）山本榮吾「厳島神社海上社殿論」精華学園研究紀要第3輯、1965.10

（26）干川知美・峰岸隆・藤生慎一「厳島神社における平面形の分析」平成13年度日本建築学会近畿支部研究報告集

（27）薬師寺慎一『「吉備の中山」と古代吉備』吉備人出版、2001.05

（28）門脇禎二『吉備の古代史』日本放送出版協会、1996.02

（29）大沢良介・峰岸隆・藤生慎一「吉備津神社における回廊の造形―回廊の研究〈その9〉―」平成14年度日本建築学会近畿支部研究報告集

（30）司馬遼太郎『夏草の賦』文春文庫、2005.09

●三章

（1）中村元『仏教大辞典―上巻』東京書籍、1991／『日本宗教事典』、弘文堂、1985.に記載

（2）森蘊『南都佛教第20号―結界の立地的考察』南都佛教研究会

（3）伊藤ていじ『日本デザイン論』鹿島出版会（SD選書5）、1991.05

（4）久木綾子『見残しの塔―周防国五重塔縁起』新宿書房、2009.08

（5）中国には古来より星にたいする信仰があった。不動の北極星は天球を支配すると考え、近くに位置する北斗七星とともに特別な存在として崇拝されたという。紀元前からあった中国古来の思想・道教はこの星宿信仰と結びつき、仏教を取り込み、日本にも早くから伝えられたという。

（6）佐々木高明『日本文化の多重構造』小学館、1997.02

（7）朝日新聞公開座談会「飛鳥の未来像を語る―よみがえれ万葉の息吹」、2002.06.16

（8）外村直彦『添う文化と突く文化』淡交社、1994.03

●四章

（1）雑誌「国際建築」1951年9月号

（2）堀口捨巳『庭と空間構成の伝統』鹿島研究所出版会、1977.10

（3）雑誌「現代建築―巴里万国博日本館について」1939年6月号、日本工作文化連盟刊行

（4）峰岸隆・田代昌史「回廊における基礎的資料の分析―現代建築における回廊の研究〈その1〉平成15年度日本建築学会近畿支部研究報告集

（5）高井優一（指導：峰岸隆）「回廊を有する宗教建築と現代建築の分析―設計手法の類似性とその意味について」大阪工業大学建築学科・修士論文、2009.01

第Ⅱ部
修道院・モスクの回廊

序——西洋・中東の回廊空間とその源流

回廊の旅に誘《いざな》う

アーケードの回廊がつづく街並みに、輪で遊ぶ少女、空っぽの荷車、そして謎めいた長い影、これはデ・キリコ[1]の「通りの神秘と憂鬱」と題する絵である。この絵は一見閑静な街の風景をみせつつも謎や不安・恐怖を与え、その反面ある種の郷愁をも感じさせる。キリコの絵の背景には古典的な回廊のある街並みが多く描かれている。そして、この絵からはイタリアの建築家アルド・ロッシ[2]の存在をも知る。西洋の都市は「回廊都市」といってもいいほど見事な回廊で埋めつくされ、旅人に魅力ある光景と奥深い印象を与えている。訪れずとも、映画を通して中世の修道院の回廊には惹きつけられる。たとえば、映画『薔

1 デ・キリコ（一八八八～一九七八） イタリアの画家・彫刻家。形而上絵画を手がけ、後のシュルレアリスムに大きな影響を与えた。

2 アルド・ロッシ 初期の仕事には、一九世紀末の建築家アドルフ・ロース（古典主義・機能主義といわれる）二十世紀前半の画家キリコの影響がみられる。一九八〇年代を中心に建築理論・ドローイング・設計の三分野で国際的な評価をえ、建築界に強い影響を及ぼした。

薇の名前』では修道士役のショーンコネリーが光と暗がりの交叉する回廊に突如出現する。その石造りの回廊は、みる者にいやがうえにも空間の透明性・重厚性を印象づけた。それはあたかも光と闇の空間であり、その映像からは建築の一切の装飾性を排した、「聖ベルナルドの思想」が表現されていた。

イタリアを旅すれば、フィレンツェのヴァザーリの回廊、[3] サン・ピエトロ大聖堂のコロネード（列柱廊）に出会い、スペインを旅すればじつにすばらしい中庭に出会うことができる。その中庭にはかならず美しい列柱廊があり、いわゆる回廊が取り囲んでいる。周知のごとくアルハンブラ宮殿も丘陵につくられた都城の一部であるが、代表的な一つであろう。

西洋における「回廊」は、これまで時代を超えて「都市や建築」に繰り返し登場してきた。たとえば宮殿や集会所、そして道路や街を飾るアーケードしかりである。しかし回廊が民族の伝統性を重んじつつその真価をいまも伝えているのが宗教建築である。そこには何といっても西洋の歴史的空間がルネサンスを経ても封印されている。宗教建築への誘いといえば、サンティアゴ巡礼とメッカの巡礼がまず頭に浮かぶであろう。この二つの巡礼は本書がのちにふれるとしている内容と深くかかわるのである。

第二部は、西洋と中東の宗教建築として「修道院」と「モスク」の回廊について取りあげている。この回廊はそれぞれが地中海で誕生しており、一方、「寺院」・「神社」の回廊は

3　ヴァザーリの回廊　この回廊は一五六五年に画家・建築家でもあったジョルジュ・ヴァザーリによってつくられた。メディチ家の一族が市内を安全に通行できるようにと自宅と執政所を結んでいる。現在、この回廊には実に多くの美術作品が展示・収蔵されている。

アジアの東の果てで華開いた。真意のほどははかりかねるが、和辻哲郎は飛鳥へのギリシャ文化伝来説で「法隆寺の柱列（エンタシス）はギリシャから伝来した」[1]と述べている。もちろん、この説はかつてロマンの色合いを深めて流布したが、いまなお我々を魅了しつづけている。日本にとどまらず回廊を旅することで、ここでは地中海からイスラーム圏、そしてアジア圏を経て、東西に貫くかつての「文化回廊」に光をあてることができるであろうと考えている。

まず本論に入る前に修道院とモスクの回廊の語源や起源について述べておきたい。

修道院の回廊とは修道院内の中庭を囲む屋根付き列柱歩廊をさし、これを英語でクロイスター［cloister］、フランス語でクロワートル［cloitre］という。これらの語はラテン語のclaustrumを語源とし、初期キリスト教時代では、門や戸を閉める「かんぬき」、鍵が第一義であった。それが転じて、守られた場所や都市を囲む城壁、囚われの身や牢獄の意味となる。ちなみに、修道院の独居室と監獄の独居も同じ「セル」という言葉で表現されている。

今日の西欧型の共住修道院制を確立した聖ベネディクトゥス（四八〇年頃〜五五三年以前）の「戒律」では、claustraという語は修道院区域・境界領域の内側を意味し、古代の囲われた場所という意味をも保持しつつ、修道院全体を指す語に転じている。[2]要は「クロイスター」という語が単なる形態だけでなく、閉ざされた内側の修養空間をも意味する。

この点が日本の回廊と大きなちがいといえるであろう。

　イスラーム[4]の世界はキリスト教につぐ信者数をもちながらも、なぜか遠い世界のことのように思えてしまう。しかし、いつしか子供のころからイスラームの世界とはつながっていた。我々が記憶に残っているあのアリ・ババの出現するファンタジー物語「アラビアンナイト[5]（千夜一夜物語）」を。とはいえ、モスクは修道院以上に考えにくく、はるかなる異境の建築であったこともまちがいない。近現代史以前においてはイスラームの人々は異邦人とも称され、その回廊となればなおのことである。

　モスクとはイスラームの礼拝堂で、英語のmosqueがそのままカタカナになったものである。アラビア語ではマスジト（masjid）といい「平伏す場所」の意味である。

　モスクの構成は、主に礼拝室と中庭と周廊そしてミナレットからなる。[6]ここでの回廊とは、モスクの中心である中庭を囲む周廊をさしている。アラビア語ではこの回廊をリワーク［Riwaqu］という。一般的には周廊あるいは単に列柱廊というが、なぜかこれをポルテイコ（柱廊玄関）ともよばれている。なお、モスクの回廊が理解しにくい理由の一つには、回廊の列柱と多くの柱からなる礼拝室（多柱室）とが区別しにくいという点にある。

4　イスラーム　イスラームという言葉は既に宗教の名であり、イスラム教と呼ぶのは本来相応しくなく、ここでは宗教としてのイスラムを「イスラーム」と記す。

5　アラビアンナイト　ペルシアのシャハリヤール王の新しい妃（きさき）が1001夜をかけて王に物語を話して聞かせる形式。中でもアリババ、アラジン、シンドバッドなどが日本でよく知られている。

6　モスクの構造　図中のミナレットとは、モスクに付属する塔で、この上からムアッジン（祈祷時報係）がアザーン（礼拝の呼びかけ）を行う。

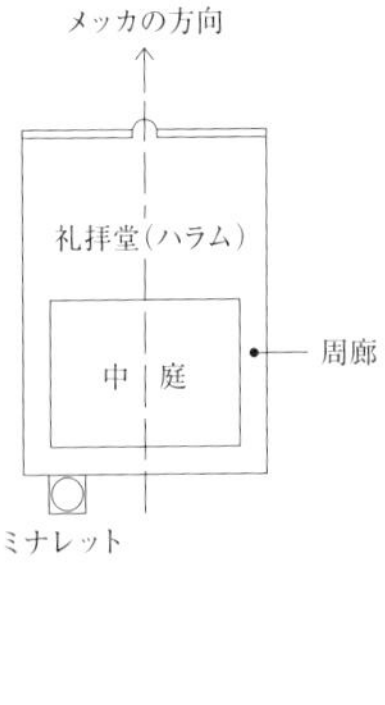

宗教と回廊の起源

修道院の回廊はバシリカ教会堂から

インド仏教が興ってから約四〇〇年後、イエスはシナイ半島のつけ根にあるエルサレムでユダヤ教への批判と独自の布教がもとで逮捕され、はりつけに処せられている。そのの ち紀元三〇年頃、キリスト教はイエスの受け継いだ使徒たちによって成立し、十二使徒やパウロ（イエスの死後の信者）の活動によってローマにもたらされた。

西洋キリスト教の修道院はキリスト教の禁欲思想[7]を出発点とし、イエスの生き方や使徒たちの生き方をまねることが信者の理想であった。しかし、この生き方はその後ローマ皇帝によるキリスト教迫害（後六四年、ネロ帝の迫害がもっとも有名）により自ら命をすてた多くの「殉教者」の存在がある。しかし、三一三年に発せられた「ミラノ勅令」[8]によって、キリスト教の迫害は終わりを迎え殉教者も消え、そこに新たに苦行者・隠遁《いんとん》者・修道士とよばれる信者が出現した。

最初の修道士とよばれたのは苦行者の聖アントニオスである。それはまだ個人を取り囲む程度の集まりでしかなかった。三二〇年頃、修道士パコミオスがエジプト・テーベの北に、はじめてキリスト教制度をもった修道院を設立している。この形態は修道士や修道女

7　禁欲思想　神と人間との合一化を目指す神秘主義を体現し実践する手段で、それは清貧、貞潔、沈黙、一所定住などの徳目として修道士の精神を鍛錬する重要な行為である。

8「ミラノ勅令」　ローマ皇帝、コンスタンティヌスはこの勅令によってはじめてキリスト教を公認した。しかし、政治的な意図があったと言われている。

がそれぞれの住居に住み、居住地の中心に共同の大食堂と礼拝堂を設置するものであった。こうして四世紀初頭には、一つの修道院の機能が全体に分散された修道院集落の形態が成立した。修道院の発祥は「エジプトの砂漠」といわれる由縁がここにある。修道院の原型は、おそらく「砂漠のなかでの迫害や砂塵からの防御壁」、それがのちに回廊となり修道士の生活を守る修道院のイメージをつくりあげたもの、と考えられるのである。

四世紀（三九二年）キリスト教がローマ帝国の国教となったのちに、三九五年にローマ帝国は東西に分裂し、当然のごとく教会もそれぞれ異なり、修道院も二つの方向に分かれた。その一つはローマを中心とした西方教会による西ヨーロッパの修道院（ローマカトリック教会）、もう一つがシリアを中心とした東方教会による東ヨーロッパの修道院（ギリシャ正教・東方正教会）である。

西方教会は四七六年にローマ帝国が滅亡すると、ゲルマン民族のフランク王国と結びついた。六世紀初頭には、聖ベネディクトウス[9]によって西ヨーロッパ初期の修道院が開かれた。聖ベネディクトウスは、七三章からなる『聖ベネディクトウスの戒律』を著し、それが西方教会のすべての戒律の模範となっている。この修道院は共同で運営され修道士の生活が一つの修道院で完結する、つまり共住形態の修道院制をとっている。この修道院制は七世紀～八世紀頃、西ヨーロッパ全域に伝播し、その結果、修道院建築はベネディクト修道会によって教会堂（聖堂）と回廊がセットとして制度化された。これをふまえると、西ヨーロッパの回廊はおそらく修道院集落の形態から共住修道院制に移行する段階に成立し

9 聖ベネディクトウス　中世のカトリックはラテン語を公用語としていたため、以後の人名はラテン語よみで記す。ベネディクトはイタリア人であるが、ラテン語ではベネディクトウスとなる。

たと考える。なぜなら、個々の住居ではすでに回廊が以前から存在していたものの、修道院はこの時点で「回廊という建築言語」によって共住修道院制に再構成されたといえる。

この回廊の直接的起源は一体どこから発生したのだろうか。この点についてはいまのところ二つの説がある。

その一つが古代ローマの住居[10]である。古代ローマの住居（特に共和制の末期）は、まず天窓を開けたアトリウムという玄関ホールがあり、そのさきに客を迎え入れる中庭（ペリステリウム）がある。その中庭は周囲を列柱廊で囲まれ諸室が配されている。この中庭を囲む列柱廊が起源とされている。

もう一つがバシリカ教会堂である。キリスト教を国教として認めたローマ皇帝コンスタンティヌスによって、このバシリカ式教会堂は各地に建設された。この教会堂はバシリカ[11]という集会施設を教会堂の形式としたものである。当時は新しい目的に応じた教会をつくるために、バシリカという古代ローマの建築構造の技術と造形を借りざるをえなかったのであろう。バシリカの前面は四周を列柱廊で囲まれたアトリウムとよばれる前庭が設けられている。このアトリウムを取り囲む列柱廊が起源とされている。

修道院の回廊がキリスト教建築の系譜上にあるという見方をするなら、回廊の発生は後者の説によるものといえる。

10 古代ローマの住宅

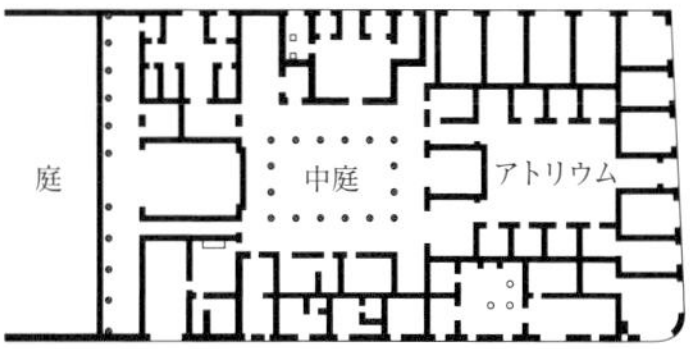

11 トライアヌスのバシリカ（ローマ、九八～一一二）

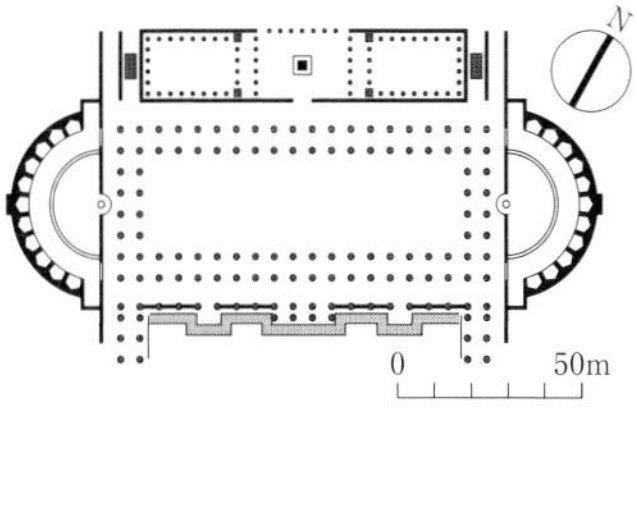

モスクの回廊はユダヤ教から

イスラームはキリスト教成立から約六〇〇年後に、アラブの預言者[12]ムハンマド（五七〇年頃〜六三二年）が大天使ガブリエル[13]から啓示を受け、唯一神アッラーの教えを伝え成立した宗教である。この成立時期をみると、地中海は東西に分裂した東ローマ帝国が圧倒的な権力を示し、東洋の中国は隋が中国統一を成しとげ唐へと覇権が移ろうとしており、日本は仏教が伝来し法隆寺が創建された時代で、東西において宗教が波及した時機でもある。

ムハンマドは四〇歳のとき、メッカの人々に向かって唯一神アッラーの教えを説きはじめている。しかし、このころのメッカは多くの神々を祀ったカーバ神殿がアラブの人々の信仰を集めており、新たな信仰は受け入れられず迫害を受ける。メッカでの活動を断念したムハンマドは六二二年メッカより四〇〇キロほど北にある小村のヤスリブに移住する。このヤスリブが後のイスラームの三大聖都[14]の一つマディーナ（メディナ）である。ムハンマドは自らの住居でもある最初の礼拝施設「預言者のモスク」をそこに建設した。この最初のモスクは現存していないが多くの記録と伝承により知ることが可能である。

このモスクの形態は、一辺が五〇Mほどの敷地に、日干しレンガの壁で囲み、その北辺と南辺にヤシの幹を柱に、草葺きの屋根のかかった柱廊を設けて、東辺にいくつかの居室があるだけのきわめて質素な中庭式の建物であった（図1）。このように非常に質素な建築

12 預言者とは　預言者は聞いたことを話し、一方のイエスは聞くのでなく自らが話をする。

13 大天使ガブリエル　聖書でガブリエルは「神の言葉を伝える天使」の役目である。天使の姿はイスラームにも受け継がれた。アラビア語で、ガブリエルはジブリールと呼ばれる。

14 三大聖都　イスラームの三大聖地はメッカとメディナとエルサレムである。メッカとメディナはムスリム以外たち入ることができない。エルサレムは旧市街の岩のドームとアクサー・モスクが中心で一般の人も入ることができる。

でもイスラームが布教するのに必要とされる建築的要素をもっていた。モスクはそれ以後「預言者のモスク」を原型として各地に伝播していった。ただ、この形態は建設当初からではなく、イスラームが確立していくなかでいくどとなく改装され最終的にこの形にいたっている。

その変遷過程は大きく三段階に分けられる。図2が示すように、そこには三つの建物の影響がみてとれる。

第一段階は、六二二年頃にメディナに移ってきたムハンマドが、自らの手で住居とイスラーム教徒の共同の集会場（ムスリム・コミュニティーセンター）を建設している。この施設の中心は、信徒が集まって説教を聴くことのできる集会場「区画された中庭」の創出であった。そこにはイスラームの聖地である「カーバ神殿」と数少ないイスラーム以前の建築「フッカ

図1 「預言者のモスク」（J.L.leacroftによる）

の神殿」の影響が考えられる。

　カーバ神殿はムハマンドがイスラームの教えを説く以前からメッカに聖域として存在していた。いまのカーバ神殿を囲う聖モスク（マスジトハラーム）は、度重なる増改築の末に巨大な建築となった。建設当初の形は定かでないが、いまの形態から推測できることは、カーバ神殿はなんらかの方法で「区画され囲まれていた」に相違ない。つまり「区画された中庭」の原型はかつてこ

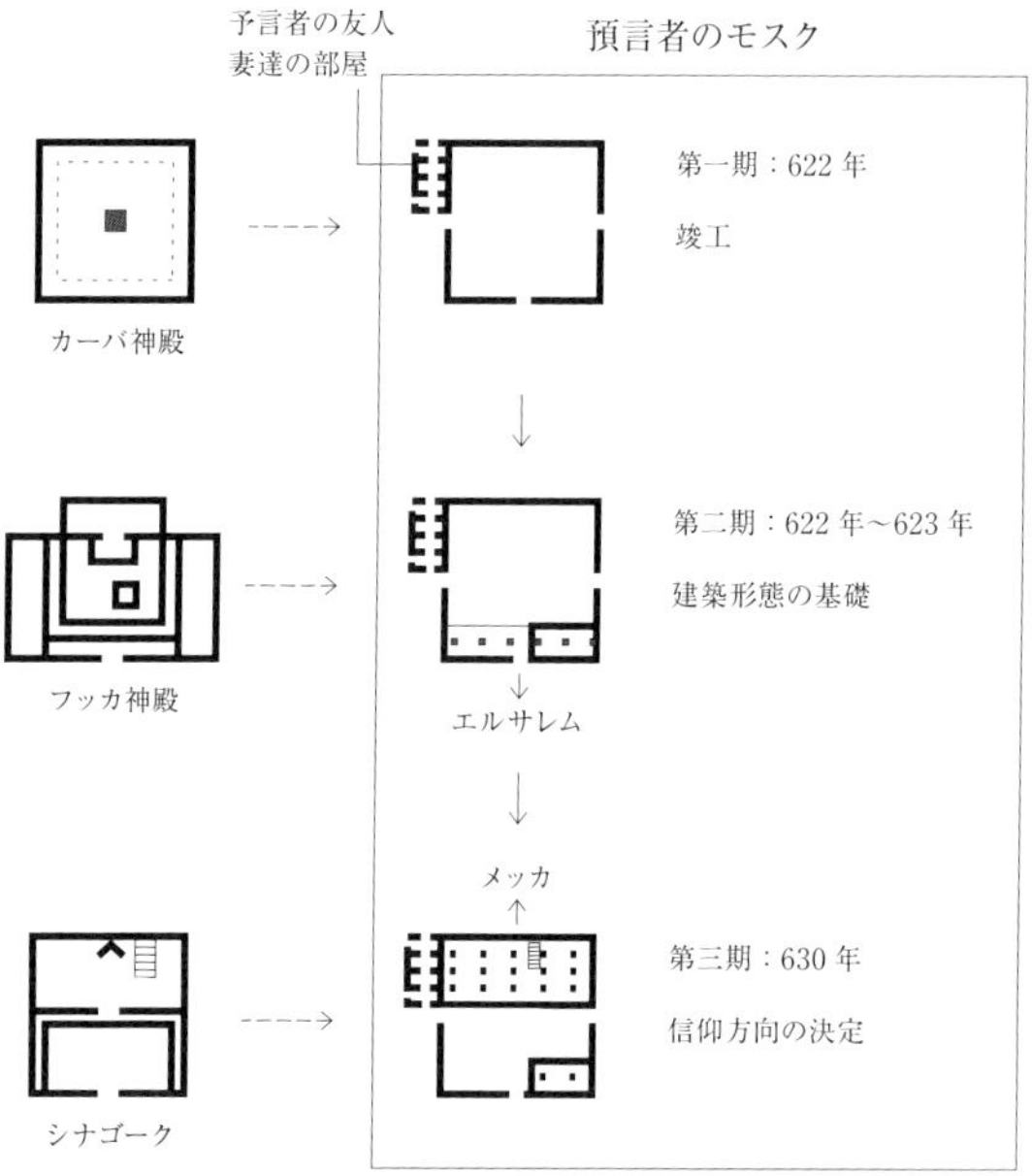

図2 「預言者のモスク」の変遷過程と三つの建物

こに存在していたと考えられる。

フッカの神殿は起源前二世紀頃に南アラビアで発見された神殿であり、先イスラームの数少ない聖跡の一つである。復元されたフッカの神殿は、列柱廊で囲まれた中庭で構成され、後に各地に伝播されたモスクの中庭と回廊を彷彿させる空間構成である。

第二段階は、列柱の屋根付き空間が北側に設けられる。これは後の礼拝室にあたるズウッラ（zulla）と呼ばれるもので、ヤシの庇が多くの柱で支えられた空間である。当初の二年ほどであるが礼拝の方向は北側のエルサレムの方角にあった。その空間構成にはシナゴーク（ユダヤ教の集会・礼拝施設）の建築様式の影響があった。

たとえば、シナゴークの建築ドウラ・エウロポス（三世紀頃、メソポタミア地方、パルミュラの東方）は柱廊で囲まれた中庭、幅広矩計（奥行きよりも幅の広い）の広間、教団の指導者の席に導く階段、聖都エルサレムの方向に向けられたニッチなど、将来のモスク建築の原型をもっていた(3)。

第三段階は六三〇年頃、第二段階で建設されたズウッラと対面する位置に二つ目の礼拝室が建設された。それはメッカの方向を示すミフラーブ[15]（聖都の方向を指すニッチ）と多柱の礼拝室そしてミンバル[16]（説教に使われる階段）の設置などであり、シナゴークの直接的影響があったものと考えられる。

このようにイスラームは礼拝の方法にまつわる建築要素を、先イスラーム建築やユダヤ教から導入したにちがいない。とするなら、モスクの回廊の源流は先イスラームやユダヤ

15　ミフラーブ　モスクのギブラ壁に設置されたアーチ形のニッチ（窪み）を指す。

16　ミンバル　左はハーキムモスクのミンバル（説教壇）である。

教建築の中庭を囲む列柱廊とみなすことができる。

　一方、イスラームが侵攻したギリシア・ローマの骨格が残る古代都市の回廊では、別の起源をもつものがみられる。古代都市のモスクは教会堂の跡に建てられることが多く、モスクの回廊はバシリカ教会堂のアトリウムを取りまく列柱廊の影響を受けた。すなわち起源を修道院の回廊と同じくするケースである。また、当初回廊がなかったものの周辺の都市化と回廊を有するモスクの影響を受け、単なる囲いがあとに回廊となったケースもある。

　ただし別の見方では、モスクの回廊はアラブ地域にみられる住居の回廊を直接的起源としているともいわれる。この地域は乾燥地帯で厳しい自然から身を守るために囲われた空間が必要であり、先史時代より中庭式住居の長い歴史をもつ。しかしながら、その当時に多く存在した一般住居は中庭を塀で囲むものの、そこに回廊はほとんどみられない。つまりアラブの住居からモスクの回廊への直接的影響は考えにくいのである。

一章 ― 修道院における回廊

本章ではヨーロッパ中世における修道院の回廊についてとりあげる。中世の領域的な定義についてはいろいろな説あるが、ここでは五世紀のゲルマン民族の移動、ついで西ローマ帝国の滅亡にはじまり、カール大帝[1]の西ヨーロッパ統合を経ての一六世紀のルネッサンスや宗教改革にいたる約

写真　セナンク修道院の回廊

1 カール大帝　ゲルマン諸国の一つフランク王国二番目の王朝で、かつてのローマ帝国を復興し、キリスト教国家を建設するための文教政策に力を入れた。のちにカロリングのルネッサンスとよばれる。

千年の期間とした。地域は現在のフランス・イタリア・ドイツそしてイベリア半島（スペイン・ポルトガルなど）を主としている。

中世の西ヨーロッパ社会は宗教的な正義に支配され、社会・文化・生活のあらゆる側面で教会が強い影響力を行使した時代である。初代の教会は十一世紀にローマカトリック教会（西方教会）と東方正教会に分裂した。東方正教会の修道院はその後も相変わらず厳しい修業と独住修道制をとり回廊がほとんど存在しなかった。序でもふれたように、一方の西方教会はゲルマン民族のフランク王国と結びつき多くの教会を建立し、回廊をもつ修道院が普及した。のちに、教皇との結びつきを主座とするカトリック教会から聖書を中心とするプロテスタント派が分離するが、ここでは、ローマカトリック教会における修道院の回廊を軸に話を展開する。

とはいえ、西ヨーロッパにおける中世の修道院が完璧に近い形で残っているものは少ない。たとえ残っていたとしてもほとんどが十二世紀以降に建てられたものであり、それ以前のものは聖堂がかろうじて残っているていどである。回廊をよみ解くには、のちに作成され残っている見取り図などから考察してゆかねばならない。

1. 各修道会の戒律と建築形態

(1) 中世の修道士・修道院・修道会

古い聖堂で静かに祈りをささげている修道士、青空のもと鍬をもち農場で働く白い服をまとった修道士、この姿は絵画や映画の世界でみたであろう。これからすすめていく回廊の主役ともいえる修道士とは一体どのような人たちであろう。

「戒律」によれば、修道士は簡単に誰でもなれるわけでないらしい。中世の修道院では容易に受け入れてもらえず、まず修道士の見習いとしての試練が課せられる。その試練を無事に終了したもののみが修道士として迎えられる。その試練は厳しく少なくとも一年は要したという。「戒律」によれば、修道士は財産をもてず、婚姻もできず、もちろん家族をもてず、ひたすら修道誓願を行い、主に祈りと禁欲と労働を本旨とする修道生活を送るとある。さらに西方教会では修道会に所属し、その規則に従うことが求められた。じつに厳しい世界であって、我々がよく知る「神父さん」とはおおいに違うようである。

しかし中世ヨーロッパにおいては、哲学者・科学者の多くが修道士から輩出されている。社会から隔離されていたはずの修道士がはからずも社会に大きな貢献をしていたのである。つぎに修道士が修道生活を送る修道院について話をすすめてみよう。

中世の教会建築においては、やはり司教座のおかれている聖堂（カテドラル・ドーム）が中核である。その他はチャペルとよばれる聖堂、礼拝堂、そして修道院が存在した。

修道院は、修道士がイエス・キリストの精神にならって祈り、労働をしながら共同生活をする施設である。修道士の礼拝・労働・睡眠・食事といったすべての生活は「戒律」によって厳格に規定され、なかでも生涯、同一の修道院に留まり修業する定住義務[2]が最も重要であった。しかし、この戒律には建造物の配置に関してなんの定めもなかった。

修道会とはカトリック教会において聖座の許可を受け、誓願によって結ばれた修道士の組織である。その組織は本院である中核組織体が国や地域の壁をこえてつくられていた。つまり、教皇に直属するいろいろな修道院からなる集合体である。

一般に修道会は男子修道会と女子修道会に大きく分かれるが、活動形態によって、観想修道会[3]・托鉢修道会など数種類が存在する。その起こりについてふれてみる。

「聖ベネディクトゥスの戒律」を基本とする「ベネディクト会」は九世紀中頃[4]に最盛期を迎える。十世紀初めに戒律を無条件に実行する黒い修道服をまとった「クリュニー会」が成立。これに対して、共同生活を重視した「戒律」の精神に立ち返ろうとする白い修道服の「シトー会」が十一世紀〜十二世紀にかけて成立した。このシトー会によって、中世のベネディクト型修道院は一つの頂点に達するのである。シトー会が活動する一方で、一つの修道院のなかで隠修生活と共同生活を統合した形態の「カルトゥジオ会」が起こった。十三世紀初頭は西ヨーロッパの変動期、この期に移動しながら説教や学問をする「托鉢修

2　定住義務　聖ベネディクトゥスが修道士に定めた重要な義務。この定住という概念は自分自身とその行動に対して確固たる責任をもつことを意味する。一方、一定の場所につなぎとめることは、内的な安らぎを得る決定的な要因であるといわれる。

3　観想修道会・托鉢修道会　観想修道会は、基本的に修道院の中だけで、瞑想・黙想といった観想そして労働を中心に生活を送る修道会。托鉢修道会は、定住生活から脱却して、清貧の理想を守りつつ信徒に直接説教を行う。

4　九世紀中頃のフランク王国　フランク王国のカロリング朝はこの時期に東フランク（現ドイツ）、西フランク（現フランス）、中フランク（現イタリア）に分かれた。

道会」が成立した。またこの時代は、教皇を頂点としたキリスト教社会が確立した時期でもあり、聖地エルサレム巡礼の誘導と護衛を目的とする騎士団（騎士修道会）[5]までもが現れた。

修道院建築は修道士の生活形式を正しく反映するもので、同一宗派は同一の建築システムである。ただそのなかで、各修道院はそのシステムを十分に考慮しながら独自の個性を生かし、修道生活の変化に応じて建造物も変化をとげてきた。中世の修道院は修道会ごとに建築主題や配置形式にちがいが生まれていた。しかし、十九世紀頃から各修道会は、戒律生活のみが反映されることもなくなり、いずれも同じ形式をとるようになった。唯一カルトゥジオ会だけは中世の原型をそのまま踏襲していた。

5 騎士修道会　キリスト教世界を防衛する騎士道理念と修道制を融合すべく設立された騎士たちの修道会。なかでもテンプル、ヨハネ、ドイツ騎士団は三大騎士団とよばれエルサレムのみならず全ヨーロッパに大きな影響を及ぼした。

(2) 宗派の戒律と回廊の形式

修道会の戒律のちがいは回廊形式のちがいでもある。ここでは、主に中世を代表する五つの修道会（宗派）の建築形態に注目してみることにする。

ベネディクト会

ベネディクト会は「ベネディクトゥスの戒律」を守る修道院の集まりで、とくに共同生活の秩序に重点がおかれている。修道院の周囲は壁で囲まれ、修道士は外部との交渉を遮断された共同生活を行う。そのために、修道院区域内は生活がすべてできる施設を整えていた。最初のラテン系修道院の完成がここにみてとれる。

ベネディクト会の古典的配置形式には、モンテ・カシーノ、フォントネルとジュミエージェ修道院がある。モンテ・カシーノ[6]（イタリア南部）は、ベネディクトウスが「戒律」を起草し、最初に建てた修道院であるが、回廊の周囲には厨房・貯蔵庫が配置されていない。また、フォントネルとジュミエージェ[7]は回廊の周囲に厨房・集会室が配置されていない。このように、これらの修道院は回廊を中

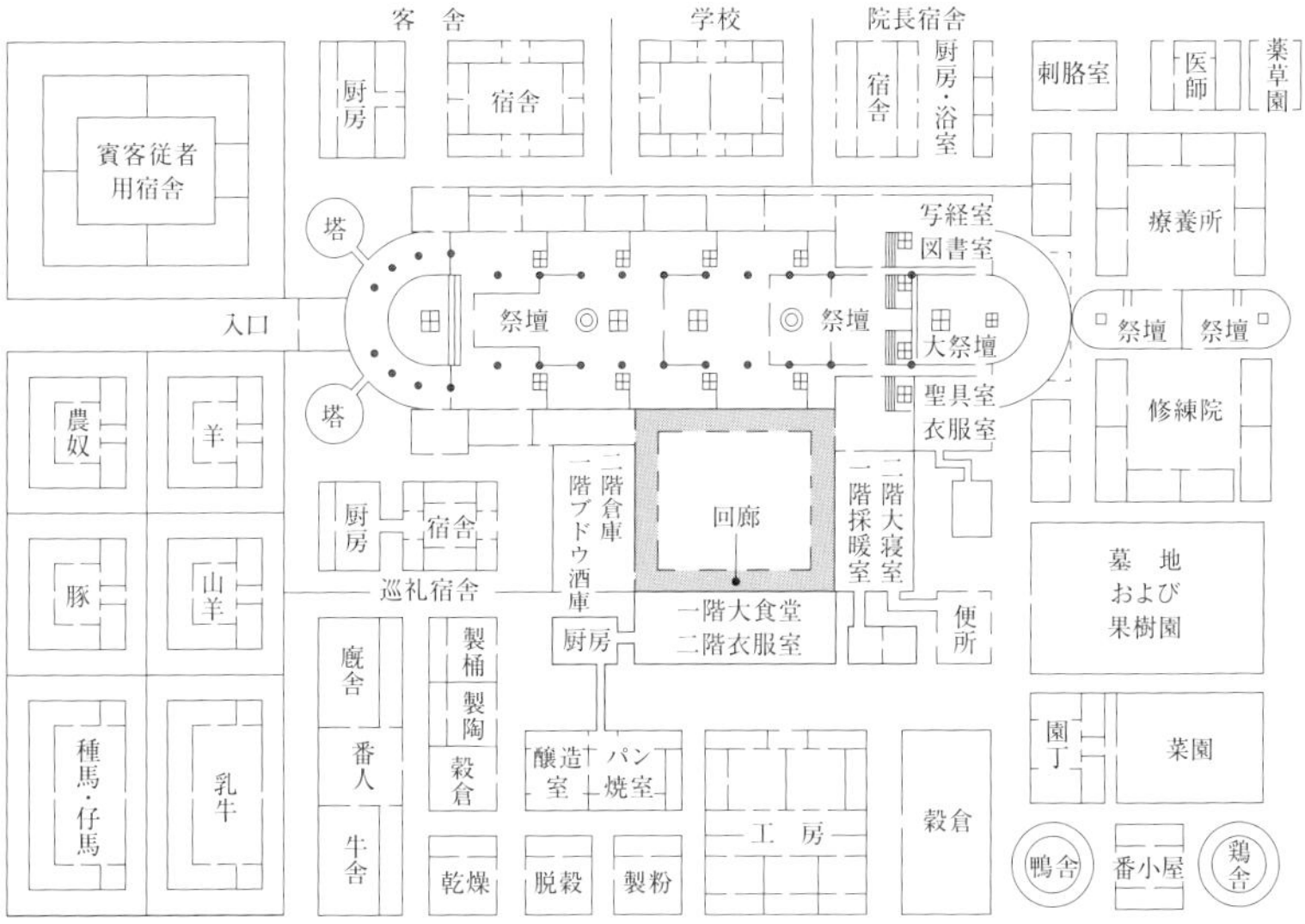

図1　ザンクト・ガレンの理想的平面図

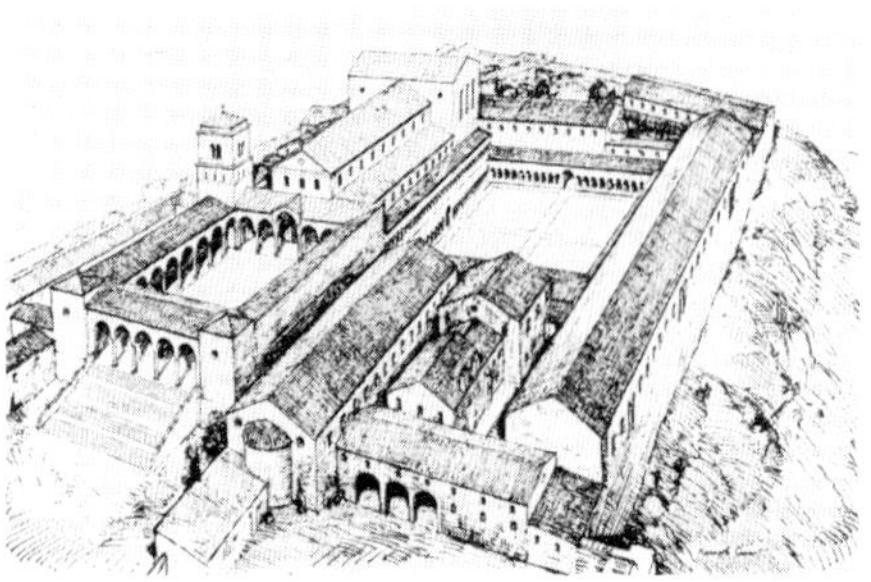

6 モンテ・カシーノ　この修道院は、六世紀末にゲルマン人の一部族であるランゴバルトの侵略で破壊。その後八世紀に小規模な修道院として再興するも、再び九世紀にイスラム教徒の襲撃を受けて破壊される。左はK・J・コナントによる再現図である。

心とした共住生活がいまだ未成熟な段階であった。しかし、ここから脱却し発展したのがザンクト・ガレン修道院（スイス）である。

中世の修道院建築および回廊の形態は、このザンクト・ガレンが出発点となり以後中世をとおして修道院配置形式の模範となった。ただし、ここに示す平面図[8]（図1）がはたして実際に存在した建築なのか、理想の修道院像を図面にしたものなのか、そのあたりは定かでないとされている。

W・ブラウンフェルスの『西ヨーロッパ修道院建築[1]』によると、ザンクト・ガレンは四つの区域に分かれていると記されている。

第一の区域は、基本建造物区域とよばれ、回廊を中心とした修道院の中枢部分で閉鎖的静寂空間である。回廊の周囲は大寝室・大食堂・貯蔵庫が配置されている。そして、戒律で定められたことは、この区域ですべての生活が実施されなければならないとされていた。

第二の区域は第一の区域と反対側に位置し、聖堂左側の世俗に開放された区域である。

第三の区域は、聖堂前面から基本建造物沿いに南側に拡がる世俗業務区域である。

第四の区域は、聖堂の背後にある修練士・病者の区域で、ここには専用の礼拝堂・回廊・沐浴室・厨房を備えた小修道院が位置していた。

このように、修道士が生活するための施設や秩序がすべてこの平面図に描かれている。やはり、この平面図はW・ブラウンフェルスがいうように理想的原型をつくるがためのも

7 フォントネルの平面図（G・ハガーによる）

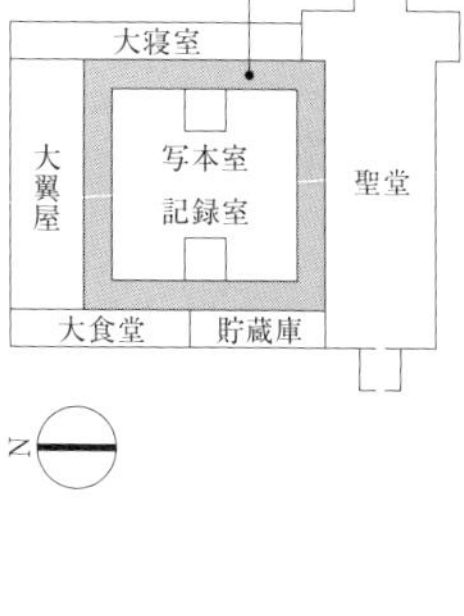

8 ザンクト・ガレンの平面図
カール大帝の側近の一人であった聖職者ハイトーの命で作成されたと言われている。その見取り図は最古の中世修道院のものに属し、現ザンクト・ガレン（スイス）に保存されている。

のだったと考えられる。世界遺産に指定されている現在のザンクト・ガレンは、建物の大部分が一八世紀の第二期黄金期に建てられたもので、九世紀の遺構は聖堂東側の地下室だけである。いずれにせよ、この平面図はベネディクト会が完全に発展をとげた姿を映しだしているのはたしかである。

クリュニー会

クリュニー会は「ベネディクトゥスの戒律」を尊重する修道院の集まりで、とくに典礼を重視していた。この特徴を示しているのがもちろんクリュニー修道院（フランス東部ブルゴーニ地方）である。この修道院は近隣の領主・司教のみならず諸侯や王からも祈祷を委託され多大な寄進を得ていた。また、この修道院は神聖ローマ帝国にもフランク王国にも属さず、なおかつ支配権力の及ばない地域に存在したことで異常なほど裕福となり巨大な影響力を与えるようになった。十二世紀にはヨーロッパ全土にほぼ千五百の修道院と分院をもつまでになったという。この修道院は九五〇年から千百五〇年にかけて第一から第三クリュニーまで改築されていた。[9]

第二クリュニー（図2）では、ベネディクト会で一階に配置されていた大寝室が集会室の上部二階に移ったことで、戒律が示すように正午の休息の際、連続する高窓の光の下で読書ができるようになった。また、修道士は一階の回廊を通らずに袖廊に通じる階段を下りて聖堂で日夜礼拝することも可能となった。つまり典礼を重視した形である。大理石で

9 クリュニー修道院　改築された修道院は当時ヨーロッパ最大の長さを誇り、十六世紀にヴァティカンのサン・ピエトロ大聖堂が建てられるまで首位の座にあった。

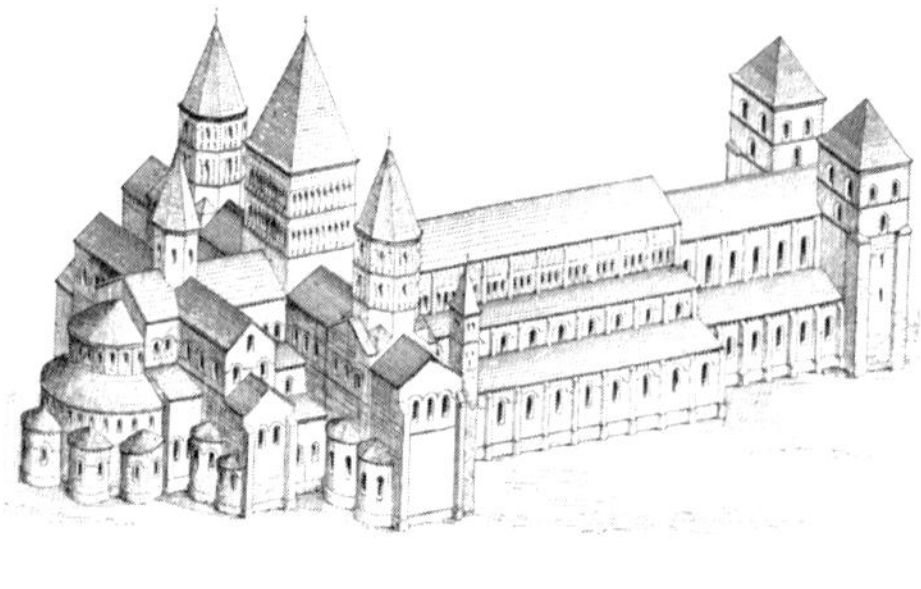

つくられた回廊は、カロリング朝のベネディクト会では考えられないほど豪華な装飾となり、修道院において第一の建築主題におどりでた。

第三クリュニーの改築は、第三聖堂[10]の内陣と身廊が完成したあとに第二聖堂の身廊を解体することで回廊が拡張された。その回廊の柱は第二クリュニー以後、大理石で装飾されるなど特別な関心の対象となる。回廊が聖堂入口などとともに図像・彫刻[11]の表現の場となったことで、修道士の魂の故郷ともいわれるようになった。その後のモワサックやラ・ドーラド修道院の回廊

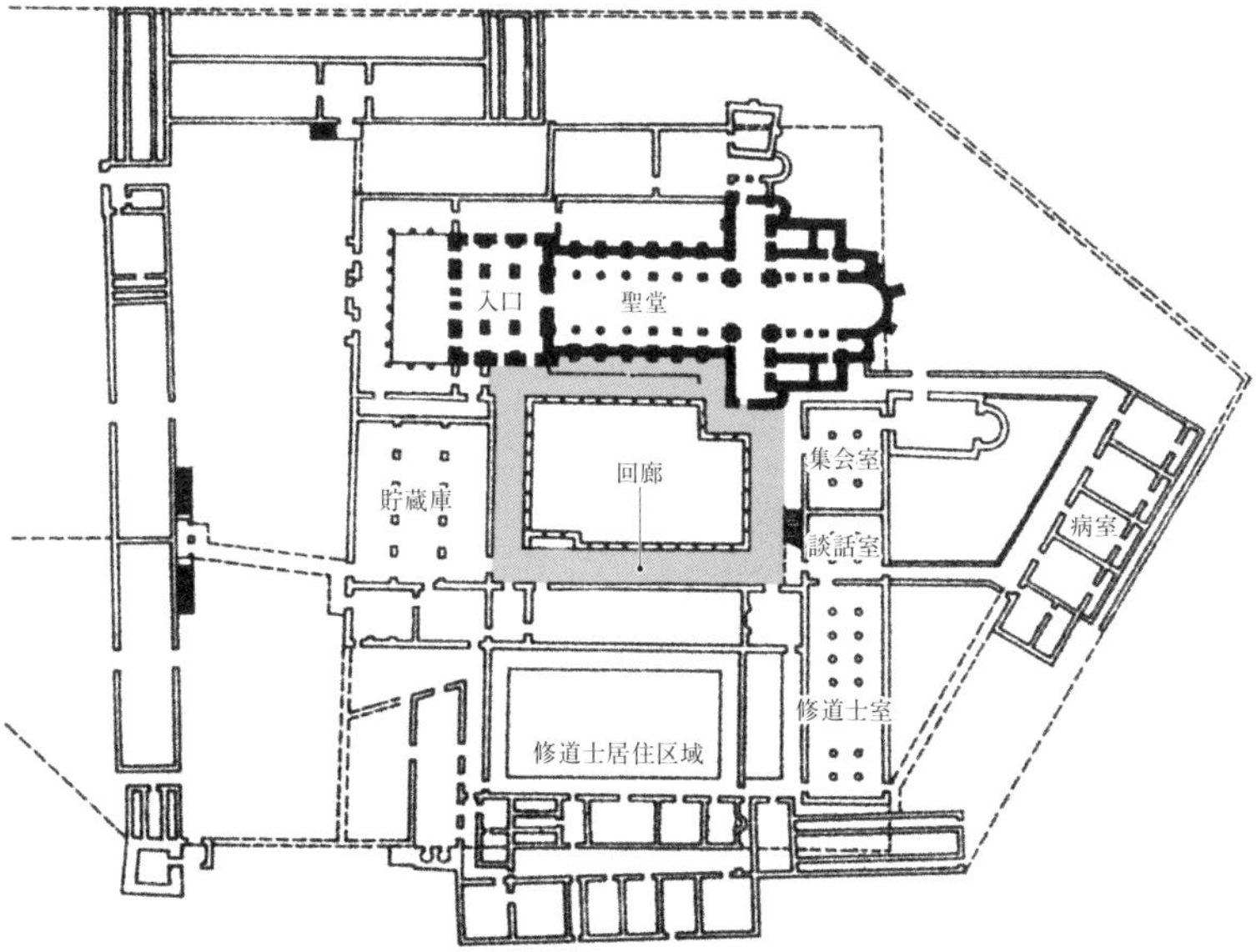

図2　第二クリュニーの平面図（K・Jコナントによる）

10 第三聖堂　この聖堂は、一七九八年に第三クリュニーが売却されたのちに破壊され、その廃墟は一八二六年に記念物として保護が適用されるまで石材などに使用されていた。このように多くの中世修道院は少なからず同じような運命をたどった。

11 図像・彫刻　第三クリュニーにおける回廊の壁柱には十二使徒が浮彫され、円柱の柱頭は新約・旧約聖書の物語や聖者の事蹟や苦悩を表現。これらはロマネスクの表現主義の傑作ともいわれる。

はこの影響をよく現している（図3）。

シトー会

クリュニーと正反対の方針を示したのがシトー会である。一〇九八年に、モレームのロベルトウスが二十一名の修道士を率いてブルゴーニュ東部、会の名称ともなるのシトーに修道院を建立したのが改革運動のはじまりである。

シトー会は、祈祷中心の生活で豊かになったクリュニーを「戒律」からの逸脱とみなし、「戒律」どおりの労働を復活させ貧しさのう

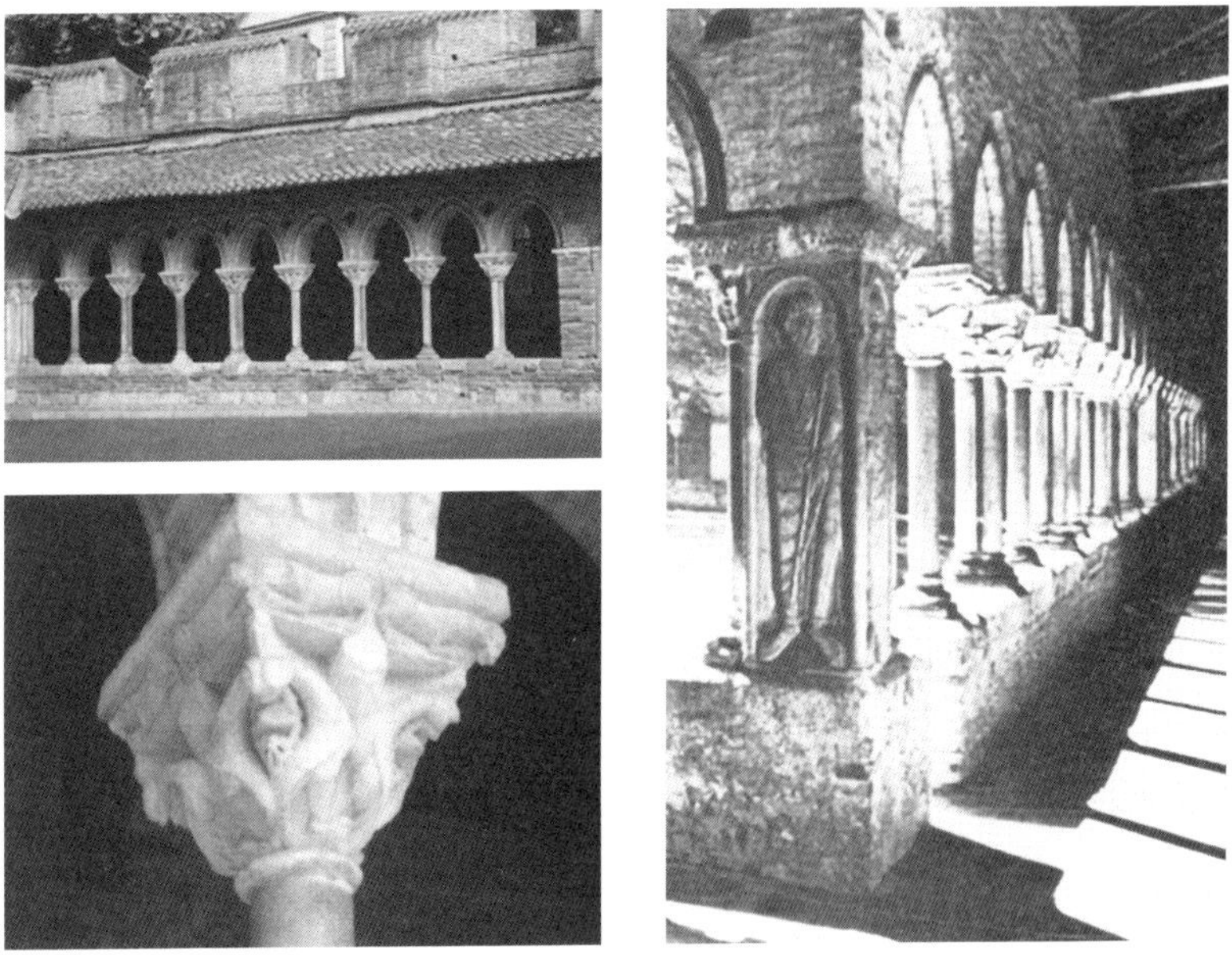

図3　モワサックの回廊　柱頭に四つの怪獣が彫刻されている

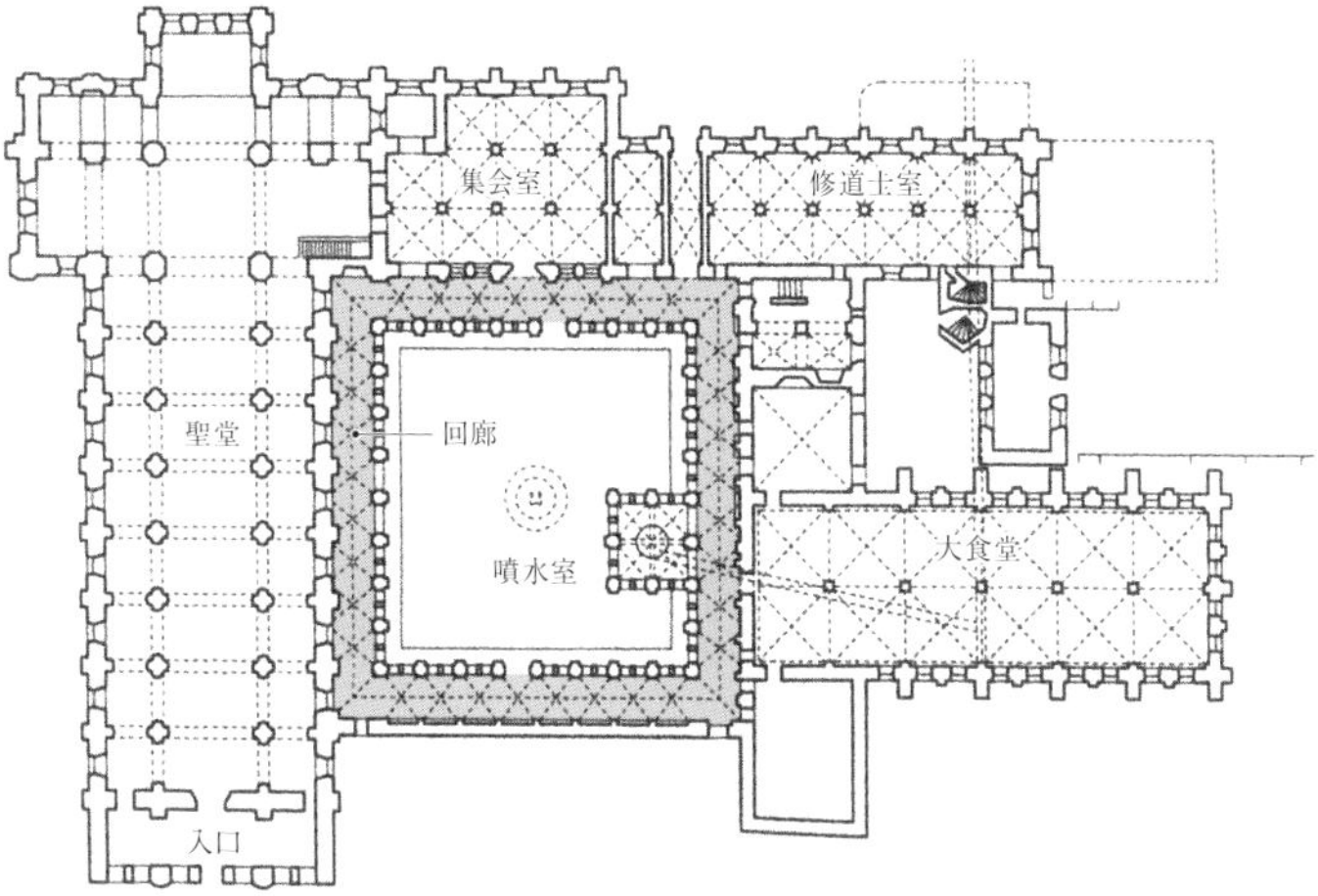

図4　フォンネーの平面図

図5　フォンネーの回廊

ちに厳しい修行を行う生活に立ち返ることをめざした改革である。この修道会は、フォンテーンのベルナルドウス[12]によって画期的な発展をとげた。彼は一一一三年に十二名の修道士とともにまずクレルヴォー修道院を設立し、つづいてフォントネーの建設を命じた。世界遺産に指定されているフォントネー（図4・図5）はブルゴーニュ地方で唯一残っている修道院である。その平面にはシトー会の清貧の精神が貫かれクレルヴォーとともに以後のシトーの原型となった。

シトー会は、修道士の日常生活すべてが同一の規則のもとで実施されなければならず、そのためには修道院も同一の形式であった。シトー会がはじめて統一的な建築形式（シトー会修道院の理想的平面、図6）を確立したといえる。これを基本にいろいろなバリエーションが各地に誕生した。

まえにもふれたW・ブラウンフェルスは、統一された理想的平面には四つの要因が認められるとし、それらは清貧思想、隠修思想、分立意志[13]であり、新しい戒律精神だといっている。この要因のすべてはベネディクトウスの戒律によるものであり、建築のすべてがベネディクト会修道院の伝統に従っていた。ただし、その建築形式は常に時代と文化の影響を受けて変化せざるをえなかった。ただ、仮にブルゴーニュ風だと評されたとしても、回廊を中心とする基本建造物区域の形式は中世からルネッサンスにいたるまで決してかわることはなかった。

また聖ベルナルドウスは、クリュニーの修道院に対して「修道士が読書する場所である

12　ベルナルドウス（一〇九一～一一五三）　中世の聖者の中で最も強い説得力をもち、彼の無限の精神力は白い修道士をかえたといわれる。ベルナルドウスが没した時には三四三の修道院が存在、中世末には七四二の男子修道院と七六一の女子修道院が存在したといわれている。

13　分立意志　分立意志とは、自らに従う修道院分院の設立を意味する。

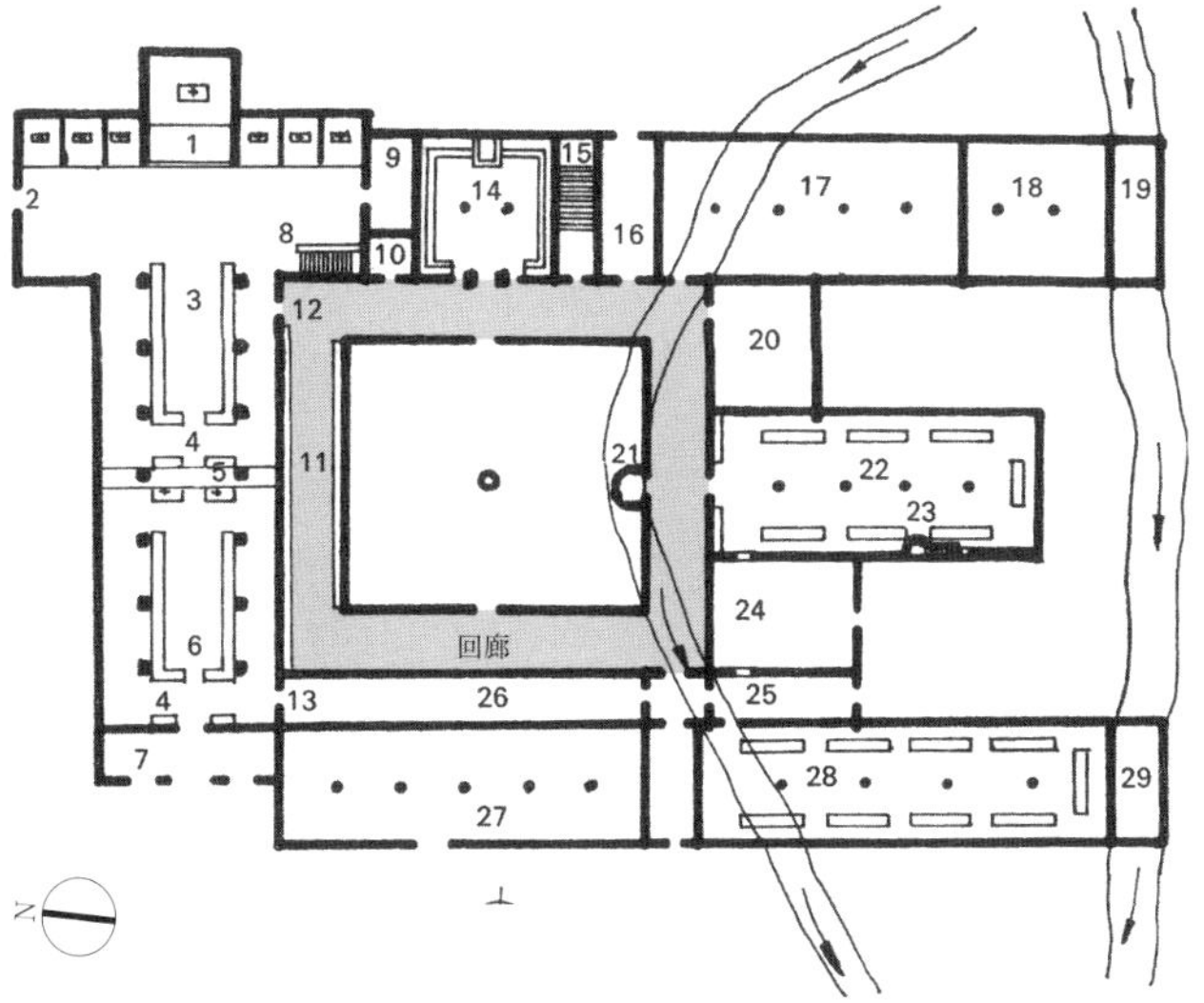

1　至聖所
2　死者の出口
3　修道士の内陣
4　病者用長椅子
5　内陣格子
6　回信者の内陣
7　入口柱廊
8　大寝室への階段
9　聖具室
10　書庫
11　読書および洗足礼用の長椅子
12　修道士の入口
13　改信者の入口
14　集会室
15　大寝室への階段
16　談話室
17　修道士室
18　修練士室
19　修道士の手洗い
20　煖房室
21　噴泉室
22　修道士の大食堂
23　講読壇
24　厨房
25　貯蔵庫担当者談話室
26　改信者通路
27　貯蔵庫
28　改信者の大食堂
29　改信者の手洗い

図6　シトー会修道院の理想的平面図

回廊にいる、あの醜なる美あるいは醜ともいうべき怪物は、いったいなにごとか[1]」という。つまり大規模な聖堂や華麗な壁画を非難し、回廊の柱頭の装飾彫刻を憎悪したのである。したがって、聖堂には塔もなく窓は無彩色であり、聖堂の入口は当然ファサードらしさがなくなり柱廊もない。壁面の仕上げは漆喰をもちいず、素地のままの石であった。さらにクリュニーにはないことであるが、回廊の中央、すなわち大食堂の前面に噴水室が設置され、修道士がここで毎日頭を洗い大食堂に入る前には手を洗っていた。この噴水室は集会室と相対応して回廊の

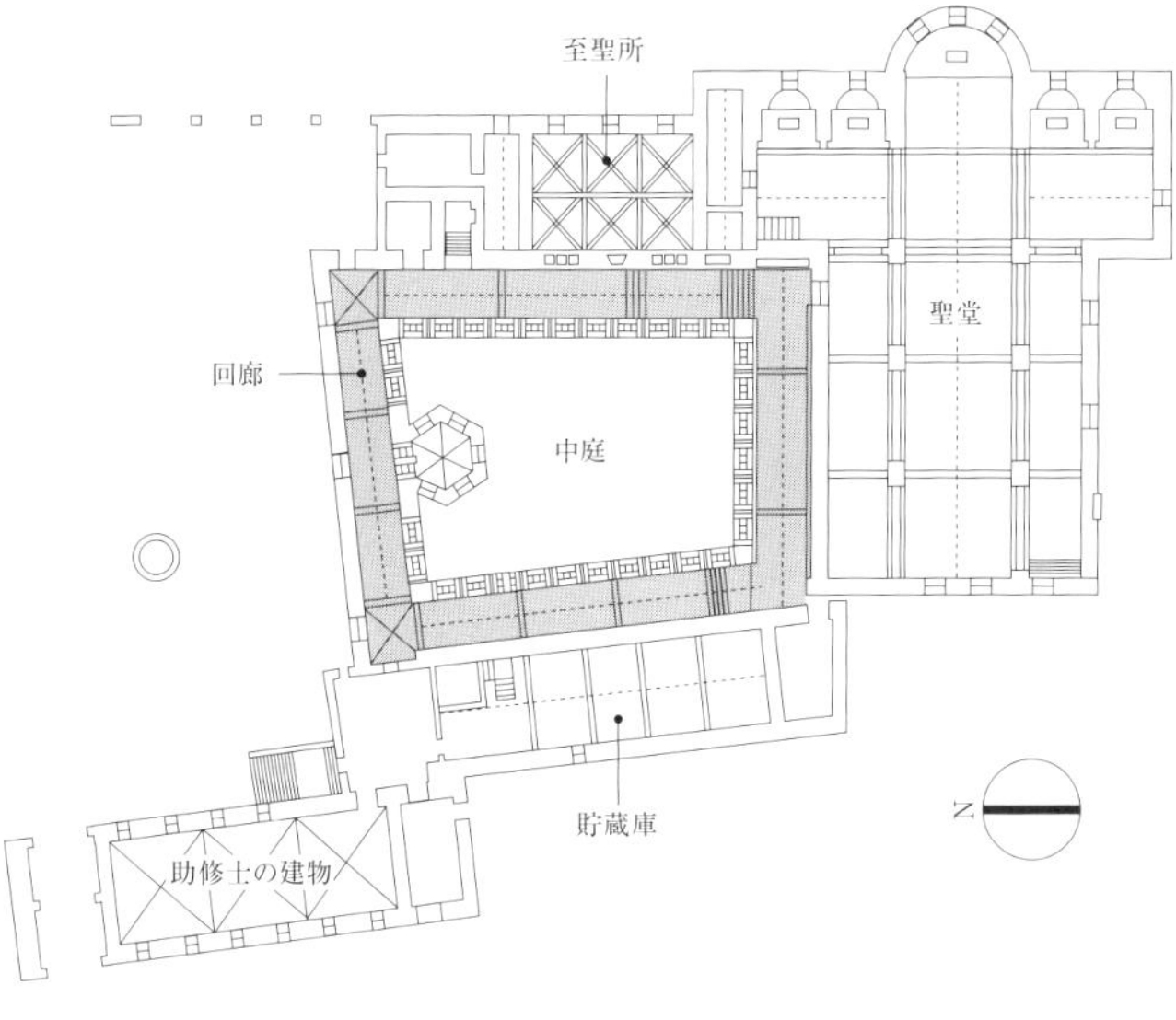

図7　ル・トロネの平面図

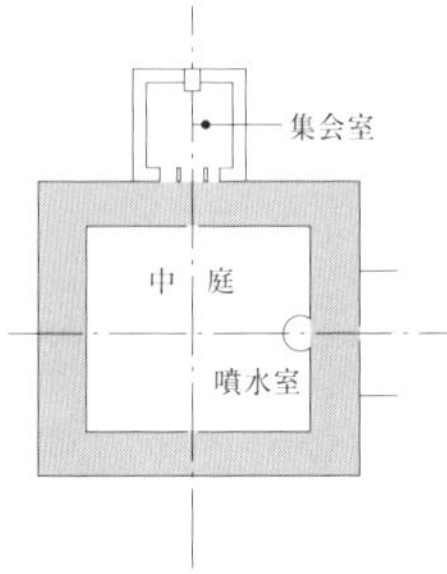

14
噴水室と集会室の構成

左の写真はル・トロネの噴水室（一一七五年頃）

均衡を示していた[14]。回廊に囲まれた中庭は、聖堂と大寝室とが同じ棟高となり、吹き抜け大食堂の棟高とあいまってより閉鎖的空間であった。そして回廊と貯蔵庫のあいだには修道士と改信者[15]を分離するために改信者通路が設けられた。主要な修道院では木造部が石造化され、空間は穹窿《きゅうりゅう》（天井は弓形のように中央が高く周囲が下がった形）となり、柱は円柱となった。その造形は簡素にして大いなる永遠性を表現していた。建築は古代ローマ建築の優れた石造技術を受け継ぎ、自らの美を展開したのである。

　その空間構成は戒律にしたがう修道生活に合致した建築の課題と意義を表現していたといえる。この空間はまさしく牢獄と同時に天国でもあったといえよう。たとえば、南フランスのプロヴァンス地方の三姉妹ともいわれている、ル・トロネ[16]（図7・図8）、セナンク、シルヴァカンヌは、石の素材感を現わし、均整のとれた美しい空間を示している。これらの修道院は十二世紀後半の石造ロマネスク建築で男子修道院である。三姉妹とよばれるのは、緑のなかの清楚な美しい姿から連想されたのであろう。しかし、その後は建築も

図8　ル・トロネの回廊

15 改信者　改信者とは修道会に所属しない一般信者で、修道院の聖堂に入ることは許されるが、回廊に入ることは許されなかった。

16 ル・トロネ　この修道院は一一六〇年に着工、一一七五年に竣工したフランス・ロマネスク建築で、その回廊はその後の修道院のルーツともいわれている。またフェルナン・プイヨンの小説『粗い石』のモデルとなったことでも有名。

回廊も時代とともに変化していった。

その変化の流れは、ル・トロネの簡素なロマネスク形式がフォントネーの華麗な形式[17]へとかわり、ロワヨーモンの優美なゴシック盛期形式を経て、後期ゴシックの透かし彫りのトレーサリーをもつマウルブロン修道院へと。最後にいたっては、当初の石の量塊性は完全に捨て去られ、最少の石材とより高度な技術によって豊かなゴシック形式の修道院が完成していた。この姿からは、もはや世俗から離れ、祈り・禁欲・労働を生活の基本とする修道士の空間ではなくなったと実感させられる。

カルトゥジオ会

中世ヨーロッパでは十一世紀から十二世紀にかけてそれまでにない新しい修道院形式が存在した。それがカルトゥジオ会である。ケルン出身のブルーノー（一〇三二～一一〇一年）が設立者で、最初のラ・グランド・シャルトリューズを建設している。カルトゥジオ会は一つの修道院のなかに東方の隠修生活と西方の共同生活が統合された形式である。ブルーノーはいかなる戒律も残さず、四代目の後継者グイーゴー一世が八十章からなる習慣規則を記述している。

そこには、修道士が隠修生活を守るために伝道や説教などの対外活動の禁止、さらに中庭や聖堂前の広場にでることも許されない。唯一の共同生活は、朝と晩による聖堂でのミサや日曜日と一定の祝祭日に大食堂で会食し朗読を聞くていどで、それ以外は個室[18]でひた

17 フォントネーの回廊

すら孤独な生活を行う。これは、まさしく今日の刑務所を連想させ、個室は重罪人の独居房を連想させる。この配置計画にはいくつかの特徴があげられる。

その一つには、修道士のすべての個室が大回廊によってつながっている点である。

二つ目には、修道士区域の大回廊と改信者区域の小回廊という二つの回廊が存在し、その接合部に聖堂が位置する。そして大回廊に囲まれた庭には修道士の墓がある。W・ブラウンフェルスはこれについて、「修道士たちは、つねにこの墓地を目にしていた。死者の平安は、生者の静寂に対応するものであった」といっている。

三つ目には、回廊の通路が、従来のように聖堂の側部を通過するのでなく聖堂内部を貫通する。それによって、回廊内陣格子という特殊な形式が成立することによって、聖堂は修道士と改信者の場所に区分された。

このように、これまでのベネディクト型修道院の配置とは大きく異なっている。カルトゥジオ会は、戒律が正しく遵守されたがゆえに一九世紀にいたるまで建築的改革がなかったとされているが、回廊に視点をおいてみると変化の流れがみえてくる。

最初の段階は、ラ・グランド・シャルトリューズ修道院がそうであるように、修道士の個室が直接回廊にとりついだ時期。第二段階は、クレルモン修道院（図9）がそうであるように、聖堂を中心とした左右対称の配置の時期。この配置はめずらしく、ほかにはバロック建築にしかみられない。第三段階は、ブックスハイム（図10）が示すように、回廊内陣格子の出現の時期。第四段階は、パークミンスターのセント・ヒューズ・チャーター

18 個室　この個室は、Cell（独房）、Desert（砂漠）、Hermitage（隠れ家）などと呼ばれる。カルトゥジオ会の修道士は一日の大半をこの独房で過ごした。左図はヴィルヌーブ・レ・ザヴィニヨン修道院独房の中庭。

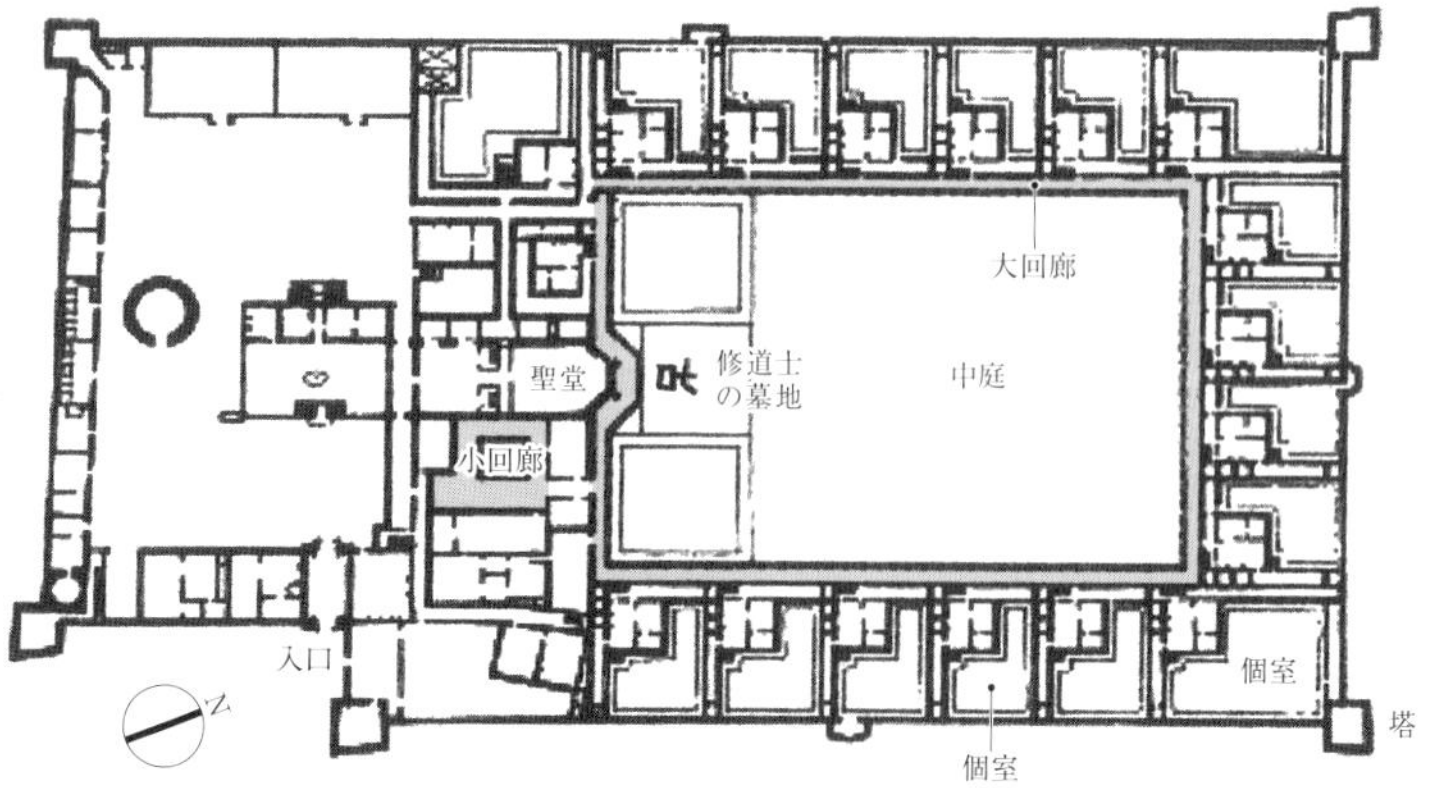

図9　クレルモン修道院の平面図
（ヴィオレ・デュックによる）

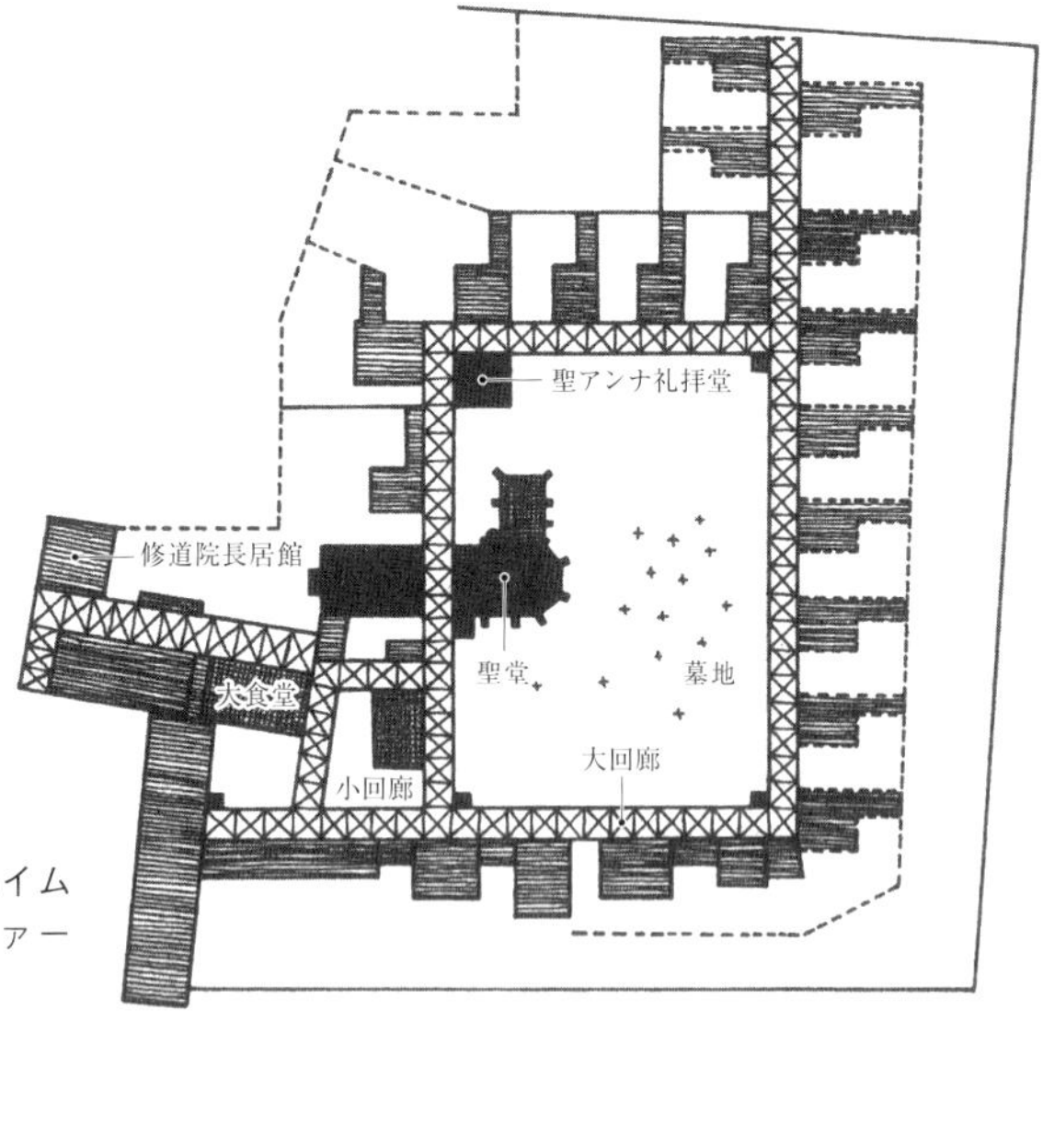

図10　ブックスハイムの平面図（シュヴァーベンによる）

ハウスように、修道士の各個室が回廊に直面せず、それぞれが中庭を介する形式の時期。この修道院はイングランドにおける唯一のカルトゥジオ修道院で、一九世紀初となる新ゴシック様式といわれている。(1)

托鉢修道会

十三世紀初頭、これまでの「ベネディクトの戒律」による定住生活を脱却し、清貧の理想を守りつつ移動をしながら信徒に直接説教と学問を行ったのが托鉢修道会である。

この会にはフランシスク[19]のフランシスコ修道会と聖ドミニクス[20]のドミニコ修道会が属している。ほかには十三世紀に同様な理念をもつアウグスティノ修道会、カルメル修道会がここに属していた。

シトー会が活動の場を寂寥《せきりょう》地《ち》に求めたのとは対象的に、フランシスコ会とドミニコ会は人が密集して生活する都市を活動の場とした。これらの会が成長した背景には十三世紀における西ヨーロッパ社会の変動がある。それは経済の活性化による都市人口増加、市民の自立化、パリやオックスフォードなどに大学が成立し知的水準の向上などがある。従来の修道院ではこのような新しい社会変化のニーズに応じきれなかったといえる。

聖フランシスク、聖ドミニクスは修道院の形式にこだわらず、またその弟子達も重要視しなかった。修道院はベネディクトの戒律を遵守したベネディクト型（ベネディクト会、クリュニー会、シトー会）の伝統形式をそのままとりいれ、理念と合致しない部分だけを改めた。

19 フランシスク（一一八一～一二二六） イタリアのアッシジ出身。一般にはフランチェスコと呼ばれ、日本で最も知名度の高い中世の修道士。仲間と教団の成立にちなんで、自らの集団を「小さな兄弟団」と名のり、これが今でもフランシスコ会の正式名称である。

20 ドミニクス（一一七〇～一二二一） スペインの旧カスティーリヤ地方の出身。一般にドミニコと呼ばれる。「カトリックの伝道は異端と同様の熱情と厳格主義が必要」と悟り清貧の生活に入った後、一二〇六年にドミニコ会を結成。

その一つ目は、基本建造物区域（回廊・聖堂・集会室・大食堂）が存在するものの、その一角に位置していた貯蔵庫の廃止、つまり都市ゆえにあえて貯蔵する必要がなかたといえる。さらに回廊が市民に公開された。

二つ目は、複数の礼拝室の出現であった。この会の聖堂は、主として都市貴族の寄進によって建設された。彼らは自ら設立した礼拝堂の中に一族の墳墓場所を得るとともに聖堂内部にもその権利をえた。したがって、一つの修道院にいくつもの礼拝室が誕生するということになる。そのことはとくにイタリアのフィレンツェに多くみられた。

三つ目は複数回廊の誕生である。外来者の増加と設立者の要望によって第二、第三の回廊が成立し、その周囲には新しい個室や宿泊所が付加された。フランシスコ会最大の托鉢修道院、サンタ・クローチェ[21]（フィレンツェ）は二つの回廊をもつ。またサンタ・マリア・デッレ・グラッシェ（ドミニコ会、ミラノ）も二つの回廊をもっている。その大回廊は半円アーチをもつルネッサンス式で、誰もが周知のごとく食堂に画家レオナルド・ダ・ヴィンチの「最後の晩餐」の壁画が掲げられている。サンタ・マリア・ノヴェルラ（図11・図12、ドミニコ会、フィレンツェ）にいたっては最後に七つの回廊をもつようになった。

四つ目は、もっとも大きな変化となる大寝室の廃止である。一四世紀から一五世紀にかけて、就寝をともにする必要がなくなり大寝室が消滅した。修道士の個室が中心となったことで二階建ての回廊が出現し、その形式は回廊の三方に個室が花環状に並ぶ。基本建造物区域は、回廊の三方を巡る二階建ての屋根の下に、一階が集会室・大食堂といった生活

21 サンタ・クローチェの回廊
左図は第二回廊で、短辺四〇、五M（七スパン）、長手四十六M（九スパン）で、中庭デザインはベルナルド・ロッセリーノとされている。

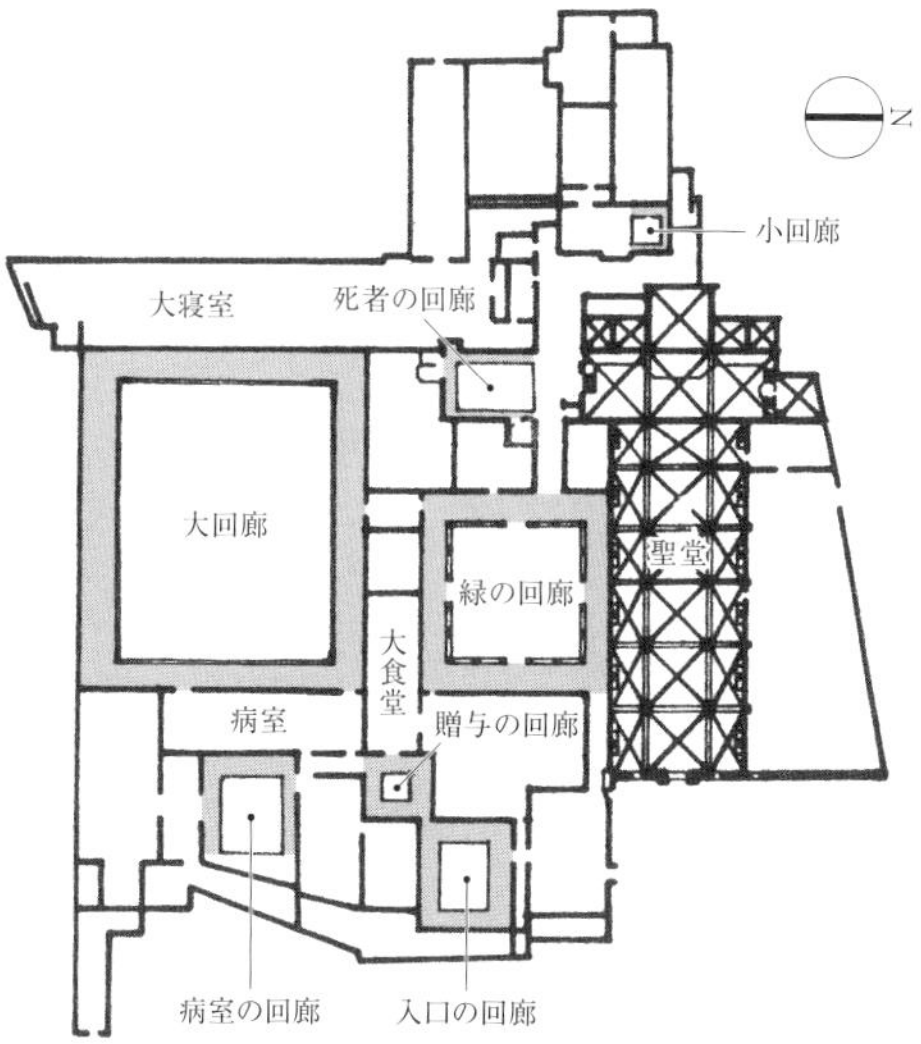

図11　サンタ・マリア・ノヴェルラの平面図（W・パーツによる）

図12
聖堂わきの「緑の回廊」

の場、二階が就寝の場として構成されている。この形式はのちにベネディクト型修道会にも採用された。もはや中庭を囲む回廊は単なる廊下にすぎず、修道院の理念・思想の中心からかけ離れたものとなる。

このように、修道院建築における回廊は、数世紀にわたり宗教的な変革とともに、形式変化を余儀なくしてきたのである。

2. 回廊と聖堂と諸室の構成

(1) 聖堂と回廊の位置関係

修道院の立地と回廊の位置

聖堂（キリスト教会堂）は一般に西側を正面とし、東側に祭壇が設けられている。聖アウグスティヌスは「我々が祈るために立つとき、太陽が昇る方向である東側に向かわなければならない。我々は、顔を東に向けて神を崇めねばならない」といっている。キリスト教は東を聖なる方位とし、東に向けて聖堂が建てられた。ただ、地形的問題などから修道院には例外もあった。[22]

22 北に向けられて建てられた修道院の聖堂　イタリア・ドミニコ会のサンマルコ、サンタマリアノベラの各修道院、そしてフランス・シトー会のセナンク修道院がある。

23 特殊な位置に回廊をもつ修道院　聖堂北側の例としては、リンブルク、メルク、ランバッハの各修道院。聖堂西側後陣寄りの例としては、グロース・コーンブルク修道院などがある。

回廊の位置について、D・ノウルズは『修道院』[2]のなかで、「地中海地方では列柱廊を日陰の涼しい道にするため、回廊は聖堂の北側（左）におかれ、一方、北国では太陽と日の明かりが必要なことから南側（右）におかれた。そのほかの要因としては墓地があるとか、給排水の必要があるとか、あるいは土地の傾斜等の条件によって北側に設けられることもあった」と述べている。たしかに、D・ノウルズの説は理にかなっていた。

このことに関し、八四あまりの修道院について検討してみた[3]。そのうち、約七割近くの回廊が立地する地域にかかわらず聖堂の南側（右）に配置されていた。地中海地方はイギリスの北地域に比べると、北側（左）に多くが位置していたが、地中海に限定するならばかならずしも多くはなかった。ということは、回廊の位置は立地する地域より、意外と地形の影響が大きいといえる。その地形についてまず調べてみることにした。

ベネディクト会やクリュニー会の修道院は、特定の条件の地に建てられたわけでない。あるときは山上に、谷間や河岸に、また島上に。このような地形では、回廊の位置は聖堂の北側、聖堂内陣寄りの東側また後陣寄りの西側などと、さまざまな修道院[23]が存在している。一度は訪れてみたいという、あの有名なモン・サン・ミッシェル[24]は海の岩山に建ち、海上のミラミッドといわれている。サン・ファン・デ・ラ・ペニア[25]はサンティアゴ巡礼路でピレネーを超えたあと巨大な岩の下に現れる。どちらもベネディクト会の修道院であり特異な立地といえる。

その一方、シトー会の修道院はすべてが谷間の小川に沿った場所に建設された。理想的

24 モン・サン・ミッシェル（フランス）

25 サン・ファン・デ・ラ・ペニア（スペイン）　この山中には、イスラム勢力から逃れたキリスト教徒達が十世紀頃に避難所として修道院を建立した。

地形は、北・東・南の三方を山や丘に囲まれ、西方が開けた谷間とされた。そして、聖堂は聖ベネディクトゥスの戒律にしたがい敷地の一番高いところに配置された。理想的な回廊は聖堂の南側とされているが、実際には他の修道院と比べると北側が多い。なにゆえかはわからないが、寂寥地の開墾が想像する以上に困難であったのであろう。

カルトゥジオ会は立地選定に関して特別な規則をもたなかった。したがって、山上もしくは谷間に、村落に、大都市の近くに、さらには都市を囲む周壁内にも建設された。ただし修道士を世俗から守るため、第三区域、すなわち改信者や献身者が世俗業務に従事し外来者を接待できる区域を、聖堂の反対側に設けた。また托鉢修道会は教義に従い活動の場を都市に選定した。

一方、ベネディクト型は一カ所に定住することを戒律としていたため、修道院を建てる場合、時間をかけて好適地を探し求めたようであり、中世期以来、とくに景勝地に建てられた。それらは周囲の風景とよく調和した素晴らしい景観を創造している。ゴルド村[26]から眼下の谷間に白いセナンク[27]をみたとき、その美しさに誰しもが感動するであろう。これこそが土地の記念碑《モニュメント》であり、日本の中世とはまったく別の世界がそこにあった。

聖堂と回廊の取りつき方

すべての回廊は一辺が聖堂と接している。ただ、増改築をくりかえした第三クリュニーとごく一部には、聖堂から分離した形式の回廊[28]も存在する。

26 ゴルド村　南仏プロヴァンス地方、ヴォークリュース県。

27 セナンク修道院の鳥瞰写真

28 聖堂と分離した回廊　たとえばマウント・グレース（イギリス、カルトゥジオ会）、サン・タンブロージョ（イタリア、ベネディクト会）の各修道院がある。

聖堂には「バシリカ（ローマ公会堂）」をそのまま用いた翼廊のないもの（Fタイプ[29]）と左右に翼廊（袖廊）をつけ十字架の形にしたもの（Tタイプ[29]）とがある。FタイプとTタイプはほぼ1対3の割合で存在する。Tタイプはベネディクト会、シトー会に多く、主要諸室が回廊のまわりに規則的に配置されている。このTタイプには、回廊が南側（聖堂の右）に位置するものに、ベルナドゥスの設立したクレルヴォー、ファントネーそしてロワヨーモンなどが代表的である。一方、回廊が北側（聖堂の左）に位置するものには、シトー会のル・トロネ、セナンク、シルヴァカンヌなどが代表的である。これらの回廊は、聖堂の南北を問わず、聖堂における身廊と袖廊部の二辺に接するもっとも基本形式[30]である。

またわずかながら、Tタイプの聖堂にも変形タイプが存在する。このタイプは回廊が聖堂の身廊部に接するが、袖廊に接しない型[31]である。それらは集会室や礼拝室あるいは聖具室などの室が袖廊と回廊の間に位置する。たとえば、回廊が南側に位置するタイプはフランシスコ会のサンタ・クローチェ（イタリア）と北側に位置するタイプはドミニコ会のサンタ・マリア・ノヴェラ（イタリア）などがある。

めずらしい変形タイプ[32]としては、回廊が袖廊のみに取りつくモン・サン・ミッシェル、また、コの字形回廊で聖堂から中庭、中庭から回廊にアプローチするフェレンティッロ・サン・ピエトロ・イン・ヴァッレ（イタリア）、グロース・コンブルク（ドイツ）などがある。これらはすべてが岩上など特殊な地形に立地している。回廊の取りつき方や回廊の形が変形せざるをえない理由がここにある。

29

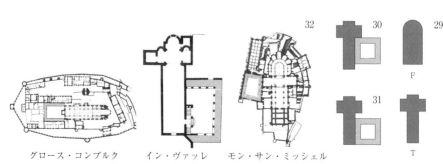

F

T

30

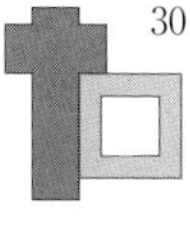

31

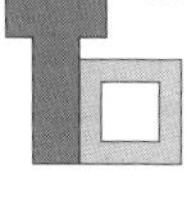

32

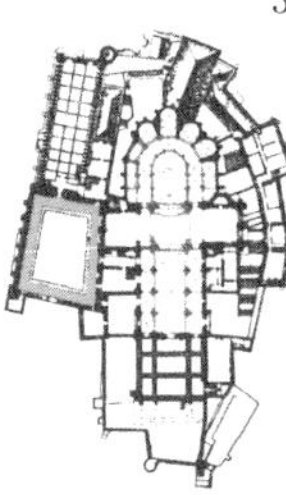

モン・サン・ミッシェル

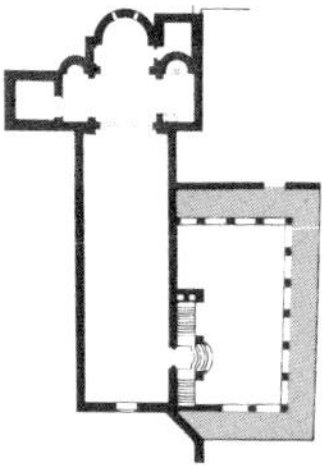

イン・ヴァッレ

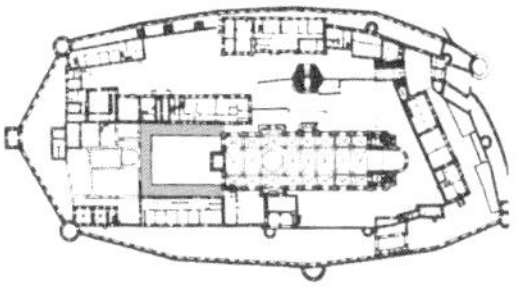

グロース・コンブルク

Ｆタイプはバシリカ式の簡素な聖堂に多い。他は複合建築の一部をなす修道院にも存在する。代表的事例といえるオビエド（スペイン、シトー会）は、王宮と司教座と修道院と各種の教会施設から構成されている。その他には、クレルモン（フランス、カルトゥジオ会）、サン・マルコ[33]（イタリア、ドミニコ会）などがある。

修道院は気象条件より、立地の地形的特質に応じて、諸施設を柔軟に配置したとみられる。そう考えると、聖堂と回廊の位置関係には合点がいく。

(2) 基本建造物区域の構成

回廊を取り囲む室

基本建造物区域とは回廊を中心とする中枢区域であり、回廊の四辺には聖堂と主要室が取りつく。図13のように、聖堂に取りつく南側回廊の一辺をわかりやすく仮に①とし、他の三辺を時計まわりに②③④と、同じく聖堂に取りつく北側回廊の一辺を①、他の三辺を時計と逆まわりに、②③④とすると、次のようになる。

ベネディクト会を代表するザンクト・ガレンは、回廊①②③④に取りつく室が聖堂、大寝室、大食堂、貯蔵庫となる。

クリュニー会を代表する第二クリュニーは、①②③④が聖堂、集会室、大食堂、貯蔵庫となる。この段階の大寝室は集会室の上、つまり二階に移動している。

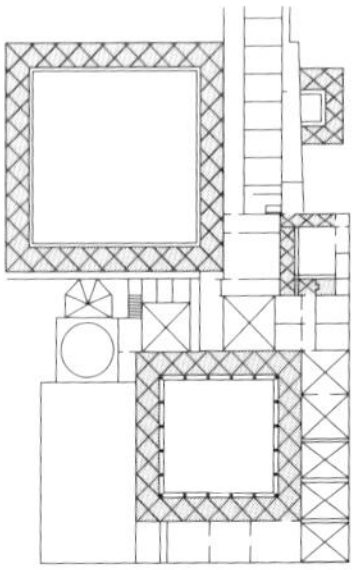

33 サン・マルコ　この修道院には四つの回廊が存在した。

シトー会の理想的平面図では、①②③が第二クリュニーと同じであるが、④が改信者通路を介して貯蔵庫となる。ベネディクト型は、多少異なる修道院があるものの、回廊がどちら側にあろうともこのような順序が基本的所要室の配置である。シトー会の特徴は、理想的平面が示すように所要室が回廊により沿って横長に伸びる配置形状をとっている。

　カルトゥジオ会は、大回廊に個室のみが取りつく特異な形式であることはすでに述べている。

　フランシスコ会・ドミニコ会は、④の貯蔵庫がなくなり、食堂あるいは世俗的要素の強い室に変化する。②の集会室は礼拝室などに変化する場合も多い。このことは托鉢修道会の教義の現れとみてとれる。特殊な地形にあるモン・サン・ミッシェル、フォントネー（ともにフランス・シトー会）、サンタ・クローチェ（イタリア・フランシスコ会）は回廊四辺のうち、一辺には室がまったく取りついていない。なかでもモン・サン・ミッシェルの最上階の回廊[34]は「ラ・メルヴェイユ（驚異の建築）」よばれる難工事の末に生まれた。この繊細で華麗な柱廊形式はゴシック様式の精華をきわめていると評されている。

　これらの変則的回廊を興味深くよみとると、回廊は制限さ

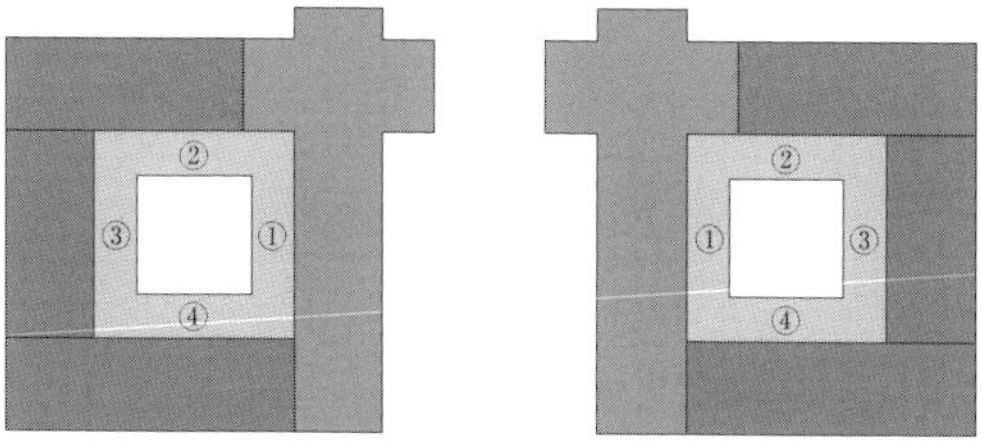

図13　回廊を取り囲む部屋

34 モン・サン・ミッシェル最上階の回廊

れた厳しい敷地のなかでも「回る廊」としてつくられていることがわかる。おそらく修道院の回廊は単に室と室をつなぐ、それ以外に歩きながらの黙想や瞑想をするという大切な意味を含んでいるにちがいない。ならば、室をつなぐ廊は当然「回る廊」でなければならない。

聖堂は回廊①の辺に取りつく。聖堂から回廊への出入り口は数カ所あるものもあるが、①ないし②への出入口が圧倒的に多い。これはいうなれば、②の辺に集会室や階段が配置されているものが多いためである。

回廊の用途と形

修道院にとってはいうまでもなく、回廊が生活の場であり修行の場である。また唯一開放的な光が差し込む場でもある。さしずめ神の家の居間といったところであろうか。修道士はその回廊でどのようにすごすのであろう。

典型的な例として、ベネディクト型修道院をあげてみよう。修道士は回廊に取りつく噴水室で手を洗い、顔を洗い、ときには足まで洗う。回廊を歩きながら聖書をよみ、黙想や瞑想にふけ、聖歌の練習の場にもなった。少し驚くが散髪もここで行われた。とくに回廊の霊的読書は聖堂に接した回廊の一辺①で行われたという。ある修道院は、あえてこの位置に読書のために石造の長椅子が設けられている。たとえば、ル・トロネの石の長椅子[35]である。このように修道院の回廊は同一空間で静的行為と動的行為が同時に行われる「求道の場」である。

35 ル・トロネの長椅子

3. 聖堂と回廊のプロポーション

(1) 中世教会建築におけるプロポーション

ここでは、九世紀に描かれたザンクト・ガレンの「修道院計画図」、十二世紀後半から十三世紀初めに成立したヴィラール・ド・オヌクールの「画帖」、そして十五・十六世紀の末期ゴシックに著されたマテス・ロリッツァー、ハンス・シュムッテルマイア、ローレンツ・レヒラーなどの手による「建築技法書」などの資料をもとに、修道院のプロポーションについて述べてみる。

●ザンクト・ガレンの「修道院計画図」

W・ホールとE・ボーンによるザンクト・ガレンの「修道院計画図」に関する研究[4]によると、身廊と袖廊との交差部の正方形四〇尺×四〇尺[36]が平面全体のプロポーションを決定しているとある。したがって、基本図形は正方形が格子状グリッドを構成し、その基本寸法と見なされる四〇尺（約一二・一二メートル）が実数である。

また、ヴィラール・ド・オヌクールの「画帖」[37]やロリツァー、シュムッテルマイア、レヒラーの技法書では、デッサンや建築細部および建築平面・断面の設計において、正方形

36 尺寸法 「ザンクト・ガレン修道院計画図」では、ラテン語でpesという尺度単位を伴って寸法が記載。

37 ヴィラール・ド・オヌクールの「画帳」 左図は「画帳」（十三世紀）に示された回廊の形の決定法である。

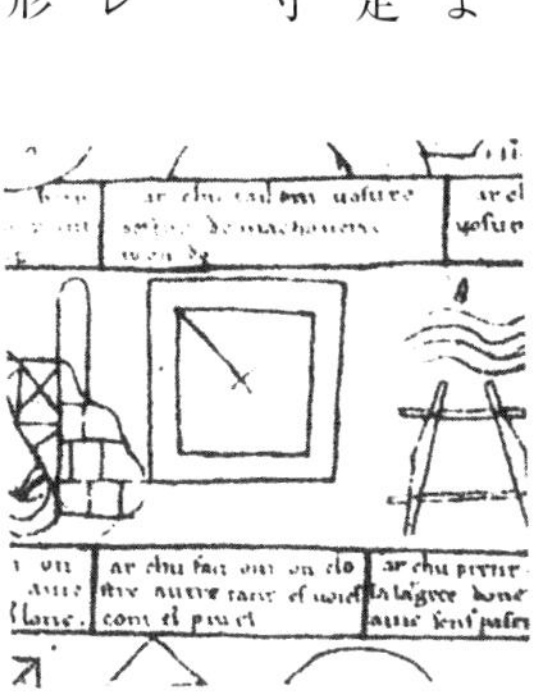

や正三角形を主とする幾何学図形を用いた方法が示されている。さらにアドルフ・ラインレの試論[5]によると「回廊は一辺が百フィート（約三〇・四八メートル）の正方形で厳格な対称性である。これらの基礎となるのは、聖堂の身廊と袖廊の交叉部の四〇フィートというモデュールで、聖堂のみならず回廊とその周囲の建造物はすべて規格化されていると言われる。」と記されている。

●シトー会と他の回廊

ヴィラール・ド・オヌクールの「画帖」の作者いわく、中世建築のプロポーションはシトー会建築にはっきりと現れていると。この「画帖」にある「シトー会のために考えられた方形の教会堂」にある平面は、これまで基礎図形を正方形とする四角法による平面構成の理想を示す例証であると解釈されていた。しかし、シトー会建築の研究者である西田雅嗣は、「この平面を詳細に観察し描かれ方を考察するなら、交差部のベイの矩形は実は正方形でなく、横と縦の長さの関係が正三角形の底辺と高さの関係に一致する矩形であることが明らかとなる。ヴィラール・ド・オヌクールの描くシトー会教会堂平面は実は三角形を基礎図形とした三角法のプロポーションをもつ[6]」と述べている。彼のいう三角形はロマネスクの時代における三位一体の象徴と安定性などの意味をもつ図形である。つまり、シトー会の平面には、キリスト教的象徴としての図形が仕組まれていたという解釈になる。

一方『画帳』のなかに、回廊の形の決め方について記されている。「ヴィラール・ド・オヌクールの示す双正方形」では、「こうして、歩廊と中庭が同面積の回廊をつくる」とあり、そのなかの図[38]には入れ子になった二つの正方形が描かれている。正方形の中心から、小さい方の正方形の角に向かって線が引かれている。外側の正方形は、その線を半径とする円に外接し、内側の正方形はこの同じ円に内接する。結果として、二つの正方形の面積は2対1となり、辺長比は$\sqrt{2}$対1という無理数関係になる。さらに、ヨーロッパ中世では回廊の平面を決定する際、この「ロリツァーの方法」がもちいられたという。回廊は四角い平面形状から幾何学の支配する場所と言われているが、ファントネーの回廊が正方形であるものの、シルヴァカンヌが横長の矩形、ル・トロネが不規則四辺形、セナンクがわずかに正方形から外れる。

　このように、回廊の形はかならずしもヴィラール・ド・オヌクールの『画帳』の構造を示してない。ただ、シトー会の回廊は他の宗派に比べると、正方形が圧倒的に多いことは確かである。二七のシトー会を調査してみたところ、半数の回廊が正方形であった。回廊の形は他の宗派も含めて考えると、やはり正方形がベネディクト型修道院に多いことがわかる。他の宗派を含む八四の修道院のうち、じつに約六割強が矩形であり、台形を矩形の変形と考えるなら、全体の約八割が角張った四辺形である。

　もちろんかならずしも美しい回廊が正方形や矩形や台形とはかぎらない。モン・サン・ミッシェルやル・トロネそしてサンティアゴ巡礼のなかでもっとも美しい回廊といわれるサント・ドミンゴ・デ・シロス[39]（ベネディクト会、スペイン）などは不規則な四辺形であ

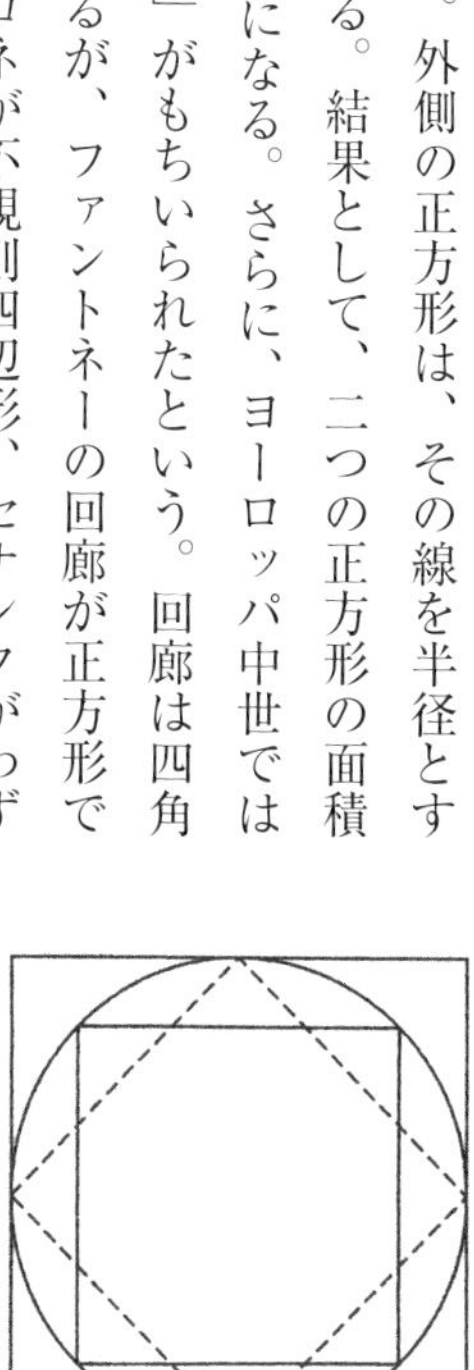

38 双正方形（ロリツアーの方法）

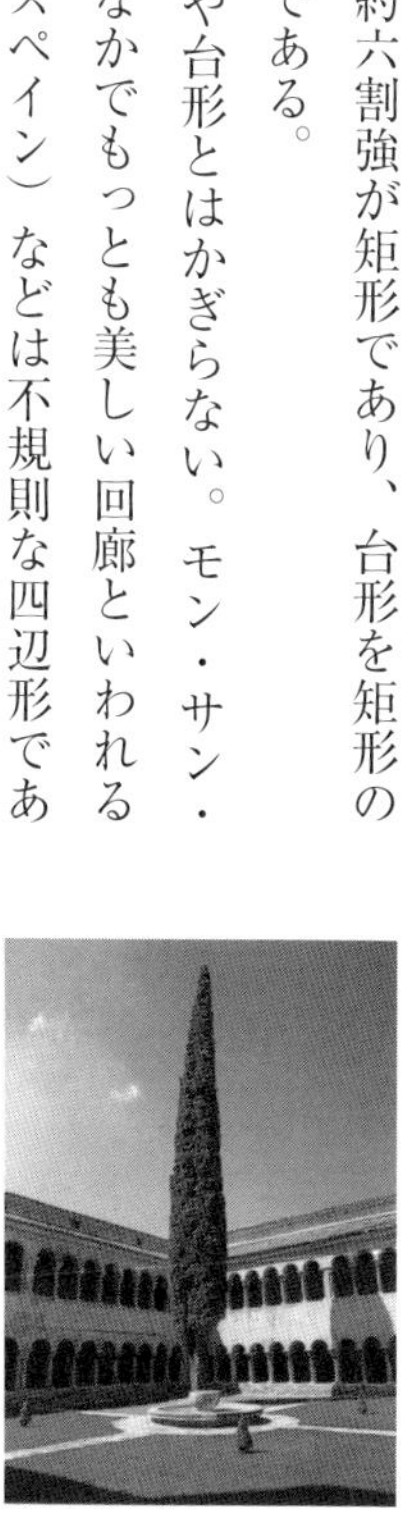

39 サント・ドミンゴ・デ・シロスの回廊　回廊は円柱とアーチの繊細な造形の連続。柱頭彫刻や回廊内部の天井画は東洋風の華やかさを伝えている。

る。この角張った四辺形は歩行し、巡る空間にはとても思えず、常識的に考えても、四辺が角張った廊下は歩きにくいものである。ではどのような意味が中庭を取り囲む正方形（四辺形）にあったのであろうか。

当時の正方形にはロマネスクの象徴体系にしたがって多くの意味が付加されていた。この形はなによりも黙示録の語る神の国、天上のイエルサレムの形とされ、さらに神の似た姿、すなわちミクロコスモスである人体の手と足を広げた姿である。

別の見方からは、正方形の辺が四という数には多くの豊かな象徴性がみえてくる。東西南北の四方位、エデンの園の四つの河、物質世界の四元素、十字架の四つの腕、さらに回廊の四隅には四聖人など多くの象徴性が回廊に付加されている。やはりこの角張った歩きにくい空間は単なる歩行空間でないことを意味しているといえる。

(2) シトー会とカルトゥジオ会の比較

シトー会とカルトゥジオ会は十二世紀頃、修道院改革を掲げて誕生したにもかかわらず、すでに記述のように戒律に大きな違いがある。その戒律の違いは当然回廊にも現れているのはたしかである。そこで、シトー会では南フランス・プロヴァンス地方のセナンク修道院とシルヴァカンヌ修道院、カルトゥジオ会では近接するコート・デュ・ローヌ地方のヴィルヌーヴ・レ・ザヴィニヨン修道院（以後、レ・ザヴィニヨン）とヴァルボンヌ修道院をあげ、回廊の幾何学図形と空間の性質を比較してみた。

回廊における基本図形の有無

シトー会の平面分析は、さきに記した西田雅嗣が詳細な幾何学的分析(6)を行っており、ここではその分析を参考にした。

●セナンク修道院[40]（シトー会、図14）

図15は西田の実測平面図であり、ロリッツァーの方法を試みたものの成立しないとしている。ただ、図中の五〇尺は「完数で、かつ旧約聖書により安息年や聖霊降臨祭の象徴をもつ神聖数五〇をもちいている」と述べている。

立面については、調査分析をしたところ、セナンクの東側立

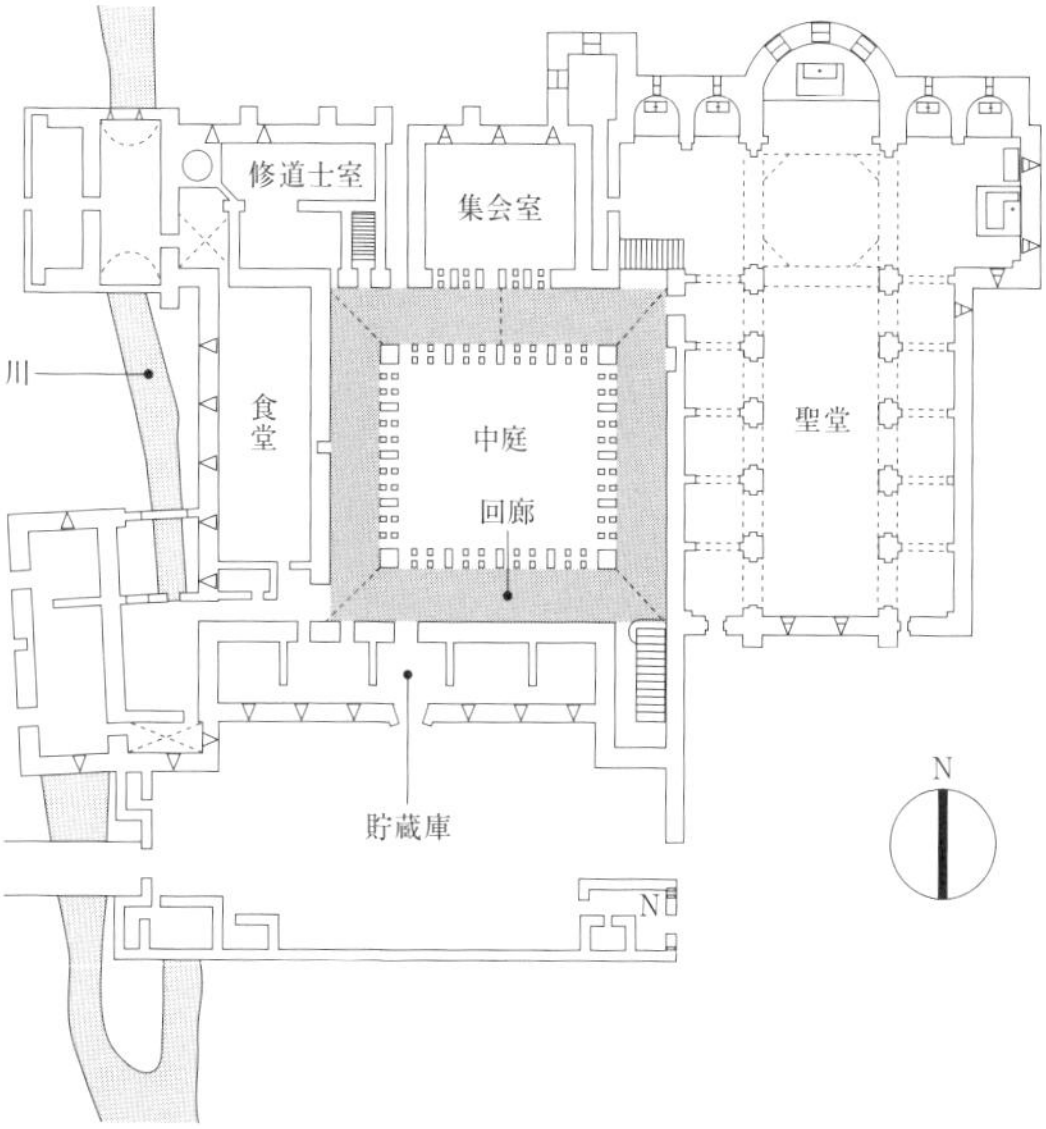

図14　セナンク修道院の平面図

40 セナンク修道院　一一四八年にゴルド村の北はずれにある峡谷の谷間に建設された。近くに流れるセナンコール川の流れを施設内に取り込み生活用水とした。回廊は十二世紀末の建築で聖堂よりも多くの装飾性を有する。

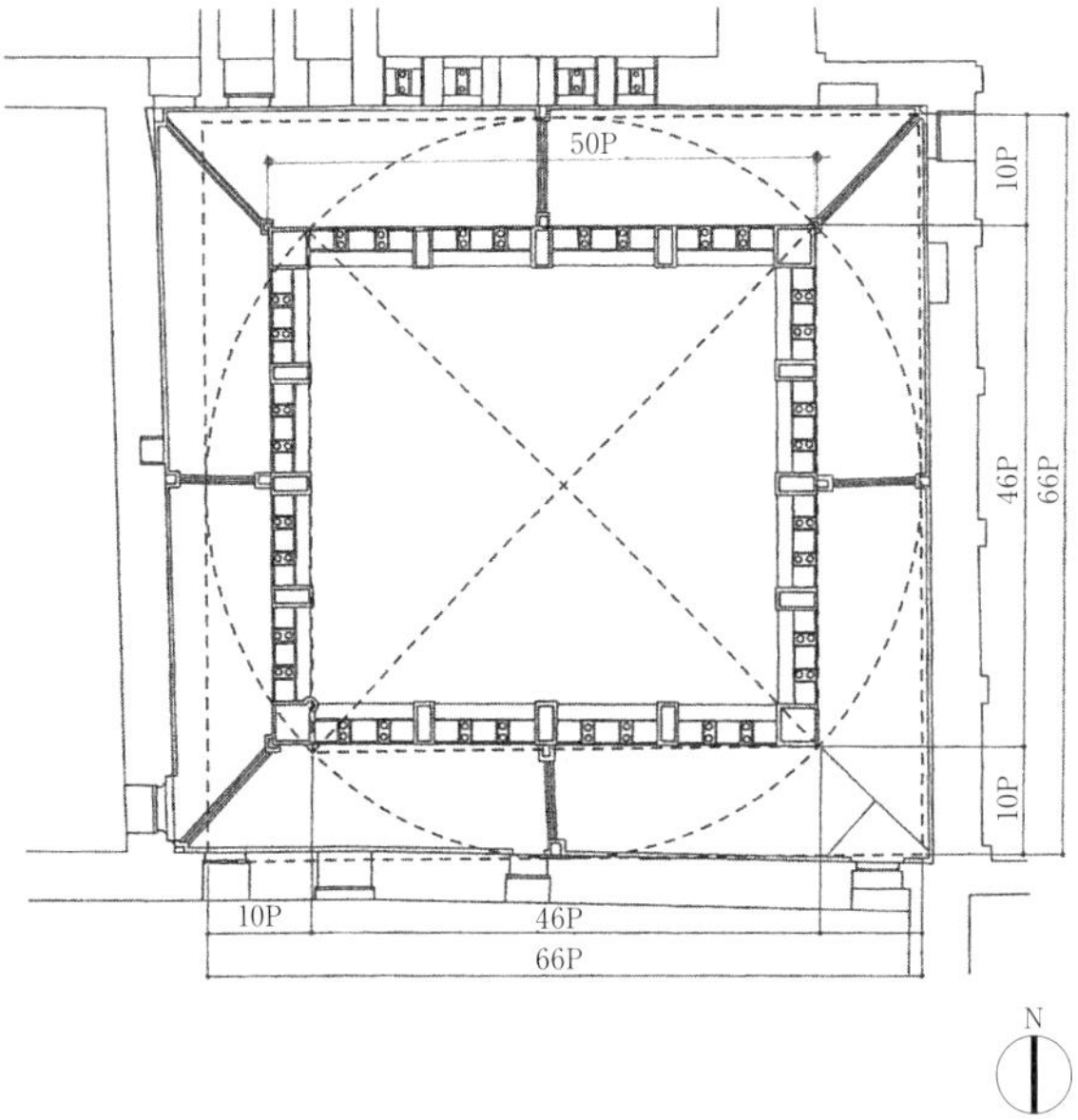

図15　セナンク修道院回廊平面と「ロリツァーの寸法」（実測平面図および分析、西田）

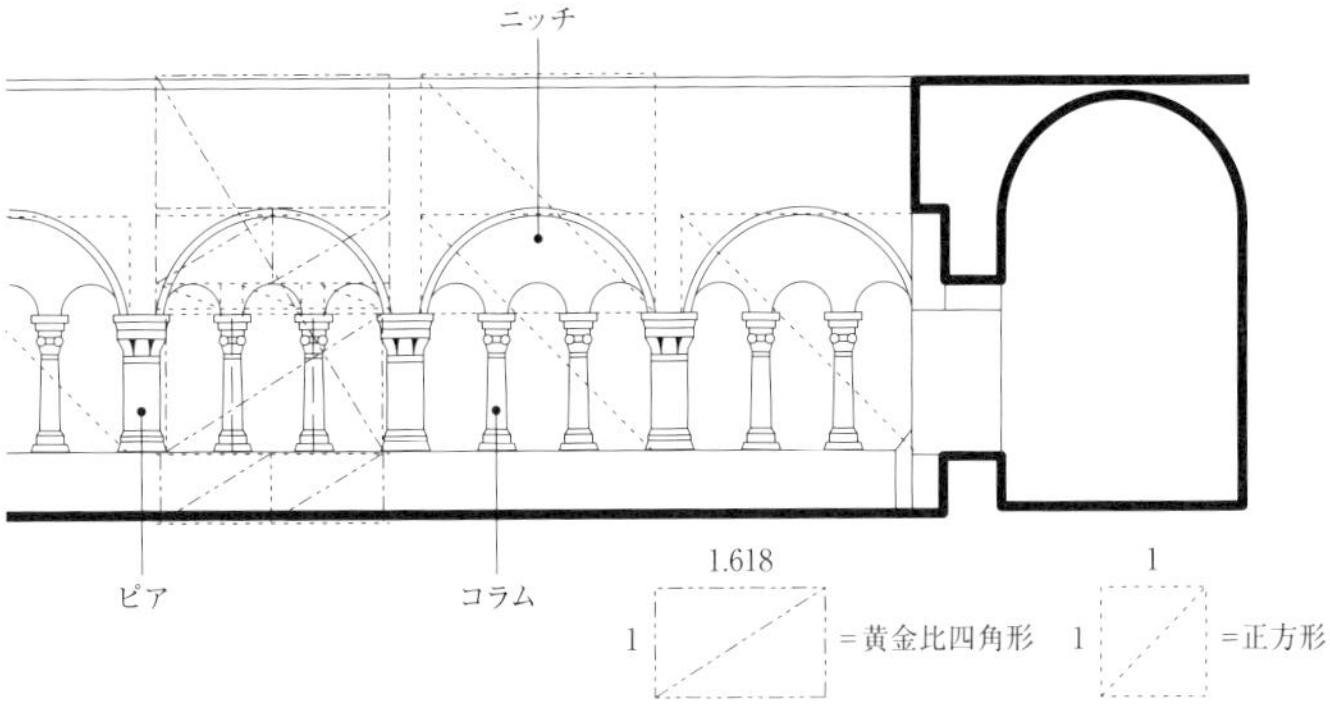

図16　セナンクの東立面図および分析

面（図16）では、ピア間の幅（内内寸法）と腰壁から大きなアーチ（ニッチ）の頂部までの高さ、そしてピア上部から軒までの高さが1対1であった。つまり正方形が二つ示される。それにピア間の幅内の各部に黄金比四辺形（1：1.618）の図形が示されていた。北側立面は東側立面と同じ柱間数ではあるが、全長がわずかに異なっている。

●シルヴァカンヌ修道院[41]（シトー会、図17）

この平面について西田は、ロリツァーの方法と正三角形をあてはめている（図18）。また彼は、誤差を大きく考えれば正三角形が成立しそうであるが、寸法は中世でいうところの底辺と高さの整数比にならないと指摘し、セナンクとシルヴァカンヌの平面は正方形や正三角形とも関係がないとしている。ただ、その平面では基本図形よりも寸法・数がキリスト教的象徴性を示す簡明な完数尺で、それが全体のプロポーションを支配しているという。

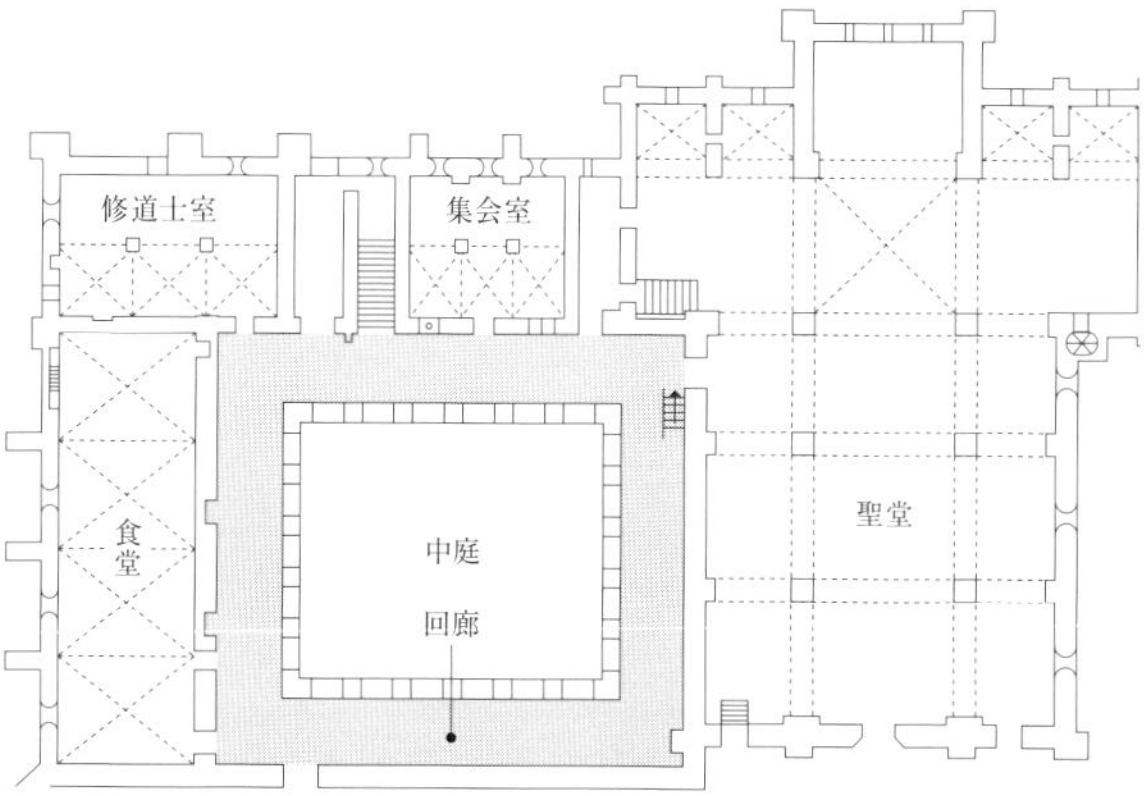

図17　シルヴァカンヌ修道院の平面図

41 シルヴァカンヌ修道院　一一六〇年頃にラ・ロック＝ダンテロン村のデュランス川の辺に建設された。回廊は聖堂より低い位置にある。

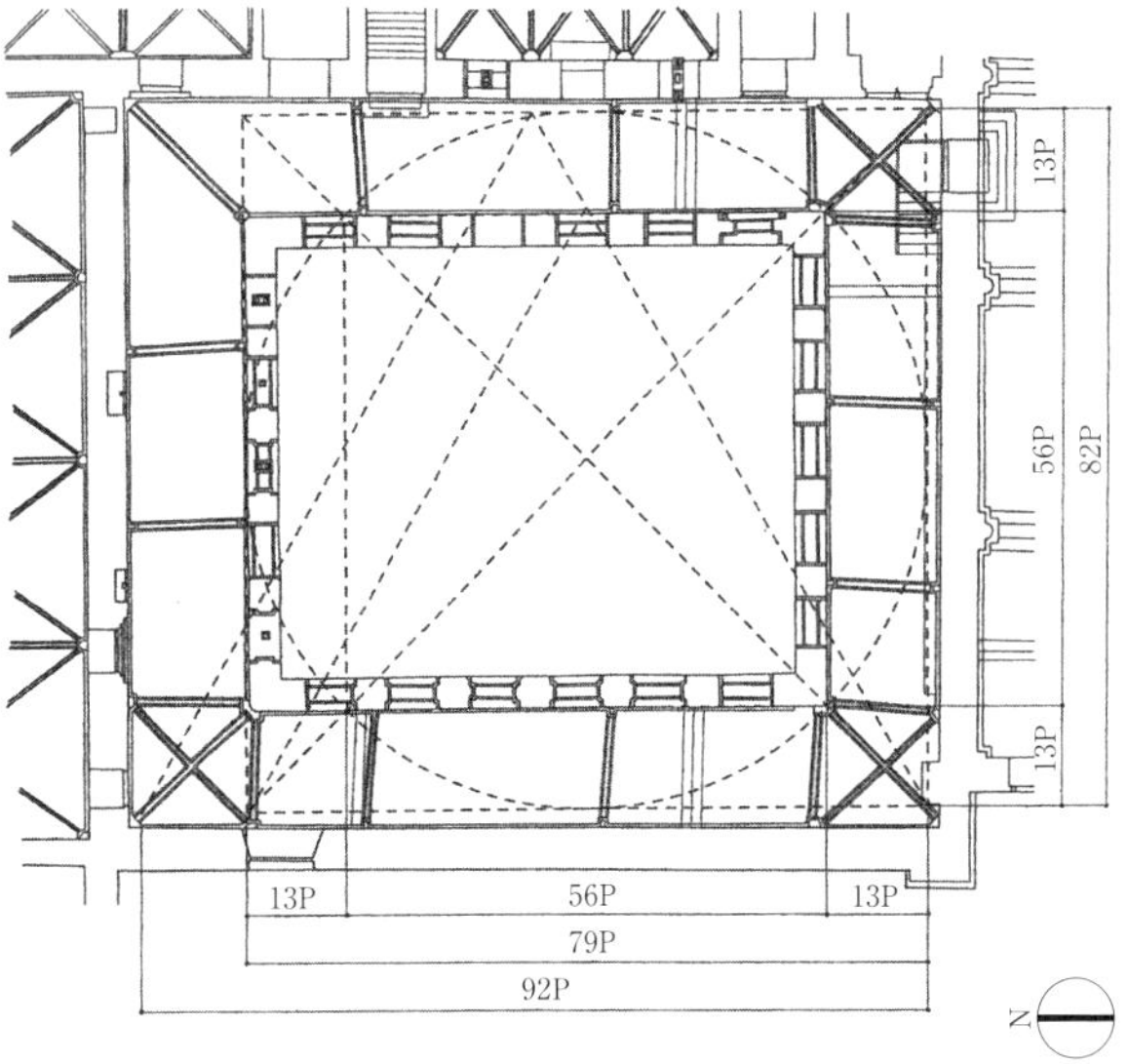

図18　シルヴァカンヌ修道院回廊平面と「ロリツァーの寸法」及び「正三角形」(実測平面図及び分析　西田)

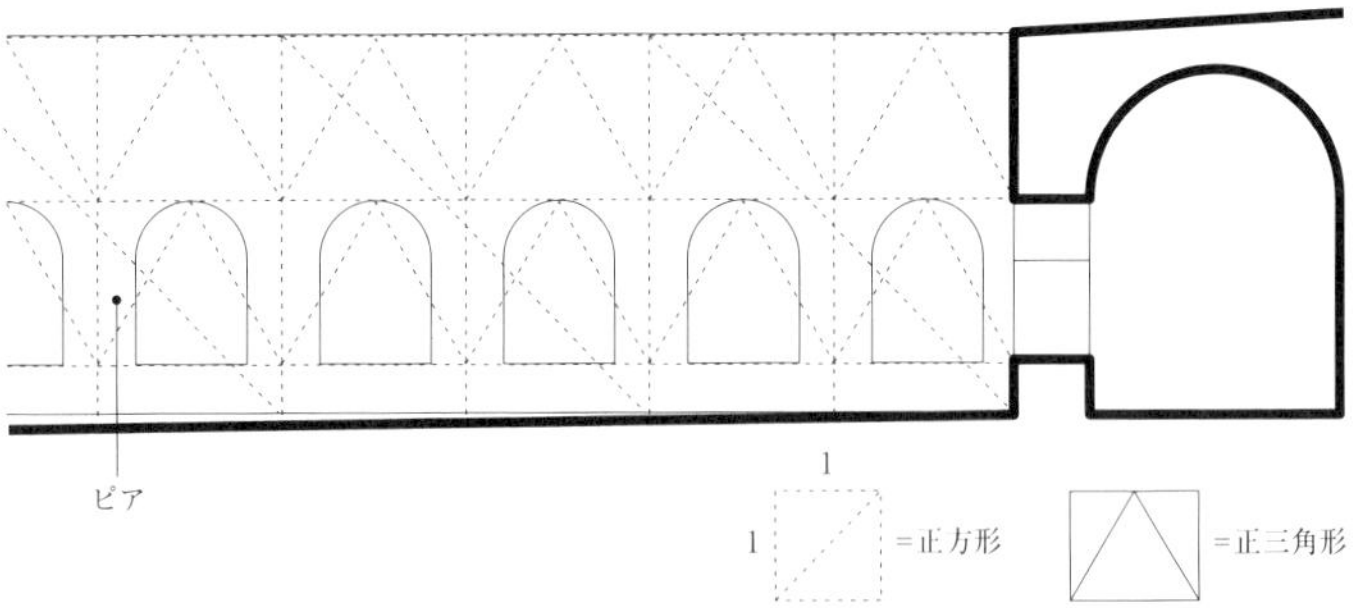

図19　シルヴァカンヌの東立面図と分析

立面を調査分析したところ、シルヴァカンヌの東側立面（図19）は、ピア間の幅（芯芯寸法）で、窓底辺から開口アーチ頂部、および開口アーチの頂部から軒までに正三角形が示されていたことがわかった。

●レ・ザヴィニヨン修道院[42]（カルトゥジオ会、図20）

平面形の分析は、聖堂に隣接する長方形の小回廊が1：$\sqrt{2}$の比である。この長方形の長辺は「ロリツァーの方法」の円に外接する辺となり、短辺は内接する正方形の辺となる。東と西側の大回廊はいくつかの正方形に分割できることから、おそらく正方形から決定されたとみるべきであろう。

立面形の分析は、小回廊の東・北側面の開口部が開口幅

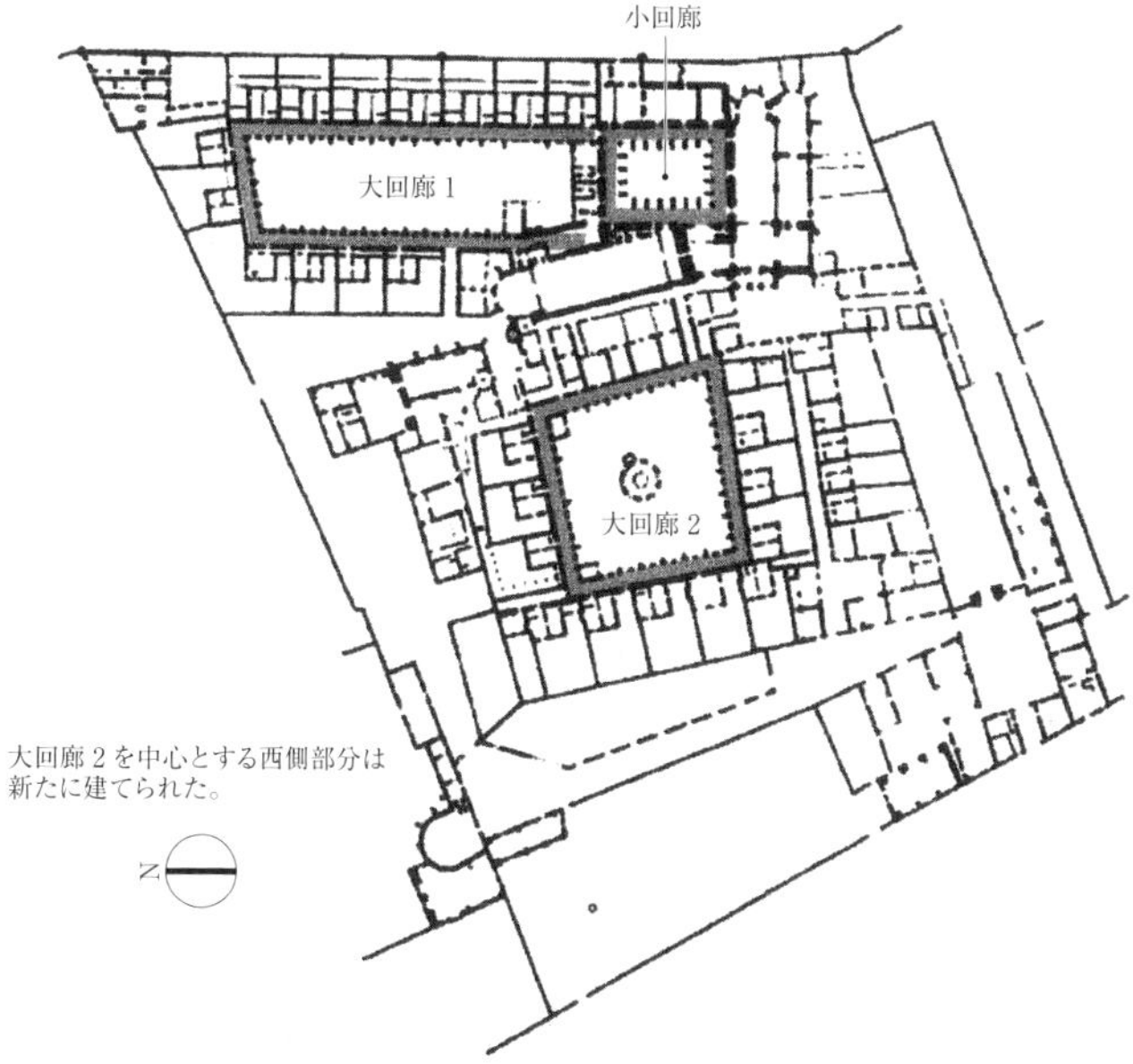

図20　レ・ザヴィニヨン修道院の全体図

42 レ・ザヴィニヨン修道院
一三五六年にアヴィニョン近郊のイノケンティウス六世に授けられた館を増築して創建された。別名「祝福の谷修道院」とよばれ、最終的に三つの回廊をもつ。

と腰壁からアーチのはじまる位置までの高さが1：1となり、正方形があてはまる。正方形の上部では、開口アーチの頂点の間に$\sqrt{2}$四角形が成立。腰壁から開口アーチの頂点までを短辺、開口二つ分の幅を長辺とすると、この間に$\sqrt{2}$四角形が成立。開口幅とピア（柱）幅を短辺、地盤面から軒までの高さを長辺とすると、黄金比四辺形があてはまる（図21）。

東に位置する大回廊の立面においても、同じく正方形や$\sqrt{2}$四角形・黄金比四辺形による表現があてはまっている。

●ヴァルボンヌ修道院[43]（カルトゥジオ会、図22）

平面形の分析では、残念ながら大回廊に基本図形がみつからない。ただし室内側の壁面でつくられる長方形には、ほぼ二つの正方形が描かれている。小回廊[44]は中庭の矩形の大きさが正三角形で決められている。

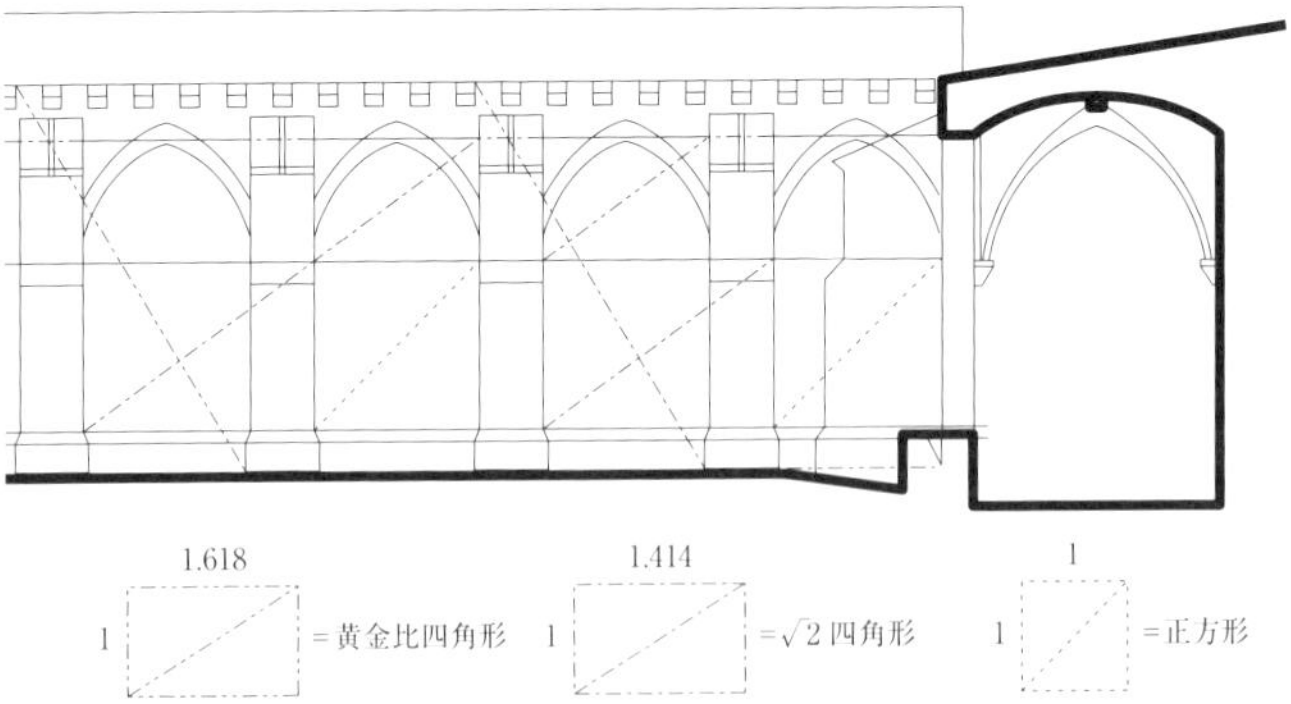

図21　レ・ザヴィニヨン修道院の東・北立面図と分析

43　ヴァルボンヌ修道院　一二〇四年にポン・サン・テスプリ近郊の森のなかに創建され、この名前は「良い谷」が語源である。聖堂の隣には小回廊、その東側に二十四個の独房をつなぐ大回廊がある。中庭には噴水と修道士の墓がいまも残っている。

大回廊の立面は、東立面と北立面で同一の図形が描ける。つまり、随所に正方形、および$\sqrt{2}$四角形（1：1.414）が抽出され、また小回廊の立面では黄金比四辺形と正方形が抽出された。

以上の分析から、平面図形では、シトー会・カルトゥジオ会双方ともに、正方形ロリツァーの方法と正三角形についてはまらないことがわかった。ただし回廊の寸法の随所にキリスト教的象徴を伴う数値がはめこまれていた。立面では双方に正方形、$\sqrt{2}$四辺形、黄金比四辺形が表れており、正三角形がシトー会にのみ抽出された。

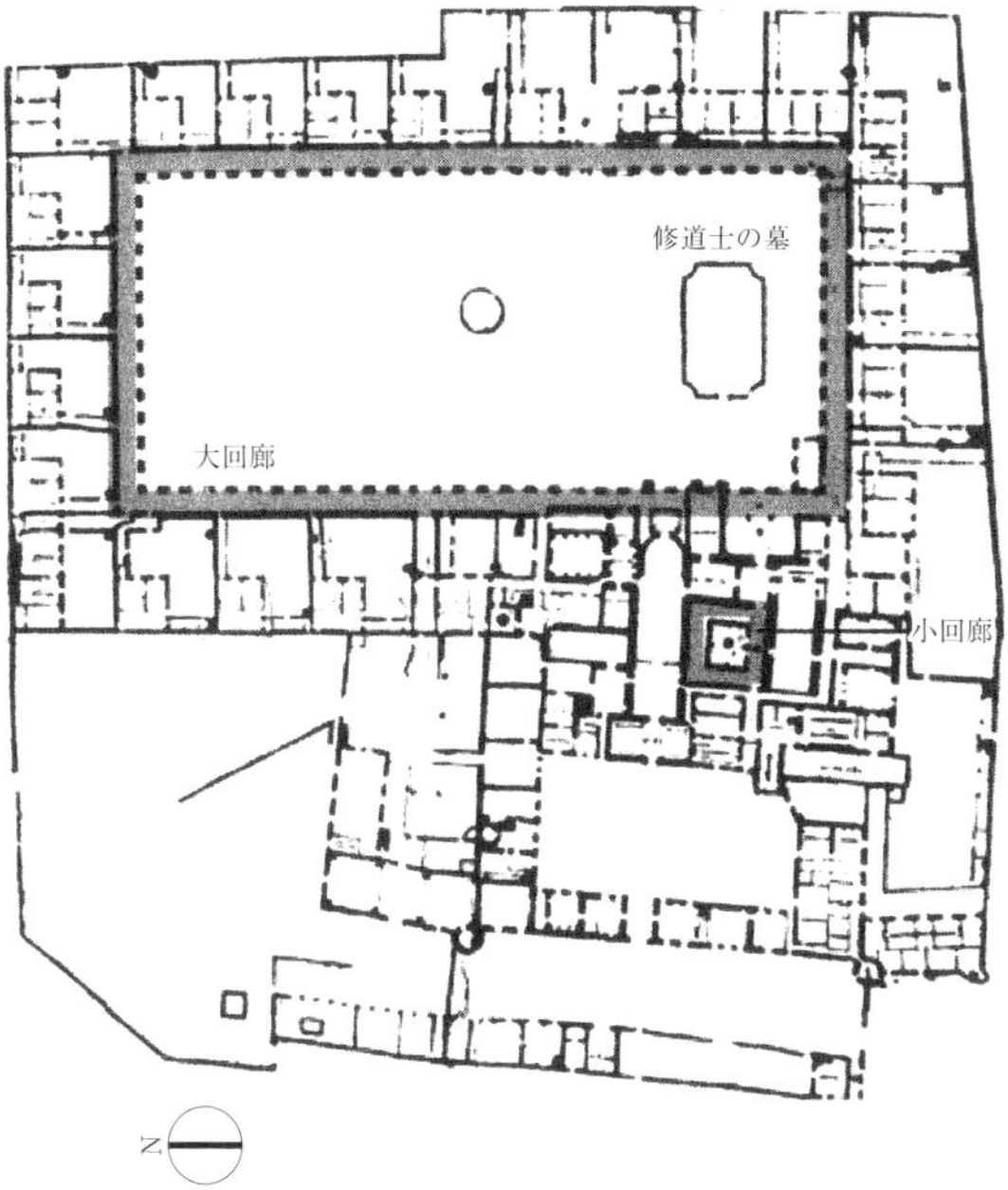

図22　ヴァルボンヌ修道院の全体図

44 ヴァルボンヌの小回廊と中庭

このことは、中世の美の源泉かつ普遍的な建築造形原理とされるプロポーション、正方形・円・正三角形・黄金比四辺形は、あるていどは聖堂にあてはまるものの、回廊には無理があったといえる。なぜなら、おそらく神の館（聖堂）と人の館（回廊）との比重の差、および回廊を取り巻く施設規模などの影響が大きかったにちがいない。一方、回廊立面のデザインは平面の決定に比べてはるかに自由度があったことはまちがいない。

回廊と中庭の空間的性質

いうまでもなく、修道院の配置は回廊を中心に構成されており、その回廊は中庭を中核としている。この点を留意して、回廊と中庭の関係について、さらにどのような違いが見られるのかを考えてみる。

●中庭の大きさと回廊

まずは、中庭の大きさと回廊内に光が十分注ぎこむ指標として、D／H[45]から何が読み取れるか考えてみた。

シトー会のセナンクとシルヴァカンヌの中庭は、南北間・東西間ともに、約D／H＝3である。教会前の広場はD／H＝2以上が一般に理想とされている。なぜなら、それは建物全体（正面）がみわたせるからである。[(7)] したがって、回廊で囲まれた中庭は教会の広場より開放的である。アルハンブラ宮殿「獅子の中庭[46]」の短辺方向は、約D／H＝3で住宅

45 D／H　Dは修道院における中庭の幅、Hは回廊の軒の高さ。

建築に近いよいスケールとされている。すなわち、両修道院は宮殿建築という住宅建築に近いスケール感をもち、両修道院の中庭は「人の生活の場」としてのヒューマンスケールで決められているといえる。

カルトゥレジオ会のレ・ザヴィニヨン修道院とヴァルボンヌ修道院の大回廊に囲まれた中庭は、壁で囲まれた広場といったほうがよく、ザヴィニヨンの東に位置する細長い中庭の短辺方向であっても、約D／H＝4・5である。この値は幼稚園や小学校の校庭ほどのスケール感であり、ほかはもっと大きな値となる。中庭の大きさは、やはり生活の場というより十二個の独房を結びつける、ややもすると刑務所の運動場といった感が強い。シトー会の修道士がいつも回廊から中庭を眺めしばしば庭にでるのに対し、カルトゥジオ会の修道士はほとんど庭にでることがないとされている。この広さがそれを物語っているともいえる。

●柱式と壁式回廊形態

回廊がどのていど中庭に開放されているのか、それは、開口の大きさとその位置において知ることができる。いいかえると、それは回廊の形態と回廊が修道士を「包む度合い」についての関係でもある。

一般に回廊の開口部を考慮したとき、回廊の形態には柱式回廊形態と壁式回廊形態の二種類が考えられる。しかし、これは構造力学でいうところの分類でなく、開口と壁部分の

46 アルハンブラ宮殿「獅子の中庭」

比率による視覚的印象によるものである。一般に柱式は細い柱と柱の間が開口部で、壁式は壁をくり貫いた窓状が開口部といったところであろうか。修道院の場合は柱式か壁式かは難しい判断がせまられる。それが、仮に柱式回廊形態であっても、日本の回廊に比べて閉鎖的であることはまちがいない。

シトー会の開口の取り方について、セナンクは太い円柱で支えられているアーチのなかにさらにアーチが存在し、ある種のハーモニーとリズムを感じさせる。シルヴァカンヌは壁よりやや大きな開口が規則的に連続する。両修道院の開口は低い位置（開口の重心が低い）に設けられているため、回廊の上部が薄暗く下部が明るい。そして回廊の腰壁は低く中庭との一体感が強い（図23・図24）。つまりシトー会の回廊は修道士が椅子に座り読書や作業をするのに好都合な空間といえる。夏の盛りにセナンクとシルヴァカンヌを訪れると、中庭と回廊は天国の園そのものであった。

一方、カルトゥジオ会の大回廊、ザヴィニヨンとヴァルボンヌは、壁よりやや小さな開口が規則的に連続する。開口部は高い位置に設けられ（レ・ザヴィニヨンの東回廊[47]は天井にトップサイドライトさえある）、回廊の下部は薄暗く上部が明るく、シトー会の回廊とは明暗が逆転している。そして腰壁が高く中庭との一体感がうすい（図25・図26）。カルトゥジオ会の修道士は読書や写本などを独房内で行うため、回廊内で作業をすることも座ることもない。回廊の幅は狭く、主にミサに向かう通路として使うものと感じられ、その印象は両修道院とも牢獄の通路としか映らない。どちらかといえばシトー会は柱式回廊形態も

47 レ・ザヴィニヨンの東回廊

図23
セナンク修道院の回廊

図24
シルヴァカンヌ修道院の回廊
回廊の幅（3.98M）、
頂部高さ（5.42M）、
窓の壁厚（1.18M）
他の3つに比べてもっとも大きい。

図25
レ・ザヴィニヨン修道院の回廊

回廊の頂部高（3.96M）は、ヴァルボンヌとほぼ同じであるが、回廊幅（2.69M）は他の3つに比べてもっとも狭い。

図26
ヴァルボンヌ修道院の大回廊

しくはそれに近く、カルトゥジオ会は壁式回廊形態と判断できるであろう。ただし、カルトゥジオ会は、思いのほか個室の内部が充実した住空間である。ヴァルボンヌ修道院の個室は中庭付きのコートハウス形式であり、もちろんせまいが日本の一般レベルのコートハウスより豊かな空間性を感じさせる。レ・ザヴィニヨンは、いまでは一部が文化施設として開放され、個室の一つが中庭をもち雰囲気のよい安らぐ空間を感じさせる喫茶室になっていた。

以上のようなことから考えると、シトー会には空間が内外を行き来できる透過性があり、カルトゥジオ会では、やや閉ざされているという点で相違がある。

4. 求道する回廊 ― ベネディクト型修道院の特徴

修道院はあらゆる神学的思弁が織り込まれた城（囲い込まれた宗教的な領域）であり、その心臓部ともいえる位置に回廊がある。神社には山や林がないと神社とよべず、修道院は回廊がないと修道院とよべない。つまり回廊は修道院の最も修道院的な場所である。その場所はきわめて豊かな宗教的意味を内包している空間ともいえる。修道院の回廊は、当初おそらくバシリカという集会施設からの単なる借り物にすぎなかったであろう。しかし、聖堂と回廊がセットでベネディクト修道会によって制度に組みこまれた時点から回廊の意味がちがってきたといえる。

十二世紀のオータンのホノリウスは[48]「回廊は心も思いも一つにしてすべてのもち物を共有する使徒的生活を展開する天国の場」であるという。シトー会の立役者であるベルナルドゥスは「鎖につながれることなく、あたかも扉の開いた牢獄のごとくこの場所にこれほど多くの少年、若者、貴人、その他多くの人々を見ること以上の軌跡はあろうか」といい、さらに「真に回廊は天国であり、規律という城壁に守られた地区で、そのなかにはかけがえのない富があふれているのがみえる。同じ召命を受けた者が同じ場所に住むことは、何よりも幸福である。」と述べている。

このように回廊は、天上の楽園を意味すると同時に回廊の語源claustrumに由来する「牢獄」をも意味していた。したがって、修道院の回廊は天国であると同時に「牢獄」という両義性の形態をもっている。いいかえるならば、修道院での厳格な求道生活に耐えてこそ、はじめて両義的な体験とキリスト教的な意味が理解できるということである。だからこそ、回廊が修道士たちの「求道の場」であり、「求道する回廊」となりうる。

回廊は唯一光のさしこむ中庭に開かれ、呼吸し、外側が聖堂と主要室で堅固に守られている。我々が修道院を訪れたとしても回廊には入れない。回廊は世俗社会から修道士の祈りや禁欲といった戒律を維持するに「護りの構造」をもっている。つまり、この構造こそが、中世を代表するベネディクトの戒律を遵守したベネディクト型修道院の回廊なのである。

48 オータンのホノリウス 「キリスト教の神学者」であるホノリウスはドイツに長く住んでいたがアイルランド生まれ。その著『オータンのホノリウス』はロマネスク時代の宗教建築物の象徴性について記述した最も深淵なものといわれている。

二章 — モスクにおける回廊

イスラーム建築は、千年の永きにわたり大西洋からカンジス河にいたる広大な地域において実現した。イスラームがメッカをはじめ北アフリカの大地から世界に広がるとともに、イスラーム建築は人種、習慣、気候・風土そしてさまざまな環境のもとで、各地における建築の影響を受けた。たとえば地中海周辺からは古代ギリシア・ローマ文明を、またメソポタモア・中央アジアからは古代オリエント文明の影響である。

このようにしてイスラーム建築はさきの文化を内包あるいは融合しながら多様な発

写真 イブントゥールーンモスクの回廊

展をなしとげたのである。その規範となるのがコーラン[1]（イスラームの聖典、クルアーンともいう）であり、モスクがその中心的存在である。当然、モスクはムスリム[2]の生活と密接な関係をもち、イスラーム社会の特徴を映しだす鏡ともいえた。その歴史はイスラーム世界の歴史といっても過言ではない。

これよりさきに話をすすめるにあたっては、まず時代と地域をここで明確にしておかねばならない。

ここで取り扱う時代とは、七世紀の正統カリフ[3]時代から一九世紀のオスマン帝国が滅亡するまでとし、地域は一般にいわれるところのイスラーム帝国のアラビア半島を中心に、西の地中海と西アジア地域に限定している。ただし、その周縁部（西アフリカ、東アフリカ、南アジア）は対象外とした。その理由として、周縁部の地域のモスクは土着の建築との融合が強くみられ、むしろ回廊をもたないものが多いからである。

モスクは集団礼拝の有無で二つに分けられる。その一つはイスラームの休日である金曜日の正午に導師（イマーム）による説教と、集団礼拝が行われる金曜モスクである。もう一つは仕事の合間に礼拝をするといった日常性の強いモスクである。金曜モスクは信者がたくさん集まる大きなモスクであり、各都市に一つと決められ、これはある時代まで守られていた。金曜モスクの基本形は礼拝室、中庭、回廊（周廊）を有している。イスラーム建築史上の名だたるモスクはこの範疇にはいる。ここでは金曜モスクを中心に進めていくことにする。

1　コーラン　「神の言葉」とされ、アラビア語で百十四章からなり、さらに各章が節に分かれている。ムハンマドの言葉を伝承したものは「ハディース」とよばれコーランと厳密に区別されている。

2　ムスリム　「絶対的に服従する者」が原意のアラビア語で、アラブ人を問わずすべてのイスラム教徒をさす。

3　正統カリフ　ムハンマドの死後、イスラーム世界を統率する者の地位をカリフと称する。初代から第四代まではムハンマドを補佐した長老達で、これを正統カリフ時代（六三二〜六六一）とよぶ。

まずは、モスクの時代を区分してみると、萌芽期（七～一〇世紀）はアラビア半島を中心とし、中世期（一〇世紀中～一四世紀末）は北アフリカとペルシアを中心とし、そして近世期（一五～一七世紀）はトルコを中心としたものに分けることができる。当然、その時代区分と各地域におけるモスクの形式には、イスラーム王朝とも深く関係していることはほぼまちがいないであろう。

ここで、イスラーム王朝とはムスリムの皇帝や国王が支配する国家のことである。その歴史をたどってみると、ハーシム家の直属であったムハンマドからはじまり、正統カリフが四代にわたりつづいた。しかし、ウマイヤ家のムアーウイヤが六六一年ウマイヤ朝を成立したことで両家が対立し、その後において、ハーシム家の直属のアブ＝アッバースがウマイヤ朝を滅ぼしアッバース朝を樹立した。それ以後は分裂もあり新たな建国もありで、さまざまな地域にイスラーム王朝が誕生した。今日、中東情勢などの報道で認識する、スンニン派とシーア派の対立は、まさにここでのウマイヤ家とハーシム家の対立に起因しているといえる。

以後、この時代と各王朝が治めた地域にわたって存立した、イスラームのモスクと回廊について考察しながら展開するとしよう。

1. 礼拝室と回廊における平面形の変化

(1) 礼拝室における8タイプ

回廊をとりあげる前に、まず回廊の発生当初から不可分の関係にある礼拝室について考えてみる。モスクの礼拝室とは、多くの人々がメッカの方向に向かって祈りを捧げる場であり、その方向を示すのがギブラ壁につくられたミフラーブ（前出）である。

礼拝室は内部形式（列柱の配置と変化、およびアーケード[4]の方向など）によってその平面をいくつかに類型化することが可能である。まずは、ここで対象とするモスクの平面を模式化し、その模式図をもとに、その時代と該当する王朝とにそれぞれに区分してみた[(1)]。それが（図1）である。

この図から、礼拝室は均一多柱型、イラン型、そしてトルコ型に大きく分類することが可能である。さらに均一多柱型は、アーケードがギブラ壁に面して垂直であるか水平であるかによって、垂直多柱型と水平多柱型に分類ができる。さらには列柱廊の配置によってT字形とI字形が存在するということも確認できた。

これらを分類・整理したものを（図2）に示す。そのなかでも、均一多柱型、垂直多柱

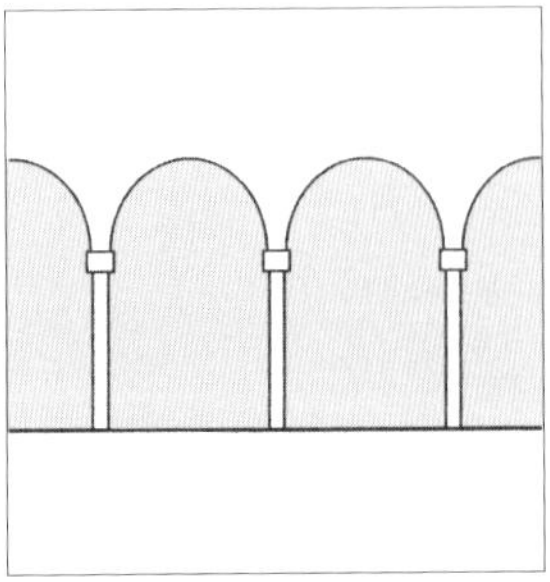

4　アーケード　列柱の上に連続的にアーチを架けわたしたもの。

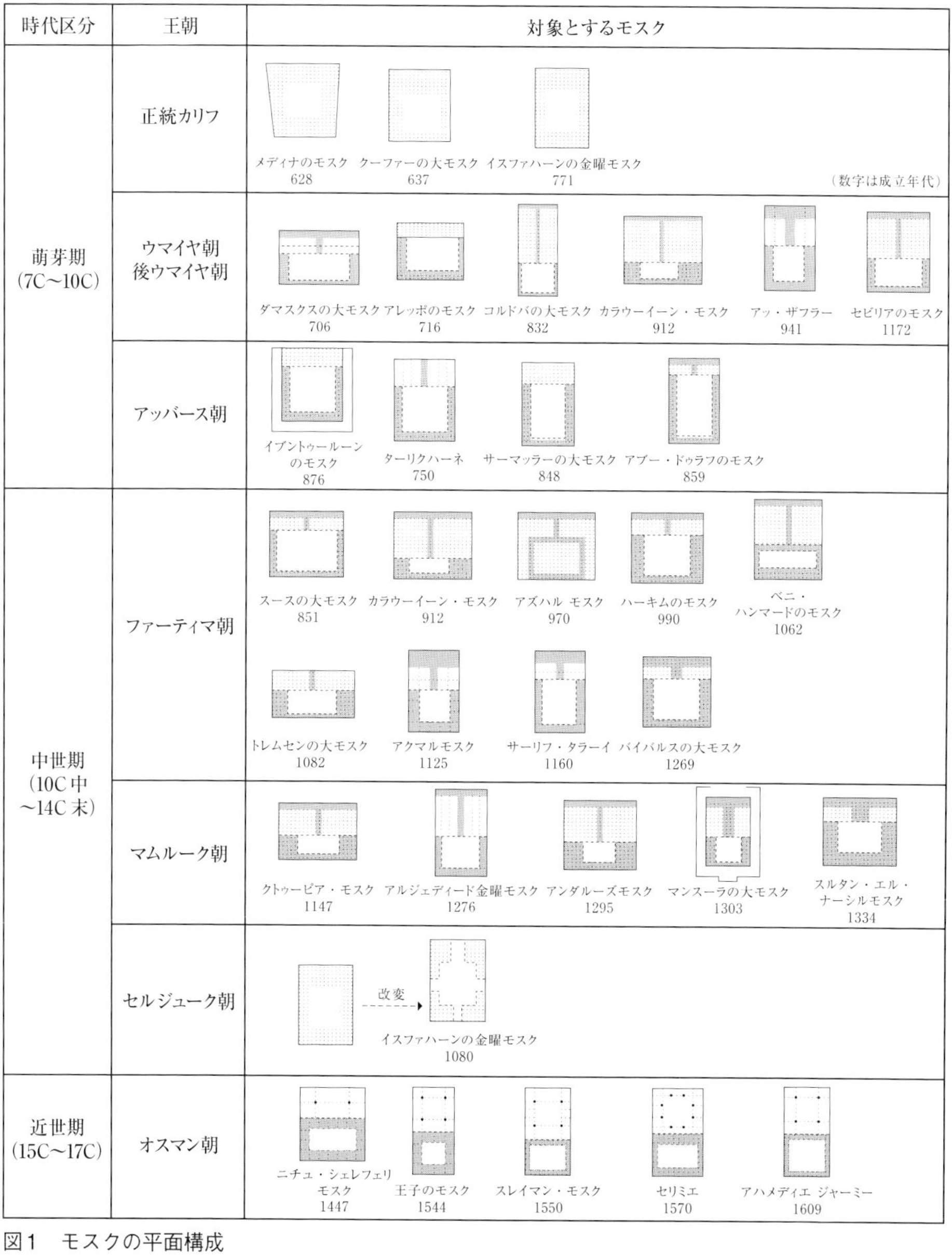

時代区分	王朝	対象とするモスク
萌芽期（7C～10C）	正統カリフ	メディナのモスク 628／クーファーの大モスク 637／イスファハーンの金曜モスク 771　（数字は成立年代）
	ウマイヤ朝 後ウマイヤ朝	ダマスクスの大モスク 706／アレッポのモスク 716／コルドバの大モスク 832／カラウーイーン・モスク 912／アッ・ザフラー 941／セビリアのモスク 1172
	アッバース朝	イブントゥールーンのモスク 876／ターリクハーネ 750／サーマッラーの大モスク 848／アブー・ドゥラフのモスク 859
中世期（10C中～14C末）	ファーティマ朝	スースの大モスク 851／カラウーイーン・モスク 912／アズハル モスク 970／ハーキムのモスク 990／ベニ・ハンマードのモスク 1062／トレムセンの大モスク 1082／アクマルモスク 1125／サーリフ・タラーイ 1160／バイバルスの大モスク 1269
	マムルーク朝	クトゥービア・モスク 1147／アルジェディード金曜モスク 1276／アンダルーズモスク 1295／マンスーラの大モスク 1303／スルタン・エル・ナーシルモスク 1334
	セルジューク朝	イスファハーンの金曜モスク 1080（改変）
近世期（15C～17C）	オスマン朝	ニチュ・シェレフェリモスク 1447／王子のモスク 1544／スレイマン・モスク 1550／セリミエ 1570／アハメディエ ジャーミー 1609

図1　モスクの平面構成

型、水平多柱型、そしてイラン型は、かの預言者のモスクをはじめとする「多柱形式」の流れをくむものと考えられる。

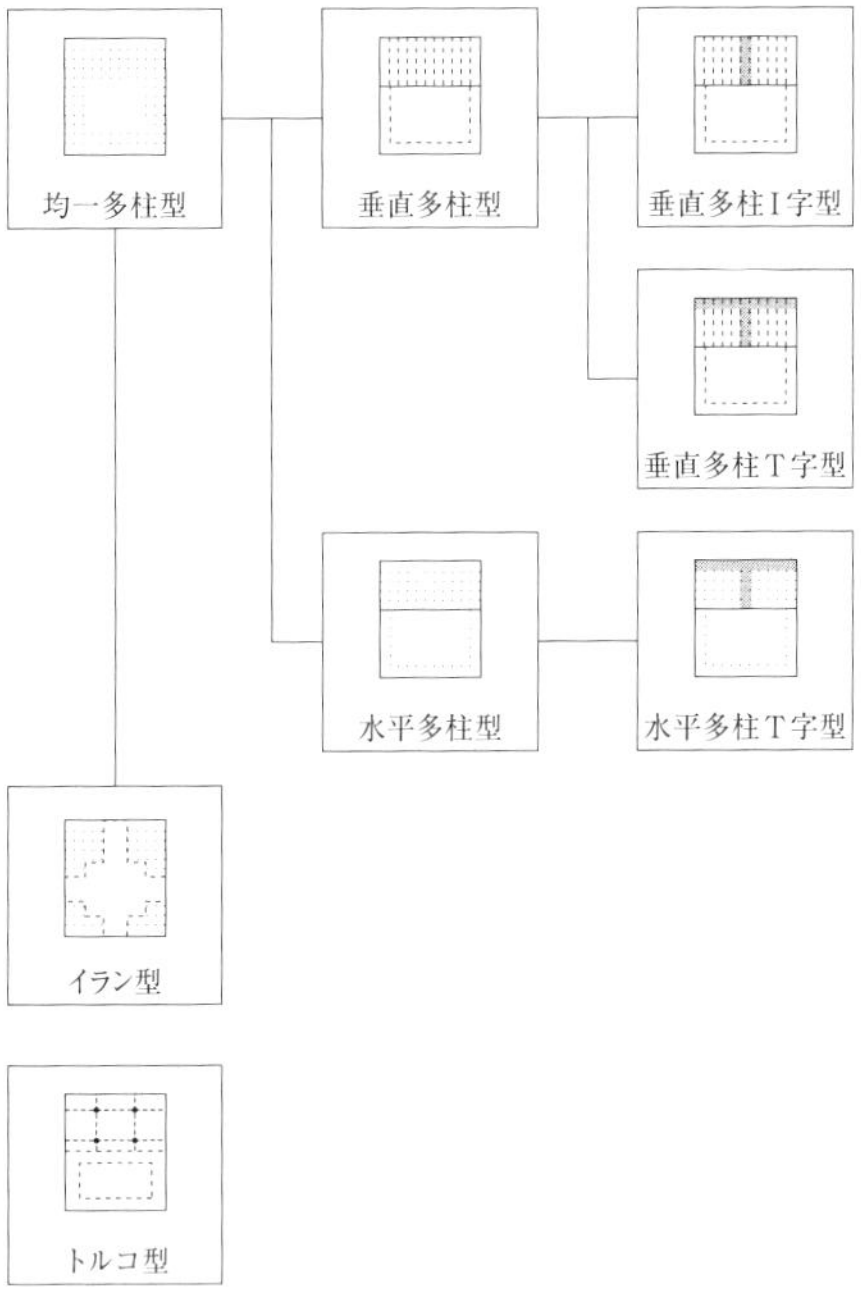

図2　礼拝室の型分類

●萌芽期（七〜一〇世紀）

萌芽期は、古典型モスク（アラブ・イスラム様式ともよばれる）の時代といわれ、均一多柱型、そして水平多柱型もみられるものの、主として垂直多柱型の礼拝室が出現している。この時代の王朝は正統カリフ、ウマイヤ朝、アッバース朝などである。

正統カリフ時代の礼拝室は主に均一多柱型で、この型は、礼拝室の列柱に方向性がなく均一で簡素な多柱空間の平面を表している。このタイプとしては、預言者のモスク（後出のメディナのモスク）をはじめ、イスラーム発祥の地域（サウジアラビア・イラン）にその多くが存在している。
ウマイヤ朝（シリアのダマスクスを中心）と後ウマイヤ朝（アッバース朝から独立した

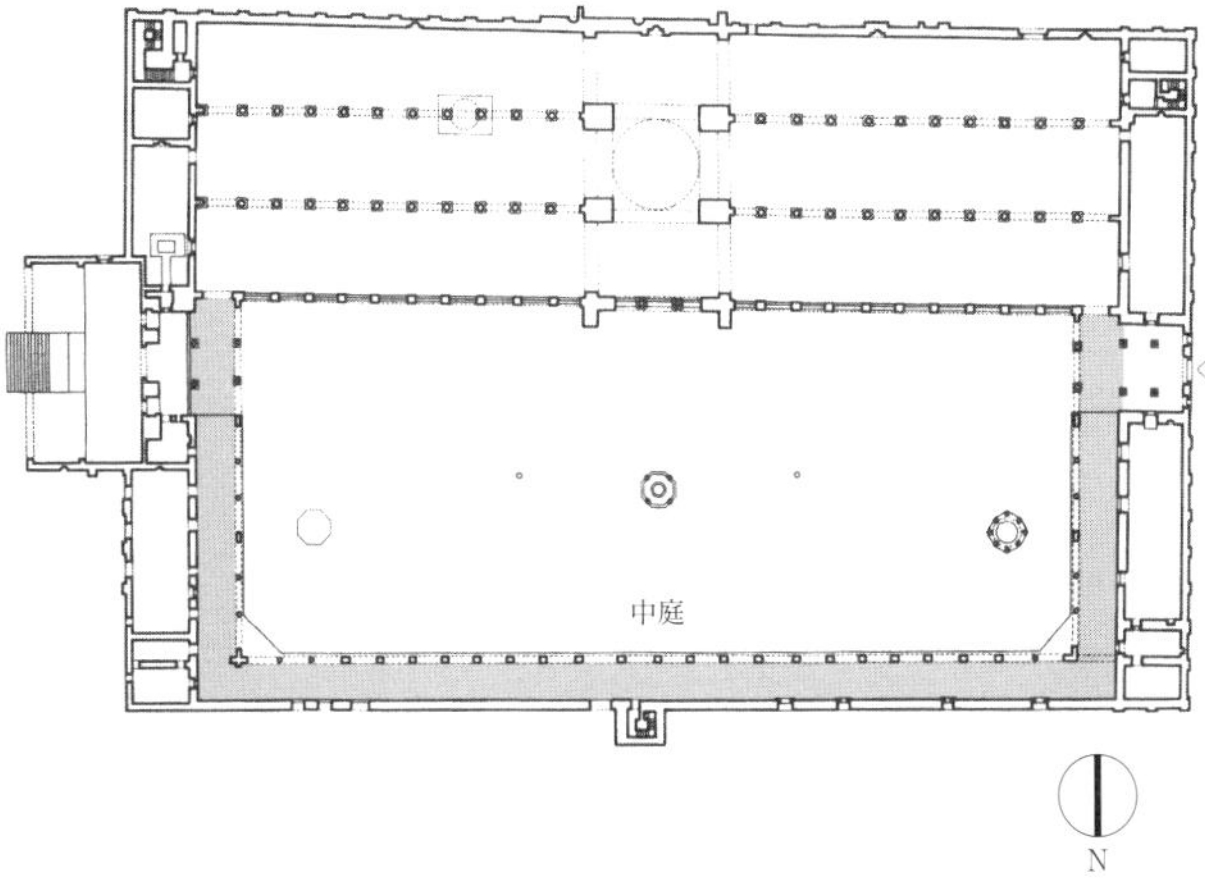

図3　ダマスクスの大モスク（平面図）

図4　大モスクの俯瞰図

王朝）においては、「垂直多柱T字型」の礼拝室が多い。この垂直多柱T字型とは垂直多柱型の礼拝室にギブラ壁にそった廊と、その廊に垂直に取りつく中央の廊が広く、なお天井も高く上から見下ろすとローマ字のTの字に似た形をしている。このT字型廊は初期バシリカ教会の転用あるいは融合をはかった結果といわれており、イスラームが侵攻した古代都市に多いとされる。その地域はウマイヤ朝の都のシリア、後ウマイヤ朝の都スペイン、そしてそれらのモスクを模範としたモロッコ、アルジェリアなどである。とりわけコルドバの大モスク、カイラワーンのモスク[5]（チュニジア）が代表的である。このタイプは、ダマスクスの大モスク（シリア、図3・図4）を楚にして発展したといわれ、以後のモスク建築の一つのモデルともなっている。この著名なモスクについてはもう少し詳しく述べることにする。

ダマスクスの大モスクは、建築を命じたウマイヤ家のカリフにちなんでウマイヤ・モスクともよばれている。イスラームがダマスクスを征服したとき、古くから町の神域にあた聖ヨハネ教会を没収し、解体したのちに九年の歳月をかけ建造されたモスクである。建物は東西一五七M、南北一〇〇M、中庭の三方を回廊が囲んでいる。ミフラーブは中央のものを含め四つある。柱列と柱列の間は切妻の屋根で覆われており、この柱列は以前たっていた聖ヨハネ教会のものをそのまま移動し転用したともいわれ、不思議と教会の身廊を思わせる。ビザンティン建築[6]の影響が随所にみられるが、それを重視されたのが中庭と建物の内側、とくにミフラーブ周辺である。モスクはこれまでのモスクと異なり、じつに美し

5 カイラワーンの中庭と正面

6 ビザンティン建築　六世紀に東ローマ帝国で完成され、東方教会で一貫してもちいられた建築様式。様式は初期キリスト教以来の伝統的バシリカ平面に神の座を象徴するドームをいかに架けるかであった。

く壮麗である。

アッバース朝に話をもどすと、ウマイヤ朝の滅亡後に成立したアッバース朝（イラク）は、垂直多柱T字型に加え垂直多柱I字型がはじめて出現してくる。垂直多柱I字型とは垂直多柱型の礼拝室にギブラ壁に垂直な中央の廊のみが広く高くつくられ、上から見るとローマ字のIの字に似た形をしている礼拝室である。アッバース朝はイスラームの誕生いらいはじめて、首都の百万都市バクダートを建設したことでも名高い王朝である。その後は都をサーマッラーに移した。垂直多柱型のサーマッラーの大モスク[7]（イラン、図5、ムタワッキルのモスクともよぶ）が有名である。このモスクは外壁の厚さが想像もつかない二・六五Mにもおよぶ。内部は完全に崩壊しているが、発掘調査によると礼拝室は九列の列柱を有していたという。さらに内部の表面はダマスクスの大モスクに匹敵する豪華なモザイクで覆われていたとある。(2) 垂直多柱I字型にはターリクハーネ（イラク）がある。

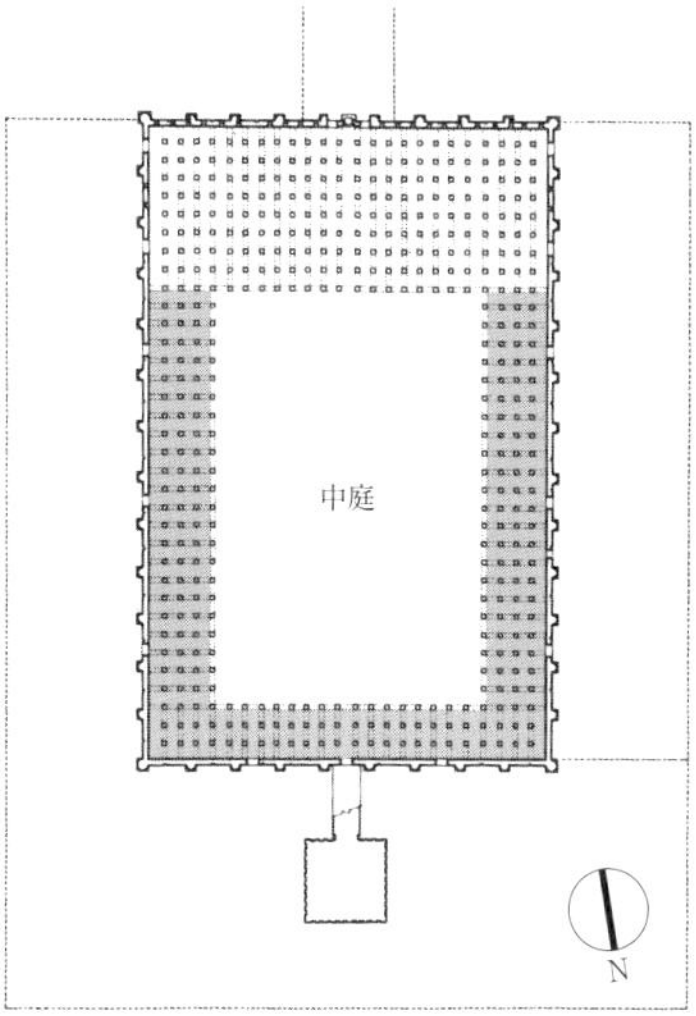

図5　サーマッラーの大モスク（平面図）

7 サーマッラー大モスクの塁壁　みごとに修復された壁は、幅一五六M、長さ二四〇Mをこえる。

●中世期（一〇世紀中～一四世紀末）

中世期は、チュニジアにおいてファーティマ朝、次いで奴隷王朝と言われたカイロのマムルーク朝が興った。そこでは垂直多柱T字型に加え、水平多柱T字型の礼拝室が新たに出現した。とくに水平多柱T字型はエジプトに多く存在している。アーケードの方向がなにゆえ水平と垂直につくられたのか、またどのようにして区別されたのかは定かでない。ただし水平はイスラーム軍の砂漠での隊列からきたともいわれているが、この説も憶測にすぎない。とはいえ、この形式が萌芽期の古典モスクの延長上にあることはたしかである。

二つのTの字型は、地中海を中心とした国々、特にエジプトおよびマグレブ（現在のモロッコ、アルジェリア、チュニジア、を含む北西アフリカ）と呼ばれる地域に普及した。水平多柱T字型には、カラウーイーン・モスク（モロッコ）、アズハル・モスク（エジプト）、ハーキム・モスク（エジプト）、そしてマグレブで最も美しいといわれるケルアンの大モスク（チュニジア）などが著名である。

そのなかの一つ、ハーキム・モスク（図6）は、これまでの古典型モスクと少々異なり、正面入り口が重視され装飾化され、外観のデザインを意識して造られた最初のモスクといわれている。以後、エジプトのモスクは入口を美しく装飾し、さらにイラン型のムカルナス（後述）などの影響を受けはじめたのである。このハーキム・モスクは永きにわたり廃墟となっていたが最近になって修復され、いまでは往時の華麗さをとり戻した姿になっている。

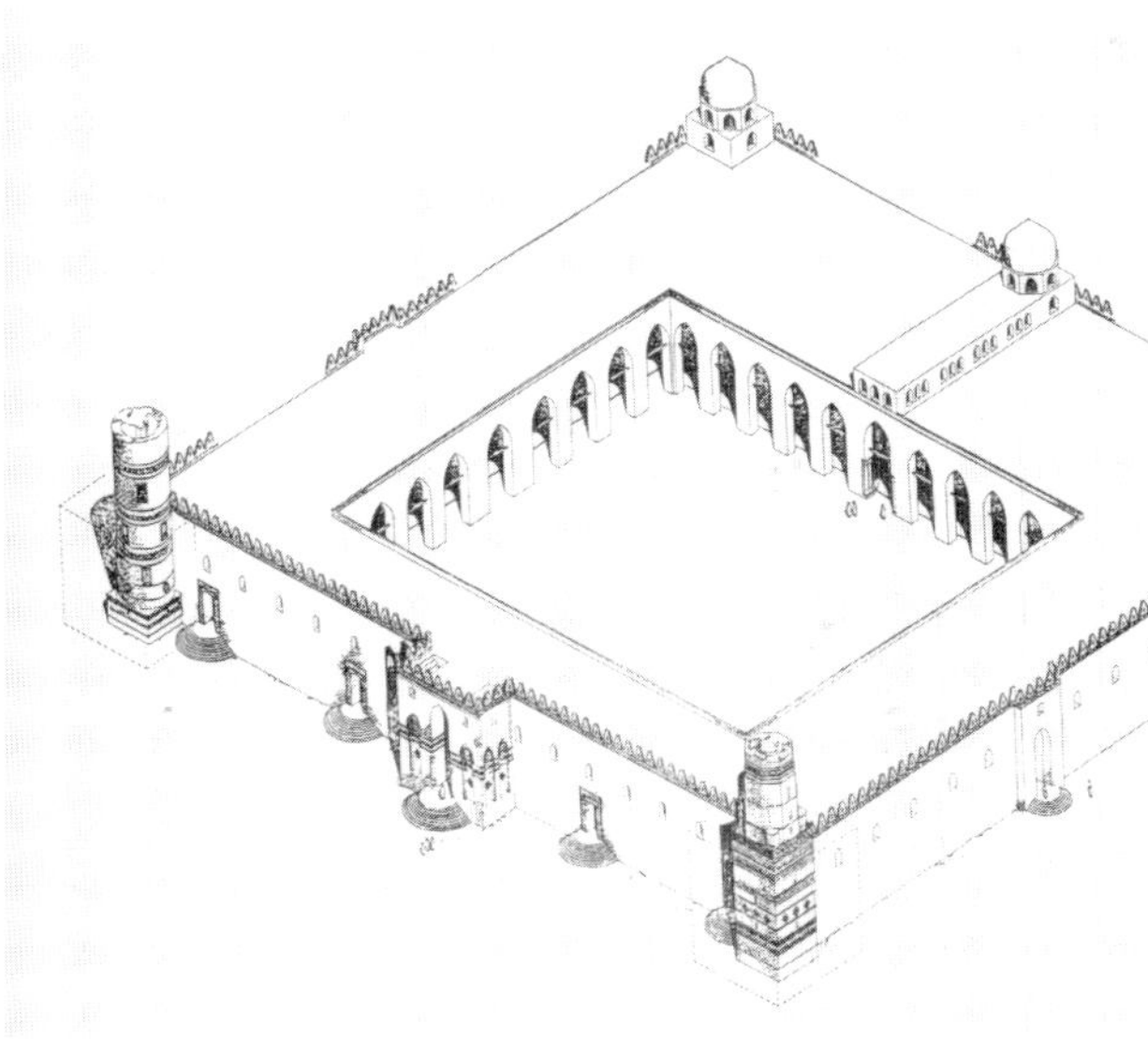

図6　ハーキム・モスクの復元図

　一方、中世期後半のペルシア（東方イラン）では、これまでの矩形の礼拝室と異なるイラン型が出現する。この型はイスファハーンを都としたセルジューク朝（十二～十三世紀）のもとで完成したといわれている。イラン型はかつてイスラーム以前の王室権力の象徴であったイーワーン（大アーチの開口広間）をもとに、ササン朝[8]の宮殿から派生したものである。

　イーワーン[9]とは、中庭より内部空間に導くモニュメンタルな入口として大広間に用いられた内でも外でもない中間領域のことである。とくに四イーワーンの形式は四基のイーワーンが直

8　ササン朝　ササン朝（二二六～六五一年）はイラン高原・メソポタミアなどを支配した王朝で、ササン朝ペルシアともよばれる。イーワーンはササン朝の宮殿建築における王の謁見用ホールを継承したとの指摘がある。

9　イーワーン　その造形は建物のファサードに大きなアーチ開口を作り、その周囲を四角に枠取りしたもの。（左図はイスファハーンの金曜モスクのイーワーン）

交する二本の中軸線上に二基ずつ互いに向かい合い、中庭に面するファサードの中央に位置しながら相呼応している。

この型のモスクは、セルジューク朝（一〇～十二世紀）のイスファハーンを中心にイラン文化を受けた地域にしか存在しなかった。イスファハーンの金曜モスク（イラン・後出）が最も代表的といえる。

●近世期（一五～一七世紀）

近世期は、オスマン朝の時代にトルコ型（オスマン様式ともよばれる）の礼拝室が多く建設される。

この形式はもはや多柱空間ではなく、その内部は天井に大きなドームをのせた空間を現わしている。形はイラン型にかわってビザンティンの伝統を引き継ぐもので、ドームを中心に構成された大広間（礼拝室）の形式である。その基本となるのがユスティニアヌス帝[10]時代のキリスト教建築、ハギア・ソフィア大聖堂（五三二～五三七年、以後は聖ソフィアという、図7）である。ビザンティン建築技術の粋を集めたこの大聖堂が、オスマン建築に与えた影響ははかりしれない。そのよき実例がイスタンブールのスレイマン・モスク（スレイマニエともいう、図8）である。このモスクはトルコの天才的建築家といわれたシナン[11]の代表作でもある。

シナンは、皇帝の「王子のモスク」をつくったのち、憧れの聖ソフィアに真正面から対

10 ユスティニアヌス帝　六世紀の東ローマ皇帝で、建築家トラレスのアンテミウスとミレトスのイシドロスを使い聖ソフィアを建設。

11 シナン　彼の経歴はことごとく謎に包まれており、おそらく一四八九～一四九二年の間に生まれたアナトリア出身で、キリスト教徒出のスルタン親衛隊の一員である近衛歩兵であったとされている。五〇歳にしてスルタン付き建築家になり、はじめてモスクをつくりはじめる。それ以後、建物の数は三三四を下らないとされ、しかも傑作のいくつかは八〇歳を超えてたてられたものである。

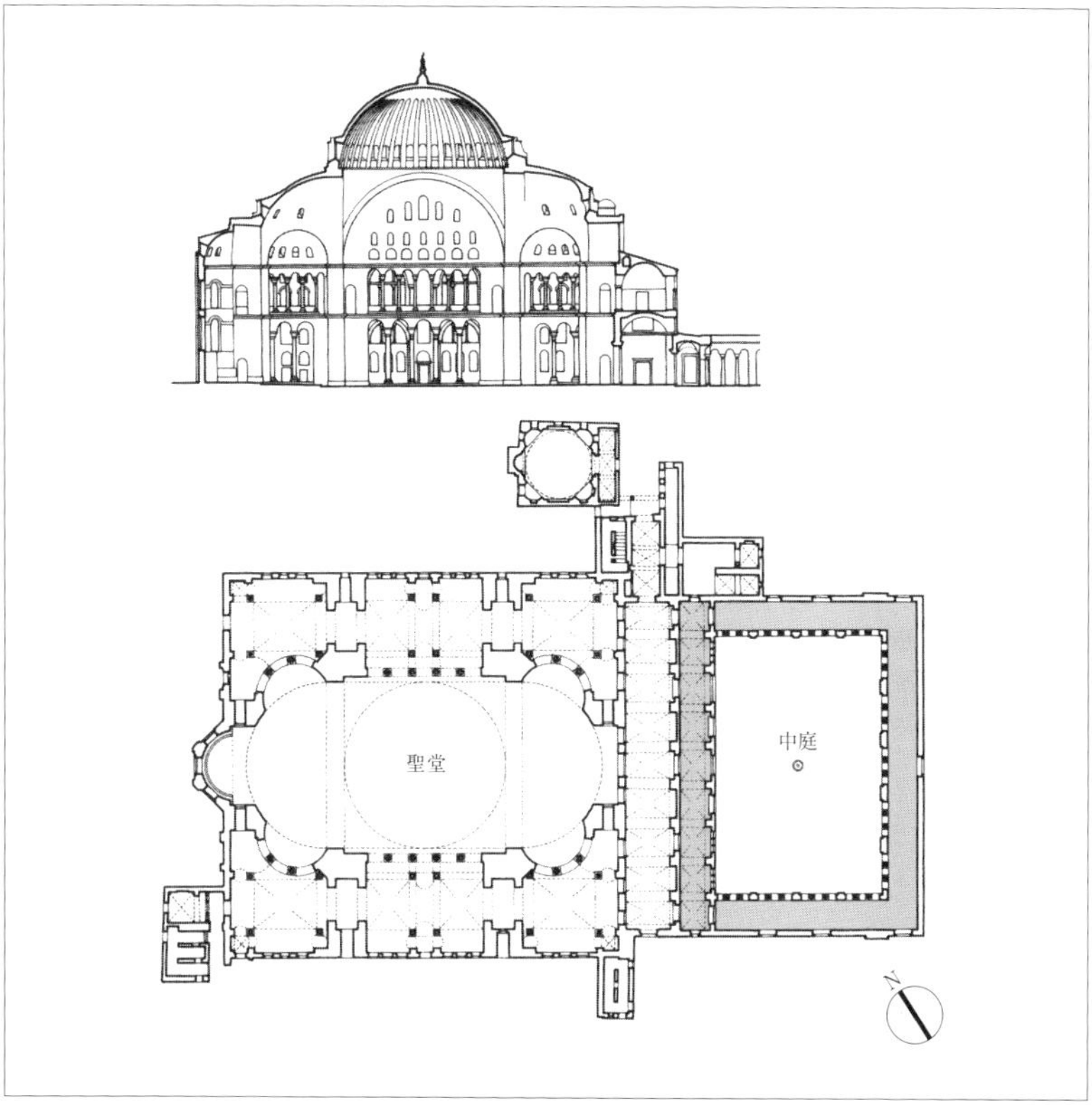

図7　ハギア・ソフィア大聖堂
（下図右はハギア・ソフィアの遠望、左は聖堂内部）

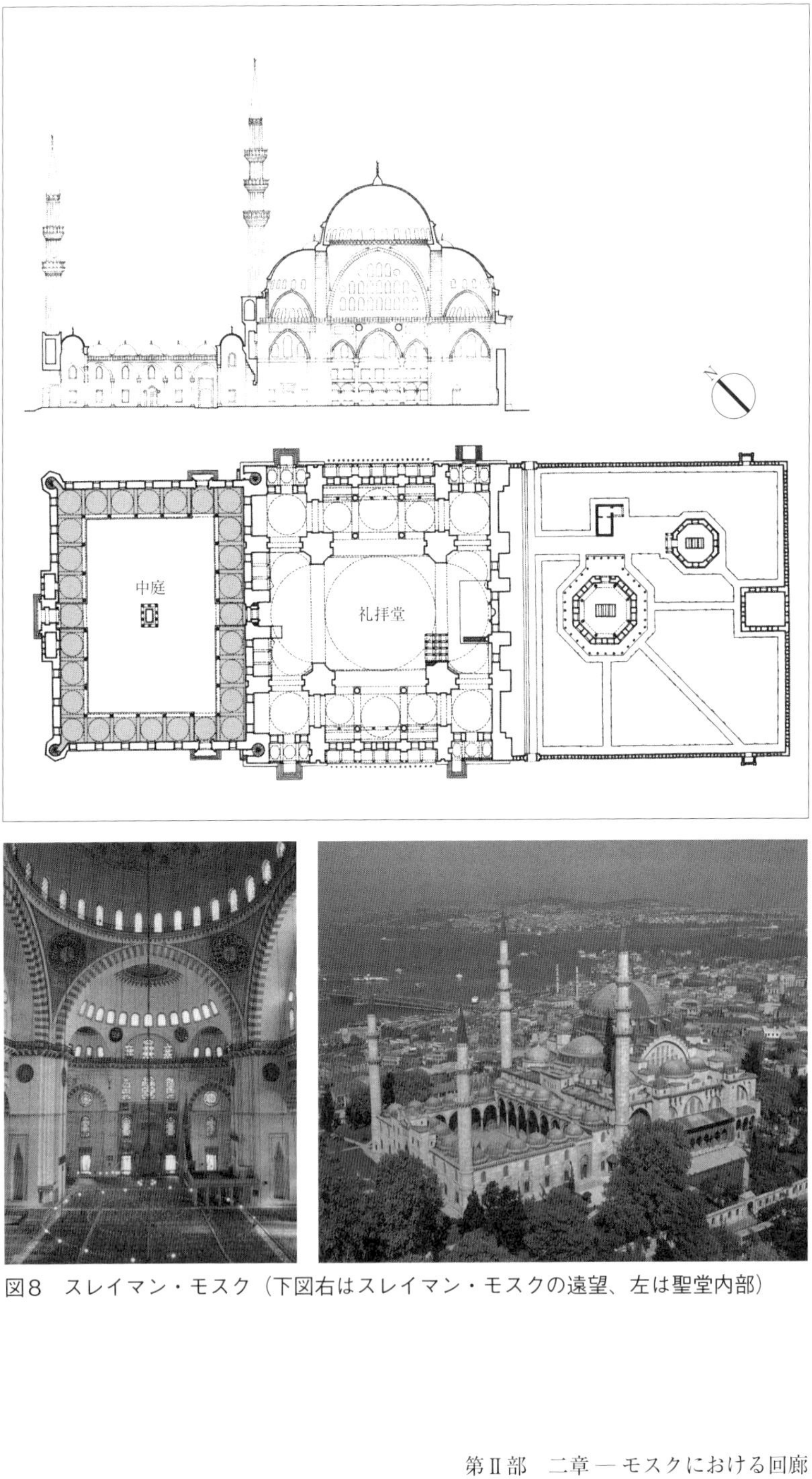

図8　スレイマン・モスク（下図右はスレイマン・モスクの遠望、左は聖堂内部）

決し、このモスクを手がけたといわれている。このとき、彼は聖ソフィアの方法をはじめてとりいれることで、中央ドームの前後に半円ドームを従えた奥行方向の空間を形成した。こうして千年後に聖ソフィアの再現をはたしたのである。両者の建築は（図7）と（図8）でもみられるように、その規模[12]においてもかなり類似している。本質的な違いは、聖ソフィアが内部の球面部分の連続性を求めたのに対して、スレイマンは球面部分の分節化を強調したことにある。採光は、聖ソフィアが地上の暗闇に向けてドームの中央からふりそそぐ教会のような光の採り方に対して、シナンは神秘性をもたない均一の採光とした。さらに付け加えると、石の加工技術はビザンティンに比べてオスマンがその正確さにおいて優れていた。つまり、シナンの礼拝室は聖ソフィアに比べて透明感と硬質感、さらに上昇感にあふれた明快な構成方法がとられていたといえるであろう。

この型は、これ以後シナンを中心にトルコ国内に数多くつくられることになった。

(2) 回廊における6タイプ

ここではさきにとりあげたモスクの平面構成（図1）をもとに、中庭を囲む回廊に目を向けてみることにする。

回廊の平面形としては、コの字均一多柱型、コの字列柱型、分離コの字水平型、分離コの字垂直型、そしてL《かぎ》の字型、ロの字型に分類することができ、これら6タイプを模式図

12 聖ソフィアとスレイマン・モスクの規模　両者の規模を比較すると、主ドームの直径、高さ、礼拝室の面積は、聖ソフィアでは三一M、五六M、七〇M×七五Mに対し、スレイマンでは二七M、五四M、五七M×五七Mである。

に表したものが（図9）である。さらにこの「回廊の型」をさきに区分した八つの「礼拝室の型」と突き合わせてみる。

①コの字均一多柱型

正統カリフ時代の均一多柱型の礼拝室に一見埋没するかのように回廊は存在している。型は回廊の平面がコの字形ではあるが、礼拝室と同じくアーケードに方向性のない均一分布の多柱空間が存在している。したがって、回廊と礼拝室の境界が明確に区画できず、回廊部分を従礼拝室と捉えることもで

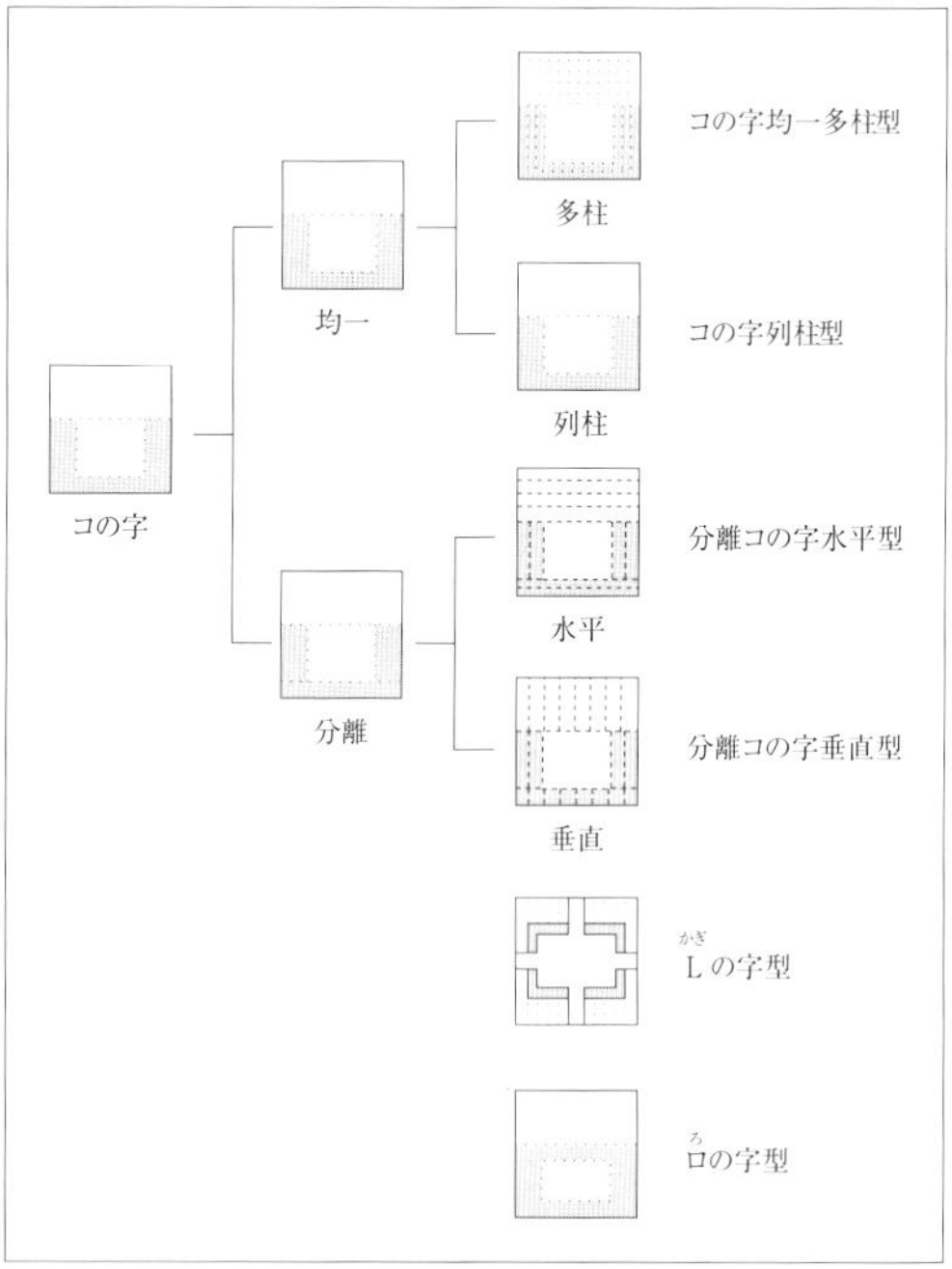

図9　回廊の型分類

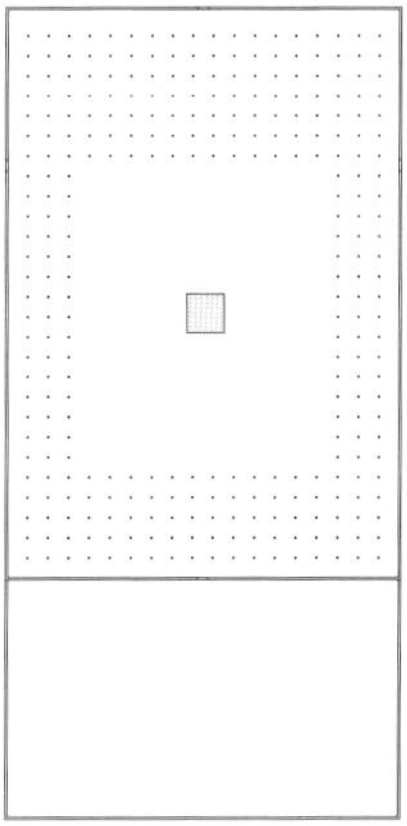

図10　イスファハーンの金曜モスク（アッバース朝）

きる。具体例には初期（六二八年）のイスファハーンの金曜モスク（図10）がある。

② コの字列柱型

ウマイヤ朝や後ウマイヤ朝時代において、回廊は垂直多柱T字型の礼拝室に取りついている。型は回廊の平面がコの字形であり、アーケードの方向によって礼拝室と回廊とが明確に区画されているものの、主として回廊内は区画されていない。形は、礼拝室同様に初期バシリカ式教会の回廊[13]を範とした平面をもつといわれ、回廊の三辺の幅が同等でこの点も似ている。事例にはダマスクスの大モスクやコルトバの大モスクがある。

③ 分離コの字垂直型

ほとんどがアッバース朝時代の回廊であり、主として垂直多柱T字型やI字型の礼拝室に取りついている。型は、回廊の平面がコの字形で、アーケードの方向によって礼拝室と回廊が明確に区画されており、さらに対面回廊と側廊に分けられる。水平か垂直かは礼拝室と同じくアーケードの方向がギブラ壁に面して水平か垂直かによって決められる。そのときの対面回廊のアーケードの方向はすべて礼拝室と同一方向である。つまりこの回廊は「預言者のモスク」の副礼拝室に起源をもつのであろう。

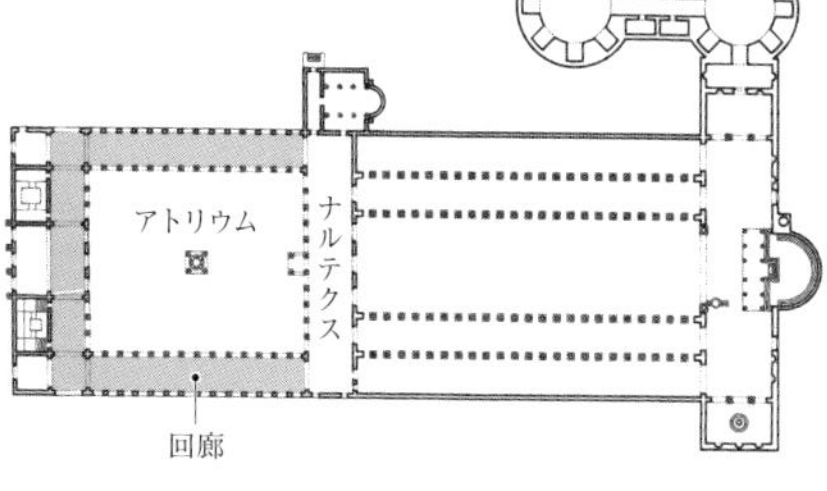

13 初期バシリカ教会堂（旧サン・ピエトロ教会堂平面）

④ 分離コの字水平型

中世期の地中海を中心に隆盛をきわめたファーティマ朝やマムルーク朝時代において、回廊は主として水平多柱T字型の礼拝室に取りついている。と同時に、王朝の影響を受けた地域には垂直多柱T字型の礼拝室をもつモスクが多くたてられている。つまり、それに取りつく分離コの字垂直型の回廊も多かったということになる。

⑤ L《かぎ》の字型

回廊は、当然イラン型の礼拝室に取りついている。型は、平面がLの字形でイーワーンを中心に左右に取りついている。中庭に面する回廊の外観は一般にアーチの連続ではあるが、それは飾りアーチでありそこからは礼拝室に入ることができない。イラン型は多柱型の流れをくむものの、機能そのものは大きく異なっていた。したがって、礼拝室や回廊に入るにはイーワーンを通り抜けなければならない。

⑥ ロ《ろ》の字型

回廊は、トルコ型の礼拝室に取りついている。型は、平面がロの字形であり、その起源は聖ソフィア大聖堂のアトリウム、さらにはキリスト教バシリカ教会堂の形式までさかのぼる。回廊の各ベイはそれぞれ小さなドームで覆われた特異な光景を示すが、修道院の回廊のように中庭を囲む周廊といった意味あいはもはやなくなってきていた。

このように少々強引であるが、礼拝室と回廊の型における関係を整理したものが（図11）である。ここからは、広大な地域にわたって存在するモスクが一見して多種多様で複雑な展開と思われたものが、時代と王朝とモスクの形式から俯瞰してみると、意外にも礼拝室と回廊には明快な特徴と変移がみられた。

時代でいうなら、正統カリフ時代にはカリフの指揮の下にムスリムがアラビア半島をでていく、いわゆる「アラブの大征服」である。当時、各地に建てられたモスクは非常に質素なものが多く、なおかつ簡単につくられた建物のようである。(2) それを証明

時代区分	王朝	主な地域	礼拝室の型	回廊の型
萌芽期 (7C ～ 10C) (古典型モスク)	正統カリフ (632 ～ 661)	サウジアラビア、イラク	均一多柱型	コの字均一多柱型
	ウマイヤ朝 (661 ～ 750) 後ウマイヤ朝 (756 ～ 1031)	エジプト、シリア、イラン、イラク	垂直多柱T字型 (初期多柱室)	コの字列柱型
	アッバース朝 (750 ～ 1258)	イラク、イラン、エジプト	垂直多柱T字型 垂直多柱I字型	分離コの字垂直型
中世期 (10C中～ 14C末)	ファーティマ朝 (909 ～ 1171)	地中海を中心 (エジプト、アルジェリア、モロッコ)	垂直多柱T字型 水平多柱T字型	分離コの字垂直型 分離コの字水平型
	マムルーク朝 (1250 ～ 1517)			
	セルジューク朝 (1055 ～ 1194)	東方イラン	イラン型 (ペルシャ・イスラム様式)	Lの字型
近世期 (15C ～ 17C)	オスマン朝 (1299 ～ 1922)	トルコ	トルコ型 (オスマン様式)	ロの字型

図11　各年代における礼拝室と回廊の型

しているのが最初期のクーファのモスク[14]などである。初期のモスク（均一多柱型の礼拝室と均一多柱型の回廊）においては、回廊という認識が明確にあったかどうかはなはだ疑問である。

モスクが統一的な建築様式をもったのは、ウマイヤ朝の後期八世紀に入ってからといわれている。形式には礼拝室と回廊を明確に区画したところのコの字形回廊の存在があった。明確なコの字形回廊の出現によって、多柱型モスクは礼拝室の独立性、そして唯一ミフラーブにたよっていたメッカへの方向性をよりはっきりと表現した形式が誕生したといえる。

礼拝室と回廊には、中世期中頃のマムルーク朝まで数種類のバリエーションが誕生したものの、モスクの骨子はあいかわらず古典モスクの延長であった。さらには、イラン型様式（イーワンとドームからなる）もその延長といえる。様式は、のちに近世イランや中央アジアに継承されたが、中世期での影響地域はかぎられていたといえる。しかし、トルコを中心とするオスマン朝の出現でモスクの形態がもっとも大きな転換期を迎えることとなった。

王朝はマムルーク朝を滅ぼしエジプト、シリアを領有し、ついでモロッコを除く北アフリカを征服し、十六世紀にはヨーロッパ、アジアの両方に広大な領土を有する大帝国に発展した。このような政治的背景が何を意味するのであろうか。それは、サウジアラビア、イラクを中心として発生した。これまでの古典型モスクの系譜から外れただけでなく、イ

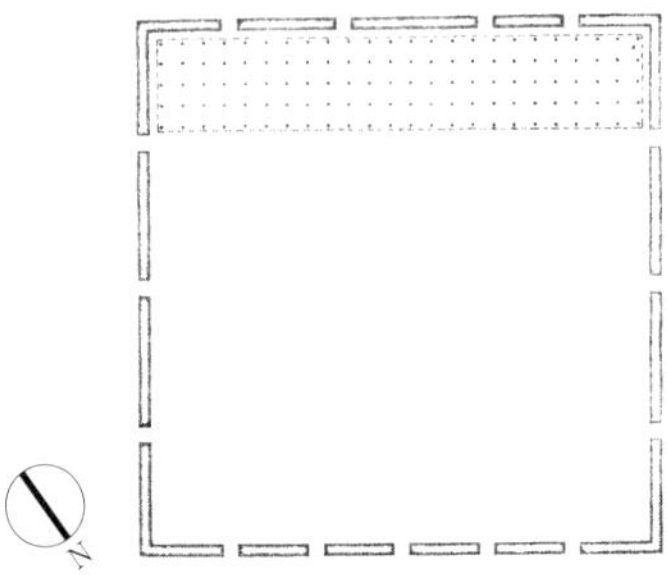

14 クーファのモスク（平面図）
モスクの位置はキャンプ地の一番高い場所が選ばれた。そこから矢がメッカの方向である南に、つづいて東、西、北に放たれ矢の落ちた点を境界として定められた。その一辺の長さは、おおよそ一〇〇Mの正方形であった。

スラーム世界の歴史や文化をも変えてしまったことであろう。オスマン朝様式はもはやイスラームの創世期を映しだすモスクではなく、むしろ東ローマを中心としたキリスト教建築と融合したモスクの姿といえるではないだろうか。

2. 礼拝室と回廊の空間特性

(1) 礼拝室は水平から垂直へ

萌芽期における古典モスクの礼拝室は、無数の柱が林立する多柱型（列柱）ホールで、そのすべての形が幅広矩形であり、これがフォルムの特徴となっている。多柱型はイスラーム世界においてもっとも広く普及した原型の一つで「預言者の住居」の系譜線上に位置している。その形態が完成したのはアッバース朝時代といわれており、その後も中世期のファーティマ朝、マムルーク朝を中心に、地中海沿岸にも広く普及した。

礼拝室の形が幅広矩形（横長）であるのは、おそらく教会のように儀式を行う場所でなく、単に礼拝する場所、つまり基本的に礼拝者が平等であることを表す形に起因すると思われる。また、礼拝室が均質な空間であるのは、礼拝者全員が一体感を共有するためともいわれている。そして林立する柱は、信者の歩む方向が水平かつ無限に広がりをもつ全方位的な空間を表現し、中庭が唯一中心性を表している。あたかも砂漠の生活から抜けでた人々の欲求のための空間とも受けとれる。アムル・モスク、アズハル・モスク（ともにエジプト）などがこの形をよく表現している。これらは細い円柱でつくられ、円柱上部を結びつけるタイロッド[15]によって木製の平天井を支える柱を補強し、まことに優美な多柱空間といえる。このタイロッドがあるのが典型的な初期の礼拝室である。

ここで是非ともあげておきたい華麗なる多柱型礼拝室がある。それは後ウマイヤ朝のコルドバの大モスク[16]（図12・図13）である。このモスクは三度の増築においてサーマッラーの大モスクに次ぐ大きな礼拝室をもち、柱がすべて西

右は、礼拝室の２層アーケード（展開図）
下（左）は、833 年および 912 年の拡大後の平面図
下（右）は、987 年の最終的拡大時の平面図

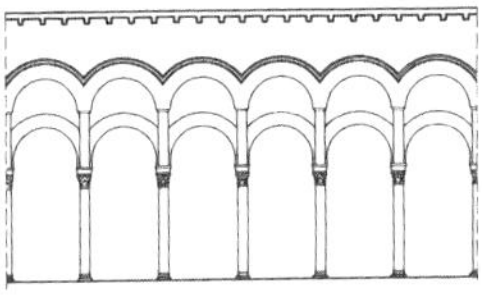

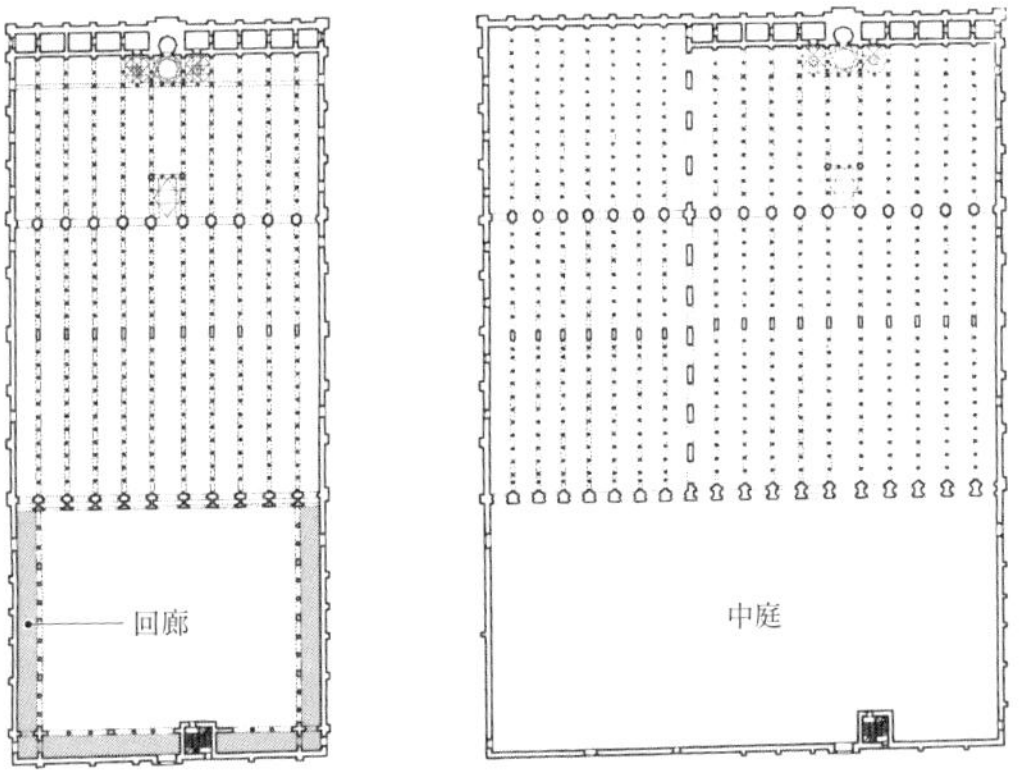

図12　コルトバの大モスク（平面図）

15 タイロット　左図はアズハル・モスクのタイロット。

16 コルドバ大聖堂　スペイン南西部アンダルシア地方の中心都市コルドバにあり、一七八七年に完成したネオゴシック様式。大聖堂はメスキータともいい、かつてはユダヤ人が住んでいた一角にある。

ゴード時代やその前のローマ時代の建物からの転用である。ことに魅了されるのは、見渡すかぎりつづく六〇〇本の柱と二段アーチの光景である。ギブラ壁に直角に並ぶ柱は下が馬蹄形、上が半円形の二段アーチで結ばれ、アーチの色彩効果（白石と赤煉瓦）と相まって、美しさをいっそう引き立たせている。

礼拝室の高さと幅の比は、一般に1：4ないし1：6とされている。[2] しかし、カイラワーン、イブン・トゥールーン、[17] ハーキムの各モスクを調べてみると、1：7～13であった。これは高さに対して七～十三倍の広さをもっている。当然、礼拝室の内部空間は面積に比べてきわめて背の低いボリュームということになる。礼拝室は神が存在せず平伏するための空間であればよく、天

図13　コルドバ・大モスク回廊

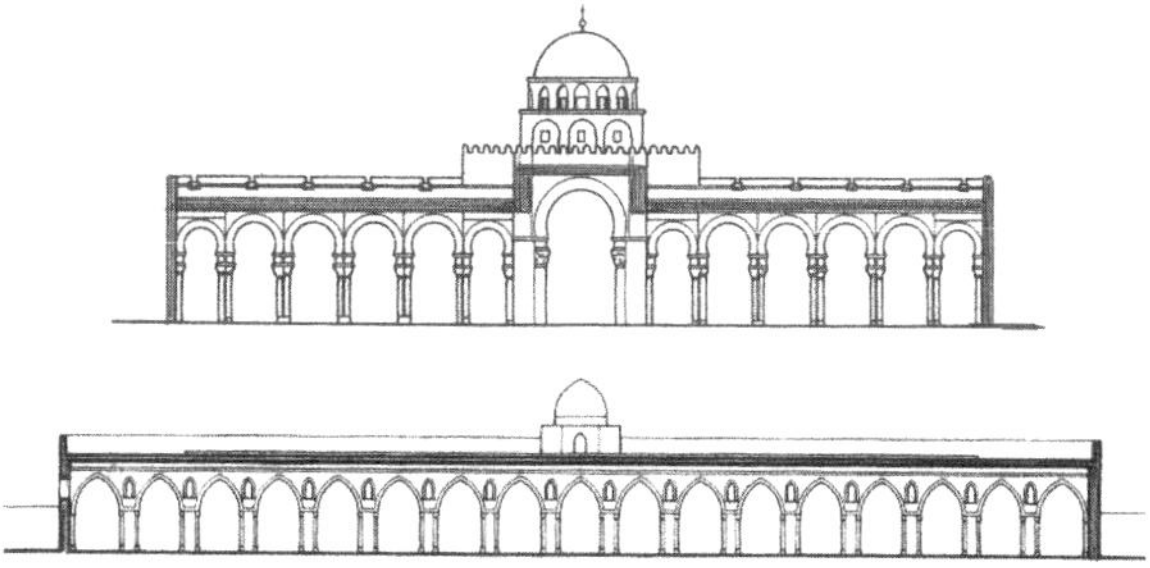

カイラワーン（8.0）

イブン・トゥールーン（12.8）

17 礼拝室の高さと幅（断面比）

井を高くする必要がなかったといえる。とはいうものの、サーマッラーの大モスク（前出）などは、幅一五六M奥行六二Mの巨大な礼拝室であり、普通とは思えぬボリュームである。このモスクは今日に残る世界中のモスクのなかでもっとも大きな面積をもっている。ちなみにこの流れをくむカイロの多柱型礼拝室を訪れたとき、想像をはるかに超えた高さと水平的な広がりをもつ空間に遭遇し、とても驚いた記憶がある。

古典モスクは、外観こそ配慮されていないものの、その外観はイスラームの信者が平伏す姿のごとく、地面と密着し水平に広がった形を特徴としている。ミナレット（塔）の姿はその水平性をより際立たせている。

中世期後半のイラン型はイーワーンをもつのが特徴である。それはヴォールト（円筒形・船底形など）、あるいは半ドーム（スキンチ・ペンデンティヴ）で覆われている。主礼拝室は多くのドームが架けられ、ミフラーブの前は広く高い空間となる。もはや礼拝室は水平性がやや鈍化し、単純で平らな天井から多くの小ドームが載った美しさへの探求に向かっていた。しかし、そこには構造を隠ぺいした華奢な美しさしかなかった。小さな曲面を複雑に集合させたムカルナス天井[18]は垂直志向への一歩でもあった。イラン型の装飾性への固執は、古典モスクと異なったもう一つのイスラーム建築の方向性を現している。

これを代表するのがもちろんイスファハーンの金曜モスク（図14）である。イスファハーンの金曜モスクほど複雑な歴史をもったモスクはめずらしいといわれている。考証によると、最初は古典型モスクであったことはたしかなようで（前出）、アッバース朝でもさ

18 ムカルナス天井　蜂の巣天井（ハニカムヴォールト）、鍾乳石飾り（スタラクタイト）ともよばれる。美しい有機的な造形は、上にいくにしたがい前方にせりだす持ち出しの構成をとる。（左図はアーマド・ヤサヴィー廟のモスク）

したる大きな変化もなく建て替えられていた（図10）。ところが十一世紀前後のブワイフ朝で形態と機能に大きな変化がみられた。さらに十二世紀セルジューク朝の期に、今日の完成された四イーワーン形式にいたったとされてる。[2] この形は礼拝室が大きく四つの領域に

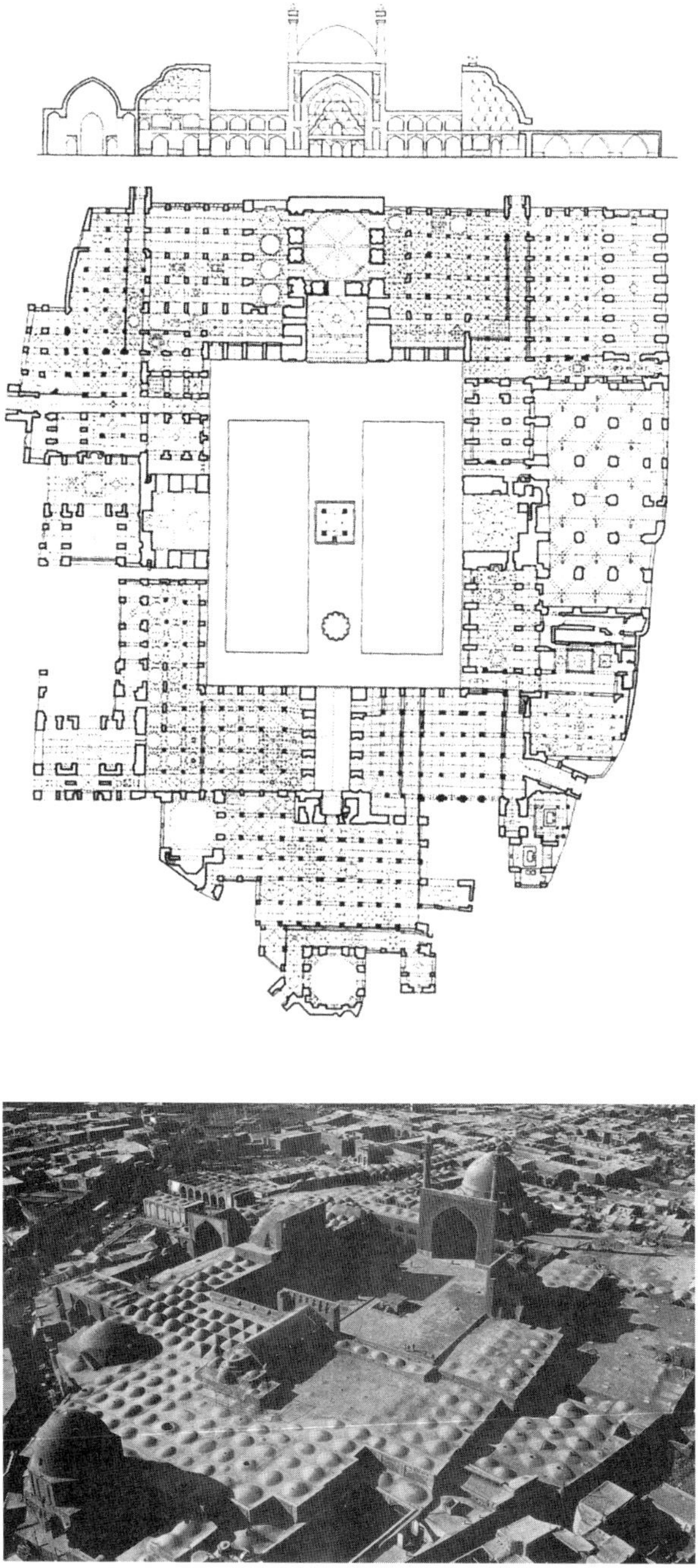

図14　イスファハーンの金曜モスク（平面・立面図と俯瞰）

分割され、全体として空間の水平性と一体性が失われている。オレグ・グラバール[19]はこの要因について、「ムスリムの共同体が、スンナ派四学派やシーア派などに分かれたことに対応し、それぞれの集団が別々に礼拝を行えるように工夫された結果」(2)と、述べている。

中庭が数少ない縦長であるのは、礼拝室を四分割しやすかったためなのであろうか。イスファハーンはオアシス都市でもあり、今もその木々のすきまからみえるミナレットや光沢のある彩釉《さいゆう》タイル張りの丸屋根が印象深いとされている。このモスクはのちのイラン型モスクの最高傑作と評される「王のモスク」[20]へとつづくのである。

近世期、トルコ型の礼拝室は大ドームを乗せた大空間を特徴としている。さえぎるもののない広い空間が礼拝室の内部に出現した。その空間はイラン型より一層垂直性を表現した大空間である。代表的なスレイマン・モスクは広さに対して一・五倍の高さがある。この天井の高さはトルコ型がキリスト教文化圏のビザンティン建築を範としたため必然的にそうなったのであろう。キリスト教の礼拝は、礼拝室の正面に偶像として存在する神に祈りを捧げる。天高く存在する神を象徴するために礼拝空間の天井は高い。つまりトルコ型は礼拝の方法が本来のイスラームとは異なってきたといえるであろう。

聖ソフィアを基本としたトルコの最初のモスクは、ユチュ・シェレフェリ・モスク(図15)である。このモスクは、オスマン建築の歴史のうえで集中式モスクの転換点となった重要な建築である。礼拝室は六本(大広間には二本の柱のみ露出)の剛柱の上に架かる大ドームと左右四つの小ドームからなる。以後、シナンの王子のモスクやスレイマン・モス

19 オレグ・グラバール(一九二九〜二〇一一) イスラーム美術を専門とする考古学者・美術史家。フランスで生まれ、のちにアメリカに帰化。イタリアの中東亜研究所が一九七〇年代に大掛かりな修復と発掘調査を行い報告書を出版。その報告書をもとに、グラバールは金曜モスクの歴史やそれぞれの工事と都市社会の発展の相互関係を独自の方法で研究。

20 「王のモスク」 現在の正式名はイマームのモスク。このモスクは、一六一二にアッバース一世の命で建設された。最大の特徴は、濃青・淡青・黄を基調としたタイルの華麗な装飾で「東方イスラーム世界」のなかでもっとも美しいといわれている。

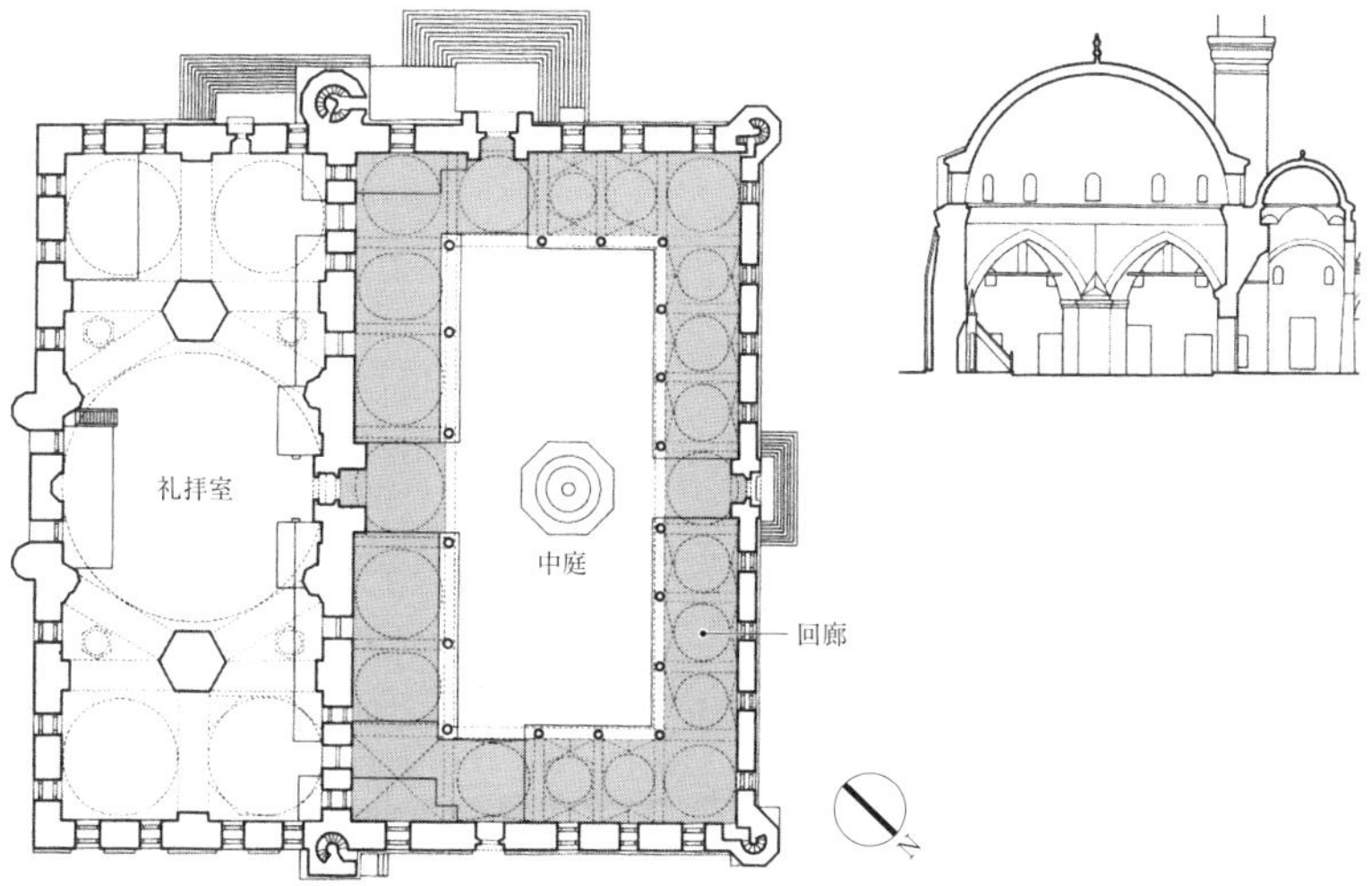

図15　ユチュ・シェレフェリ・モスク（平面と断面）

クを経て柱が四本となり、天井はますます高い大ドームが架けられる。その一方で、それを支える周囲の小ドームは徐々に消え、外観のデザインが整理された。トルコ型は高さを強調すると同時に、それまでのモスクと異なり外観を重視するようになる。イスタンブールでは、旧市街のいくつかある丘の頂にスルタン[21]たちの大モスクがたっている。その姿はただでさえ高いドームがさらに高さを強調し遠方からも展望できる。従来のモスクとは異なった見え方といえる。

　それを示すがごとく、スレイマン・モスクの立面[22]などはよく練られたプロポーションである。それまでの多柱型、イラン型の外観は中庭の

21 スルタン　十一世紀以後、主としてスンナン派イスラーム王朝の君主がもちいた称号。オスマン帝国ではスルタンがカリフも兼ねることになる。

22 スレイマン・モスク（立面）

中央に向かい、外からの眺めは無視され、どちらかというと外観がなかった建築である。

このようにみてくると、礼拝室の空間特性は水平から垂直方向へ、そして外観は内から外へと向かったことがわかる。さらに採光の位置は下（横）から上へと変化したものといえる。

(2) 回廊はコ字型から口の字型へ

古典型モスクの回廊はすべてがコの字型であり、回廊で囲まれた中庭は礼拝室よりも大きい。

均一多柱型の礼拝室に取りつく回廊、すなわちコの字均一多柱型はややもすると、礼拝室に埋没してしまうために、回廊のコの字形が認識できにくい。一見すると、中庭はモスクから中心部分のみを切りとった形として捉えられる。

コの字列柱型の回廊は、主としてイスラームが古代都市に侵攻したすえに建立されたモスクに存在する。この型は主にバシリカ教会堂の流れをくむコの字形を継承している。ところが西方イスラーム世界で建てられたコルドバ（スペイン）、カイラワーン（チュニジア）などのモスクには、当初礼拝室の三方に回廊がなかった。またアズハル・モスク（エジプト、図16・図17）は、礼拝室の二方に側廊のみを備えていたものと記載されている。(2)

いまの形になったのは、歴代の王朝・国家がモスクの拡張、修復、改修を繰り返し行って

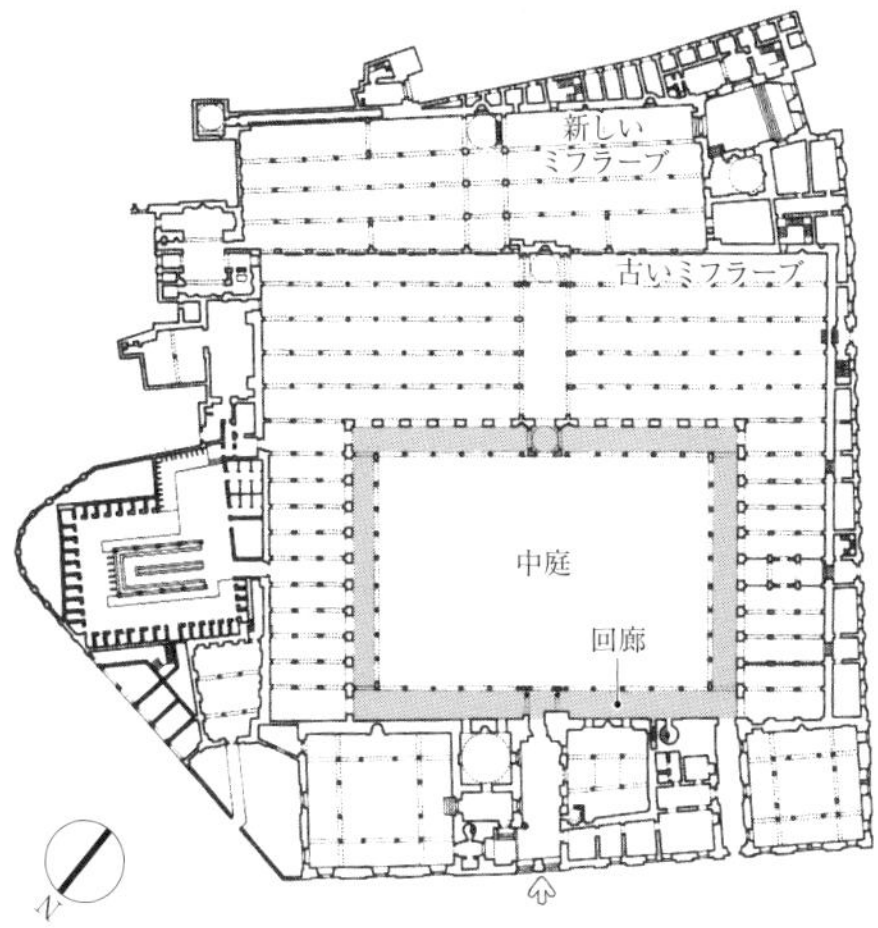

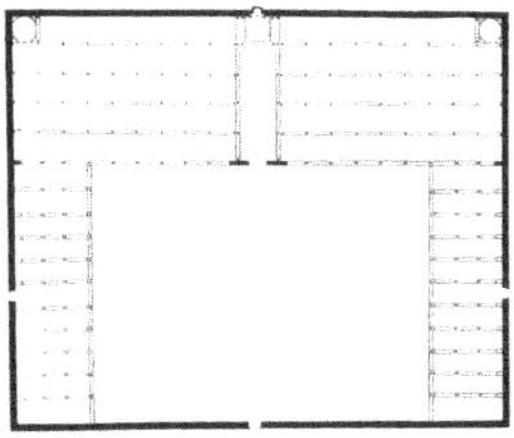

図16　アズハル・モスク
（右は復元図、左は現在の
平面図）

図17
アズハル・モスクの
回廊

きたゆえのことである。それ以後のコの字列柱型の回廊は、分離コの字型（水平と垂直）へと変化していく。

分離コの字型の回廊では、アーケードによって明確に側廊回廊と対面回廊に分離される。その分離の時点で中庭を囲む三辺の回廊は同等の関係でなくなる。モスクは礼拝室、対面回廊、側面回廊の順に宗教的ヒエラルキー（段階性）が生じてくる。「預言者のモスク」に当初出現した二つの礼拝空間の原型は、ここにみることができる。

では、古典型モスクといわれるこの回廊の型とは、どのような特徴をもっているのであろうか。

礼拝室と中庭と回廊との間は画然とした境界がなく、モスク自体が一つの空間として意識される。中庭と礼拝室が連続性をもつゆえに、使徒は列柱の間のどこからでも自由に礼拝室に入ることができる。礼拝室のファサード（正面）は中庭に面し、外気と光を採り入れる。その開口のデザイン・連続性は中庭を取り囲む回廊（周廊）と区別がつかない。モスクの内部空間（屋根で覆われた礼拝室と回廊）と外部空間（空に開かれた中庭）は決して断絶せずにうまく空間が相互貫入する。その回廊の造形は比較的シンプルなものが多く、そのなかでもいくつかあげておきたい造形がある。

その一つが前出のダマスクスの大モスクの回廊である。回廊は礼拝室と同様に壮大で見事な二層アーケードである。柱列は上に二層のアーチが載っていて、上段のアーチ二つが下段のアーチ一つに対応している。[23] このモスクは中庭に立って四周を眺めたときがもっと

23 ダマスクスの回廊

図18　ダマスクスの大モスクの回廊

も美しくみえるよう設計されたといわれている。それだけに、回廊におけるアーチの繰り返しが軽快でリズミカルで中庭の魅力を一層高めているといえるだろう（図18）。

　またエジプトのイブン・トゥールーン・モスクやアズハル・モスクは柱上の美しい装飾が中庭を取り囲む。イブン・トゥールーン[24]は柱の上を飾る背の高い透かし彫りの欄干が、何やら人の存在をイメージさせる。アズハル[25]は

24 イブン・トゥールーン・モスクの欄干

25 アズハル・モスクのベイ

アーチ上方に大きな円形模様とスパンドレルを飾る疑似ベイが可愛いレースの帯のようである。マムルーク朝のクトゥビーヤ・モスク[26]（モロッコ）はこれといった飾りはないが、尖った馬蹄形アーチの連続が不思議な美しさを醸しだしている。

イラン型の回廊はLの字型である。しかし、礼拝室に入るにはこのLの字型の回廊からでなくイーワーンを通り抜けねばならない。この回廊には、もはやコの字型の回廊のような礼拝室空間との相互貫入はなく、回廊の中間領域的な役目はむしろイーワーンに移る。中庭に面した回廊部分が閉じられているため、礼拝室や回廊の内部は古典モスクに比べてかなり薄暗く、唯一中庭に開いたイーワーンから光が漏れるのみである。そのイーワーンは装飾されたほら貝のような特殊な形をもちながら、光（中庭）と闇（礼拝室）の空間をつなぐ。あたかもイーワーンが両腕にLの字型回廊をたずさえるかのようである。それは古典モスクとはまったく異なった中庭の印象をつくりだしているといえる。

このように造形的にも空間的にもイーワーンと回廊[27]は魅力的なところがある。気づかれたであろうか、イーワーンは回廊（周廊）ではないということを。この点をはっきりと区別しておくべきである。ただ、回廊とイーワーンは中庭に対して左右対称であり、古典型モスクと同様にその正面はいまだ中庭側にある。

トルコ型の回廊はロの字型である。この形は先述したようにキリスト教バシリカ形式のアトリウムの回廊が原型となっている。この型は正方形の王子のモスク（イスタンブール）を除きすべてが幅広矩形である。そして主要なモスクの礼拝室は回廊で囲まれた中庭より

26 クトゥビーヤ・モスクの回廊

27 イーワーンと回廊

大きくなる。この点は古典モスクと逆転している。トルコ型モスクにおいても、礼拝室・回廊・中庭、そして中庭の中央に水場、といった古典型モスクの形式が一応守られている。しかしながら、空間の重要度は中庭から礼拝室へ移ったことを意味しているのである。

　この傾向は中世期の中頃よりすでにはじまっていた。その一つに、モスク全体の規模が縮小化した結果、礼拝室の比率が大きくなったこと。もう一つはモスクに多様な用途、主としてモスクの複合化で教育の場、行政の場、医療機関などの併設が求められた結果、モスクの内部空間化が進んだことによると推測できる。これは中庭に求められた儀式的、象徴的機能が、時代の変容とともに薄れてきたことを意味するのであろうか。今でもイスラームの祭日に、大勢の信徒が礼拝室に入ることのできない場合には、中庭に敷物を敷いて礼拝を行うという。だが、その中庭と礼拝室をつなぐ入口は唯一カ所のみ、ほかは強固な壁で区画され視覚的にも空間的にも完全に隔てられている。つまり中庭での礼拝は、古典型モスクのように礼拝室との一体感がもはやなくなっている。この形式からトルコ型の中庭は礼拝室の前庭という意味が強くなり、宗教的意味合いが薄れたといえるであろう。したがって、礼拝室が主で中庭が従となる。その中庭を取り囲む回廊はもはや礼拝室との関連性がなく、ただ単に形骸化したロの字型といえる。ムハンマド・アリ・モスク[28]（エジプト）を訪れると、礼拝室の巨大なドーム空間に比べなんと寂しい空虚な中庭が存在し、その中庭を取り囲む回廊もまた多大な装飾が施されているものの、奥行感のない薄っぺらな天蓋をもつ庇のような印象であった。

28　ムハンマド・アリ・モスク（一八三〇年）　オスマン帝国の建築家シナンの影響を受けている。中庭の中央には八本の柱で支えられたドーム屋根の泉亭がある。

いまは、多くの人々がイラン型の美しいムカルナスの天井やトルコ型の大ドーム、そして数多くある鉛筆型ミナレットなどに魅力を感じているようでもある。しかし、イスラームの本質は、いうまでもなく古典型モスクにあり、そして幅広の多柱室とコの字型回廊の空間にある。これこそが真の独創的な宗教建築であると確信をもっていえる。

3. モスクの宗教的空間構成

モスクの基本形は萌芽期の古典型モスクにある。この回廊の働きを知るためには、まず古典型モスクを中心としたイスラームの宗教的空間構成を考えてみる必要がある。

(1) モスクの軸性と左右対称性

モスクは他の宗教建築と異なり聖なる空間をつくりだすためのものではない。その建築はむしろ神聖な場所を示す軸にこそ、その重要性がある。

ムハンマドの興したイスラーム共同体は、当初礼拝の方向を北方エルサレムに設定していた。その後、メディナのユダヤ教徒と決別したイスラーム共同体は、一度断念していたメッカのクライシュ族を征服し、礼拝の方向をメッカのカーバ神殿に変更した。多神教と偶像を否定するイスラーム共同体が、アラビア人のそれまで信仰していた偶像を破壊し、カーバをイスラームの聖殿と位置づけ宗教的に重要な場所としたことからも理解できる。これによってカーバは全世界のムスリムの礼拝の目標、すなわち信仰する軸の軸心となった。聖典「コーラン」には、「誰でもここ（メッカ）まで旅して来る能力があるかぎり、この聖殿（カーバ神殿）に巡礼することは、人間としてアッラーに対する神聖な義務である」[29]と明記されている。つまり、ムスリムたちに時間とお金が許すかぎり、聖地メッカを詣でることを宗教的に義務づけているのである。ムスリムは死後も頭をメッカの方向に向けて土葬される。

モスクの形態は、礼拝室・回廊・中庭の構成がメッカの方向を示す軸、つまりミフラーブを通る中軸線に左右対称である。この形態を修道院と比較すると、修道院は礼拝堂がアプス（後陣または祭壇）を通る中軸線（東を聖なる方位とする軸）に位置するが、中軸線上には回廊・中庭がなく、中軸線に左右非対称である。[30]つまり、モスクの中庭と回廊は、修養とともに共住生活に重きをおく修道院より宗教的意味あいが強いものと解釈できる。したがって、モスクの形態がイスラームの礼拝方向へと強い軸性を指し示すことがいかに重要であるかが理解できる。

その中軸線は林立するダイナミックな柱空間を通して極点へと昇華するイメージがある。その方向性は他の宗教に比べても絶対的である。したがって、モスクの主要構成要素（礼拝室・回廊・中庭）は中軸線に対して線対称に配置されなければならないのであった。

29 コーラン第三章の第九一節。（井筒俊彦訳『コーラン』岩波文庫）

30 修道院とモスクの構成

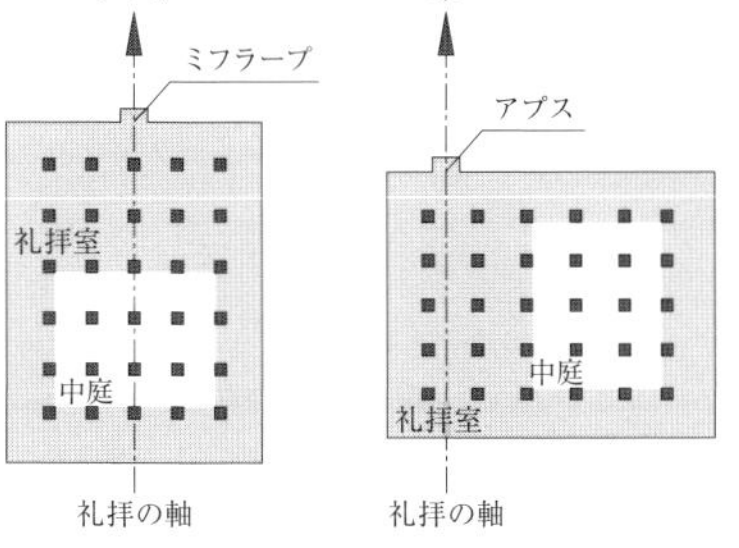

ただし外枠の形までは左右対称の必要がなかった。たとえば、前出のイスファハーンの金曜モスク、コルトバの大モスク、そしてカラウーイーン・モスク[31]（モロッコ）などは、度重なる増築を繰り返すことで、外形がきわめて不整形となっている。モスクにかぎらず、イスラーム建築は機能を充足させる内部空間がもっとも重要であり、外形への執着はそれほどみられない。この姿は砂漠から身を守る生活環境から誕生した建造物たる所以でもある。とくに古典型モスクはそういえるであろう。

　モスクにおける軸の重要性について、イスラーム建築の研究者、山田幸正は「モスクとならしめているのは、礼拝を行うことができる場所があればよく、天井、周壁も、一枚の壁すらいらない。礼拝者が正しくメッカの方向を向いているかを自ら確認できることが必要なのである。」と『モスクの軸線と立地』[3]のなかで述べている。

(2)　中庭の求心性と重要性

　イスラームにおける最高の聖殿であるカーバ神殿[32]は、マジスト・ハラームの中枢として存在している。現在のマジスト・ハラームはカーバを中心とする中庭と中庭を取り巻く二階建ての礼拝施設からなる。周囲は七本のミナレットが立ち、サーイ（サファー丘とマルワー丘を七回駆け足で往復する儀式）のための回廊が設けられている。また中庭にはザムザムの泉（聖なる泉）があり、巡礼者が巡礼中にこの井戸の水[33]を飲み、のどの渇きを癒す。

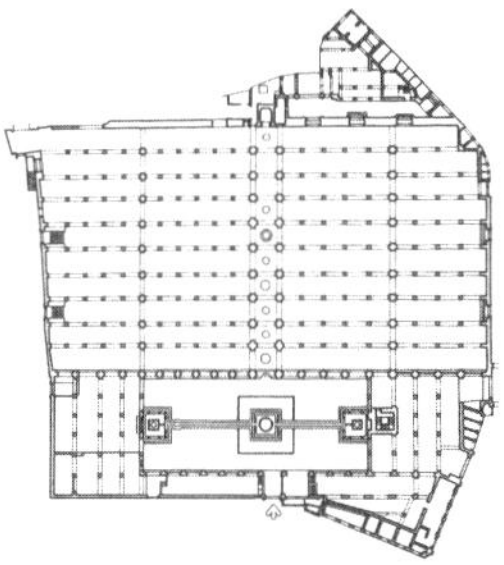

31 カラウーイーン・モスクの平面

32 カーバ神殿　聖殿はマジスト・ハラームの中庭に位置する。黒い絹布（キスワ）に覆われ、年に一度交換される。

いわばこの広場は世界のムスリム達の中心である。

ところで、礼拝室に林立する多柱空間は一体どこからきたのであろうか。

細身の円柱が多くあるこの森は、複雑に交錯しながら軽快な印象を与え、ちょうどオアシスに茂るなつめ椰子の林を思わせる。（預言者のモスクは実際になつめ椰子の幹を柱材にし、屋根がなつめ椰子の葉と泥で作られていた。）そもそも中庭には、ムスリムが礼拝前に手足を清めるための泉亭が配置されている。かつてそれも近隣の住宅の生活水に利用されていた。このように各地のモスクはメッカのマジスト・ハラーム同様、概念的には砂漠のオアシスを表現している。

そのなかで、中庭はメッカへの軸性に対して、一見矛盾するかのように形態的にも宗教的にも強い「求心性」を表す。トルコ型を除きファサード（正面）はすべてが中庭に向かっている。それをよく示しているのがイーワーンの裏側[34]である。モスクの外形はいがいに不整形が多いが、中庭は正方形ないし幅広矩形である。そこは絶対なる美が支配する空間でもある。つまり、正方形と矩形の関係が聖なる建築の基本を表現している(4)。若干の不整形をもつのは、アムル・モスク、アレッポの大モスクのみである。中庭の立面は四面同一であり、アーチの方向も一致する。さらに線対称とするために、アーケードをつくる場合は中央アーチを定め奇数分割が好まれた。とくにイラン型のイーワーンはすべてが中庭の中心に向かっている。二軸に対称な四イーワーン形式はその最たるものである。

モスクにかぎらずマサドラ、墓廟、宮殿、都城にいたるまでイスラーム建築は中庭を有

33 井戸の水　メッカは谷間にあり、冬季に降ったわずかな雨が地下水として谷間に集まる。そこで、井戸を堀り、地下水脈から水を得る。

34 イーワーンの裏側　写真はイスファハーンの金曜モスクの西イーワーンの裏側。表側の美装化に対して裏側は支持構造がそのまま露出している。

している。砂漠の乾燥地帯では「囲い込む」ことで過酷な自然を遮り、はじめて快適な空間をつくることができる。「水への愛着」もしかり、水は生命と豊かな繁栄を意味する。

パラダイスの語源となったのは、古代ペルシア語のパエリダエザ（壁で囲い込むことの意）そして古代ギリシアではそれがペルシア庭園を指した。聖典コーランでは天国を庭園と明記し[35]、天国の理想的空間と地上の庭園とは密接な関係にあった。その結果、イスラーム世界は庭園をエデンの園の似姿とすることを望み、中庭に「楽園のイメージ」を試みた。モスクの礼拝室はかなり薄暗く、ムスリムの誰もが中庭に一層解放感と美しさを感じたであろう。モスクの中庭は概念的に砂漠のオアシスの代替として、とても重要であったことはいうまでもない。

35 コーラン 第五五章の第四六〜七八節。（井筒俊彦訳『コーラン』岩波文庫）

4.「被膜する回廊」――古典型モスクの特徴

(1) 都市と回廊の形成過程

ここでは視点を変え、都市におけるモスクと回廊の発展過程から回廊がもつ意味と働きについて考えてみる。イスラームの伝播地域はイスラームの侵攻と布教をみることで、いくつかの都市に分類することができる。

その一つにイスラーム化された都市がある。この都市には、各地へ布教する際に基地として一から建設されたイスラーム軍のための軍営都市（ミスル）と新たな王朝にともなって建設された王朝都市がある。もう一つはイスラーム化される以前の文明や都市の形が色濃く残っている古代都市である。この都市には、古代都市特有の格子状の道路網や教会などを継承した古代継承都市と、あまり継承することなくイスラーム化された古代非継承都市とに分けることもできる。

軍営都市の金曜モスクには当初回廊がなかった。それはイスラーム起源から間もない年代に建設されたために預言者のモスクの影響が強く表れていたからである。すなわち、そこには礼拝のための日陰をつくりだす「礼拝室」と、安全に集会できる「区画された中庭」のみがあった。当初、区画されたその中庭は塀で仕切られているだけであった。しかし、周辺の都市化につれてその塀は回廊に改変されていった。フスタートのモスク（エジプト）、クーファのモスク（イラン）、カイラワーンのモスク（チュニジア）がその過程をよく示している。またチュニジア随一の歴史的風景がみられるスースには要塞モスク[36]（リバート）がある。そのモスクは、防禦システムとして屋上にでる階段が、中庭に設置されためずらしい形式を示している。

王朝都市のモスクは、当初から分離コの字型の回廊があった。そこには預言者のモスクと先イスラーム建築であるフッカの神殿に準拠したメディナのモスクの影響があった。代

36 要塞モスク

表的なものが、カイロのイブントウールーンモスク、フェスのカラウイーンモスクである。カイロはファーテイマ朝に起源をもち「イスラーム世界の中心」と言われており、いままでも一千のミナレットが林立し、豪華で多くのモスクを擁する都市である。一方でフェスはモロッコのイスラーム王朝最古の都市で、もっとも中世的なイスラーム世界の姿を今日までとどめている。

古代継承都市のモスクもまた回廊を備えていた。それは古代の神殿やアゴラ[37]といった聖域がバシリカ式教会堂を経て金曜モスクへと改修された。その結果において、バシリカ式教会の回廊が金曜モスクに転用されたとみるべきである。なかでも聖ヘレナ大聖堂を改築したアレッポのモスク（シリア）が代表的である。シリアのダマスクスとアレッポは世界最古のイスラーム都市として古くから栄え、迷路のようなスーク[38]はいまも魅力の一つといわれている。

古代非継承都市のモスクは、当初から回廊がない場合も多い。その理由は、古代の神殿や宮殿の聖域を継承したがゆえに区画された街路や広場を内包し、周辺から十分な距離が保たれていた。ところが周辺がしだいに都市化し、雑踏と騒音を防ぐために、回廊がつくられたにちがいない。ビセンテ教会を改築したコルトバのモスク（スペイン）が代表的といえる。コルドバはローマ時代から栄えたヨーロッパ最大の都市で、一〇世紀にはイスタンブール、バクダードと並びイスラーム世界の芸術と文化の中心地となっていた。

このようにみてくると、回廊のなかったモスクでは、中庭を仕切っていた壁が十分な静

37 アゴラ　古代ギリシア都市の広場。政治・経済上の中心で柱廊で囲まれている。

38 スーク　アラビア語で市場の意味。多くは通りの両側に並ぶ常設店舗群で構成される。左図はダマスクスで一番にぎわいをみせるスーク・ハミディーヤ。

けさと聖域としての距離を保つことができなくなり回廊へと変化したといえるであろう。一方、回廊が存在していたモスクも、より静寂と距離を保つためにスークが栄えている側の回廊は拡幅されている。いうまでもなく、それは今も昔もスークがワクフ制度[39]によってモスクの財政を支えていたからである。

(2) 中庭の隔離と緩衝

モスクの中庭が宗教的に重要であることはモスクの空間構成で述べている。すでに気づいているであろう、その中庭が単に礼拝室のための一施設でなく、人々のコミュニティーを形成し安らぎを与える休息の場であることも。

では回廊は周辺の雑踏や騒音からいったい何を《護ろう》としたのであろう。

二〇〇七年、カイロのモスクを調査したところ、その調査では都市に金曜モスクと日常モスクがバランスよく配置されていた。その分布は、あたかも近隣住区論[40]による公園の配置、すなわち段階的な都市コミュニティーの形成と類似していた。気候条件もさることながら、このような集中型の過密都市で、モスクの礼拝室・中庭が広場や緑地公園にかわって都市のパブリックスペースとして十分に機能していたことには驚かされた。

図19・図20は、アレッポのモスクとその周辺図である。この図から北側はアゴラの一部を継承した広場で、西と南面はスークが一帯に広がり、東側が住宅地となっている。これ

39 ワクフ制度　「私財から得られる収益を慈善目的に永久に充て、私財の所有権を放棄する」イスラーム世界における独特の制度。このワクフ行為による寄進制度によってモスクやマサドラや水路の維持が成り立っている。

40 近隣住区論　住宅地において、居住者の日常生活上の社会的な要求と物的な要求を充足させるために設けられる単位で、学校・店舗・公園などを備える。我が国では小学校を中心に一単位としている。

図19　アレッポのモスク（中庭）

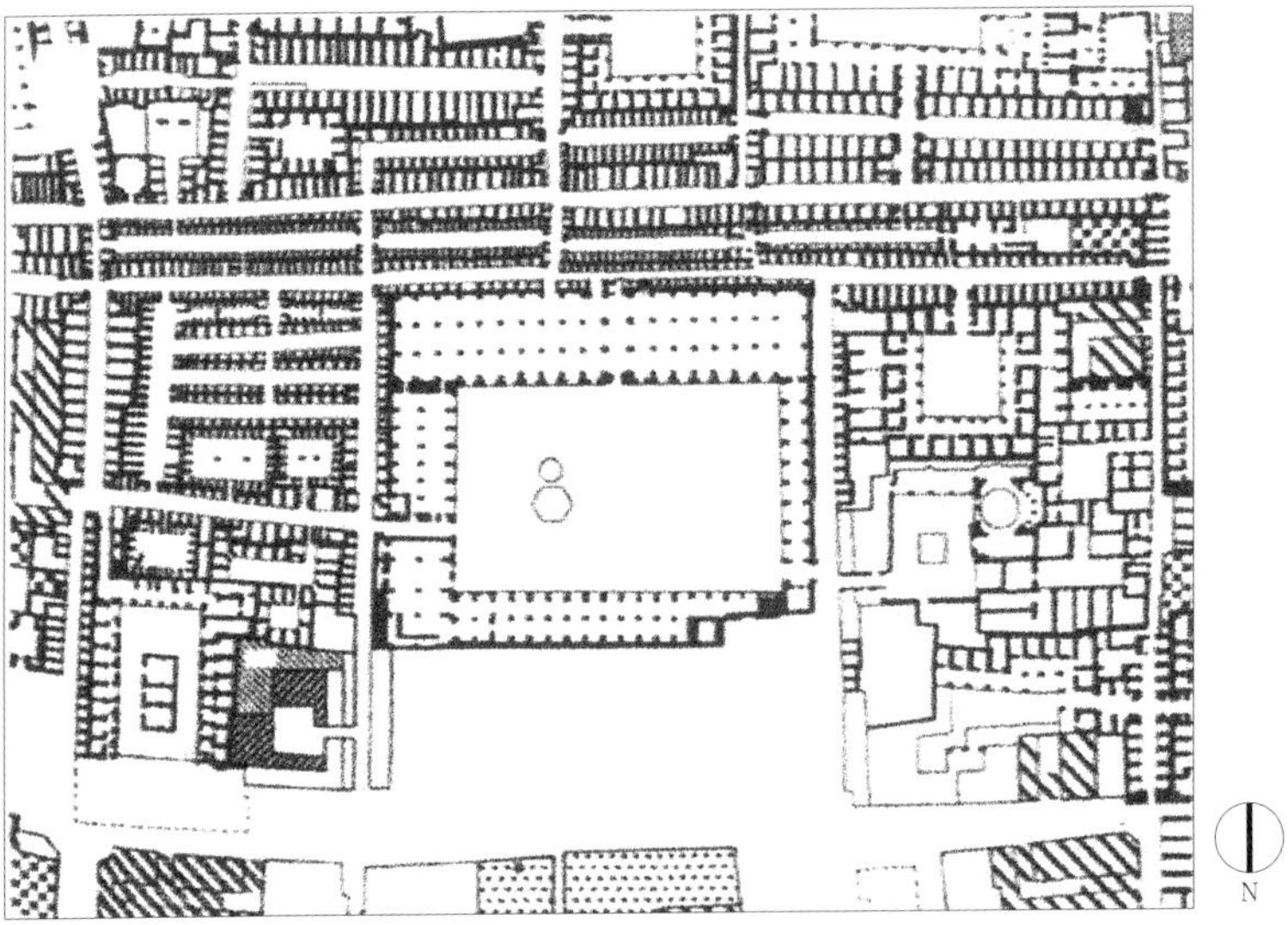

図20　アレッポのモスク周辺図

らの関係を模式化したものが（図21）である。南面はモスクの最も厚い壁を擁する礼拝室。中庭を囲う西面は東面に比べて厚い廊でつくられている。北側の屋外広場は市民の集いの場でそれなりの賑わいがある。したがって、中庭の静けさはこの回廊で護られている。中庭は回廊の不均一な幅によって周辺から隔離され「静寂な空間」が保護されていた。つまり、モスクには周辺の雑踏から内部の静寂・深淵を保つための手法が、回廊によって施されていたのである。

ここで話は転じるが、エジプトのイブントゥールーンのモスク（図22・23）を訪れた八月は、想像していた以上の強烈な日差しと暑さであった。この暑さは回廊に入るやいなや涼しく感じ裸足もこれまた心地よいものであった。またこのときの静けさは、一言でいうなら大理石の床を踏む裸足の足音が伝わってくるほど、といっても決していいすぎではない。この静閑とは反対に、モスクを一歩出るや道を挟んで多種多様な店が軒を並べ、鶏をさばく血の匂いさえもする。眼前の屋上では牛やヤギを飼育している。まさに想像を超えた物と人と騒音と臭いが渦巻く混沌とした風景の記憶がいまでも残っている。

イブントゥールーンのモスクに話をもどそう。このモスクは二廊の回廊の外側をさらに

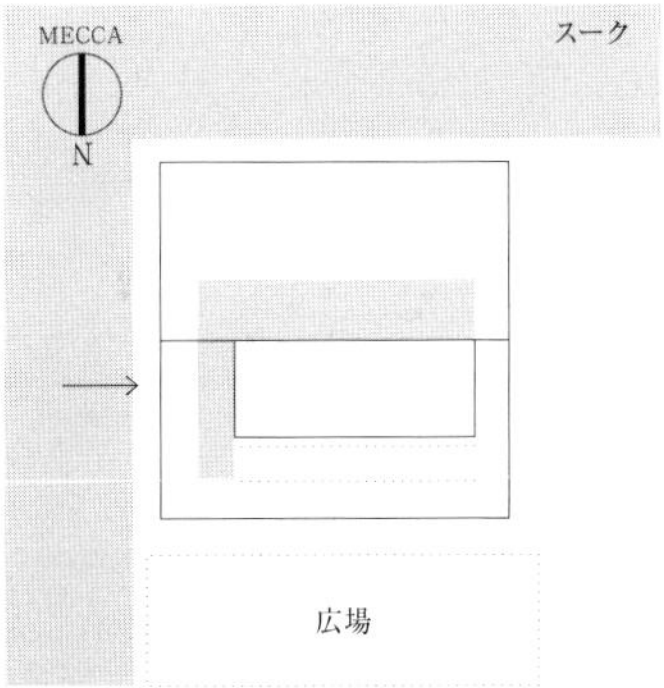

図21　模式図

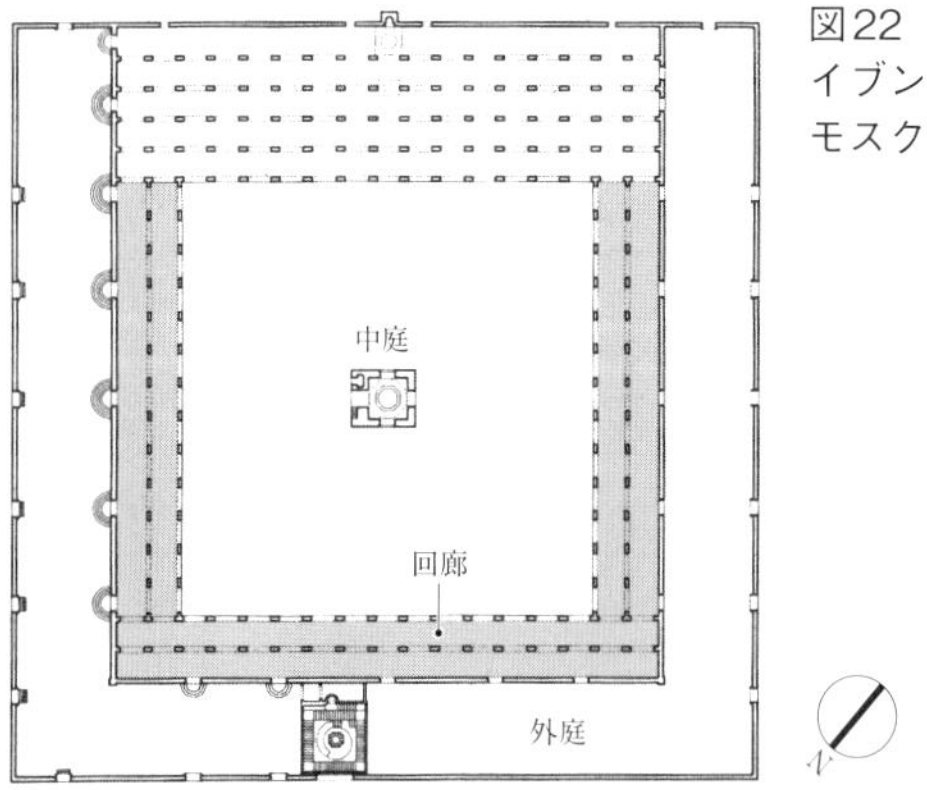

図22
イブントゥールーンのモスク（平面図）

図23　同モスクの中庭

高い塀で囲われた外庭（ジャーダ）をもつ。当然より静かにちがいない。だが、単に静かな空間を確保するだけであるなら回廊をもつことなく、この厚い高い塀だけで十分でないかと思われる。このような外庭と高い塀をサーマッラーの大モスクやアブー・ドゥラフのモスク[41]なども有している。

おそらくこのことは、回廊が気候的にも精神的にも内（礼拝）と外（中庭）との両者を緩和し連結する装置、換言するなら中間領域の役目をはたす緩衝帯であると理解することができる。さらには周辺環境の「騒」とモスクの「静」、この対極にある二つの空間の仲立ちをしているとも考えられる。とくに、この緩衝領域については日本建築と相通じる手法であるといえよう。

回廊という建築言語が中庭を被膜することによって、モスクの「静寂な空間」と「緩衝領域」を成立させていることは明らかなのである。

41 アブー・ドゥラフのモスク
このモスクはサーマッラーについで世界二位の大きさを誇る。建物本体は東西百三十五M、南北二百十三M、その外側に厚さ二、六M、大きさ三百五十×三百六十二Mの外壁がある。

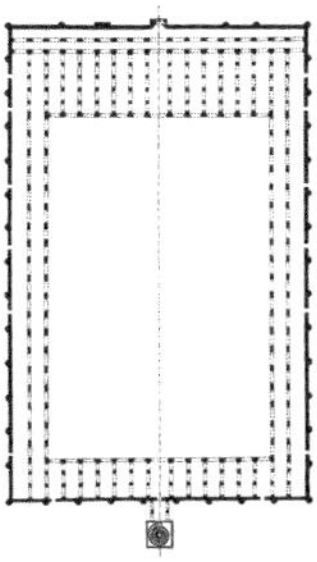

三章——修道院・モスクにみる回廊の特徴

修道院とモスクとでは、分布地域や配置や形態に関する概念があまりにも異なっているといえる。その相違は地域的・民族的な概念で捉えるなら「ヨーロッパ」と「中東」であり、宗教を指標とする人間・文化を示す概念で捉えるなら「キリスト教世界」と「イスラーム世界」となるであろう。キリスト教は「宇宙の万物をつくりだした創造主は神である」[1]とする構築的精神が修道院の中心と周縁の構成をつくりあげ、イスラームは本質に潜む平等性・非構築性がモスクの多柱室空間を生みだしてきたといえるだろう。とはいえ、キリスト教とイスラーム教はユダヤ教から生まれでた宗教であり、類似した着想の上に成り立っている。いわゆる、そこには類似する形態と空間構成の存在がある。

ここで修道院の回廊はベネディクト型を、モスクの回廊は古典型を主にとりあげて考察

1 創造主　キリスト教において、創造主はあくまで神で唯一の存在である。だが、神学者たちは、神の子なるイエスや神の意思を伝達する聖霊として、その形を変えて現れるとする「三位一体説」を考えた。

し、さらには第I部の「日本の回廊」とも対比しつつ、宗教と回廊に関する包括的な特徴を述べてみよう。

「閉鎖的回廊」と気候風土

「囲み」には二つのパターンがある。その一つは周囲から聖なる領域を確定しある程度周囲を巡回できる、すなわち「外を囲う」ものと、もう一つは人間の行動や矛盾する行為を可能とするためにその周りにさまざまな部屋を接合する、すなわち「内を囲う」ものである。[2]

日本の特徴は「外を囲う」回廊である。あえていうまでもなく、古代平地寺院や神社のロの字形回廊は中庭を囲みこそすれ、回廊がさらに囲まれることはない。その形態は神社建築の一の字形回廊に特徴があり、日本の気候風土と深い関係にある。外を囲う回廊は内と外を完全に区画するのではなく、柱間デザインは外部と上手に呼吸するかのようにつくられている。

修道院・モスクの特徴は内部を囲う回廊で、修道院が一部の例外を除き、聖堂および各諸室によって完全に囲まれ、モスクが周壁を堅牢な壁体で守られている。[3] それらは内部を囲み囲まれる関係にあり、より強固に内包された「閉鎖的回廊」といえる。

2 「囲み」のパターン

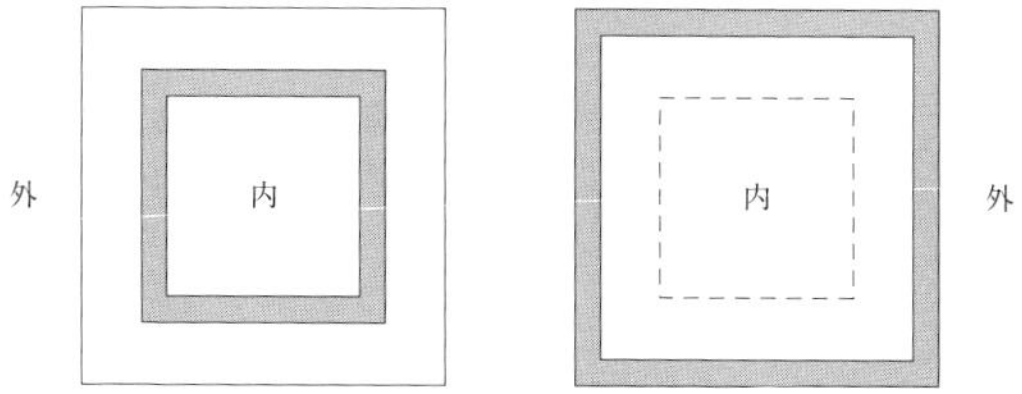

「外を囲う」(寺院・神社)　「内を囲う」(修道院・モスク)

3 堅牢な壁体　特にサーマッラーの大モスクやアブー・ドゥラフのモスク（共にイラン）などは厚い壁体と高い外塀をもつ。

修道院とモスクはなんらかの防禦的施設が必要であった砂漠に起源をもつ。それに加え、修道院を中心とする西ヨーロッパは、和辻哲郎の『風土』にいうところのユーラシア大陸の西に位置する牧場型文明であり、かつては広大な農場に柵を設けていた。このようにヨーロッパは、歴史的に囲むことに力をそそぎ中世から町全体を城壁で囲った姿がある。一方、乾燥地域のイスラームは苛酷な自然環境から人工的に空間を囲い込むことで、快適な空間を確保してきた歴史がある。さらにヨーロッパや中東は気候などの自然条件に加え、国境が地続きのため多くの異民族の入り乱れがあり、おのずと周囲皆敵という意識をもち、外敵を防ぐに囲むことが必然であった。しかし、単に防備のためだけでなく、共同体を確認する意味合いがそこにあったにちがいない。

閉鎖的に囲まれると、囲われた内側はより優位性を主張する。そのことが絶対神を奉ずる宗教を生む基盤となっているのであろう。それゆえ、修道院・モスクの人工的中庭は一神教と深くかかわっているといえる。そこには水場（泉亭）が存在しており、その形はつねに正方形、正六角形、正八角形、ときに正九角形といった聖なる数の象徴性が示されている。日本の寺院と神社の水場は回廊に囲まれた庭にけっして存在していない。禊《みそぎ》における祓《はら》いの水辺は寺地・神地の一角にあり、川や滝など自然の流れを巧みに利用している。それに対して修道院とモスクは付近の川や地下水から導水溝や導水管などで中庭に水を引き込む。おそらく難工事の末に得た貴重な水であることはいうまでもなく、それを「閉鎖的回廊」で護るのは当然のことである。

「護《まも》りの回廊」と機能

修道院・モスクの回廊は囲むことで空間領域の場をつくりだすのでなく場を護る、つまり「護りの型」である。

日本における回廊は「囲む」「仕切る」作用であろうとも、基本的に聖と俗を区画する結界的装置である。唯一、西洋の回廊に類似している禅系寺院でさえも、中庭は完全に囲み囲まれるのでなく、日本独自の隙間空間をもつ。つまり、回廊が諸室を〝つなぐ〟ことで空間領域を確保している。

修道院・モスクの回廊は内と外を明確に区分し、内なる生活を周辺環境から強固に護りぬく。とくに修道院は厳しい戒律があり、修道士はそれにしたがうことで、自らを排除し隔離して欲望と戦う。そのためには回廊がより機能的であらねばならなかった。一方、日本は強固に囲いこまずとも自制することができ、人は外部との接触も可能であった。抑圧されたその修業がかえって美への転化となり、そこに〝わび〟〝さび〟など独特の文化をうむ土壌がつくられたにちがいない。つまり、回廊そのものには特別な機能を必要としなかったのである。

修道院とモスクは「護り型」の回廊をつくりだすために、修道院は隙間なく諸室を接続することで、祈りと禁欲と労働の生活を護った。対極的にモスクは中央部分の屋根を取り除くことで回廊が創出され、その結果祈りの場を護った。

たとえ同じ「護り型」の回廊であっても、草花の生い茂る中庭の修道院と突如ぬけるような青空をもつ中庭のモスクを、たしかにこの目でみたのである。

「硬さの回廊」と宗教性

「閉鎖的回廊」については、気候風土や歴史的理由のほかに回廊の素材の問題も当然あるであろう。ここでは素材も含め別の角度から「柔らかい回廊」「硬い回廊」という言語で考察してみる。いうまでもなく、建築様式には素材の特性が大きくかかわっていることも事実であるが、宗教上の問題もあるにちがいないであろう。

日本では、今でこそ多くの輸入材料に頼っているものの、もともとは地勢上、山林が多く木材の豊富な国である。回廊は木の柱と梁による架構形式で当然つくられていた。ここでいうところの「柔らかい回廊」である。

一方、ヨーロッパは粘土を固めて焼いた煉瓦と石が主要な材料である。シトー会建築の材料は以外にも石でなく土であった[1]。土はシトー会の清貧・謙遜の主旨にふさわしい材料とされ、多くの修道院は土でつくった屋根瓦で、壁を焼成煉瓦にしていた[4]。石はアーチの頂上の要石《かなめいし》や壁の角を補強する補助材として使い、石で造られた修道院は全体からすると少なく、とりわけ著名なもののみであった。

4　レンガ造の修道院　早くも十二世紀から、シトー会修道士は土を特別なものと考えていた。左写真はディティリエート修道院（イタリア）。

イスラーム圏の中心、中東では主材料が日干し煉瓦（アドオブ）か、焼成煉瓦である。イランでは、人の一生を「レンガからレンガまで」[2]と表現されている。イスラームにも、人間は神がこの土で人型をつくり、これに息を吹き込んだという神話があり、「レンガの上に産み落とされ、やがて死してレンガを枕に土に横たわる」とのたとえがある。

中東・地中海沿岸の中庭式建造物は土地利用の観点からも、用途からしても日干し煉瓦による組積式の壁工法が合理的であった。モスクもまた多くが日干し煉瓦か焼成煉瓦でつくられている。やはり、回廊の印象は材料のちがいが大きくかかわっている。ここでいう「硬い回廊」である。

視点を変えてみると、回廊によって囲まれた中庭のしつらえも大きな要素である。回廊で囲まれた日本の庭は自然で柔らかい。もちろん、回廊の印象が軽い、重い、あるいは透明か不透明化は材料にもあるが、宗教上の教義や制度からくる造形のちがいもある。たとえば、仏教には経典があり、多種多様な宗派ごとのお経がある。神道には経典というものがないが、清めることによって神が現れる。キリスト教は宗教内容の源泉を聖書（旧・新）に求め、イスラームはコーランに求めている。そこに信者たる者はその単純化・明快化された経典を守るという明確さがある。そのためには宗教戦争もいとわず、ジハードといった武力行使も辞さない。神々の世界と自然界がつながる日本では、神も仏も習合してゆく曖昧さが〝柔らかさ〟を、神の絶対性を前提とするヨーロッパや中東では一神教の明快さが〝硬さ〟を、造形に具現化している。確たるとはいえないまでも否定できない要素である。

四章——修道院・モスクの回廊から現代建築へ

二十世紀を代表する建築家は、回廊の概念をどのように捉え設計をしてきたのであろう。そして戦後の日本においては、どのようなかたちで修道院・モスクの回廊を建築に組みいれてきたのか、実例をあげて述べてみることにする。

1．巨匠における宗教建築と回廊

まずは現代建築家、ル・コルビュジエとルイス・カーンの宗教建築と回廊について考えてみる。

ル・コルビジュジエについて

コルビジュジエは三つの宗教建築を手掛けている。一つはロンシャンの礼拝堂（一九五五年）であり、次いでラ・トゥーレットの修道院（一九六〇年）、そしてフィルミニの教会堂である。最後に手がけたフィルミニの教会堂は、惜しまれることに建設資金の不足によることや彼の死によって、未完成のままに終わっている。

白い彫塑的な造形のロンシャンの礼拝堂[1]は、スイスとの国境に近いヴォージュ山麓の見晴らしのよい丘にたっている。この設計において、コルビュジエは次のように述べている。

「ロンシャンの礼拝堂が完成すれば建築が列柱にたよったりするのでなく造形的な事柄であることが証明されるかも知れない(1)」と。

この発言は、宗教的建築についてまぎれもない伝統的な列柱や回廊の否定であり、これまでの西洋の教会堂のスタイルを完全に覆した新たな挑戦を意味している。

回廊を備えていたものは、ラ・トゥーレットの修道院のみで、この回廊も革新的なものであり、伝統的な形式とはかなり違いがあった。傑作といわれているこれらの宗教建築が誕生する裏には、ドミニコ会のアラン・クートゥリ神父の存在がある。神父はコルビュジエにロンシャン礼拝堂とラ・トゥーレットの修道院の設計を、どのような思惑で依頼したのであろうか。

神父は衰退しつつあるカトリックに革新をもたらすためには、新たな教会芸術家を生み

1 ロンシャンの礼拝堂

だすべきであり、「芸術家は、その信仰の有無などとは関係なく全員神の子であるから神に奉仕すべきだ」という強い信念をもっていた。コルビュジエは無神論者で、宗教建築には興味をもっていなかった。この二人の出会いは、一九四八年、洞窟教会堂[2]の設計依頼ではじまった。ただし、この教会堂は日の目をみることがなかったが、その後の依頼で最高傑作といわれる作品が誕生してくる。(2) 残念ながら、神父はこれらの作品の完成をみることなくこの世を去っている。

神父はラ・トゥーレットの設計にあたり、シトー会のル・トロネの修道院をみに行くことを強く要望したとされているが、なぜかコルビュジエはル・トロネ行きに気が進まなかった。にもかかわらず初期のスケッチには、ル・トロネと同じロの字形回廊をもちいている。このときすでにコルビュジエは、回廊を儀礼行進のために斜路で地上から屋上へと導く、つまり循環する屋上回廊をイメージしていた。(3) いいかえるなら、屋内化した「斜面の回廊」[3]である。また中庭の通路は、傾斜地の地理的特性を活かすために空中で十字に交差する室内通路を考えていた。しかし、屋上への斜路回廊は結果的に拒否され、室内通路の十字路[4]のみが残った。

ル・トロネの影響といえば、ロンシャンやフィルミニの教会堂に共通するマッシブな厚い壁の造形、これは後期のコルビュジエの特徴でもある。またラ・トゥーレットの修道院は打ち放し、荒肌のコンクリート仕上であり、いうまでもなく、これはル・トロネの石の存在を意識したのであろう。

2 洞窟教会堂　プロヴァンス地方のマルセイユに近いサント・ボームに所在。この教会はダン・ブラウンの有名な小説『ダ・ヴィンチ・コード』の中にも出てくる。

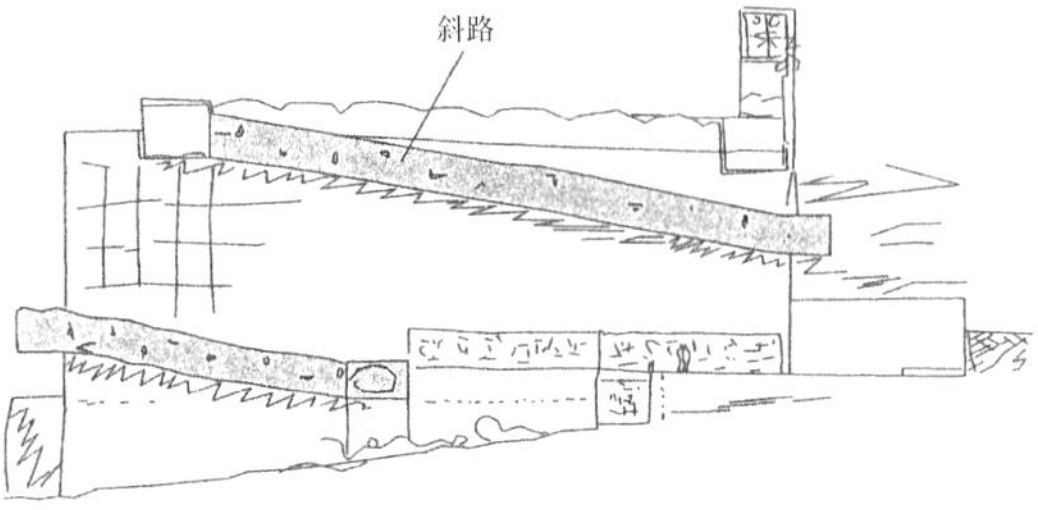

3 斜面の回廊　ル・コルビュジエによる教会堂を巡る斜路の検討図（教会堂南立面）

彼は一九一一年、東方へ旅をしている。そのときの『東方への旅』[4]に、フィレンツエのガルッツオのエマ僧院[5]について深い印象を受けたことが、そこにつづられている。この僧院はカルトウジオ会の修道院である。コルビュジエはこの修道院で独住生活と共同生活の相互に及ぼす利点に着目し、のちの居住空間と集団的空間に関する理論、すなわち現代の住宅都市の原型を感知したともいわれている。

この理論は、マルセーユのユニテ・ダビタシオン（一九五二年竣工）、そしてラ・トゥーレットに生かされている。それは三階のバルコニーをもつ修道士の個室群および個室と全体の関係に表現されている。ただし、知りうるかぎりにおいてエマの僧院は、カルトウジオ会とは思えぬほどの明るく開放的な中庭と回廊であったと記憶している。

ラ・トゥーレットの実施案（図1・図2）は、コの字形の棟と接して教会堂があり、全体がほぼ四角形の箱をなしている。床は斜面に三層の構成をもち、一階（地表面）は回廊と聖堂、二階が研究室、三階が修道士の寝室である。そして、二階のみが一般に公開され、そこに玄関がある。回廊は四棟の建物を連結しながら中庭（修道院の中心）に位置し、十字形通路をかたちつくっている。回廊の内部はコンクリートの方立をリズミカルに並べたガラス張りで、晴れた日はそこから陽光が絶え間なく降り注ぐ。このガラス窓を通して四棟の建物と中庭を同時に望むことができる。もちろん中庭は急な斜面である。ここでいえることは優れた構成と豊かな空間性を表現しているものの、きわめて複雑な構成である。

ラ・トゥーレットについて、建築家・磯崎新は、「近代建築の空間とはまったく異なった

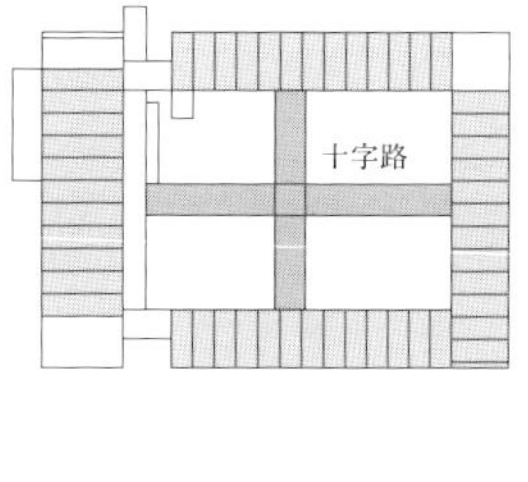

4 草案時の十字通路（一九五三）

5 エマ僧院の回廊

空間であり、機能的、合理的な構成から生みだされた透明な空間でない[5]」という。彼のこの不透明性とは「中心の喪失」ゆえなのではないだろうか。その理由として、伝統的な修道院の中庭および回廊がもつ構成との相違にあると思われる。つまり人が集まって立つこともできない中庭、そして中庭を取り囲まない回廊がそれを証明しているからである。

ラ・トゥーレットに近い構成の修道院が日本にも存在する。それは村野藤吾の西宮トラ

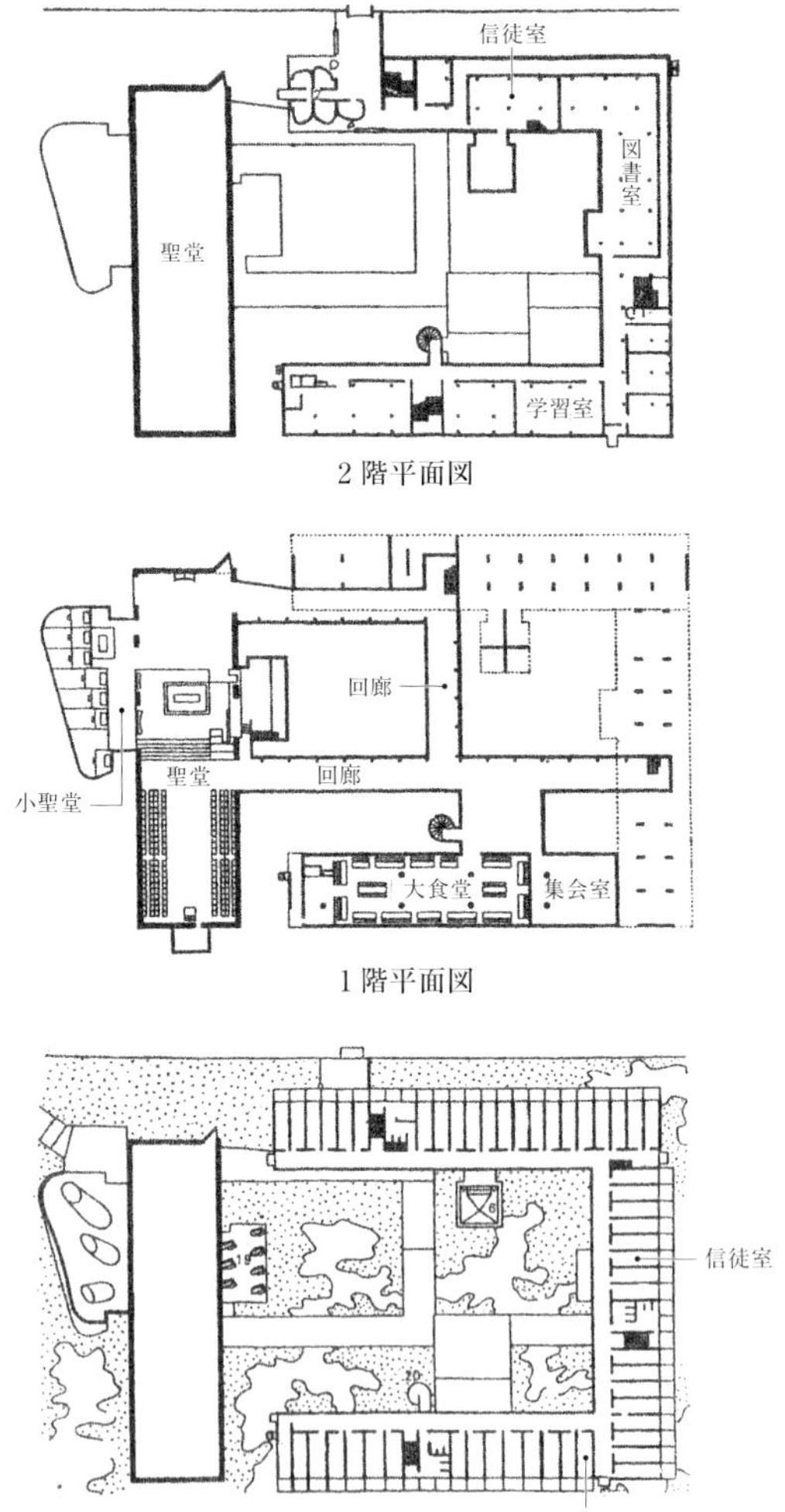

図1　ラ・トゥーレットの平面図

ピスチヌ修道院[6]である。この修道院もまた山腹の斜面に立地し、三層の床をもつ。最上階の空中回廊はこれまた教会堂にコの字形が取りつく。もちろん中庭は部屋から信徒が出入りできないほどの斜面地である。

図2　上図は、ラ・トゥーレットの外観、下図は、十字形回廊

6 西宮トラピスチヌ修道院（一九六九年）六甲連山の山懐にある鷲林寺の山域に位置。北海道函館のトラピスト修道院（シトー会）の子院として創立された。

ルイス・カーンについて

ルイス・カーンには計画案を含め五つの宗教建築がある。計画年代順に列挙すると、ファースト・ユニタリアン教会（ニューヨーク州、一九五九年）、ミクヴェ・イスラエル・シナゴーグ（ペンシルヴァニア州、一九六一年）、ドミニコ会女子修道院（ペンシルヴァニア州、一九六五年）、聖アンドリュー修道院（カルフォルニア州、一九六六年）、ヒューヴァ・シナゴーク（エルサレム、一九六八年）である。これらの作品の礼拝の場はすべてに回廊が備わっている。その礼拝堂はすべてが左右対称の形式である。この点はル・コルビュジュエと平面構成が大きく異なっている。ル・コルビジュエの三作品は平面構成も造形もそれぞれにちがいがあるが、カーンの五作品には一貫した共通性がある。

カーンの手法は、正方形や円や三角形といった純粋幾何学の反復使用、レンガとコンクリートというかぎられた基本材料、そして構造を生みだす光の操作を特徴としている。カーンは言葉と作品を通じ、建築のはじまりである「元初（ビギニングス）」を一貫して志向した作家である。カーンは元初をものごとの存在との関係において根源的に捉え、その元初の例をアルカイク期のパエストゥムのポセイドン神殿やパルテノン神殿[7]に認めている[(6)]。そのことは、カーンのいう「デザイン（design）とフォーム（form）[8]」という二つの概念でもあり、その建築思想が五つの作品に表現されている。

そのなかでは、ユニタリアン教会のみが実現している。当初の案（図3）は、回廊が聖

7 アクロポリス（アテネ）のスケッチ（カーンによる）

8「デザインとフォーム」 カーンは「フォーム」とは決して決まった形をもたず、他のものとの差異を示すものの本質・本性であり、「デザイン」とはこのフォームに導かれる具体的な次元の個々の形であるという。

所（礼拝堂）と学校との間に二重に巡らされていた。それは聖所に属する回廊と学校に属する回廊である。聖所に属する回廊こそがカーンの独自性を現す中間領域であり、人が聖所に入るか否かについて自由に考える場でもあった。しかし、実作（図4）では、聖所に属する回廊がなくなり、残った回廊が聖所をぐるりと囲み、それに学校の教室・図書室・厨房などが接合されている。その回廊には壁体に沿って上部から光が差し込んでくるものであった（図5）。

　ドミニコ会女子修道院の計画案（図6）は共同生活を営む

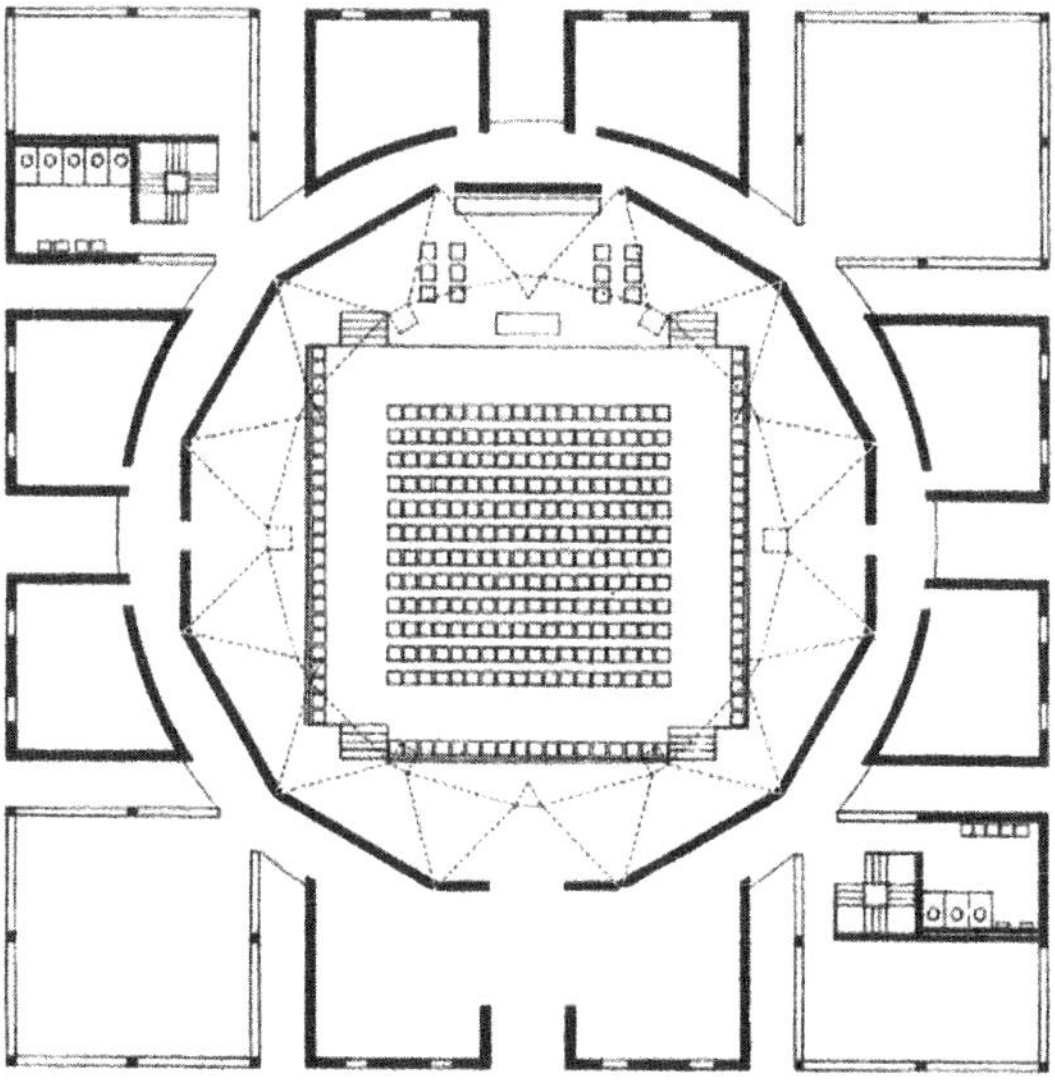

図3　ユニタリアン教会（当初の案）

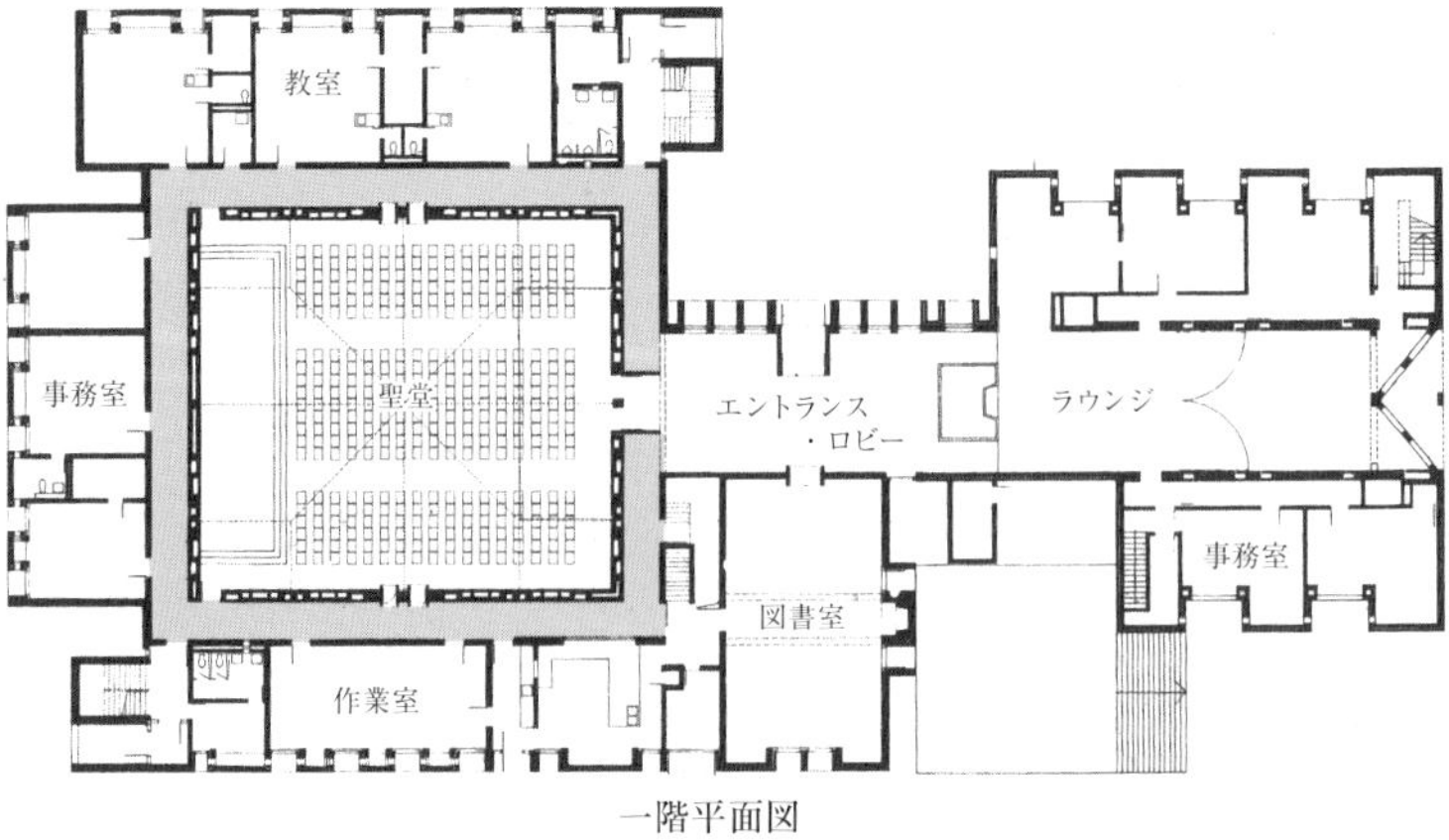

図4　ユニタリアン教会

図5　ユニタリアン教会回廊の上部

レンガ壁の向こう側が回廊であり、上部から光がさしこむ。

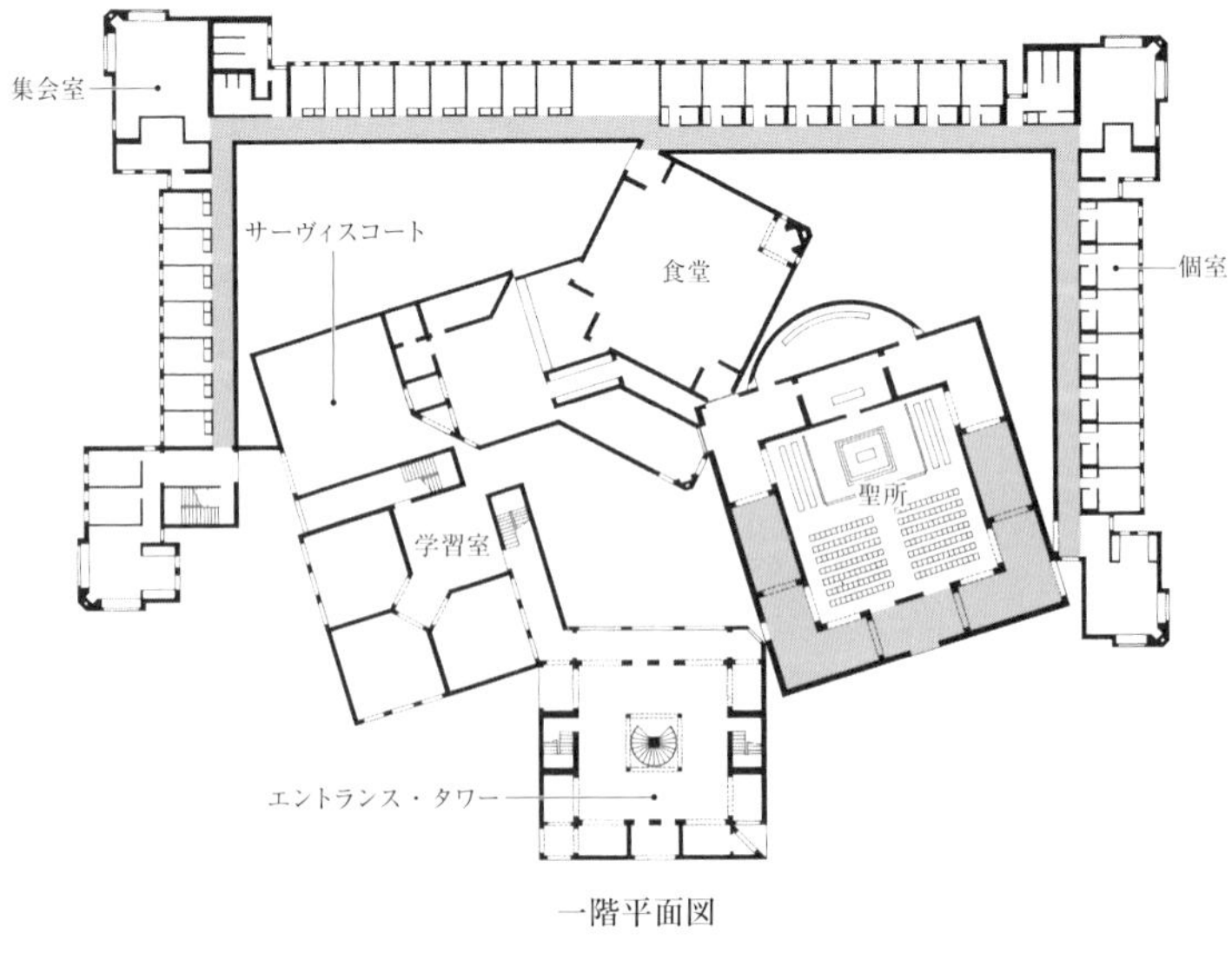

図6　ドミニコ会女子修道院（計画案）

諸室（聖所、食堂、学習室など）を個室群が囲むもので、この構成はかつての修道院村落を原型とした形式である。回廊はこの聖所を囲み食堂に向かって行進礼を可能とする。

その他の作品はすべて回廊が聖堂をぐるりと囲んでいる。一見廊下にもみえるが、魅惑的な光の差し込むまぎれもない素晴らしい回廊がそこには存在している。ただし、この平面形式（単一中心）の回廊は今日の日本の宗教建築、たとえば善光寺別院願王寺[9]、専念寺本堂、神慈秀明会神殿・教祖殿などにもあり、しいていうほどのめずらしさはなく、これらはすべて本堂（内・外陣）を囲む縁が回廊化した形と類似している。

別の構成からみると、たとえばドミニコ女子修道院の構成は、個室群が全体を囲み輪郭をつくり、その廊下（回廊）が重要な諸室を囲むあたかも古代の寺院のようである。カーンは聖堂も食堂も集会室もみな対等とし、どの施設でも黙想ができると考えた。各施設は完結した正方形で、互いに角度をもって配置され、自由で対等な扱いを受けている。この配置は、単一中心の構成に対し、まぎれもなく多中心の構成である。これは一つの固定した中心を否定し、対等で多数の中心をもつ空間構成といえる。

この案について建築家・香山壽夫は、伝統的な修道院の平面と比べて、「私は、率直に見て、カーンの計画案よりも伝統的なシトーの平面の方が明らかに優れていると感じます」[7]と述べている。その理由は、多中心というものの、実際には中心が存在しない構成をしているのではないか。シトー会の典型的な平面は、回廊に囲まれた中庭を中心に、さまざまな建築―聖堂・集会室・食堂・厨房・大寝室といったものが接合される。そのことは、カー

9 善光寺別院願王寺（名古屋市、AZ Institute: 山崎泰孝、一九七五年） 専念寺本堂（大阪市、高口恭行＋造家研究室、一九八四年） 神慈秀明会神殿・教祖殿（信楽町、ミノル・ヤマサキ＆アソシエイツ、一九八三年）

ンのいうようにすべてが対等な扱いを受けていることにある。それでいて、中庭は全体の中心として明確で強力な中心をつくりあげている、ということのようである。

ドミニコ女子修道院やコルビュジエのラ・トゥーレットの例は、逆に「中心の喪失」の配置構成とみることができるであろう。西洋における修道院の中庭と、それを取り巻く回廊はさまざまな部屋を統合する中心的存在としていかに有効であるかを証明している。

つぎにイスラームのモスクと相通じるカーンの作品にふれてみる。いうまでもなく、古典モスクの特徴は多柱空間にあり、その平面は格子型またはグリッド状から生まれる。それは多中心の空間としての意味合いをもつ。カーンは単一中心型と対極にある格子状平面をも追求していた。この好例が、トレントンのユダヤ人コミュニティセンター[10]である。この作品は、均質な多柱空間のなかで部屋のないヴォイドな空間が中心となっている。まさに単一中心型と対極の構成をここにみる。

カーンの傑作ともいわれているキンベル美術館（テキサス州、1967-1972、図7）はこれが発展した構成である。この作品はそれぞれの部屋が平等な扱いを受けつつも、その核となる中心は三つの中庭で、その中庭の主役は光である（図8）。この建築は回廊がないものの古典型モスクの構成と非常によく類似している。この美術館は現代的でありながらも古典的建築を彷彿させる不思議な魅力を備えているといっても過言ではない。同様にイエール大学イギリス研究センター[11]（コネティカット州）がこの構成をなしている。

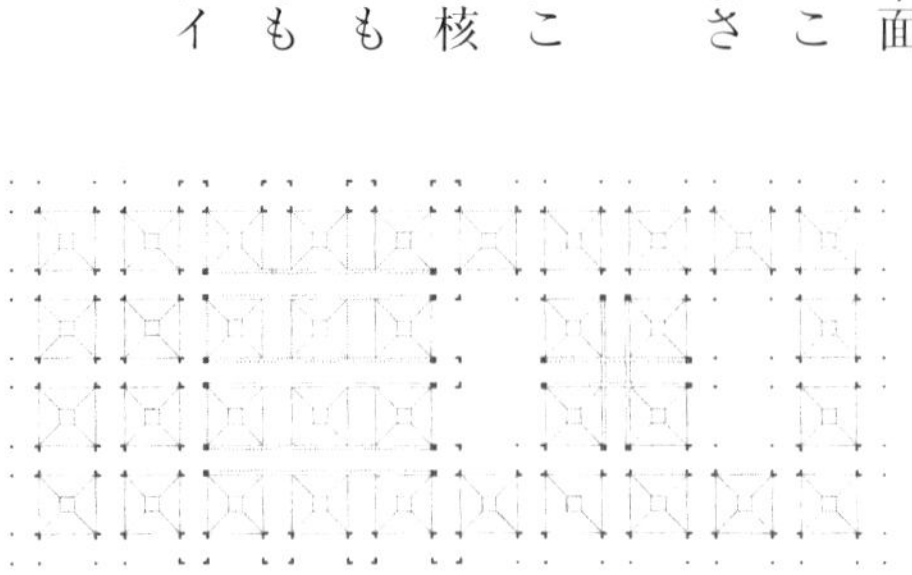

10 ユダヤ人コミュニティー・センター（平面図）

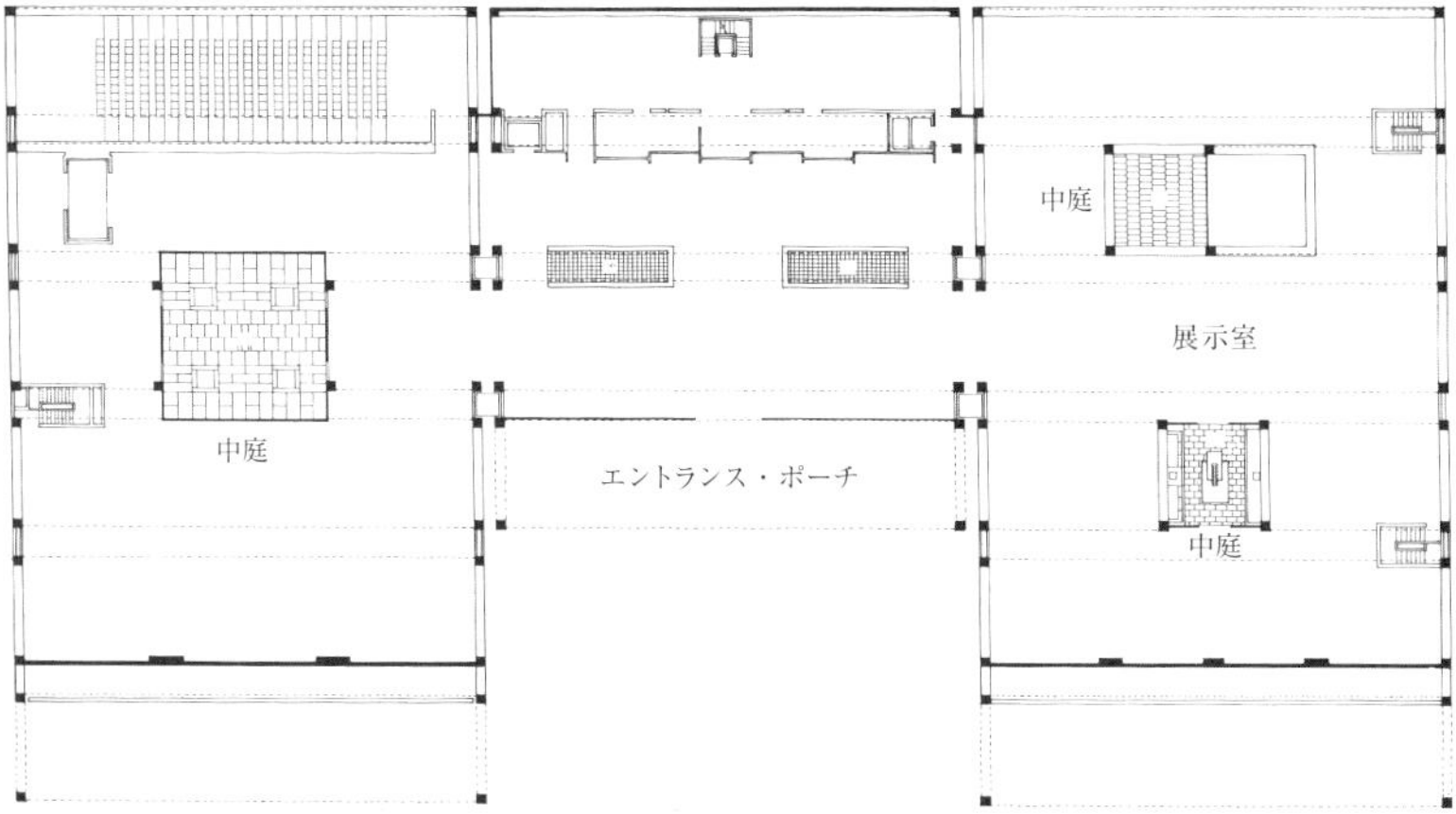

図7　キンベル美術館

図8　キンベル美術館の中庭
ギャラリーより南棟の光庭を見る。

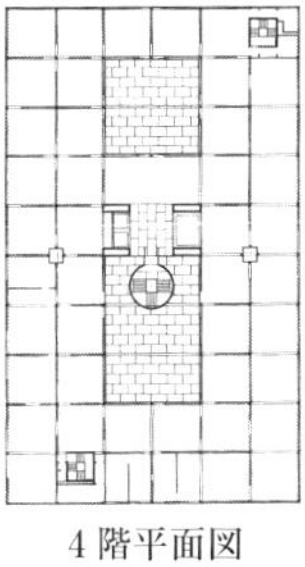

11　イエール大学イギリス研究センター　四階平面図と写真は北西よりセンター（中央）を望む。

2. 日本における西洋型回廊の展開

修道院の構成は、大学や研究所などの教育施設と非常によく類似している。大学のはじまりは川辺や街中で講義をする教師（または牧師）に興味をもった若者が集まり、やがて宿舎ができた。その寮は矩形の中庭を建物が囲むクワドラングル（quadrangle）という形式だといわれている。当時、大学固有の建物はなくおそらくこの寮の形式が西洋の大学の原型であったようである。クワドラングルの閉鎖的空間は学生と教師の自由を護り知的共同体に相応しい空間であった。今日の大学や研究所などの教育施設は、より多様化と開放化へと変化している。とはいえ、以前の形式が不要になり消滅したわけではない。なぜなら、ある期間、人と人がともに同じ空間で暮らし、働き、考え、心をかよわせることは必要である。そのような場には中庭と回廊を中心とした修道院的空間がもっとも適していた。

ケンブリッジ大学のトリニティカレッジとトーマス・ジェファソンの設計したヴァージニア大学は、その傑作の一つといわれている。トリニティカレッジ[12]は矩形の中庭（芝生）をアーチ型の回廊（列柱廊）で囲み、ヴァージニア大学[13]は各パヴィリオンのポーチを貫いて回廊（コロネード）がつづいている。囲みの中心はともに図書館である。また、最初の博物館・美術館は、キリスト教の伽藍がはじまりといわれており、そこでは豪華な祭服や道具そして聖遺物などの貴重品が儀式の際に鑑賞された。

日本の戦前に目を向けると、中庭と回廊をもつ建築は明治以降の洋風建築にいくつか存

12 トリニティカレッジの回廊

13 ヴァージニア大学の回廊

在していた。そのなかで、まず浮かぶのがやはり日本銀行本店（明治二十九年）である。この建物はのちに東京駅を手がけた辰野金吾が設計している。それ以前には山形県立病院の済生館[14]（明治十二年）がある。この建物は木造の擬洋風建築で十四角形の中庭の周囲に回廊がある。また、惜しいことに最近解体された食糧ビルディング[15]（昭和二年、旧東京廻《とうきょうかい》米《まい》問屋市場）は、小修道院の中庭に近いスケールの空間をもっていた。江戸末期から明治・大正・昭和の戦前までの洋風建築には、欧米の影響を受けつつも、修道院と相通じるヒューマンスケールをもった雰囲気のよい中庭と回廊の姿がみられず、この出現をみるのは戦後の建築を待たねばならなかった。

修道院の回廊と相通じる

修道院の回廊に相通じる空間構成をもっていると考えられる日本の建築をあげてみる。

●大学・研究所などの教育施設

この施設[16]には奈良県立橿原考古学研究所・付属博物館、上野学園、東京都立大学、静岡県立大学などがある。

たとえば、橿原考古学研究所（図9・図10）は、名称からも場所からも、また用途からしても疑うことなく誰しもが日本型回廊の空間構成を連想するだろう。もちろん、その造形は緑に包まれ歴史的環境とも調和し細部のディテールも日本的である。ところが、中庭

14 済生館（平面図）

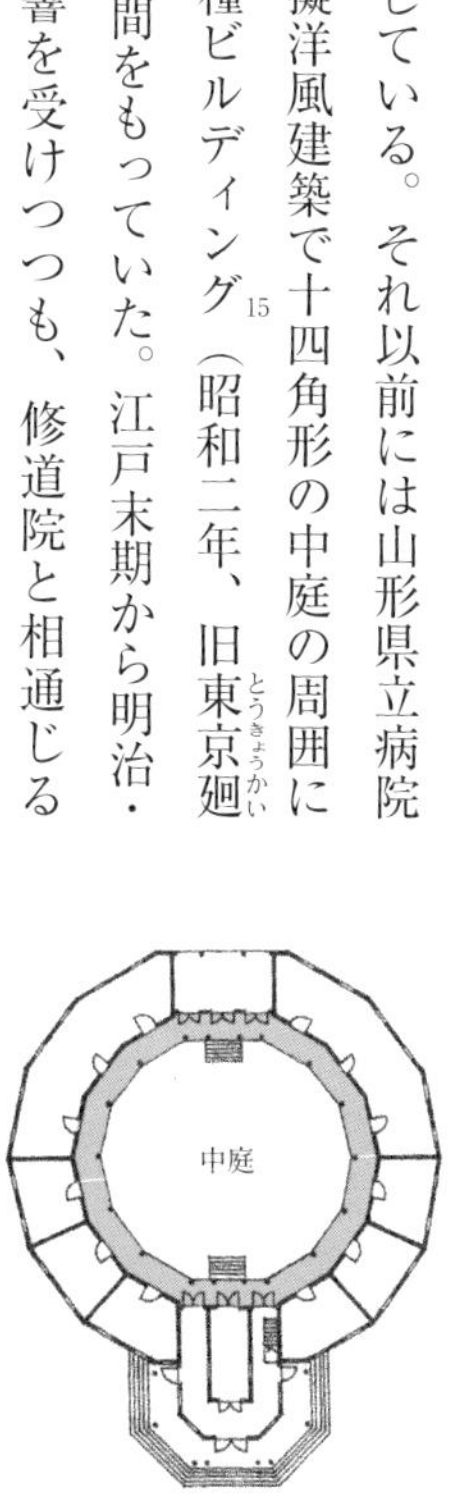

15 食糧ビルディングの中庭と回廊

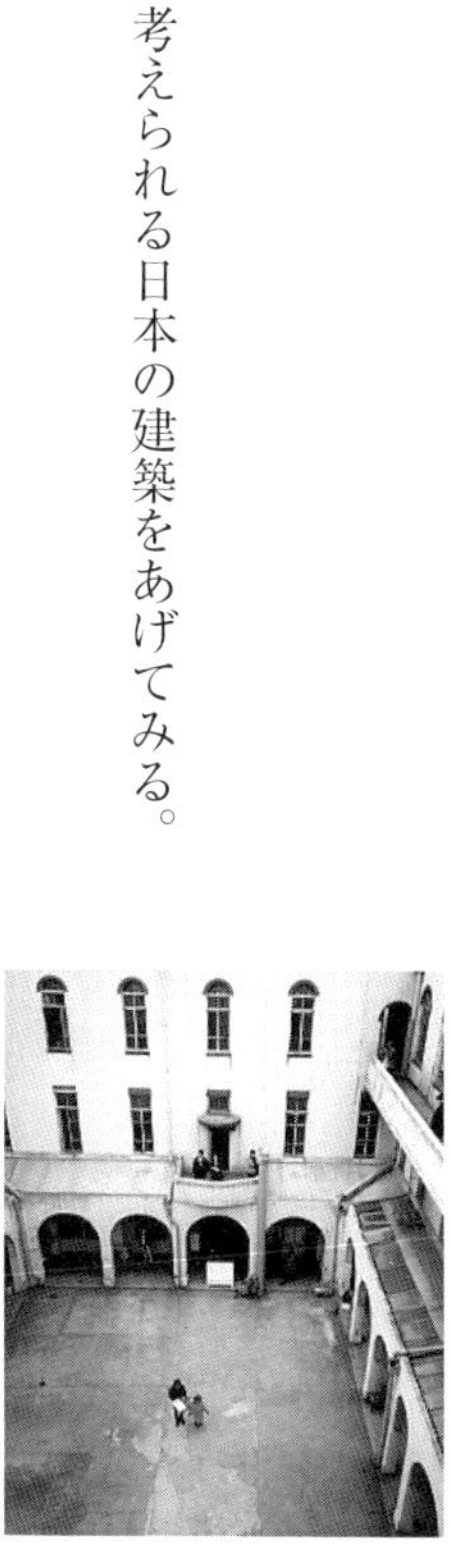

16 奈良県立橿原考古学研究所・付属博物館（橿原市、戸尾任宏・建築研究所アーキヴィジョン、一九八〇年） 上野学園（草加市、日本総合建築事務所、一九八五年）、東京都立大学・キャンパス計画（八王子市、日本設計、一九九一年） 静岡県立大学（静岡市、小林美夫・日本総合建築事務所+アトリエ・K、一九八九年）

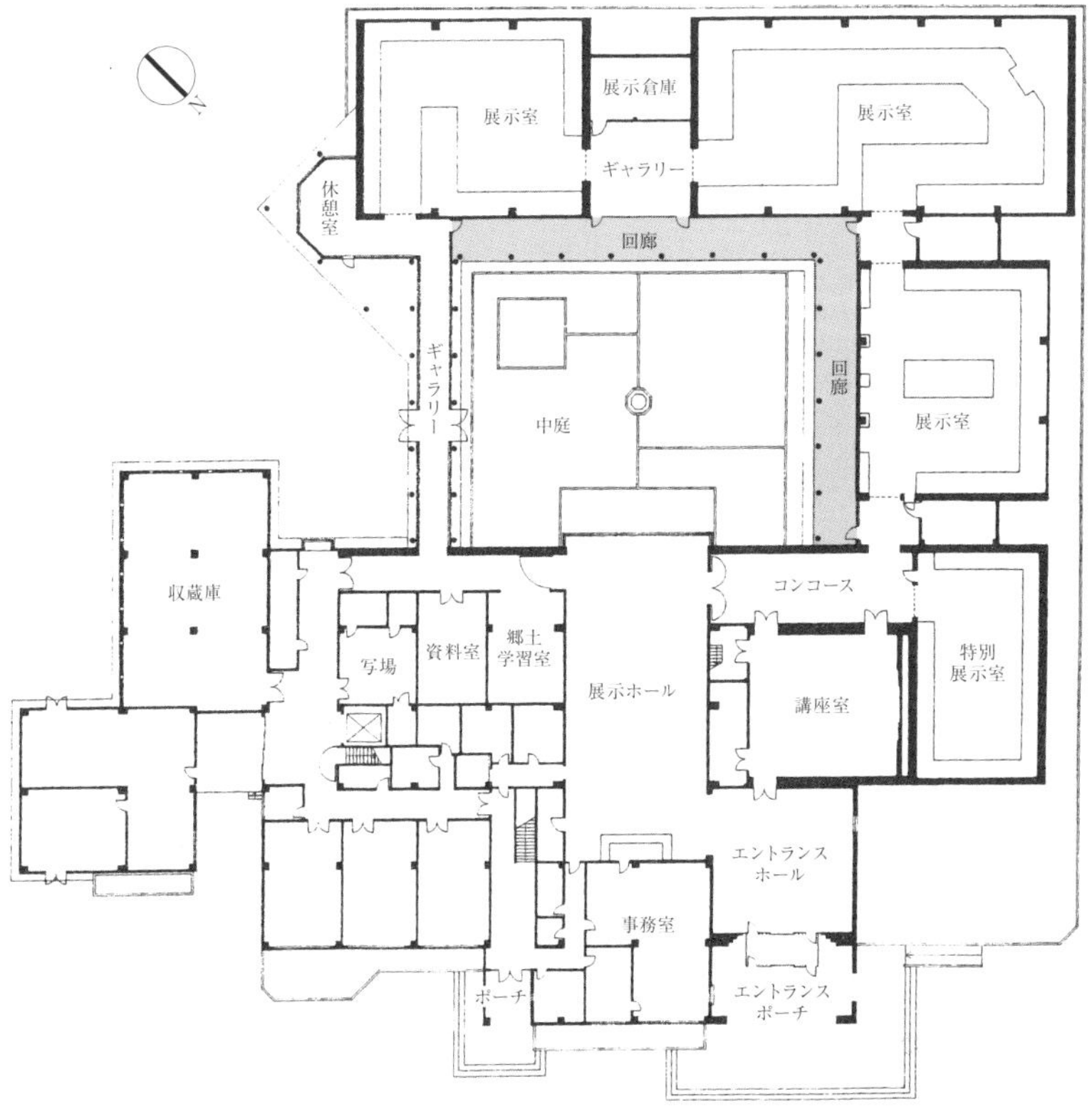

一階平面図

図9　橿原考古学研究所

図10
橿原考古学研究所の回廊

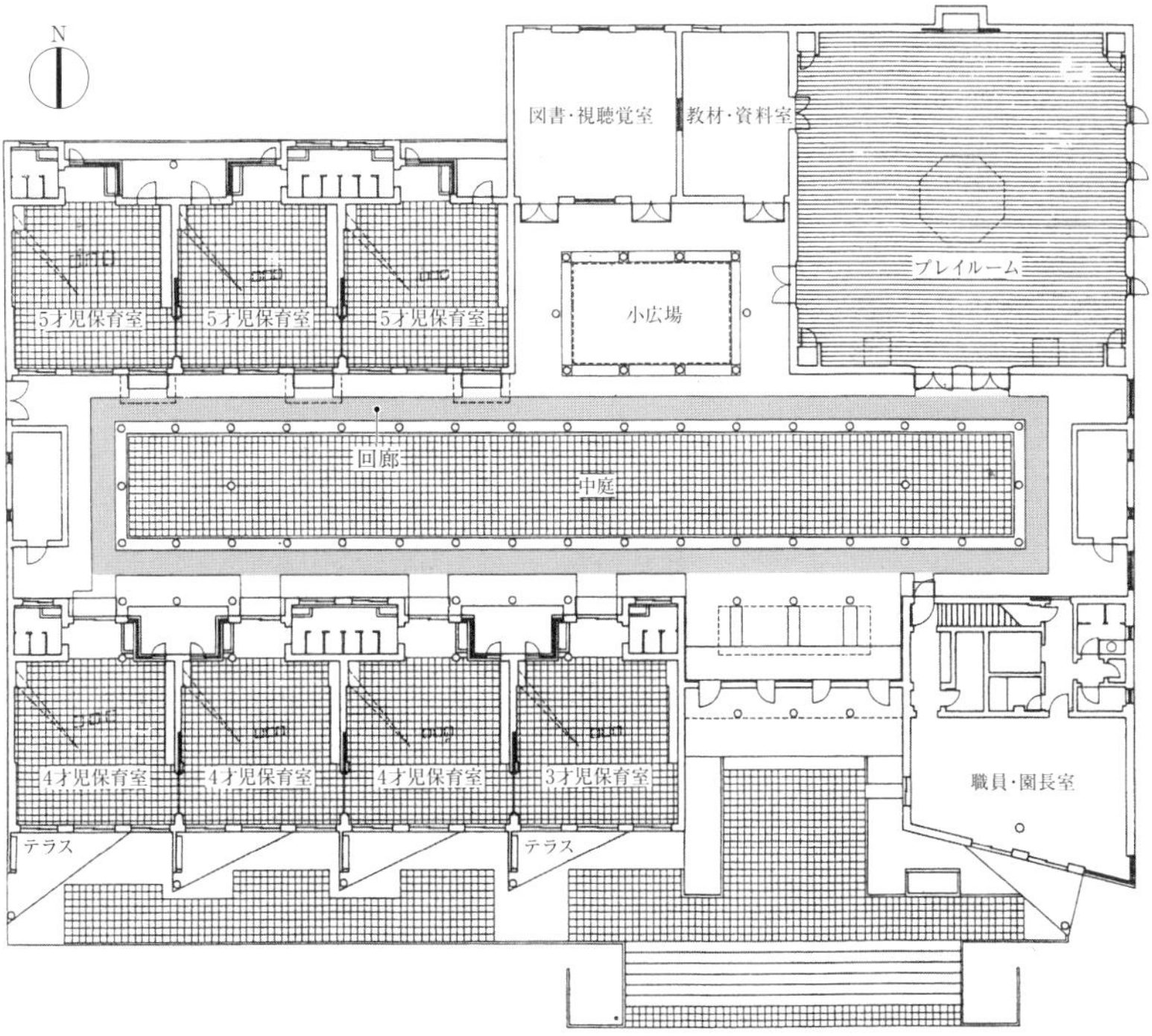

一階平面図

図11　武蔵野幼稚園

を中心とする回廊はなぜか修道院を連想させる西洋型である。中庭の石畳、中央の水盤などはその印象を一層強くさせる。まさしく修道院の配置構成である。

ほかの教育施設にも回廊が多く存在する。たとえば、角館町立西長野小学校[17]、武蔵野女子大学付属幼稚園がある。武蔵野幼稚園[18]（図11）は細長い中庭と回廊によってすべての部屋（保育園・プレイルームなど）が効率よく結びついている。

●研修・寮など宿泊施設

この施設[19]には、鈴鹿荘、眉山ホール、早稲田スチューデンス、熊本県立農業大学学生寮などがある。

たとえば、鈴鹿荘は、研修と宿泊を目的とした築山風の中庭をもつ和風建築である。各棟は中庭を囲み口の字形の回廊で結ばれるが、その回廊が屋内ゆえに廊下を思わせる。だが、中庭を中心とした空間構成はまぎれもなく修道院の型である。

農業大学校学生寮（図12）は、校庭の北側に御神木を想起させる樹木を植え、建物がその方向軸に向かって配置されている。この建物は日本の宗教建築の配置を連想させ、また木や土などの自然素材を多用している。これを計画したのは藤森照信で、彼の得意とする設計手法であろう。しかしながら、この作品はカルトウジオ会の配置構成とよく似ている。回廊から中庭への出入りは特定の場所からのみで、複数の回廊には均質な個室が接続している[20]。ここでは聖堂にかわって回廊が中央食堂棟を貫通している。

17 角館町立西長野小学校（角館町、渡辺豊和建築工房、一九九二年） 武蔵野女子大学付属幼稚園（保谷市、原広司＋アトリエ・ファイ建築研究所、一九九一年）

18 武蔵野幼稚園の回廊 回廊の天井は子供に合わせて低く抑えられている。

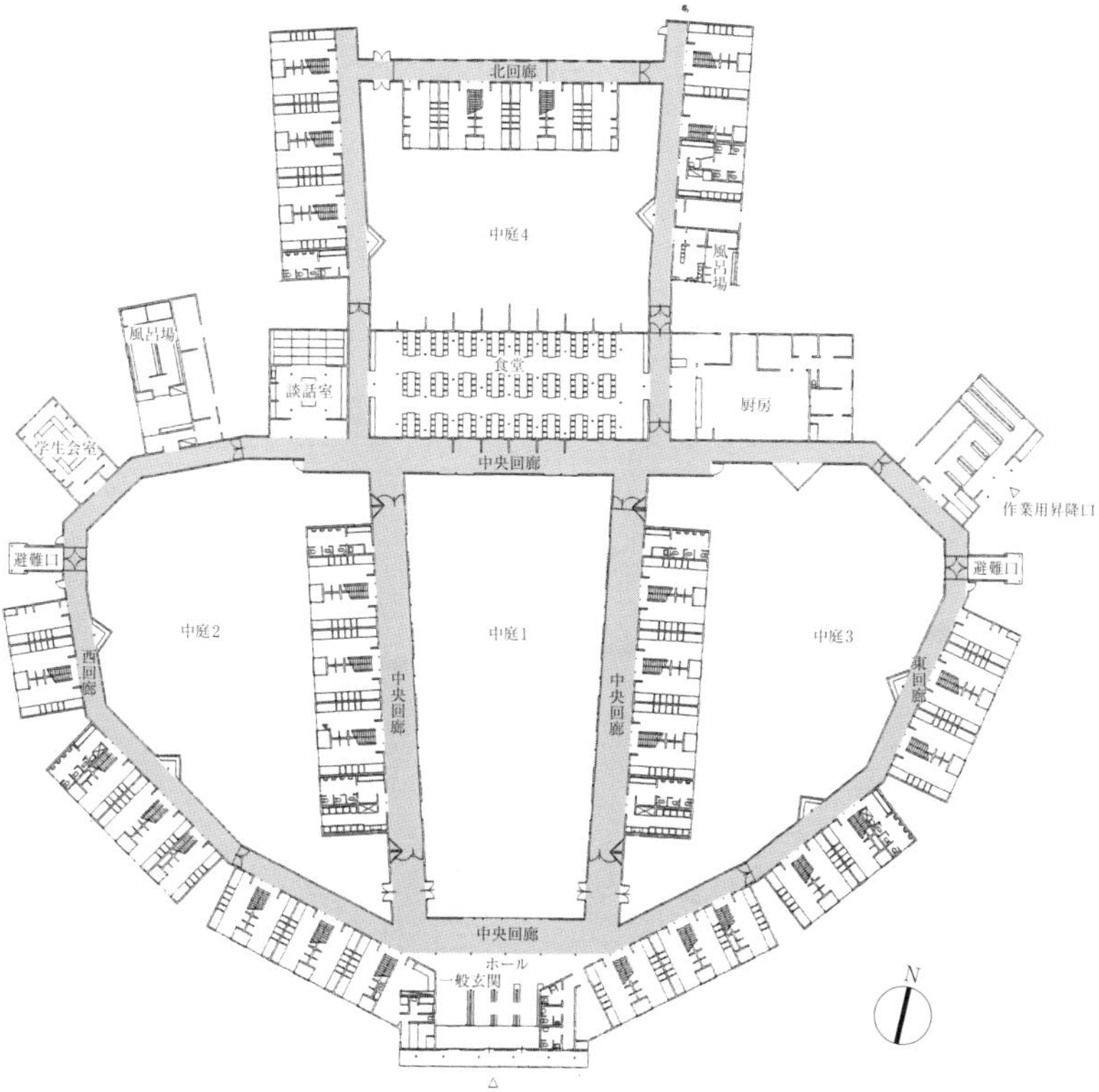

図12　農業大学校学生寮（平面図）

19 鈴鹿荘（鈴鹿市、電電公社建築局、一九八四年） 眉山ホール（静岡市、長谷川逸子・建築計画工房、一九八四年） 早稲田スチューデンス（東京、富永譲＋フォルムシステム設計研究所、一九八四年） 熊本県立農業大学学生寮（菊池郡合志町、藤森照信他三名、二〇〇〇年）

20 学生寮の回廊　玄関ホールから東回廊を見る。右側は各寮の入り口である。

●美術館・博物館など展示施設

この施設[21]には、角館町伝承館、国立歴史民俗博物館、宮城県立美術館、ふるさとの館などがある。

たとえば、角館町伝承館（図13・図14）は、大江宏の作品である。彼は国立能楽堂をはじめ数多くの伝統的建築を設計している。意外とも思えるが、彼の作品には中庭（光庭）と回廊が多く計画されている。その手法は、おそらく日本の坪庭や縁の延長上にあるのであろう。しかし、この伝承館の構成は、まちがいなく修道院の中庭と回廊から生まれたものといえよう。

国立歴史民俗博物館、宮城県立美術館は、中庭と回廊を配置することによって、諸室と来訪者の動線をうまく処理した設計技法の応用例といえる。

●その他の施設

ここでは、市庁舎・町役場・公民館などがある。

回廊がある市庁舎といえば日本ではないが、やはり思いうかぶのはストックホルム市庁舎（図15）であろうか。ノーベル賞の晩餐会が開かれる「青の間」は床がグリーンの大理石で敷き詰められ、回廊が周囲を取り囲みじつにすばらしい。一九二三年完成したこの水際の市庁舎は石・レンガ・木材といったスウェーデンの材料を多用した質の高い建築である。建築家・村野藤吾もこれを絶賛していた。

21 角館町伝承館（角館町、大江宏建築事務所、一九七八年）国立歴史民俗博物館（佐倉市、芦原建築設計研究所、一九八〇年）宮城県立美術館（仙台市、前川国男建築設計事務所、一九八一年）ふるさとの館（千葉市、内田祥哉＋アルセッド建築研究所、一九八九年）

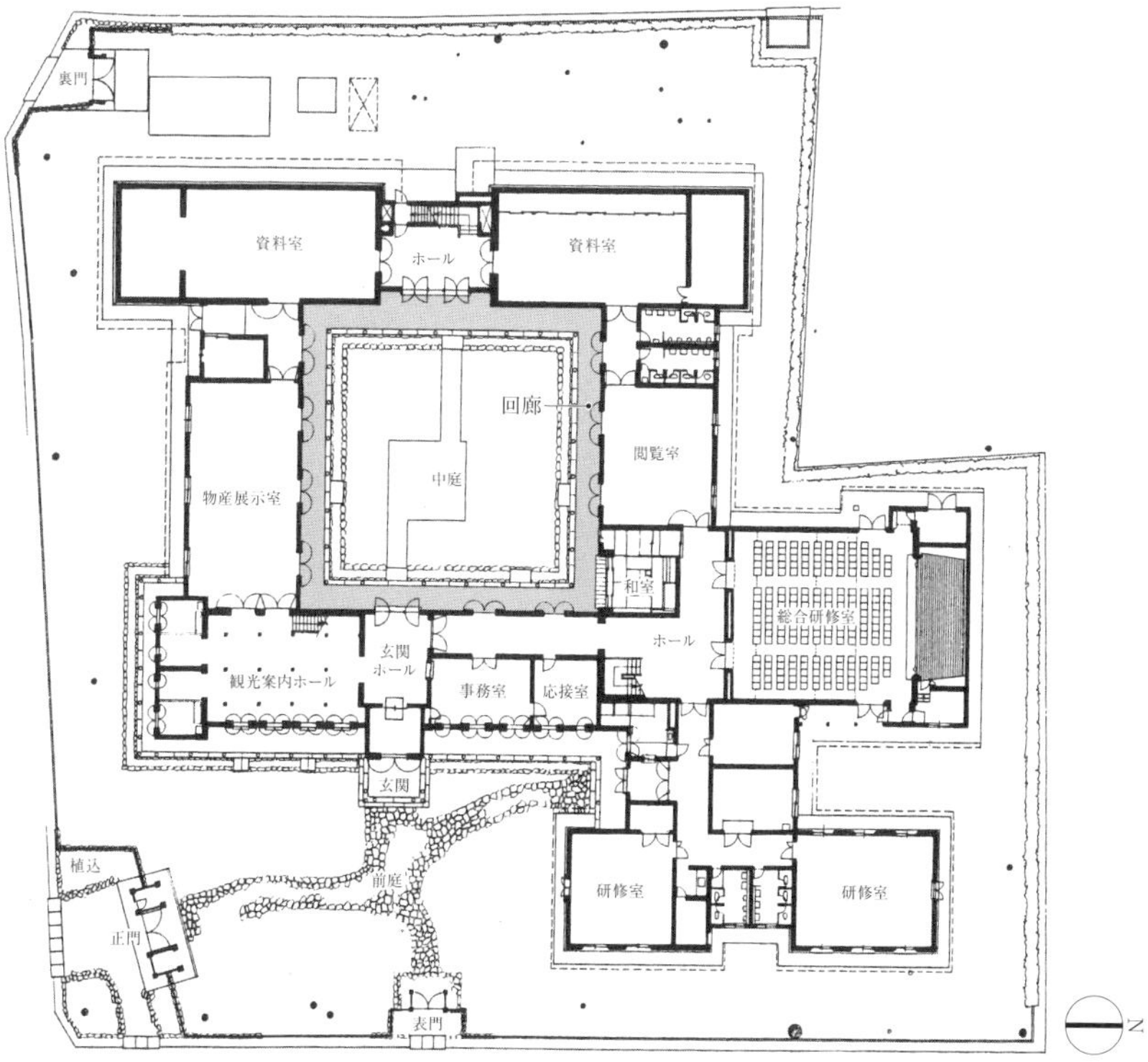

一階平面図

図13　角館町伝承館

図14
角館町伝承館の
中庭と回廊

図15　ストックホルム市庁舎の回廊

このようにすばらしい回廊は、残念ながらいまだ日本の庁舎に出現していない。ただ、中庭と回廊が修道院の規模に近いとする北勢町役場[22]、西那須野町三島公民館がある。

集合住宅、商業施設の中心機能をになう施設ではホテルモントレ神戸[23]、横浜ガレリア、オーキッドコートなどがある。本物指向のテーマホテルとして建設された変わり種のホテルモントレは北イタリアの僧院をテーマにしたらしく、じつに心地よいスケールの中庭と回廊をもっている。

モスクの回廊と相通じる

いま日本には数十のモスクがあるといわれる。もちろん、ここにはムサッラーといわれる小さなものも含まれてのことである。しかし、大規模モスクといわれる東京ジャーミイや神戸ムスリムモスクでさえ中庭と回廊が

22 北勢町役場（三重県員弁郡北勢町、日本大学生産工学部宋研究室＋千代田建築研究所、一九七八年）西那須野町三島公民館（西那須野町、日本設計事務所、一九八六年）

23 ホテルモントレ神戸（神戸市、鹿島建設、一九八九年）横浜ガレリア（横浜市、マリオ・ベリーニ・YBP設計室、一九九〇年）オーキッドコート（神戸市、ムーア・ルーブル・ユーデルアーキテクツアンドプランナーズ、一九九二年）

左は、ホテルモントレ神戸の中庭と回廊

ない。

モスクの空間構成に類似した建築は、戦後の現代建築においても数少ない。モスクは日本の建築家に馴染みにくいようである。格子型（グリッド状）の平面をもつ単なる多柱型は工場やスーパーマーケットのような大きな空間をつくるうえで都合がよい。その反面、設計するうえで自由な拡散性をもつことから、中心となる空間を生みだしにくいことも事実である。

モスクの空間構成はなかなかみわたらないものの、多少とも相通じる作品を多柱型、イラン型、トルコ型に分けてあげてみよう。

●多柱型の構成

ここでは、坂出市庁舎[24]、メモリアル・トネ（広域利根斎場）、金沢二十一世紀美術館などがあげられる。

金沢二十一世紀美術館（図16）は、造形がモスクと対極的で一見異なる印象を与える。しかし、回廊こそないものの空間構成が実によく似ている。ルイス・カーンのキンベル美術館にも相通じるところがあり、この型の構成を検討する価値が大いにある。

メモリアル・トネ[25]は直径六五M、金沢二十一世紀[26]は直径一一二・五Mで、ともに外観が円形である。その円のなかには正方形や長方形の中庭が設けられている。多柱型による平面の開放性としては、機能上金沢二十一世紀のほうがよりモスクに近いといえる。

24 坂出市庁舎（坂出市、日建設計工務、一九五七年） メモリアル・トネ（加須市、石本建築事務所、一九九一年） 金沢二十一世紀美術館（金沢市、ＳＡＮＡＡ：妹島和世・西沢立衛、二〇〇四年）

25 メモリアル・トネの中庭

●イラン型の構成

ここでは、金沢工業大学、流通科学大学などがあげられる

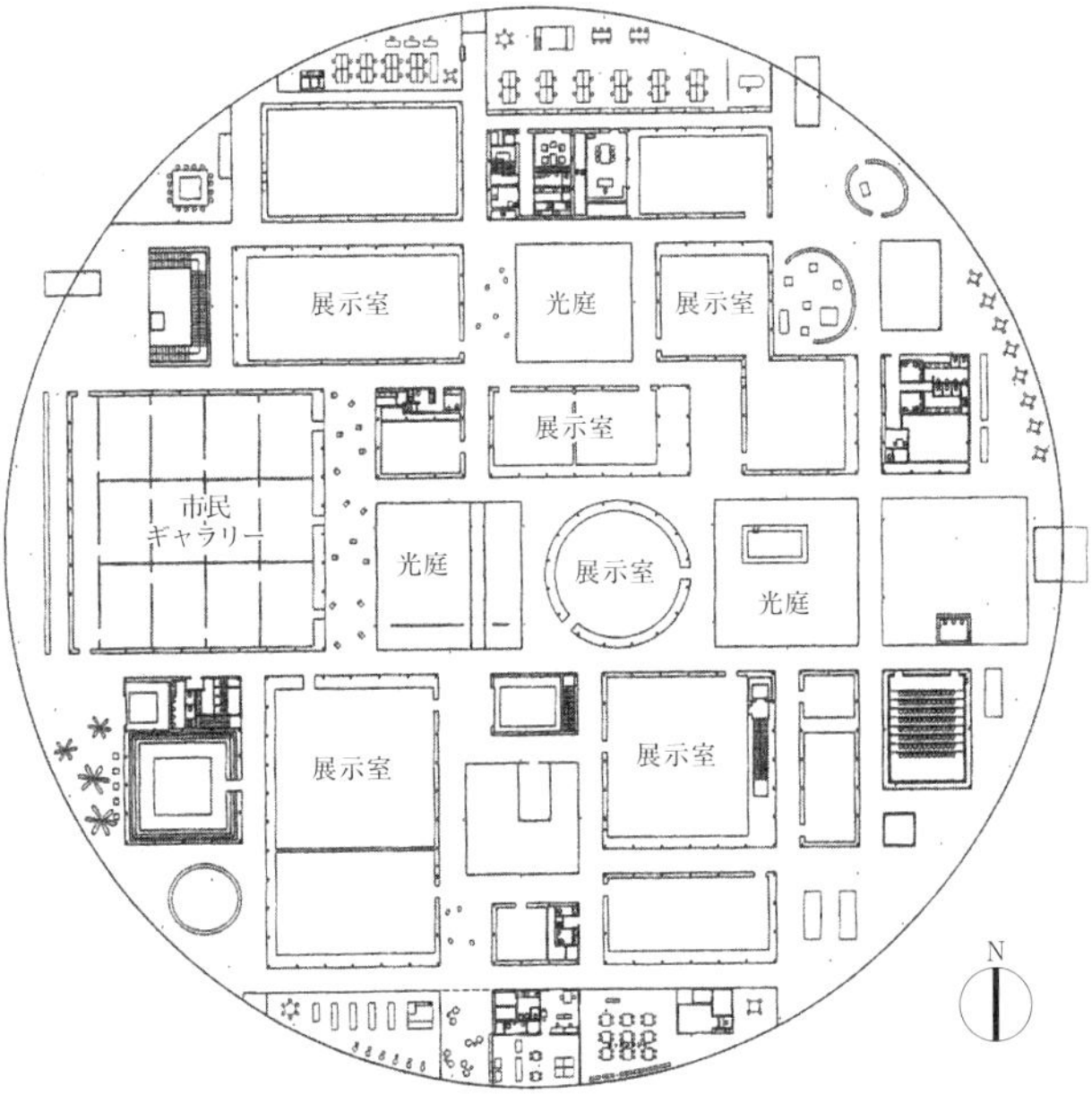

図16　金沢21世紀美術館（平面図）

26　金沢二十一世紀美術館の中庭

金沢工業大学[27]はモスクの平面構成というよりも、コロネードを通して中庭を望む光景が実にイーワーンと似ている。流通科学大学は思索の中庭と題したコートが四イーワーンの中庭と似たデザインである。ともに漂う雰囲気が不思議とモスクを連想させる。

●トルコ型の構成

ここでは、神戸ポートアイランドの市民広場[28]、西脇市立古窯陶芸館、修養団棒誠会の御霊所などがあげられる。

市民広場は、とくに中庭空間がなんとも漠としている。率直にいって緊張感のないこの回廊は皮肉にもトルコ型モスクの中庭と相通じている。しかしながら理解しにくい広場である。

御霊所は円形広場と回廊を中心に、その外側に大きな四分の一円の拝殿を接続した特異な平面である。その構成はトルコ型モスクに類似している。

このように類似した作品にふれてみると、想像した以上に日本の伝統建築において、修道院・モスクの中庭と回廊の空間構成が生かされている。さらに修道院の囲いの構成が日本的・西洋的用途にかぎらず、個（部屋）と全体（建築）をまとめあげる設計手法としては有効であったことを、改めて知りえた。

ルイス・カーンは「建築とは部屋の社会のこと」「建築とは部屋（ルーム）の統合体である[8]」と明確に述べている。回廊はその統合装置の一つでもある。

27 金沢工業大学（石川県南局区内野々市町、大谷研究室、一九七六年） 流通科学大学（神戸市、日本設計、二〇〇六年）
左図は金沢工業大学の入口。

28 神戸ポートアイランドの市民広場（神戸市、上田篤、一九八〇年） 西脇市立古窯陶芸館（西脇市、渡辺豊和建築工房、一九八二年） 修養団棒誠会の御霊所（沼津市、内井昭蔵建築設計事務所、一九八四年）

結語――「異質性」と「同質性」

世界の四大宗教にはそれぞれ、成立時期、地域、信仰の対象、そして教義や倫理などに違いがある。しかし、そのなかにおいても異質性、同質性を形態上から読みとることができる。宗教的特質をも含め、おのおのの「宗教建築における空間と回廊」とが、どのような関係で成立しているのか。またその関係性はどこにあるのかに視点をおき考えてみる。

1. 神社回廊がもつ異質性

仏教の創唱者（開祖）はブッタであり、キリスト教がイエス、イスラームがムハンマドである。これらの宗教はいつ頃にはじまり、その中心とする考えや、聖典も明確である。神道は創唱者も聖典もなく、いわば八百万《やおよろず》の神で多神教である。見解の相違もあるが、神道の経典は古事記であり日本書紀であると指摘する人もいる。しかし、そこには神道の聖なるもの、穢《けが》れなるもの、正邪・善悪の基準について、歴史をひもときながら表現されているにすぎない。むしろ宗教的な相違は、神社建築の空間と回廊の存在のしかたにこそ特徴が現れているのであろう。

●中心施設と回廊の接続

宗教建築の中心施設は寺院が金堂、仏殿、法堂、神社が本殿、そして修道院が聖堂、モスクが礼拝室となる。ただ、モスクの礼拝室は寺院や修道院といささか異なり、神聖な領域ではあるが神の館ではない。だが、メッカへの中軸線上に回廊が位置していることを考えると、回廊はむしろ礼拝室の一部と捉えることもできる。

古代平地寺院の初期段階を除き、寺院・修道院・モスクの回廊はすべてが中心施設と接続している。神社の本殿だけはこれらと異なり、外界から犯しがたい神聖な「神のみの住居」として独立し、いまなおどの施設とも接続していない。神道は穢れを祓って汚れをなくす、あるいは他とは交わらない再生の思想が強い。神社の回廊の特徴はいうまでもなく一の字形であり、本殿ともけっして接続していない。やはり他の宗教建築と比べると、神社建築の本殿と回廊の非接続関係は異質といえる。

●複数回廊の配置

寺院の複数回廊は、中軸線上に門と金堂が位置しロの字変形を繰り返している。この形式をもつのは、古代平地寺院の大官大寺や創建東大寺である。特別な形式は離れて位置する法隆寺の西院と東院である。

禅系寺院はやはりロの字変形を繰り返している。この形式をもつのは臨済宗の三聖寺、泉湧寺、曹洞宗の永平寺、黄檗宗の万福寺など多くの寺院があげられる。

修道院の複数回廊はカルトウジオ会、托鉢修道会であるが、本格的となれば托鉢修道会といえる。

モスクの複数回廊は王のモスク（イラン）にみられるようにすべてが複合建築で、モスクを中心に廟やマドラサやキャラバンサライ[1]などの回廊が付属する形式である。

このように、寺院・修道院・モスクの複数回廊は主要施設の周りに配置され、その核の周縁へ水平的に展開されている。つまり分散配置である。

神社の複数回廊には、塩竈神社（宮城）、賀茂御祖神社（京都）、賀茂別雷神社（京都）があげられる。これらの配置は一の字形もしくは逆コの字形回廊が本殿に向かって一直線上に並んでいる。この形式は回廊という境界が人々に〝奥〟という印象を与えている。〝奥〟とは、空間概念でいう中心と志向性を意識させるもので、かぎりなく果てしないもの、つまり無限への志向をどのように空間化するかである。このことは建築手法として非常に難しいことである。ヨーロッパの教会堂は開口が狭く奥行の長い建物、この奥行が長いことで直接的に〝奥〟を表現している。しかし、神社の本殿は奥行が開口に比べて浅い。したがって、複数の回廊を通過することによって徐々に奥へ奥へと導き、それだけに回廊には

1 マドラサとキャラバンサライ
マドラサは教育施設を指すアラビア語で、コーランを中心とする高等教育機関。キャラバンサライはペルシア語で、隊商のための取引や宿泊施設を指す。左図は建築家シナンによって十六世紀に建てられたリュステム・パシャ・キラバンサライである。

ほかにない通過儀礼としての作用がある。複数回廊は段階的に聖性を高めながら中心に向かって垂直的に展開する。つまりは並列配置である。

その証の一つとして、完結しないコの字形、とくに一の字形の形態がそれを物語っている。

2. 宗教回廊がもつ同質性

●修行タイプの回廊

かつてはめずらしいことであろう。一九七九年に禅僧および仏教学徒の一行が一カ月をかけてヨーロッパの各地にあるベネディクト会などの修道院で合宿修行している。このことついて、ヨーロッパ中世史研究者の今野國雄は、つぎのように意味深く述べている(1)。「修道院と禅寺、修道士と禅僧との間に感じられる類縁が決して架空のものでないことがわかる。いやそれどころか、この類縁はマルク・ブロック[2]に倣って、…（中略）…歴史研究の対象とすることもできるだろうし、マックス・ウエーバー[3]に倣うならば普遍妥当性のある文化現象として社会学的考察の対象とすることもできるだろう」と。

回廊の形態的側面からこの類縁について捉えてみると、禅系寺院はロの字変形の繰り返し、修道院がロの字形、ともに巡ることのできる回廊である。その諸室は回廊の中心軸に

2 マルク・ブロック（一八八六〜一九四四） フランスの中世史学者。古代史学者ギュスターブの子としてリヨンに生まれる。アナール学派の基礎を築いた。

3 マックス・ウエーバー（一八六四〜一九二〇） ドイツの社会学者・経済学者で、唯物論への反証や社会科学におけるさまざまな方法論の整備を行った。社会学の黎明期の主要人物エミール・デュルケーム、カール・マルクスなどと並び称される。また、丸山眞男をはじめ日本の多くの社会学者に影響を与えた。

対してともに非対称形である。強い類似性は、なんといっても回廊を中心に共住し自給自足の生活を行い、回廊に接続した諸室を巡る修行である。そこでの所作は禅系寺院が仏法による規則（清規）で定められ、修道院が戒律で律せられている。坐禅は「見えぬ」ものとの対峙、したがって観念的となり内側に向く。内側に向く建築は過剰や装飾を排した「無の建築」へと向かう。修道院は戒律や制度で世俗と完全に切り離した空間をつくる。その徹底した非日常性、非肉体性を存在させる領域はやはり「無の建築」以外になかった。いわば無の建築とは瞑想や修行と合致するものであろう。

曹洞宗とシトー会はとくに近似している。曹洞宗の開祖は十三世紀中頃、遠く離れたシトー会の完成は十二世紀末であり、期せずして近い時期の成立なのである。雪深い曹洞宗永平寺を訪れると、素足で足音もさせず歩くその修行は自然と修道院を連想させる。禅系寺院と修道院の回廊は、まさに「同質なるもの」が存在するといえる。

●遥拝タイプの回廊

歴史学者・池邊彌の『古代神社史論攷』(2)に掲載されていた神体山を有する代表的な神社をかつて調査してみた。その結果をふまえると、鳥居の軸に対し山が右寄りに位置しているのが四十五パーセントほど、中心に位置しているのが三八パーセントで、残りは左側であった。ただし、聖地は中央から右側に偏りがみられるものの、一定の法則性はみあたらなかった。つまり方位が定まっていない、ということになる。

一方で、モスクの礼拝はメッカの方向に向かって拝し、ミフラーブがその方向を指し示している。しかし、その方位はあらゆる場所にモスクが位置するゆえに定まっていない。仏寺は南面、修道院が東面という定まった方位軸に対して、神社とモスクは定まっていない。

遥拝とは、遠く離れた場所から神などを拝むこと。それは神の所在する聖地が必ずしもみえる必要はなく、みえない聖地を拝する感覚が大切である。神社とモスクには仏寺や修道院と異なった特殊な神への祈りの回路がある。神道の柏手を叩く行為は呪術的な力で聖地より神の出現を願う。一方のイスラームは平伏して「崇高なるわが主に栄光あれ」と聖地に向かって神をたたえる。

神社の特徴である一の字形、古典モスクの特徴であるコの字型は、ともに同質性をもった「遥拝型の回廊」といえるのではないだろうか。

●回廊と場所性

「出雲におわす神」、「熊野におわす神」などと日本の神は地名でよばれている。つまり日本の神々は場所と深く関係があり、「場所を大事にする」ということが日本の神道の特色の一つでもある。神社建築の式年遷宮および造替にはいろいろな説(3)がある。考えられることの一つには、建物でなく建立された場所に意味が内包されており、その場所が聖なる土地（場）として認識される必要があると捉えている。

浄土系寺院の空間は、浄土と考える山との位置関係で構成されている。理想とするは、すべての装置が東西軸を浄土軸とし一直線上に展開することである。その姿は阿弥陀堂を中心に、西に阿弥陀ヶ峰または浄土ヶ原といった浄土にふさわしい山を有し、東に園池を有する。こうした地形は浄土系寺院の成立に必要不可欠であった。

一方、シトー会修道院は、都市村落から離れた谷間の小川に沿った森のなかを選び、とくに未耕地の原野を好み、その地を開墾することが自らの禁欲修道にふさわしいとされ、それは戒律に絶対必要なことであった。新しい修道院は、その土地の形状から神の谷、マリアの谷、恩寵の谷などとよばれた。

ベルナルドウスがヴォークレール修道院長に「私の経験を信頼しなさい。本のなかよりも森のなかで、あなたは多くのものを発見するでしょう。木々や岩は、どんな師からも学ぶことができないものを、あなたに教えてくれるでしょう(4)」と手紙にしたためている。これは天地万物すべてに、神は宿るものとする日本の神道に相通じている。

このようにみてくると、神社、浄土系寺院そしてシトー会修道院には、山であり自然という共通言語が浮びあがってくる。それぞれの宗教的理念が成立するためには、それらの場所が必要不可欠であることはまちがいない。ちなみに、この三つの宗教建築には「地霊」という同質性が認められる。

ここで、より肝心なことは、神社の一の字形回廊、浄土系寺院のコの字形回廊、シトー会修道院のロの字形回廊などについて、パースペクティブな空間構成の視座から捉えてゆくことが肝要である。このことこそが建築意匠の見方を改めて論ずる必要性を再認識するのである。

【第Ⅱ部】 本文注記について

●序

（1）和辻哲郎『古寺巡礼』岩波文庫、1980
（2）朝倉文市『修道院』講談社、1995.09
（3）アンリ・スチールラン著、神谷武夫訳『イスラムの建築文化』原書房、1987.11

●一章

（1）W・ブラウンフェルス著、渡辺鴻訳『西ヨーロッパの修道院建築―戒律の共同体空間』鹿島出版会、1974.11
（2）D・ノウルズ著、朝倉文市訳『修道院』平凡社、1972.02
（3）峰岸隆・吹上紗知子他「西ヨーロッパの修道院建築における回廊の型分類―修道院建築における回廊の研究〈その1〉」平成17年度・日本建築学会近畿支部研究報告集
以下、調査対象とする84の修道院は、中世の代表的修道院を扱い、かつ回廊の全体図を読み取れる平面形が多く掲載されている次の文献から選定した。
①La Pierre-qui-Vire, Yonne他『La nuit des temps 1 ～ 88』（zodiaque）
②Wolfgang Braunfels: [translated by Alastair Laing]『Monasteries of Western Europe: the architecture of the Orders』（Thames annd hudson.1980）
③Christopher Brooke『The monastic world.100 -1300』（Elek.1974）
（4）Horn.W.annd.E. The plan of st.Gall. A study of the architecture and economy of.and life inaparadigmatic carolingi an morastery. Berkley.Los Angeles.London 1979.3 vol
（5）REINLE.A..Neue Gedanken zum St.Galler Klosterplan: Zeitschrift fur Schweizerische Archaologie und Kunstgeschichte Bd.23.1963/64
（6）西田雅嗣『シトー会建築のプロポーション』中央公論美術出版、2006.03
（7）芦原義信『街並みの美学』岩波書店、1984.12

●二章

（1）モスクには、歴代の王朝・国家が拡張・修復・改修を繰り返し行ってきたものも少なくない。したがって、礼拝室や回廊について元の形を追跡することが非常に難しいものもある。ここでの平面形は現存あるいは年代記入のある文献による。
（2）羽田正『モスクが語るイスラム史』中央公論社、1994.03
（3）陣内秀信・新井勇治編『イスラーム世界の都市空間』法政大学出版局、2002.10
（4）馬杉宗夫『大聖堂のコスモロジー』講談社、1992.10

●三章

（1）レオン・プレスイール著、杉崎泰一郎監修、遠藤ゆかり訳『シトー会』創元社、2012.08
（2）佐藤次高・岡田恵美子編著『イスラーム世界のことばと文化』成文堂、2008.03

●四章

（1）ル・コルビュジエ著、吉阪隆正訳『モデュロールⅡ』鹿島出版会（SD選書）、1976.12

（2）范毅舜著、田村広子訳『丘の上の修道院　ル・コルビュジエ最後の風景』六耀社、2013.06

（3）千代章一郎『ル・コルビュジエの宗教建築と「建築的景観」の生成』中央公論美術出版、2004.03

（4）ル・コルビュジエ著、石井勉他訳『東方への旅』SD148、鹿島出版会、1979.02

（5）磯崎新の建築談議#05『ル・トロネ修道院〔ロマネスク〕』六耀社、2004.01

（6）前田忠直『ルイス・カーン研究—建築へのオデュッセイア』鹿島出版会、1994.03

（7）香山壽夫『建築意匠講義』東京大学出版会、2001.02

（8）ティン・アレクサンドラ著、香山壽夫訳『ビギニングスールイス・カーンの人と建築』丸善、1986

●結語

（1）今野國雄『修道院』岩波書店、1981.03

（2）池邉彌『古代神社史論攷』吉川弘文館、1989.06

（3）主な説を以下に記す。

「日本人がなんとしても残そうと努力したのは、建築ではなくその様式、すなわちカタチではなくカタだったのである。」川添登『建築と伝統』彰国社、1979／「神殿はつねに新しいものがよしとされ、何年めかに建てかえる式年造替の制が広く行われ、そのため、かえって古い形式が今に残ることになった。」太田博太郎『日本の建築—歴史と伝統—』筑摩書房、1968／「白木の肌のうちに、祓いとか禊ぎとかを重視する神道の特性がすでに含まれているのであろう。…略、しかしその汚れは、20年ごとの式年遷宮で、建材で拭いさられる。罪業はここでは「悔い」によってつぐなわれるものでなくて、根底から消されるものである。」と古代神道の精神との関係を示す。大橋良介『「切れ」の構造』中央公論社、1993

（4）レオン・プレスイール著、杉崎泰一郎監修、遠藤ゆかり訳『シトー会』創元社、2012.08

あとがき

誰もが知っている。お伊勢さんには回廊がないということを。

なにゆえ伊勢神宮には回廊がないのであろう。そのゆえんは伊勢が日本の神社の最上位とされ、国家神としての性格をもっていたがためであろうと憶想される。皇大神宮（内宮）の瑞垣と二ノ玉垣（内玉垣）に、もし屋根が架けられていたとするなら、まぎれもなく回廊であったはずである。じつは、我々が想像している以上に伊勢神宮の配置、造形、そして儀式には大陸の影響と神仏習合が存在している。おそらく伊勢の垣の設定には仏寺から援用した「回廊」の意味が含まれていたに相違ないであろう。もしそうであったとするなら、この「隠された回廊」に、もう一つの「日本の本質はなにか」というなぞ解きができる。いうまでもなく徳川家康を神として奉斎《ほうさい》する日光東照宮には回廊がある。このなげかけはいずれの機会に述べるとしておこう。

本書は、回廊を有する宗教建築および回廊の特徴について話を進めながら、日本と西洋・中東の回廊空間を比較してきた。その結果として、ここでは「日本的なもの」「日本の本質はなにか」を追求し、指し示してきたといえる。

四大宗教建築の回廊を網羅すべく、総体的な知見から大胆に取り組んだ箇所もある。筆が進むにつれ基本的な過ちはおかしていないだろうか、細部の正確さは欠いていないだろうかと一抹の不安もある。その反面、私なりの筆致にて書き現せたとも満足している。

それはさておき、建築設計を専門にする者として、これまでの建築史は各論にかたより、全体的視野を見失い、その結果建築設計となかなか結びつきにくい面があったと常々感じていた。とくに一部の日本建築史にそういえるのであろう。本書の執筆においては、つとめてその点を考慮したつもりである。それゆえ、この書が設計を志す方々の一助となり、よりよい刺激となったなら幸いである。

回廊については二十数年来の研究であり、各地の宗教関係者の方々には快く調査を了承し、協力いただいたことに、この場をかりて深く感謝したい。この調査は夏の暑いさなかのことで、大阪工業大学建築学科、峰岸研究室の院生とともに精力的に国内外の回廊をまわった。たしか大分の柞原《ゆすはら》八幡宮だったと思う。夕闇が濃い戻り坂で回廊をてらす灯火をみたとき、いいしれぬ安堵感と素朴な情趣を感じたことを、いまも忘れがたい記憶の一つであり改めてお礼をいいたい。

なお、ここにいたるには多くの方々の所説や著作を参考にさせていただいた。参考文献を明示することができなかったものに関しては非礼をお詫びしたい。本書の図版・写真の収集には大阪工業大学の寺地洋之教授にご協力を願い、出版にあたっては鹿島出版会の相川幸二氏に大変お世話になった。この書がようやく日の目をみることになったのも、なにより編集者としてお世話いただいた小田切史夫氏との永らくのおつきあいによるものであり、いろいろと励ましてくださったお蔭でここまで書きおおせてきたと深く感謝している。
　この書を案内役とし、日本であれ西洋であれ魅力ある回廊を訪れていただけたなら至福の想いである。

晩秋の名張にて　　　　峰岸　隆

図版出典リスト

※数字は図版番号を示す。

《第Ⅰ部》

●序章

[脚注]

1 『四季法隆寺』新潮社、1990.05. p.8

4 磐座：『芸術新潮』新潮社、1996.03. p.82。神籬：『別冊太陽』平凡社、2002.06. p.55

●一章

[本文]

写真 (法隆寺西院の中門と回廊)、『日本の美術9』No.244、日本の建築空間（神代雄一郎）、至文堂、1986.09

図1 『日本古寺美術全集2』集英社（伽藍配置図集成p.92～96より作成）

図2 『日本古美術全集2』集英社 p.96

図3 浅野清、毛利久『原色日本の美術3、奈良の寺院と天平彫刻』小学館、1996.10. p.138

図4 「大仏開眼千二百五十年 東大寺のすべて」目録、朝日新聞社、2002.04

図5 久野健、鈴木嘉吉『原色日本の美術2、法隆寺』小学館、1966.12. p.227

図6 久野健、鈴木嘉吉『原色日本の美術2、法隆寺』小学館、1966.12. p.161

図7 清水擴『平安時代仏教建築史の研究―浄土教建築を中心に』中央公論美術出版、1992.02. より作成

図8 清水擴『平安時代仏教建築史の研究―浄土教建築を中心に』中央公論美術出版、1992.02. p.57より作成

図9 清水擴『平安時代仏教建築史の研究―浄土教建築を中心に』中央公論美術出版、1992.02. p.101より作成

図10 工藤圭章、西川新次『原色日本の美術6、阿弥陀堂と藤原彫刻』小学館、1977.02. p.159

図11 荒木伸介、角田文衛他『奥州平泉黄金の世紀』新潮社、1992.10

図12 清水擴『平安時代仏教建築史の研究―浄土教建築を中心に』中央公論美術出版、1992.02. p.73より作成

図13 日本建築学会編『日本建築史図集（新訂版）』彰国社、1989.08. p.25

図14 筆者作成

図15 樋口忠彦『景観の構造』技報堂出版、1984.09. p.54 撮影：水島孝

図16 横山秀哉「禅の建築」彰国社、1967.03. p.86より作成

図17 横山秀哉『禅の建築』彰国社、1967.03. p.100より作成

図18 『永平寺』大本山永平寺刊、1996.12

図19 筆者撮影

図20 横山秀哉『禅の建築』彰国社、1967.03. p.93より作成

図21 監修：文化庁他『日本の美術、第126号、禅宗建築』至文堂、1976.11

図22 筆者撮影

[脚注]

4 李炳鎬「古代の寺院配置日韓での違い―韓国研究者が通説を覆す指摘」朝日新聞掲載、2000.01

7 筆者作成
8 久野健、鈴木嘉吉『原色日本の美術2、法隆寺』小学館、1966.12. p.161
9 久野健、鈴木嘉吉『原色日本の美術2、法隆寺』小学館、1966.12. p.161
11 坂田泉ほか「多賀城付寺遺跡の復原考察」昭和39年度日本建築学会東北支部研究報告
12 浅野清、毛利久『原色日本の美術3、奈良の寺院と天平彫刻』小学館、1996.10. p.145
13 雑誌「芸術新潮」新潮社、2002.06. p.41
14 浅野清、毛利久『原色日本の美術3、奈良の寺院と天平彫刻』小学館、1996.10. p.145
16 筆者作成
17 筆者撮影
18 久野健、鈴木嘉吉『原色日本の美術2、法隆寺』小学館、1966.12. p.161
19 「古代寺院の成立と展開―日本古代国家の成立を探る・VI」泉南市教育委員会、1997.11. p.17
20 荒木睦彦『建築と都市のフォークロア―日本の民俗空間を読む』彰国社、1992.12 p.25より作成
21、22 筆者作成
30 清水擴『平安時代仏教建築史の研究―浄土教建築を中心に』中央公論美術出版、1992. 02.p.315
32 筆者作成
33 http://mahoroba.lib.nara-wu.ac.jp/y15/seikai/
34 筆者撮影
36 『浄土教の美術、平等院鳳凰堂』日本美術全集7、学習研究社、1978.08
37 週間「古寺をゆく13、平等院と宇治の名刹」小学館、2001.05. 写真：寿福滋
38 復原図：建築学大系編集委員会『新訂建築学大系4』彰国社、1979.09. p.110、復元模型写真：荒木伸介、角田分衛他『奥州平泉黄金の世紀』新潮社、1992.10
41 横山秀哉『禅の建築』彰国社、1967.03、p.69より作成
44、45 筆者撮影
46、47 筆者作成
49 筆者撮影
50 週刊「古寺をゆく44、永平寺」小学館、2001.12. p.13

●二章

[本文]

写真 （春日大社の楼門と回廊）監修：文化庁他『日本の美術、第129号、中世神社建築』至文堂、1977.02
図1 林野全孝、桜井敏雄『神社の建築』河原書店、1974.11. p.90より作成
図2 筆者作成
図3 稲垣栄三『原色日本の美術、第16巻、神社と霊廟』小学館、1977.07. p.202より作成
図4 筆者撮影
図5 京都府教育委員会（修後昭23）の平面図より作成
図6 筆者撮影
図7 「重要文化財油日神社修理工事報告書」1962、より作成

図8　筆者撮影
図9　福山敏男監修、難波田徹也編『神社古図集続編』、臨川書店、1990.05. p.18
図10　筆者作成
図11、図12　筆者撮影
図13　昭和57年度名古屋市教育委員会「名古屋市の近世社寺」、p.29より作成
図14　筆者撮影
図15　山口県教育委員会「山口県の近世社寺建築」1980、より作成
図16　筆者撮影
図17　鹿児島県教育委員会「鹿児島県の近世社寺建築」1988、より作成
図18　筆者撮影
写真（厳島神社の回廊）筆者撮影
図19　山本榮吾『厳島神社海上社殿論』、精華学園研究紀要第3輯、p.13より作成
図20　山本榮吾『厳島神社海上社殿論』、精華学園研究紀要第3輯、p.21より作成
図21　山本榮吾『厳島神社海上社殿論』、精華学園研究紀要第3輯、p.34より作成
写真（吉備津神社の回廊）筆者撮影
図22　薬師寺慎一『「吉備の中山」と古代吉備』吉備人出版、2001.05. p.96
図23、図24　筆者作成
写真（土佐神社の回廊）筆者撮影
図25　稲垣栄三『原色日本の美術16、神社と霊廟』小学館、1977.07. p.223より作成
図26　筆者作成

【脚注】
1　林野全考、桜井敏雄『神社の建築』河原書店、1974.11. p.93
2　宮地直一監修、福山敏男編『神社古図集』臨川書店、1991.09. p.16
3　宮地直一監修、福山敏男他編『神社古図集』、臨川書店、1991.09. p.82
4　宮地直一監修、福山敏男編『神社古図集』臨川書店、1991.09. p.114
5　宮地直一監修、福山敏男編『神社古図集』臨川書店、1991.09. p.75
6　宮地直一監修、福山敏男編『神社古図集』臨川書店、1991.09. p.109
7　『日本建築史図集（新訂版）』日本建築学会、彰国社、1989.08. p.67より作成
8　雑誌「伊勢神宮と日本の神々」朝日新聞社、1993.10. 写真：石松健男
9、10　筆者撮影
11　「週刊神社紀行第7回配本」学習研究社、2002.12. p.9、写真：横山健蔵
12　筆者作成
13　宮地直一監修、福山敏男他編『神社古図集』、臨川書店、1991.09. p.125
14　筆者撮影
16　筆者作成
17　宮地直一監修、福山敏男他編『神社古図集』、臨川書店、1991.09. p.122
19　林野全考、桜井敏雄『神社の建築』河原書店、1974.11. p.93p.106
20、21　筆者撮影
22　筆者作成
23　諏訪市史編纂委員会『諏訪市史上巻』諏訪市、1995.03
24、25　筆者作成
26　「天満宮年中行事」日本祭礼行事集成第五巻、平凡社、1972
27、28　筆者撮影
30　筆者作成

31 筆者撮影
32 筆者作成
33 「週刊神社紀行3、厳島神社」学習研究社、2002.11. 表紙
34、35、36、37 筆者作成
38 三浦正幸『平清盛と宮島』南々社、2011.12. p.13
39 「週刊神社紀行3、厳島神社」学習研究社、2002.11. p.18. 写真：竹重満憲
40 監修：文化庁他『日本の美術、第81号、古代の神社建築』至文堂、1973.02
42 筆者作成
43 藤井駿著、坂本一夫写真『吉備津神社』岡山文庫、1996.09. p.19
44、46 筆者撮影
47 藤井駿著、坂本一夫写真『吉備津神社』岡山文庫、1996.09. p.180
49 筆者撮影
50 土佐神社所収
51 筆者撮影
52 岡田啓他『尾張名所図会後篇』愛知県蔵、1888年刊
53 稲垣栄三『原色日本の美術16、神社と霊廟』小学館、1977.07. p.217より作成
54 「山口県の近世社寺建築」山口県教育委員会、1980. より作成
55 筆者撮影

●三章

［本文］

図1 宮地直一監修、福山敏男他編『神社古図集』臨川書店、1991.09. p.42
図2 福山敏男監修、難波田徹他編『神社古図集続編』臨川書店、1990.05

［脚注］

1 太田博太郎監修・執筆『［カラー版］日本建築様式史』美術出版社、1999.08. p.62
2 文／伊藤ていじ、写真／岩宮武二『結界の美』淡交社、1966.06. p.4
3 磯崎新『日本の建築遺産12選』新潮社、2011.06. 写真：松藤庄平
4 雑誌「伊勢神宮と日本の神々」朝日新聞社、1993.10.p.103. 写真：森好央
5 日本建築学会編『日本建築史図集（新訂版）』彰国社、1989.08. p.27より作成

●四章

［本文］

図1、図2、図3 雑誌「新建築」1954年1月号、広島計画1946～1953より加工
図4、5 筆者作成
図6 丹下健三・藤森照信『丹下健三』新建築社、2002.09. p.161
図7 http://blog-imgs-36.fc2.com/s/t/o/stoublog/20110527011215fc1.jpg
図8 丹下健三・藤森照信『丹下健三』新建築社、2002.09. p.206より作成
図9 丹下健三・藤森照信『丹下健三』新建築社、2002.09. p.222より作成
図10 栗田勇『現代日本建築家全集11』三一書房、1971.12. p.12より作成

図11　栗田勇『現代日本建築家全集11』三一書房、1971.12, p.17より作成
図12　峰岸隆・寺地洋之『建築設計演習2』鹿島出版会、2008.03, p.11
図13　筆者作成
図14　峰岸隆・寺地洋之『建築設計演習3』鹿島出版会、2008.03, p.20より作成
図15　大阪工大、寺地洋之
図16　宮元健次『見る建築デザイン』学芸出版社、2005.05, p.25より作成
図17　雑誌「新建築、第59巻、1号」新建築社、1984.01, p.132
図18　宮元健次『見る建築デザイン』学芸出版社、2005.05, p.25より作成
図19　大阪工大、寺地洋之
図20　筆者作成
図21　雑誌「新建築、第49巻、12号」新建築社、1974.12, p.220

［脚注］
1　大阪工大、寺地洋之
3　雑誌「別冊太陽No.86」平凡社、1994.09, p.12
4、6　筆者作成
7　日本建築学会編『近代建築史図集（新訂版）』彰国社、1988.08, p.55
8　筆者撮影
9　コルビュジエ全集Volume4
10　http://blog.goo.ne.jp/dbaroque/e/5930ee6e06ed20fce34ac1b170654d55
11　大阪工大、寺地洋之
12　『建築家、前川國男の仕事』美術出版社、2006.04, p.142
16　http://fumi-kuwachan.blog.so-net.ne.jp/2011-12-23
22　雑誌「新建築、第40巻、4号」新建築社、1965.04, p.179

《第Ⅱ部》

●序章

［本文］
図1　深見奈緒子『イスラーム建築の見かた』東京堂出版、2003.07, p.26
図2　筆者作成

［脚注］
1　「DE　CHIRICO」現代世界の美術17、集英社、p.78
3　http://uraken.net/world/eu/italia12/04/DSC_0522.jpg
6　筆者作成
10　熊倉洋介他5名『西洋建築様式史』美術出版社、1999.03, p.38
11　日本建築学会編『西洋建築史図集、三訂版』彰国社、1981.12, p.19
15、16　筆者撮影

●一章

［本文］
写真（セナンク修道院の回廊）筆者撮影
図1　日本建築学会編『西洋建築史図集、三訂版』彰国社、1981.10, p.32
図2　W・ブラウンフェルス、渡辺鴻訳『西ヨーロッパの修道院建築』鹿島出版会、1974.12, p.77より作成
図3　左側写真：竹内裕二『イタリア修道院の回廊空間』彩流社、2011.03, p.60°右側写真：W・ブラウンフェルス、渡辺鴻訳『西ヨーロッパの修道院建築』鹿島出版会、1974.12
図4　Henri Stierlin『Comprendre l'Architecture universelle 1』Office du Livre, 1977, p.154より作成

図5　竹内裕二『イタリア修道院の回廊空間』彩流社、2011.03. p.92
図6　W・ブラウンフェルス、渡辺鴻訳『西ヨーロッパの修道院建築』鹿島出版会、1974.12. p.110より作成
図7　W・ブラウンフェルス、渡辺鴻訳『西ヨーロッパの修道院建築』鹿島出版会、1974.12. p.126より作成
図8　磯崎新の建築談議＃05『ル・トロネ修道院［ロマネスク］』六耀社、2004.01. p.36
図9　W・ブラウンフェルス、渡辺鴻訳『西ヨーロッパの修道院建築』鹿島出版会、1974.12. p.143より作成
図10　W・ブラウンフェルス、渡辺鴻訳『西ヨーロッパの修道院建築』鹿島出版会、1974.12. p.147より作成
図11　W・ブラウンフェルス、渡辺鴻訳『西ヨーロッパの修道院建築』鹿島出版会、1974.12. p.165より作成
図12　竹内裕二『イタリア修道院の回廊空間』彩流社、2011.03. p.242
図13　筆者作成
図14　羽生修二『建築史の鉱脈：大河直躬先生退官記念論文集』の「中世フランスにおける修道院の思想と建築―シトー会とカルトゥジオ会の修道院建築比較考」中央公論美術出版、1995.06. p.309より作成
図15　西田雅嗣『シトー会建築のプロポーション』中央公論美術出版、2006.03. p.366
図16　筆者作成
図17　羽生修二『建築史の鉱脈：大河直躬先生退官記念論文集』の「中世フランスにおける修道院の思想と建築―シトー会とカルトゥジオ会の修道院建築比較考」中央公論美術出版、1995. p.310より作成
図18　西田雅嗣『シトー会建築のプロポーション』中央公論美術出版、2006.03. p.372
図19　筆者作成
図20　羽生修二『建築史の鉱脈：大河直躬先生退官記念論文集』の「中世フランスにおける修道院の思想と建築―シトー会とカルトゥジオ会の修道院建築比較考」中央公論美術出版、1995.06. p.316より作成
図21　筆者作成
図22　ヴァルボンヌ修道院所蔵図面より作成
図23、図24、図25、図26　筆者撮影

【脚注】

6　W・ブラウンフェルス、渡辺鴻訳『西ヨーロッパの修道院建築』鹿島出版会、1974.12
7　W・ブラウンフェルス、渡辺鴻訳『西ヨーロッパの修道院建築』鹿島出版会、1974.12. p.48より作成
9　http://housecarl.blog.shinobi.jp/blog/教会と修道院/クリュニーの改革―祈る修道士
14　図は筆者作成、写真はW・ブラウンフェルス、渡辺鴻訳『西ヨーロッパの修道院建築』鹿島出版会、1974.12
17　Henri Stierlin『Comprendre l'Architecture universelle 1』Office du Livre. 1977. p.147
18　筆者撮影
21　竹内裕二『イタリア修道院の回廊空間』彩流社、2011.03. p.262
24　「ユネスコ世界遺産8」講談社、1996.09. p.132
25　壇ふみ他『サンティアゴ巡礼の道』新潮社（とんぼの本）、2002.06. p.13

27　筆者撮影
29、30、31筆者作成
32　モン・サン・ミッシェル、グロース・コンブルクの平面図：Wolfgang Braunfels op. cit133, 184　イン・ヴァツレの平面図：Adriano Prandi, Antonio Cadei, Sandro Chierici, Giulia Tamanti『Ombrie romane（La nuit des temps;53)』(Zodiaque, 1980, p.152)
33　Wolfgang Braunfels op.cit, p.136
34　「ユネスコ世界遺産８」講談社、1996.09, p.132
35　雑誌「芸術新潮」新潮社、2002.08, p.38
37、38　藤本康雄『ヴィラール・ド・オヌクールの画帳に関する研究』中央公論美術出版、1991.02
39　壇ふみ他『サンティアゴ巡礼の道』　新潮社（とんぼの本）、2002.06, p.41
40、41、42、43、44　筆者撮影
46　雑誌「ぺん・プラス、イスラム」阪急コミュニケーションズ、05、写真：YOSHIO／SEBUN　PHOTO
47　筆者撮影

●二章

[本文]
写真（イブントゥールーンモスクの回廊）　筆者撮影
図１、図２　筆者作成
図３　Henri Stierlin『Comprendre l'Architecture universelle ２』Office du Livre, 1977, p.344より作成
図４　アンリ・スティアリン『ISLAM』TASCHEN、2002.06, p.46
図５　Henri Stierlin『Comprendre l'Architecture universelle ２』Office du　Livre, 1977, p.347より作成
図６　羽田正『モスクが語るイスラム史』中央公論社、1994.03, p.112
図７　図面：Henri Stierlin『Comprendre l'Architecture universelle １』Office du Livre, 1977, p.110より作成。遠望写真：香山壽夫監修『建築巡礼17、イスタンブール』丸善、1990.08。聖堂内部写真：雑誌『芸術新潮』新潮社、2012.09
図８　図面：Henri Stierlin『Comprendre l'Architecture universelle ２』Office du　Livre, 1977, p.378より作成。遠望写真：『ユネスコ世界遺産３（西アジア）』講談社、1998.03, p.15。聖堂内部写真：雑誌『PROCESS』93号、トルコ都市巡礼』プロセスアーキテクチュア、1990.12
図９　筆者作成
図10　アンリ・スチールラン著、神谷武夫訳『イスラムの建築文化』原書房、1987.11, p.87
図11　筆者作成
図12　Henri Stierlin『Comprendre l'Architecture universelle ２』Office du　Livre, 1977, p.348より作成
図13　アンリ・スチールラン著、神谷武夫訳『イスラムの建築文化』原書房、1987.11, p.77
図14　図面：Henri Stierlin『Comprendre l'Architecture universelle ２』Office du Livre, 1977, p.358より作成。写真：アンリ・スチールラン『イスラムの建築文化』原書房、1987.11, p.84
図15　アンリ・スチールラン著、神谷武夫訳『イスラムの建築文化』原書房、1987.11, p.214より作成
図16　復原図：羽田正『モスクが語るイスラム史』中央公論社、1994.03, p.109。

現平面図：アンリ・スチールラン著、神谷武夫訳『イスラムの建築文化』原書房、1987.11, p.150より作成
図17 筆者撮影
図18 アンリ・スティアリン『ISLAM』TASCHEN、2002.06, p.231
図19 『ユネスコ世界遺産3』講談社、1998.03, p.100
図20 三浦徹『イスラームの都市世界』山川出版社、2008.04, p.33より作成
図21 筆者作成
図22 アンリ・スチールラン著、神谷武夫訳『イスラムの建築文化』原書房、1987.11, p.69より作成
図23 筆者撮影

[脚注]

4 筆者作成
5 深見奈緒子『イスラーム建築の見かた』東京堂出版、2003.07、撮影：山田幸正
7 アンリ・スチールラン『イスラムの建築文化』原書房、1987.11, p.60
9 深見奈緒子『世界のイスラーム建築』講談社、2005.03, p.145
13 Henri Stierlin『Comprendre l'Architecture universelle 1』Office du Livre, 1977, p.100より作成
14 羽田正『モスクが語るイスラム史』中央公論社、1994.03, p.47
15 筆者撮影
17 アンリ・スチールラン著、神谷武夫訳『イスラムの建築文化』原書房、1987.11, p.69, p.74より作成
18 深見奈緒子編『イスラム建築がおもしろい』彰国社、2010.01, p.115
20 『ユネスコ世界遺産3』講談社、1998.03, p.203
22 羽田正『モスクが語るイスラム史』中央公論社、1994.03, p.188
23 アンリ・スチールラン著、神谷武夫訳『イスラムの建築文化』原書房、1987.11, p.69, p.46より作成
24、25 筆者撮影
26 アンリ・スティアリン『ISLAM』TASCHEN、p.191
27 深見奈緒子『イスラーム建築の見かた』東京堂出版、2003.07, p.62
28 筆者撮影
30 筆者作成
31 アンリ・スチールラン著、神谷武夫訳『イスラムの建築文化』原書房、1987.11, p.185
32 深見奈緒子編『イスラム建築がおもしろい』彰国社、2010.01, p.33
34 アンリ・スチールラン『イスラムの建築文化』原書房、1987.11, p.92
36 アンリ・スティアリン『ISLAM』TASCHEN、2002.06, p.233
38 陣内秀信、新井勇治編『イスラーム世界の都市空間』法政大学出版局、2002.10, p.183
41 羽田正『モスクが語るイスラム史』中央公論社、1994.03, p.75

●三章

[脚注]

2 筆者作成
4 レオン・プレスイール、杉崎泰一郎監修、遠藤ゆかり訳『シトー会』創元社、2012.08, p.92

●四章

[本文]

図1 W・ブラウンフェルス、渡辺鴻訳『西ヨーロッパの修道院建築』鹿島出版会、1974.12. p.244. 245より作成

図2 富永譲『ル・コルビジェー幾何学と人間の尺度』丸善、1992.06. p.88. 94、写真：富永譲・水谷重憲

図3、図4 『ルイス・カーン』A.D.A.EDITA Tokyo Co.,Ltd. 1975.04. p.40より作成

図5 『Louis I. Kahn -The Idea of Order』Birkhauser, 1998, p.57

図6 『ルイス・カーン』A.D.A.EDITA Tokyo Co.,Ltd.1975.04. p.49. 95より作成

図7 雑誌「a+u」1983年11月臨時増刊号、新建築社、p.137より作成

図8 雑誌「a+u」1983年11月臨時増刊号、新建築社、p.148

図9 雑誌「新建築、第56巻、1号」新建築社、1981.01. p.262より作成

図10 雑誌「新建築、第56巻、1号」新建築社、1981.01. p.259

図11 雑誌「新建築、1992、1月号」新建築社、p.325より作成

図12 雑誌「新建築」2000年8月号より作成

図13 雑誌「新建築、第54巻、3号」新建築社、1979.03. p.184より作成

図14 雑誌「新建築、第54巻、3号」新建築社、1979.03. p.187

図15 『奇想遺産Ⅱ』新潮社、2008.10. p.83、写真：松葉一清

図16 Elcroquis 121/122 p.74

[脚注]

1 大阪工大、寺地洋之

3 Le Corbusier, Le Corbusier Archive XXVIII, Garland Publishing, Inc.and Fondation Le Corbusier, New York, London, Paris, 1984, p.517

4 千代章一郎『ル・コルビュジエの宗教建築と「建築的景観」の生成』中央公論美術出版社、p.124より作成

5 竹内裕二『イタリア修道院の回廊空間』彩流社、2011.03. p.249

6 雑誌「新建築、1970、3月号」新建築社、p.154

7 Rosa. J. LOUIS I. KAHN. TASCHEN. 2006

10 『ルイス・カーン』A.D.A. EDITA Tokyo Co.,Ltd. 1975.04. p.181

11 図と写真：雑誌「建築20世紀PART2」新建築社，1991.06. 新建築社撮影

12 http://3625pennslandin.iza.ne.jp/blog/entry/659614/

13 http://www.tozai-as.or.jp/mytech/88/88_uchii08.html

14 藤森照信『日本の近代建築（上）』岩波新書、1993.10. p.122より作成

15 http://home.u07.itscom.net/nardo/tokyo/17227-0211-2.html

18 雑誌「新建築、1992、1月号」新建築社、p.322

20 雑誌「新建築、2000、8月号」新建築社、p.110

23 http://www.wbf.co.jp/kokunai/HotelDetail.aspx?hcd=H6081

25 雑誌「新建築、1991、7月号」新建築社、p.252

26 大阪工大、寺地洋之

27 『都市的なるものへ―大谷幸夫作品集』建築資料研究社

●結語

[脚注]

1 雑誌「SD、第281号」鹿島出版会、1988.02. p.50

主要参考文献

朝倉文市『世界史リブレット21、修道院にみるヨーロッパの心』山川出版社、1998.09
浅野和生『ヨーロッパの中世美術』中央公論新社、2009.07
浅見泰司編集『トルコ・イスラーム都市の空間文化』山川出版社、2003.07
荒木伸介・角田文衛他『奥州平泉黄金の世紀』新潮社、1992.10
アラン・エルランド＝ブランダンブルグ著、池上俊一監修『大聖堂ものがたり』創元社、2008.03
アンリ・スチールラン著、神谷武夫訳『イスラムの建築文化』原書房、1987.11
アンリ・スティアリン『ISLAM』TASCHEN、2002.06
井筒俊彦訳『コーラン』岩波書店、1982.
飯島英夫『トルコ・イスラム建築』富山房インターナショナル、2010.12
板垣雄三・後藤明編『イスラームの都市性』日本学術振興会、1993.06
稲垣栄三『原色日本の美術16―神社と霊廟』小学館、1977.07
上田篤『庭と日本人』新潮社、2008.01
梅原猛『塔（上・下）』集英社、1985.07
岡野弘彦『神がみの座』淡交社、1988.05
大岡敏昭『日本の住まい　その源流』相模書房、2008.06
太田博太郎監修・執筆『［カラー版］日本建築様式史』美術出版社、1999.08
太田博太郎『社寺建築の研究（日本建築史論集Ⅲ）』岩波書店、1986.09
太田博太郎・福山敏男・鈴木嘉吉編集『平等院大観　第一巻建築』岩波書店、1988.08
Guy Barruol『La Haute-Provence（La nuit des temps:46）』Zodiaque.1981
熊倉洋介他『［カラー版］西洋建築様式史』美術出版社、1999.03
クリスチャン・ノルベルグ＝シュルツ著、加藤邦夫・田崎祐生訳『ゲニウス・ロキ　建築の現象学をめざして』星雲社、1994.07
小杉泰・江川ひかり『イスラーム―社会生活・思想・歴史』新曜社、2006.07
木場公男『イスラーム法学』中央大学出版部、1978.11
佐藤次高『世界の歴史8 イスラーム世界の興隆』中央公論新社、1997.09
末木文美士『日本仏教史―思想史としてのアプローチ』新潮社、1992.10

杉崎泰一郎『ヨーロッパ中世の修道院文化』日本放送出版協会、2006.04
鈴木博之『日本の〈地霊〉』講談社、1999.12
雑誌「スペースデザイン第78号、特集・地中海建築」鹿島出版会、1971.03
雑誌「スペースデザイン第３８５号、特集・中世の光と空間」鹿島出版会、1996.10
John D.Hog『Islamic Architecture』Electa／RIZZOLI,1987
陣内秀信・福井憲彦『カラー版　地中海都市周遊』中央公論新社、2000.07
関口欣也『鎌倉の古建築』有隣堂、1997.07
垂水稔『結界の構造――一つの歴史民俗学的領域論』名著出版、1990.10
日本比較法研究所『イスラム法の招待』中央大学出版部、1978.11
P・Kヒッティ著、小玉新次郎訳『シリア東西文明の十字路』紀伊國屋書店、1963.02
平尾和洋・末包伸吾編著『テキスト建築意匠』学芸出版社、2006.12
広谷喜十郎「高知市歴史散歩２２０話、トンボ信仰」高知市広報あかるいまち、2002.06
深見奈緒子『イスラーム建築の見かた』東京堂出版、2003.07
深見奈緒子『世界のイスラーム建築』講談社、2005.03
深見奈緒子編『イスラム建築がおもしろい』彰国社、2010.01
福山敏男『日本建築史研究』墨水書房、1968.06
藤本康雄『ヴィラール・ド・オヌクールの画帳に関する研究』中央公論美術出版、1991.02
藤森照信『日本の近代建築（上）』岩波書店、1993.10
松原哲明『禅の心』青春出版社、2010.07
EDITED BY MARTIN FRISHMAN AND HASAN/UDDIN KHAN『THE MOSQUE』THAMES AND HUDSON,1994
宮本久雄・大貫隆編『一神教文明からの問いかけ――東大駒場連続講義』講談社2003.09
村上重良『日本の宗教』岩波書店、2009.11
村田治郎『中国建築史叢考、仏寺仏塔篇』中央公論美術出版、1988.03
八木雄二『神を哲学した中世――ヨーロッパ精神の源流』新潮社、2012.10
ユリイカ臨時増刊号、第20巻、第15号、総特集「ル・コルビュジエ」青土社、1989.03
歴史学研究会編『地中海世界史4、巡礼と民衆信仰』青木書店、1999.07
雑誌「ル・コルビュジエ――建築・家具・人間・旅の全記録」エクスナレッジ、2002.12

《著者略歴》

峰岸　隆（みねぎし　たかし）

一九四五年群馬県生まれ。東京藝術大学大学院修士課程（建築設計理論専攻）修了後、内井昭蔵建築設計事務所を経て建築設計活動と設計教育に従事。大阪工業大学建築学科教授（博士・工学）として教鞭をとる。

主な設計作品に足利更西病院、大野原町農業者トレーニングセンター、深草柴田邸、聖天下の家など。主な著書は『手摺（共著）』（彰国社）、『建築設計演習1・2・3（共著）』（鹿島出版会）をはじめ設計教材図書など多数。

日本《にほん》の回廊《かいろう》、西洋《せいよう》の回廊《かいろう》
美《び》と祈《いのり》の空間《くうかん》

二〇一五年二月二五日　第一刷発行

著　者　峰岸《みねぎし》　隆《たかし》
発行者　坪内文生
発行所　鹿島出版会

〒一〇四-〇〇二八　東京都中央区八重洲二-五-一四
電話　〇三-六二〇二-五二〇〇
振替　〇〇一六〇-二-一八〇八八三

出版プロデュース：オフィスAZUMINO
制作デザイン：シンクス
印刷・製本：壮光舎印刷

Corridors of the Japan and Corridors of the West
The Space of Beauty and Prayer

ISBN978-4-306-04618-4 C3052

本書の内容に関するご意見・ご感想は左記までお寄せください。
http://www.kajima-publishing.co.jp
E-mail:info@kajima-publishing.co.jp